A PROCESSUALIDADE NO DIREITO ADMINISTRATIVO

ODETE MEDAUAR

A PROCESSUALIDADE NO DIREITO ADMINISTRATIVO

4ª edição revista, ampliada e atualizada

Belo Horizonte
FORUM
CONHECIMENTO
2025

FÓRUM
CONHECIMENTO

Luís Cláudio Rodrigues Ferreira
Presidente e Editor

Coordenação editorial: Leonardo Eustáquio Siqueira Araújo / Thaynara Faleiro Malta
Revisão: Fabiana Guimarães Coelho
Capa e projeto gráfico: Walter Santos
Diagramação: Derval Braga

Rua Paulo Ribeiro Bastos, 211 – Jardim Atlântico – CEP 31710-430
Belo Horizonte – Minas Gerais – Tel.: (31) 99412.0131
www.editoraforum.com.br – editoraforum@editoraforum.com.br

Técnica. Empenho. Zelo. Esses foram alguns dos cuidados aplicados na edição desta obra. No entanto, podem ocorrer erros de impressão, digitação ou mesmo restar alguma dúvida conceitual. Caso se constate algo assim, solicitamos a gentileza de nos comunicar através do *e-mail* editorial@editoraforum.com.br para que possamos esclarecer, no que couber. A sua contribuição é muito importante para mantermos a excelência editorial. A Editora Fórum agradece a sua contribuição.

Dados Internacionais de Catalogação na Publicação (CIP) de acordo com ISBD

M488p Medauar, Odete

A processualidade no direito administrativo / Odete Medauar -- 4. ed. rev. ampl. e atual. --. Belo Horizonte: Fórum, 2025.

331p. 14,5x21,5cm
ISBN impresso 978-85-450-0781-4
ISBN digital 978-85-450-0785-2

1. Direito administrativo. 2. Direito constitucional. 3 Direito processual civil. I. Título.

CDD 342
CDU 342

Ficha catalográfica elaborada por Lissandra Ruas Lima – CRB/6 – 2851

Informação bibliográfica deste livro, conforme a NBR 6023:2018 da Associação Brasileira de Normas Técnicas (ABNT):

MEDAUAR, Odete. A processualidade no direito administrativo. 4. ed. rev. ampl. e atual. Belo Horizonte: Fórum, 2025. 331p. ISBN 978-85-450-0781-4.

SUMÁRIO

CAPÍTULO III
PROCESSO OU PROCEDIMENTO ADMINISTRATIVO 37

CAPÍTULO IV
CARACTERIZAÇÃO DO PROCESSO ADMINISTRATIVO 53

NOTA À 4ª EDIÇÃO

A 1ª edição deste livro, publicada pela RT, representou pioneira sistematização da processualidade administrativa no Brasil após o advento da Constituição de 1988.

A 3ª edição, publicada pela Editora Fórum em 2021, foi bem acolhida, daí a elaboração desta 4ª edição, na qual: aprimorou-se a redação; efetuaram-se acréscimos, inclusive no tocante à *decisão coordenada*, modalidade inserida na Lei nº 9.784/1999, nos termos da Lei nº 14.210/2021; ampliaram-se manifestações doutrinárias; noticiaram-se alterações de leis estrangeiras, sobretudo para dar tratamento mais amplo ao uso de meios informáticos e telemáticos nos processos administrativos.

As referências listadas nas edições anteriores são mantidas, atualizando-se as indicações que receberam, no entretempo, novas edições. Novos estudos foram indicados desde 2008. Em notas de rodapé, outras publicações são mencionadas.

A modelagem das citações bibliográficas, a redação, gramática e acentuação são de responsabilidade da autora.

Com esta 4ª edição, a autora espera prosseguir na abertura de novas e enriquecedoras perspectivas nos estudos e na prática do direito administrativo em geral e do processo administrativo, sobretudo do ponto de vista metodológico da melhoria das relações entre as pessoas (físicas e jurídicas) e a Administração Pública, da crescente efetivação dos direitos fundamentais e da evolução do direito administrativo.

Odete Medauar

NOTA À 3ª EDIÇÃO

A 1ª edição deste livro, publicada em 1993, recebeu excelente acolhida e representou pioneira sistematização da processualidade administrativa no Brasil, após o advento da Constituição de 1988.

A partir da década de 90 do século XX, registra-se crescente interesse pelo tema *processo administrativo*, como objeto de estudos doutrinários e como prática na atividade da Administração Pública. Para ressaltar tal pujança, na 2ª edição, de 2008, foi acrescentado um novo capítulo – oitavo, nesta edição – referente ao *processo administrativo em fins do século XX e primórdios do século XXI*. A expansão legislativa é retratada, em especial, no capítulo 9, dedicado à *codificação do processo administrativo* em geral e em ordenamentos estrangeiros. Também na 2ª edição foi dedicado capítulo específico – 10 – para a *codificação do processo administrativo no Brasil*, ante a edição de leis gerais na matéria. O capítulo 11 dedica-se à relevante *expansão jurisprudencial brasileira*. A 1ª edição continha oito capítulos, a 2ª e a 3ª contêm onze.

Em vários capítulos manteve-se intacta parte da redação da primeira edição, com o intuito de propiciar o acompanhamento da evolução da processualidade administrativa; mas foram inseridos vários acréscimos, uns atinentes a manifestações doutrinárias mais recentes, outros relativos ao desenvolvimento posterior de certas matérias.

A bibliografia listada na 1ª edição é mantida, atualizando-se as referências aí presentes que tiveram, no entretempo, novas edições. Acrescentou-se, em separado, a literatura básica advinda a partir de 1993 e a literatura que veio à luz desde 2008. Em notas de rodapé mencionam-se outros estudos, conforme o assunto objeto do texto.

A modelagem das citações e das indicações bibliográficas são de exclusiva responsabilidade da autora deste livro, visando facilitar a leitura. Também cabe à autora a responsabilidade pela redação, gramática e acentuação do texto.

Espera, a autora, com esta 3ª edição, continuar a contribuir para a abertura de novas e enriquecedoras perspectivas aos estudos e à prática do direito administrativo em geral e do processo administrativo em especial, sob o prisma metodológico da melhoria das relações entre cidadãos (pessoas físicas e jurídicas) e Administração, da crescente efetividade dos direitos fundamentais e da evolução do direito administrativo, como um todo, neste caminho.

Odete Medauar

NOTA À 2ª EDIÇÃO

A 1ª edição deste livro, publicada em 1993 pela RT, recebeu excelente acolhida e representou pioneira sistematização da processualidade administrativa no Brasil, após o advento da Constituição de 1988.

A partir da década de 90 do século XX, registra-se crescente interesse pelo tema *processo administrativo*, como objeto de estudos doutrinários e como prática na atividade da Administração Pública. Para ressaltar tal pujança, acrescentou-se novo capítulo – o oitavo nesta edição – referente ao *processo administrativo em fins do século XX e primórdios do século XXI*. A expansão legislativa é retratada também no capítulo 9, dedicado à *codificação do processo administrativo* em geral e em ordenamentos estrangeiros. Abriu-se capítulo específico – 10 – para a *codificação do processo administrativo no Brasil*, ante a edição de leis gerais na matéria. O capítulo 11 dedica-se à relevante *expansão jurisprudencial brasileira*. A 1ª edição continha oito capítulos e esta contém onze.

Manteve-se intacta, em grande parte, a redação dos capítulos 1, 2, 3, 4, 5, 6 e 7, com o intuito de propiciar o acompanhamento da evolução da processualidade administrativa; mas foram inseridos vários acréscimos, uns atinentes a manifestações doutrinárias mais recentes, outros relativos ao desenvolvimento posterior de certas matérias; encartou-se, entre os princípios constitucionais, o da eficiência e se mencionou, no rol das finalidades do processo administrativo, a vertente da garantia associada a direitos fundamentais.

A bibliografia listada na 1ª edição é mantida, atualizando-se as referências aí presentes que tiveram, no entretempo, novas edições. Acrescentou-se, em separado, a literatura básica advinda a partir de 1993. Em notas de rodapé mencionam-se outros estudos, conforme o assunto objeto do texto.

Espera, a autora, com esta 2ª edição, continuar a contribuir para a abertura de novas e enriquecedoras perspectivas aos estudos e à prática do direito administrativo em geral e do processo administrativo em especial, sob o prisma metodológico da melhoria das relações entre cidadãos (pessoas físicas e jurídicas) e Administração, da crescente efetividade dos direitos fundamentais e da evolução do direito administrativo, como um todo, neste caminho.

Odete Medauar

INTRODUÇÃO

Com a promulgação da Constituição de 1988, adquire nova dimensão, no ordenamento pátrio, o tema da processualidade administrativa. O inc. LV do art. 5º, inserido no título dedicado aos direitos e garantias fundamentais, a essa se refere de modo direto, o que impulsiona o estudo mais aprofundado de sua teoria e seus desdobramentos nas atuações administrativas.

O objetivo deste trabalho consiste no exame das questões fundamentais relativas à processualidade no âmbito da Administração Pública. Embora centrado no inc. LV, do art. 5º, da Constituição Federal, ocupou-se também do tratamento que a matéria recebe em ordenamentos estrangeiros.

O estudo da processualidade administrativa leva, obrigatoriamente, a mencionar aspectos da teoria geral do processo que infletem no tema, o que foi efetuado, em especial, nos três primeiros capítulos.

Depois, vêm expostas as características do processo administrativo, distinguindo-o de figuras a que vem habitualmente associado, e arrolando suas finalidades.

Nos passos seguintes, desenha-se o quadro constitucional do processo administrativo no Brasil e o perfil de seus princípios informativos, traçando-se, após, um quadro geral dos aspectos tipológicos e estruturais.

Em seguida, discute-se a questão da codificação do processo administrativo, levando-se em conta, inclusive a tendência, nas últimas décadas, de aumento de leis gerais da matéria, editadas em ordenamentos estrangeiros.

Considerações finais são tecidas após o capítulo XI.

CAPÍTULO I

A PROCESSUALIDADE AMPLA

1 O monopólio jurisdicional do processo

O termo *processo*, na área do direito, vem habitualmente vinculado à função jurisdicional e, portanto, relacionado ao direito processual civil e penal, sobretudo.

Tornaram-se clássicas as considerações em torno da *autocomposição*, da *autodefesa* e do *processo*, como perspectivas de solução de conflitos juridicamente relevantes, numa coletividade. Ocorrendo conflito entre duas esferas contrapostas de interesses, a solução advém por obra dos próprios litigantes ou mediante decisão de um terceiro, de regra. O primeiro aspecto, correspondente à solução parcial (no sentido de ato das partes, em contraposição à imparcial), oferece, por sua vez, duas possibilidades: ou uma das partes consente no sacrifício ou flexibilização do seu próprio interesse, havendo, assim, *autocomposição*; ou impõe o sacrifício do interesse alheio, havendo, então, *autodefesa* ou *autotutela*. O segundo aspecto equivale à solução imparcial, obtida classicamente por meio do *processo*.[1]

Segundo Alcalá-Zamora, a *autodefesa* apresenta-se como a mais primitiva das três formas e a de menor complexidade em seu

[1] Cf. Alcalá-Zamora. *Processo, autocomposición y autodefesa*. México: 2. ed., 1970, p. 12 e Cintra, Grinover e Dinamarco. *Teoria geral do processo*. 23. ed. 2007, p. 26; estes autores enquadram também no segundo aspecto, supracitado, a defesa de terceiro, a conciliação e a mediação. Hoje não se pensa mais que o processo é a única forma evoluída de solução, registrando-se tendência no sentido da autocomposição e arbitragem.

desenvolvimento jurídico, propiciando solução deficiente e perigosa; a *autocomposição* revela-se forma satisfatória quanto à economia de custos, mas, com frequência, a espontaneidade do sacrifício é aparente, pois significa capitulação da parte mais frágil e menos resistente; o *processo*, de seu lado, é a forma mais evoluída e se configura, em princípio, como o meio que oferece maiores probabilidades de solução justa e pacífica do conflito, mas é preciso que esse terceiro imparcial que decide seja mais forte do que as partes para que, se for o caso, possa impor sua vontade coativamente.[2]

O mesmo autor menciona, como característica essencial da *autodefesa*, a solução proveniente de uma das partes em litígio, que a impõe a outra, e geralmente a imposição acarreta o sacrifício do interesse contrário, que pode ser individual, coletivo, corporativo, administrativo. Parece relevante notar que, entre os exemplos de autodefesa nos vários ramos do direito, o citado autor inclui o poder disciplinar sobre funcionários públicos e a revisão de atos administrativos na via hierárquica; afirma, ainda, que certas manifestações autodefensivas se acham externamente processualizadas, citando, como exemplo, também, o poder disciplinar na Administração Pública.[3] Portanto, na ótica deste autor, exposta em obra de 1970 (ou seja, anterior às mudanças ocorridas posteriormente no exercício do poder disciplinar sobre servidores e na revisão de atos administrativos), tais atuações administrativas estariam inseridas na fórmula mais primitiva de solução de conflitos, fora, então, de esquemas processuais verdadeiros.

Sob tal enfoque, o processo apresenta-se como instrumento jurídico para a solução jurisdicional de uma pretensão litigiosa; caracteriza-se, então, por sua finalidade jurisdicional compositiva do conflito.[4]

Nesta linha, a ideia de processo vincula-se à função jurisdicional do Estado, exclusivamente.

---

2 *Proceso, autocomposición y autodefesa*. p. 29 e 32.

3 *Processo, autocomposición y autodefesa*. p. 41, 52 e 59. Relembre-se que tais afirmações se encontram em obra publicada em 1970. Hoje, no Brasil e em grande número de países do mundo ocidental, o processo administrativo disciplinar tramita permeado de garantias e direitos para o indiciado, no intuito de assegurar atuação impessoal da autoridade administrativa.

4 Alcalá Zamora. *op. cit.*, p. 112 e 115. Foge às finalidades deste trabalho a discussão aprofundada sobre noções fundamentais do direito processual civil ou penal, como processo, jurisdição, ação. Todos os temas que se incluem no âmbito destes ramos são aqui referenciados como pontos de partida em matéria de processualidade no direito administrativo.

Entre os processualistas, o entendimento de uma processualidade restrita à função jurisdicional apresenta algumas justificativas. De início, a própria antecedência histórica dos estudos, pesquisas e aplicação das noções fundamentais do processo, no âmbito do processo jurisdicional, que é, então, seu arquétipo.[5] Esta precedência levou ao enraizamento da ideia de processo monopolizada na função jurisdicional. Em segundo lugar, o predomínio, até meados do século XIX, da concepção privatista do processo, em que este e a jurisdição se destinavam somente à tutela dos direitos subjetivos; o vínculo ao direito privado e o atrelamento aos direitos subjetivos não propiciavam visão extensiva da processualidade. Em terceiro lugar, a preocupação com a afirmação científica do direito processual, marcada pela construção das grandes teorias, acarretava, como é lógico, uma ótica precipuamente interna, com prevalência de tratamento técnico dos temas principais; tal estágio dificultava a indagação a respeito de pontos comuns do processo jurisdicional com esquemas de atuação de outros poderes estatais.

Na doutrina administrativista também há entendimentos no sentido da exclusividade do *processo* à prestação jurisdicional. A título de exemplo, pode-se indicar Gordillo, que defende o conceito restrito de processo, "para que não lhe seja retirado esse caráter fundamental e tradicional de meio ou técnica para a administração da justiça".[6] Com palavras similares às de Gordillo, a autora argentina Miriam Mabel Ivanega reserva a palavra *processo* ao processo jurisdicional, afirmando que "aplicar a palavra processo a todo conjunto de atos dirigidos à formação ou aplicação de normas jurídicas implica colocar de lado esse caráter tradicional e fundamental de técnica para a administração da justiça".[7]

---

5 Como nota Cândido Dinamarco, no livro *A instrumentalidade do processo*. 16. ed., 2022, p. 63.

6 *Tratado de derecho administrativo*. Tomo II, 3. ed. 1998, p. IX-5. Gordillo observa que "a tese ampla a respeito da noção de processo é perigosa, pois sendo 'processo' sinônimo usual de 'juízo' poderia entender-se, como alguma vez já se sugeriu, que não há violação da defesa em juízo se os direitos de um indivíduo são definitivamente resolvidos pela administração sempre que esta tenha ouvido o interessado. Mas, defesa em juízo é algo mais que ouvir o interessado; é também, a existência de um julgador imparcial e independente, qualidades estas que em nenhum caso pode reunir plenamente a administração". E esclarece: "rechaçar a qualificação de 'processo' não implica afastar a aplicação analógica, na medida do compatível, de todos os princípios processuais" (*op. cit.*, p. IX-5).

7 El principio del informalistmo en el procedimiento administrativo, in *Derecho PUC-Revista de la Facultad de Derecho*, n. 67, Lima, 2011, p. 158.

Entre os administrativistas a ideia de *processo* como exclusividade da função jurisdicional pode significar negação de uma processualidade administrativa; ou pode expressar preocupação terminológica, com o fim de evitar confusão entre o modo de atuar da Administração e o modo de atuar do Judiciário, reservando-se para o âmbito administrativo o vocábulo *procedimento*; ou, então, traduz a inexistência de conscientização para um novo modo de atuação administrativa.

Qualquer que seja o significado dessa postura, algumas justificativas podem ser aventadas.

Em primeiro lugar, a precedência histórica e a força da construção processual ligada à jurisdição também condicionaram o pensamento dos administrativistas, criando dificuldade de visualização de um processo no âmbito da atividade administrativa.

Em segundo lugar, a ideia, veiculada durante muito tempo, da atividade administrativa como atividade quase totalmente livre revela-se incompatível com atuações parametradas processualmente.

Por outro lado, predominou por longo período a preocupação com o termo final da decisão, o ato administrativo, sem que a atenção se voltasse para os momentos que precedem o resultado final. Ligado a esse aspecto está o zelo doutrinário e jurisprudencial com a garantia *a posteriori* dos direitos dos administrados, representada pelo controle jurisdicional.

Além do mais, o direito administrativo permeou-se de concepções subjetivistas, do que fornece exemplo a conceituação do ato administrativo como manifestação de vontade da autoridade. Tais concepções dificultam a percepção do esquema processual na atividade administrativa.

2 A ideia da processualidade nos poderes estatais

A partir do final dos anos 20 do século XX, entre os administrativistas, e dos anos 40, entre os processualistas, começa a despontar o entendimento no sentido da aceitação de uma processualidade ligada ao exercício dos três principais poderes do Estado.

Às manifestações episódicas deste período seguiu-se, nas décadas de 50 e 60 do século XX, um aumento expressivo dos estudos a respeito, culminando, nos anos 70 e 80, numa convergência de processualistas e administrativistas em torno da afirmação do esquema processual relativo aos poderes estatais, sobretudo.[8]

Essa postura denota evolução nas concepções de processualistas e administrativistas, tendo como ponto referencial comum os dados do contexto sociopolítico das últimas décadas do século XX e a busca de novas chaves metodológicas, adequadas a esse contexto e ao melhor exercício dos poderes estatais que o direito processual e o direito administrativo disciplinam.

Na doutrina processual, alguns enfoques propiciaram esse posicionamento. A concepção publicista do processo levou à ideia de ação como direito independente do direito subjetivo material; levou ao deslocamento da preocupação científica para o tema da jurisdição e possibilitou ressaltar a concepção desta como poder estatal; por sua vez, a ideia do processo como relação jurídica permitiu visualizá-lo como um conjunto de posições jurídicas ativas e passivas, de cada um dos seus sujeitos (poderes, faculdades, deveres, sujeições e ônus) e não somente como simples sucessão de atos.[9]

Tais enfoques, aqui ventilados de modo sucinto, desembocaram na concepção metodológica de uma *teoria geral do processo*, que vê o "direito processual como um conjunto de princípios, institutos e normas estruturados para o exercício do poder segundo determinados objetivos".[10] Por conseguinte, emerge perfeitamente clara a ideia de uma processualidade atinente, também, ao Poder Executivo e ao Poder Legislativo.

Por seu lado, a doutrina administrativa passou a se preocupar com a processualidade, movida certamente por alguns dados nucleares. A progressiva aproximação entre Administração e administrado, reflexo do menor distanciamento entre Estado e sociedade, levou à necessidade de tornar conhecidos os modos de

---

[8] Aventa-se também a processualidade fora do ordenamento estatal, citando-se como exemplo as atuações das associações esportivas, ordens profissionais e a processualidade de âmbito internacional, como na União Europeia (cfr. Fazzalari. *Istituzioni di diritto processuale*. 1975, p. 9, e Cândido Dinamarco. *A instrumentalidade do processo*. 16. ed. 2022, p. 67, nota 39). A processualidade no âmbito da União Europeia e no âmbito global serão objeto de exposição em outra parte deste livro.

[9] Cintra, Grinover e Dinamarco. *Teoria geral do processo*. 23. ed. 2007, p. 300-301.

[10] Dinamarco. *A instrumentalidade do processo*.16. ed. 2022, p. 53.

atuação administrativa e de propiciar ocasiões para que o cidadão se faça ouvir. Por outro lado, o aumento da ingerência estatal teve como contrapartida o cuidado na fixação de parâmetros para a atividade administrativa, em especial a discricionária. Além do mais, despertou-se a atenção para o aspecto das garantias prévias a serem propiciadas aos cidadãos nas atuações administrativas, daí a tônica sobre os momentos que antecedem a edição dos atos administrativos e outras decisões.[11]

Tanto processualistas como administrativistas forneceram subsídios para se cogitar de uma processualidade que transcende à função jurisdicional e, portanto, de uma processualidade administrativa.[12]

3 A processualidade ampla na doutrina processual

Entre os processualistas precursores da ideia de um núcleo processual, o mais citado é Carnelutti.[13] No seu clássico *Sistema del diritto processuale civile* (década de 30) afirma que se pode falar de um processo legislativo e de um processo administrativo, como uma série de atos para a formação de uma lei ou de um decreto. Nas *Istituzioni* (1956), diz que o termo *processo* serve para indicar um método para a formação ou para a aplicação do direito que tende a garantir um resultado bom, isto é, uma regulação do conflito de interesses que consiga realmente a paz e, portanto, seja justa e certa; em outro trecho afirma que existe um ato processual e um

[11] Na verdade, os dados nucleares acima, elencados como propulsores da atenção hoje dirigida à processualidade na atuação administrativa, não esgotam os elementos do quadro sociopolítico-institucional da segunda metade do século XX e dos primórdios do século XXI que incidem sobre as matrizes conceituais clássicas do direito administrativo, acarretando seu redimensionamento e a emersão de novos institutos. Uma visão abrangente desse quadro integra o trabalho de nossa autoria *O direito administrativo em evolução*, escrito em 1990, com a 1ª edição publicada em 1992, a 2ª, em 2003 e a 3ª, em 2017.

[12] Para o *boom* da processualidade nos anos 70, 80 e 90 do século XX contribuiu, certamente, a obra de Niklas Luhmann, *Legitimação pelo procedimento*, publicada em 1969, a qual dá um tratamento unitário, sob o enfoque da sociologia do direito, aos procedimentos juridicamente regulados, com base em formas de procedimento que adquiriram importância especial, inclusive os processos de decisão administrativa.

[13] Schima arrola também os alemães Sauer, em obra de 1951, e Niese, em obra de 1950 (cf. "Compiti e limiti de una teoria generale dei procedimenti", in *Rivista trimestrale de diritto e procedura civile*, 1953, p. 759 e 760).

procedimento processual, assim como existe um ato e um procedimento civil, comercial, administrativo, constitucional e assim por diante.

Couture, em palestras proferidas em 1949 e reunidas sob o título de *Introdução ao estudo do processo civil* (traduzido, em 1951, por Mozart Victor Russomano), aventa a unidade processual na atuação dos três poderes estatais, no texto seguinte: "Vistos do ponto de vista de sua estrutura, existe unidade entre o processo parlamentar, o processo administrativo e o processo judicial. Todos eles se apoiam, dentro desse ponto de vista, na necessidade do debate e na conveniência derivada da exposição das ideias opostas, para que se chegue à verdade".

O processualista austríaco Hans Schima, por sua vez, na década de 50, refere-se ao caráter unitário das normas processuais e à generalização do problema processual acima de todas as ramificações do direito.

Entre os processualistas menos antigos desponta Fazzalari, cujas considerações mais significativas a respeito da processualidade ampla se encontram nos textos seguintes: "se o processo é o modelo eletivo das atividades jurisdicionais, estas últimas não detêm sua exclusividade; esse modelo [...] vem utilizado também na realização de outras atividades fundamentais do Estado distintas da jurisdição: assim a atividade administrativa".[14] "O processo é uma estrutura na qual se desenvolvem numerosas atividades de direito público (em especial, mas não somente, funções fundamentais do Estado) [...] O direito público não se limita a disciplinar o ato, por assim dizer, final. Também exige uma série de atividades preparatórias quanto ao ato; há processos nos quais se desenvolve a atividade dos órgãos estatais que formam a Administração Pública".[15]

Na doutrina processual pátria, Ada Pellegrini Grinover, Araújo Cintra e Cândido Dinamarco ensinam que "processo é

---

[14] "Processo (teoria generale)" in *Novissimo Digesto Italiano*, v. 13, 1966, p. 1068 e 1069.

[15] *Istituzioni di diritto processuale*. 1975, p. 3, 4 e 7. Na edição de 1989 desta obra, Fazzalari, ao arrolar os processos no ordenamento italiano, inclui "os processos em que se desenvolve a atividade dos órgãos estatais integrantes da Administração Pública: também estas atividades se realizam, de regra, mediante meros procedimentos; mas, em alguns casos, utilizam o processo, isto é, exigem o contraditório dos interessados no curso das atividades preparatórias do ato" (p. 10 e 11).

conceito que transcende ao direito processual. Sendo instrumento para o legítimo exercício do poder, ele está presente em todas as atividades estatais (processo administrativo, legislativo) [...]".[16]

4 A processualidade ampla na doutrina administrativa

A doutrina administrativa vem oferecendo contribuição de relevo à percepção de uma processualidade ampla, embora os estudos aprofundados sobre processo administrativo sejam mais recentes que os de processo civil.[17] Tanto na doutrina estrangeira como na brasileira algumas obras marcaram passos significativos no tema.

4.1 Doutrina estrangeira

Com frequência vem atribuída a Adolfo Merkl, autor austríaco, integrante da Escola de Viena, a qualificação de pioneiro das pesquisas sobre a essência do processo, o iniciador da ruptura da separação rígida entre os setores processuais.

Merkl, na sua *Teoria geral do direito administrativo*, datada de 1927, afirma que, "em sentido rigoroso e técnico, se fala de processo jurídico somente quando o caminho que leva a um ato estatal não está na livre escolha do órgão competente para o ato, mas está previsto juridicamente [...] O direito processual administrativo é um caso particular do direito processual [...] e o processo administrativo é um caso particular do processo jurídico em geral. A teoria processual tradicional considerava o 'processo' como propriedade da justiça, identificando-o com o processo judicial. Constituía uma dessas restrições habituais de conceitos jurídicos de validez geral. Explica-se historicamente a limitação do conceito de processo à justiça, porque dentro desta função estatal se acham as raízes do 'processo' e no seu âmbito foi elaborado tecnicamente, mas, do ponto

---

[16] *Teoria geral do processo*. 23. ed. 2007, p. 296.

[17] O mérito dos administrativistas na identificação do aspecto unitário do processo é ressaltado por Fazzalari ("Processo", in *Digesto Italiano*, 1966, p. 1069), e por Cândido Dinamarco, desde a 1ª edição da sua obra *A instrumentalidade do processo* (na 16ª ed., de 2022, a menção encontra-se na p. 65.).

de vista jurídico-teórico não é sustentável essa redução, porque o 'processo', por sua própria natureza, pode ocorrer em todas as funções estatais, possibilidade que se vai atualizando cada vez mais [...] Mas esta ampliação da prática processual não se satisfaz com uma simples acumulação de disciplinas processuais, mas requer uma generalização no tratamento do problema processual [...] Não existe ainda semelhante teoria geral do direito processual que nos ofereça o comum e válido para todo tipo de processo e, assim, cada disciplina processual particular tem de substituí-la nesta tarefa, tendo sido a teoria processual civil a que tomou a frente".[18]

A leitura dos textos selecionados enseja inferir a visão nítida do autor em termos de uma processualidade ampla, a ser trabalhada num enfoque de teoria geral do processo.

Outro momento doutrinário expressivo ocorreu com a obra de Sandulli, *Il procedimento amministrativo*, editado pela primeira vez em 1940, em que, usando o termo *procedimento*, afirma tratar-se de fenômeno comum a todas as funções do Estado; refere-se à *fruttuosità* de um eventual estudo unitário do fenômeno procedimental em todo o direito público.[19]

Também na década de 40 do século XX foi publicado o trabalho do espanhol Villar y Romero, *Derecho procesal administrativo*, no qual o autor admite a processualidade fora do âmbito da jurisdição, mencionando a visão parcial da noção de processo, própria dos processualistas; afirma que o processo administrativo é espécie do processo em geral, bem como o processo legislativo.[20]

Profunda repercussão no enfoque de uma processualidade ampla, sobretudo administrativa, e nos conceitos de processo e procedimento acarretou o artigo de Feliciano Benvenuti, intitulado

---

[18] *Teoría general del derecho administrativo*. México: Editora Nacional, 1975, p. 279 e 280. Postulados normativistas influenciaram as ideias de Merkl sobre a processualidade ampla, por exemplo, aspectos da teoria dinâmica do direito, de Kelsen, cujo objeto é o processo jurídico pelo qual o direito é criado e aplicado; a teoria normativista da formação do direito por degraus conduz à distinção entre direito material, que traz regras de fundo, e direito formal, com regras sobre os modos de criação e aplicação do direito. Sob esta ótica, o processo é o meio pelo qual a manifestação jurídica de um plano superior produz manifestação jurídica de um plano inferior. Assim, no plano geral de uma teoria dos atos jurídicos, o processo jurídico de desenvolvimento progressivo das manifestações de vontade deve se aplicar a todos os atos estatais, nenhum tendo o monopólio do processo. É a contribuição significativa de Merkl no tocante à generalização da processualidade.

[19] *Il procedimento amministrativo*. reedição de 1964, p. 14.

[20] *Derecho procesal administrativo*. 2. ed., 1948, p. 7 e 8.

Funzione amministrativa, procedimento, processo, publicado em 1952; neste trabalho o publicista italiano vincula a processualidade à função, como sua manifestação sensível; há processualidade em todo exercício de uma função; a extensão das formas processuais ao exercício da função administrativa está de acordo com a mais alta concepção de Administração: o agir a serviço da comunidade (*passim*, p. 121 a 145).

Em 1968, surge na França o livro de Guy Isaac, *La procédure administrative non-contentieuse*, no qual é defendida a visão global do fenômeno do processo jurídico, admitindo-se a processualidade administrativa.

O publicista português, Alberto Xavier, na obra *Do procedimento administrativo*, editada no Brasil em 1976, refere-se à noção ampla de processo como expressão de uma vontade funcional; a seu ver, o fenômeno processual se revela em vários setores da ordem jurídica, apresentando-se com maior pujança e nitidez no direito público; a cada função do Estado corresponde um tipo de processo através do qual ela se desenvolve (p. 15, 18, 23 e 26).

Por sua vez, o argentino Hector Jorge Escola tratou do tema referente à ampliação do conteúdo da concepção de processo e mencionou a existência de um conceito geral de processo (*Tratado general de procedimiento administrativo*. 2. ed. 1981, p. 8 e 10).

Na doutrina italiana, Mario Nigro, que desde 1953 vinha se dedicando ao processo administrativo, acentua e aprimora seu tratamento nos anos 80 do século XX, sobretudo ao observar que a ação dos poderes públicos sempre assumiu forma processual e só em época mais recente a processualização se estendeu a campos nos quais parecia desconhecida; foi reforçada onde já ocorria; adquiriu-se consciência de sua importância e se percebeu que mediante ela emergem e têm plena atuação princípios e modos de ser fundamentais à nossa vida coletiva.[21]

De seu lado, Giorgio Berti realizou estudo alentado sobre a estrutura processual, vinculando processo à função e ressaltando que processo não é necessariamente ligado à jurisdição, no sentido de que a atividade jurisdicional não tem a exclusividade do processo.[22]

---

[21] L'azione dei pubblici poteri. Lineamenti generali, in Giuliano Amato; Augusto Barbera (org.). *Manuale di diritto pubblico*. 1986, p. 726 e 727. Mario Nigro exerceu relevante papel na elaboração da lei de processo administrativo italiana, de 1990.

[22] *Diritto e Stato*. 1986, p. 330 e 331.

No século XXI, por exemplo, Ricardo Garcia Macho menciona a evolução e o crescimento do "processo como teoria na esfera do Direito, nos âmbitos do processo legislativo, judicial, eleitoral, administrativo".[23]

Para Saunier, autor francês, "a noção de processo pertence às noções fundamentais da teoria do direito. O processo administrativo não poderia ser concebido senão como espécie do gênero processo jurídico".[24]

4.2 Doutrina brasileira

Na doutrina pátria, contribuição significativa à visão ampla da processualidade foi dada por Themístocles Brandão Cavalcanti, que desde 1938 dedicou estudos ao processo administrativo, despertando atenção para o tema; no seu *Tratado de direito administrativo*, vol. IV, lança a ideia de certa identidade entre o processo administrativo e o processo judicial, que seria sua finalidade pública de boa aplicação dos princípios de justiça e da conservação do equilíbrio jurídico (na 3. ed., p. 536 e 537).

Cretella Júnior vê no processo uma categoria jurídica ou o gênero, havendo os processos-espécies, como tipos diversificados com atributos particulares; desse modo, a seu ver, o processo administrativo é, antes de tudo, processo em sua lata acepção.[25]

Na linha da processualidade ampla, situa-se também Manoel de Oliveira Franco Sobrinho, que se expressa, a respeito, nos seguintes termos: "Não há como negar, o fenômeno procedimento como processo é comum a todas as funções estatais, não se limitando apenas às implicações jurisdicionais-judiciárias; o processo administrativo é espécie de processo em geral".[26]

---

[23] No artigo Procedimiento administrativo y sociedad de la información y del conocimiento, in Javier Barnes (org.). *La transformación del procedimiento administrativo*. Sevilha: Global Law Press, Editorial Derecho Global, 2008, p. 208.

[24] La notion de procédure administrative non contentieuse. In L'Association française pour la recherche en droit administratif - AFDA (org.). *Les procèdures administratives*. Paris: Dalloz, 2015, p. 59.

[25] *Tratado de direito administrativo*. Vol. IV (processo administrativo), p. 13 e 14.

[26] *Introdução ao direito processual administrativo*. 1971, p. 97 e 107.

Em sentido semelhante manifesta-se Lafayette Pondé: "A noção de processo não é privativa da jurisdição, mas uma forma de exercício da atividade do Estado".[27]

Na doutrina menos antiga, Carlos Ari Sundfeld afirma textualmente: "O fenômeno processual não é exclusivo da jurisdição, antes é caraterístico das várias funções do Estado e do tipo de vontade que elas expressam"; o mesmo autor refere-se, ainda, a pontos comuns da teoria do processo estatal, independentemente da função de que se trate.[28]

A respeito se expressa José Reinaldo Lima Lopes: "quando se fala de processo, no âmbito do direito e da história do direito, devemos pensar na tomada de decisão. Seja a tomada de decisão do governante, que opta por fazer uma coisa, e não outra, seja a do legislador, que opta por legislar num sentido, e não em outro, seja a tomada de decisão do juiz, que resolve a causa julgando a favor de uma parte, e não de outra – todas elas têm passos determinados inseridos em justicativas e sentidos especiais".[29]

Nas palavras de Pedro Niebuhr, "mais acertada a posição que, mesmo admitindo a distinção entre funções administrativas e jurisdicionais, reputa que o processo administrativo e o processo judicial (ao lado do processo legislativo) são espécies do mesmo gênero: processo".[30]

No direito pátrio e em outros ordenamentos foi se acentuando a anuência à concepção de processualidade ampla.

---

[27] *Considerações sobre o processo administrativo*, in *RDA* 130, out.-dez. 1977, p. 2.

[28] A importância do procedimento administrativo, in *RDP* 84, out.-dez. 1987, p. 66 e 68. Entre os doutrinadores pátrios, deve-se mencionar o publicista José Afonso da Silva, que, em 1964, na importante obra *Princípios do processo de formação das leis no direito constitucional*, já afirmava o paralelismo entre o processo parlamentar e os processos administrativo e judicial (p. 29).

[29] *In* Prefácio no livro de Maren Guimarães Taborda *O processo administrativo como manifestação sensível da função*: lições da história constitucional do Brasil. Belo Horizonte: Fórum, 2023, p. 14.

[30] *Processo administrativo ambiental*. 4. ed. Belo Horizonte: Fórum, 2023, p. 141.

CAPÍTULO II

O NÚCLEO COMUM DA PROCESSUALIDADE

5 Considerações preliminares

A acolhida da concepção de uma processualidade ampla possibilita cogitar a respeito da existência de aspectos comuns ou *núcleo comum* às atuações realizadas segundo o esquema processual.

Haveria, assim, notas predominantes da processualidade jurídica, presentes nos vários âmbitos em que se expressa, também denominadas *invariáveis estruturais*.[1]

A partir desse núcleo de identidade mínima, irradiam-se pontos de diversidade, em grande parte decorrentes das características da função que a processualidade traduz e do ato final a que tende. Assim, p. ex., há peculiaridades na processualidade administrativa que a distinguem da processualidade jurisdicional e da legislativa.

Compete ao direito administrativo o estudo das peculiaridades da processualidade administrativa, porque esta diz respeito ao exercício da função administrativa. O direito constitucional cuida da processualidade legislativa, porque se refere à função de elaboração da lei. Por sua vez, o direito processual trata da processualidade jurisdicional, porque expressa o exercício da função jurisdicional.

Os dados constantes cabem à teoria geral do processo ou à teoria geral do direito (em grau mais forte de abstração), nada obstando que as disciplinas particulares se ocupem deles, como

[1] ALBISINNI, Francesco Giovanni; GIARDINO, Edoardo. Il procedimento amministrativo, in Torchia, Luiza. (org.). *La dinamica del diritto amministrativo.* Dieci lezione. Bolonha: Il Mulino, 2017, p. 24.

referenciais básicos e até mesmo com o fim de fundamentar a ideia da processualidade fora do âmbito jurisdicional.

Já se ressaltou o mérito da doutrina administrativista na elaboração e no aprimoramento da ideia de uma processualidade como categoria conceitual que transcende o campo da disciplina administrativa e jurisdicional e emerge na condição de uma constante da experiência jurídica.

Essa constante, esse núcleo comum se revela por um rol de elementos fundamentais.

6 *Fieri* e *factum*

Já em 1927, Merkl[2] advertia que em toda atuação se distinguem um *fieri* e um *factum*, quer dizer, algo que está se realizando e algo realizado; o fazer e o feito, o operar e o resultado da operação.

Nesse sentido, coloca-se a lição de José Afonso da Silva, para quem "a noção de processo envolve, em sentido geral, um momento dinâmico de certo fenômeno no seu vir a ser. Um processo representa sempre o momento da evolução de alguma coisa".[3]

A processualidade exprime o *vir a ser* de um fenômeno, o momento em que algo está se realizando. No âmbito do direito, quando existe esse período em que atuações evoluem, sobressai uma situação dinâmica e, portanto, uma situação de vínculos processuais. O caráter dinâmico é ressaltado por Saunier: "Há forma de unanimidade em torno da ideia de que o processo possui qualquer coisa de dinâmico".[4] A processualidade denota, assim, o aspecto dinâmico de um fenômeno que vai se concretizando em muitos pontos no tempo.

---

[2] *Teoria general del derecho administrativo*, p. 287.

[3] *Processo constitucional de formação das leis*. 2. ed. São Paulo: Malheiros, 2007, p. 40. A 1ª edição (1964) tinha o título de *Princípios do processo de formação das leis no direito constitucional* e ostentava esse título nas 1ª e 2ª edições deste livro.

[4] La notion de procédure administrative non contentieuse, in L'Association française pour la recherche en droit administratif (AFDA). (org) *Les procédures administratives*. Paris: Dalloz, 2015, p. 60.

7 Sucessão encadeada

Os vários pontos no tempo não significam uma adição de fases; mas atos ou atuações que se sucedem um ao outro, num encadeamento em que o precedente propulsiona o subsequente, até a meta final. Nos dizeres de Domenico Sorace e Simone Torricelli, "o processo do ponto de vista da sua estruturação é uma concatenação de atos entre si coordenados, todos funcionalmente tendentes ao resultdo de uma decisão final".[5] Na série da processualidade, cada ato provoca a realização do ato posterior. Para que o encadeamento se efetue, o direito prevê obrigações e ônus para quem está legitimado a atuar no momento posterior.

Desse modo, nem toda sucessão de atos para se obter um resultado final configura-se como processualidade; esta é figura mais específica e qualificada que a soma de atos.

8 Sucessão necessária

O encadeamento sucessivo dos atos ocorre não como algo eventual ou meramente lícito, mas como algo juridicamente necessário e obrigatório. Nesse sentido, a observação de Merkl para a atuação estatal exprime um dos elementos do núcleo comum da processualidade: "Fala-se de procedimento jurídico somente quando o caminho que conduz a um ato estatal não se apresenta como livre escolha do órgão competente para o ato, mas está previsto juridicamente [...]".[6]

9 Figura jurídica diversa do ato

Se a processualidade diz respeito ao *vir a ser* de um ato e o ato é o *feito*, o processo constitui noção jurídica diferente da noção de ato.

---

[5] *Diritto delle amministrazione pubbliche.* Una introduzione. 10. ed. Bolonha: 2021, p. 317.

[6] *Teoria general del derecho administrativo*, p. 279. Esse elemento fundamental guarda vínculo com a cláusula do *devido processo legal* ou do *justo procedimento*, como se infere das seguintes ponderações de Cândido Dinamarco: "A lei traça o modelo dos atos do processo, sua sequência, seu encadeamento, disciplinando com isso o exercício do poder e oferecendo a todos a garantia de que cada procedimento a ser realizado em concreto terá conformidade com o modelo preestabelecido: desvios ou omissões quanto a esse plano de trabalho e participação constituem violações à garantia constitucional do devido processo legal" (*A instrumentalidade do processo*. 16. ed. 2022, p. 116).

Por isso, a teoria do ato o considera como algo em si já especificado, consistente e imobilizado, como resultado de uma atuação. De seu lado, a teoria da processualidade ocupa-se da concatenação juridicamente preestabelecida dos atos, que se coordenam à vista de um fim.

O *vir a ser*, o *fazer-se*, característico da processualidade, significa que existe subjacente uma dimensão de tempo, ausente na categoria *ato*. A projeção no tempo possibilita apreender o dinamismo da série processual, em contraposição à imobilidade do ato.

10 Correlação com o ato

A diversidade conceitual entre processualidade e ato não implica separação metodológica absoluta, entre as duas figuras. Nítida se apresenta a correlação entre processualidade e ato, como inerência e instrumentalidade da primeira em relação ao segundo. A figura do processo é distinta da figura do ato, mas não pode dele se separar totalmente.

11 Obtenção de resultado unitário

A correlação com o ato sobressai clara ao se considerar que a sucessão de atos, encadeada e juridicamente necessária, direciona-se a um resultado unitário, o ato final de decisão ou o resultado final. O fio referencial da sucessão situa-se justamente na formação deste resultado final.

O esquema processual abrange, na sua série, todos os atos que, de modo mediato ou imediato, são teleologicamente vinculados à elaboração do ato final. Portanto, todo ato do procedimento mantém vínculo teleológico com o resultado final, para o qual se direciona. Nessa linha, Mortati observa que os atos parciais da série "são ligados entre si pelo fim comum de tornar possível a formação do ato final".[7]

Embora dotados de vida jurídica própria, os atos da série processual encontram sua razão de ser na decisão final. No entanto, esse

[7] *Istituzioni di diritto pubblico*. v. I. 1975, p. 263.

vínculo teleológico a um resultado unitário não elide a relevância dos atos parciais, sobretudo no tocante à garantia de direitos e ao seu papel de oferecer condições para uma decisão correta.

12 Pluripessoalidade necessária

O esquema processual compõe-se de atividades provindas de muitas pessoas físicas, quer sejam ou não sejam representantes de órgãos da entidade a que se deve imputar o ato final. Mortati, no tocante a esse elemento, utiliza a expressão seguinte: "atos parciais emanados de uma pluralidade de sujeitos ou órgãos".[8] "Vários atores participam deste processo", afirma Javier Barnes.[9]

Assim, a processualidade se coaduna ao âmbito de atuação das pessoas jurídicas ou entes coletivos. Tais entidades são dotadas de organizações articuladas, o que requer a cooperação das várias pessoas ou órgãos que as integram ou de pessoas que lhes são exteriores para o adequado desempenho de suas funções.

Ao determinar a atuação mediante o mecanismo processual, o ordenamento exige a coadjuvação de muitas pessoas ou órgãos, de acordo com pautas preordenadas juridicamente. Nesta linha, Tawil menciona a "interação necessária de todas as partes".[10]

No tocante às atividades dos entes estatais, o esquema processual aí encontra campo propício em virtude da complexidade organizacional que lhes é característica e, sobretudo, porque o ordenamento condiciona o exercício de muitas funções públicas à cooperação mais ou menos intensa dos sujeitos destinatários do ato estatal. O ato resultante da cooperação de várias pessoas ou órgãos é imputado ao ente estatal e, por vezes, expressa a figura típica pela qual este exerce suas funções.

---

8 *Op. cit.* p. 263.

9 Tres generaciones de procedimiento administrativo, in Pedro Aberastury; Hermann – Josef Blanke (org). *Tendencias actuales del procedimiento administrativo en Latinoamerica y Europa.* Buenos Aires: Eudeba e Konrad Adenauer Stigung, 2012, p. 143.

10 Apresentação, in Guido Santiago Tawil (org). *Procedimiento administrativo.* 1ª reimpressão. Buenos Aires: AbeledoPerrot, 2010, p. XXVII.

13 Interligação dos sujeitos

Os vários sujeitos que exercem atividades no esquema processual estão interligados por direitos, deveres, ônus, poderes, faculdades; essa complexa ligação entre os sujeitos compõe-se, então, de posições jurídicas ativas e passivas de cada um deles.[11]

Assim, no mecanismo processual, a partir de um ponto inicial ocorre uma sucessão de posições jurídicas que se substituem gradativamente, em virtude da realização de atos praticados com observância de requisitos fixados em lei.[12]

14 Pertinência ao exercício do poder

A plurissubjetividade necessária, o vínculo à atuação de entes com organização articulada e a interligação entre sujeitos possibilitam, em sua somatória, extrair outro elemento do núcleo comum da processualidade: a pertinência ao exercício do poder.

O poder, em essência, consiste, dada uma relação entre pessoas, no predomínio da vontade de uma sobre as demais; numa relação entre órgãos, no predomínio de um sobre outros. O exercício do poder, num Estado de Direito que reconhece e garante direitos fundamentais, não é absoluto; canaliza-se a um fim, implica deveres, ônus, sujeições, transmuta-se em função, o que leva o ordenamento a determinar o filtro da processualidade em várias atuações revestidas de poder.

A processualidade, então, vincula-se à disciplina do exercício do poder estatal. A seiva do tronco comum da processualidade pública é o poder, que permeia todos os ramos.

---

[11] Cinta, Grinover e Dinamarco. *Teoria geral do processo*. 23. ed., 2007, p. 301.

[12] Cinta, Grinover e Dinamarco. *Teoria geral do processo*. 23. ed., 2007, p. 302.

CAPÍTULO III

PROCESSO OU PROCEDIMENTO ADMINISTRATIVO

15 Controvérsia terminológica e substancial

A ideia da processualidade extensiva a todos os poderes estatais e a identificação de seu núcleo comum possibilitam afirmar a existência de uma processualidade nas atividades da Administração Pública, quando aí se detectam aqueles elementos que integram esse núcleo. Surge, por conseguinte, a questão de qualificar a processualidade administrativa como processo ou como procedimento.

As controvérsias em torno do processo e do procedimento ocorrem há muito tempo no âmbito do direito processual e do direito administrativo e dizem respeito tanto a aspectos terminológicos quanto a aspectos substanciais.

Como exemplo, sob o ângulo terminológico, pode-se apontar o direito administrativo dos países com jurisdição dupla, nos quais a doutrina, a legislação e a jurisprudência valem-se do termo *procedimento* para designar a processualidade administrativa, reservando a expressão *processo administrativo* para o âmbito da jurisdição administrativa, com o intuito, certamente, de separar campos e evitar que a identidade de denominação gere confusões nos estudos, pesquisas e decisões referentes a tais temas. É o que acontece na Itália, onde os estudos do tema são efetuados sob a rubrica *procedimento administrativo*.[1] Também se encontra a preferência

[1] Na França, berço do sistema da jurisdição dupla, a doutrina administrativista adota, em

pelo vocábulo *procedimento* em ordenamentos dotados de lei geral de processo administrativo, embora de jurisdição una, como é o caso da Argentina. No Brasil, além da oscilação doutrinária entre os termos *processo* e *procedimento*, ocorria (e, por vezes ainda ocorre) a conexidade de processo administrativo a processo disciplinar, o que implica visão reducionista da processualidade administrativa.

No campo do direito processual, no período em que predominou a chamada tendência procedimentalista, reinava uma quase assimilação de processo e procedimento, pois o processo significava simples sucessão de atos.

As divergências emergem, sobretudo, na busca de diferenciação das duas figuras, com o uso de vários critérios.

16 O critério da amplitude

Por esse critério tentou-se distinguir as duas figuras, afirmando-se que o processo é algo mais que o procedimento. Com frequência as obras doutrinárias de processo civil ou processo administrativo reproduzem a seguinte frase, representativa deste critério: se todo o processo implica, para o seu desenvolvimento, um procedimento, nem todo procedimento é um processo.

Em linha semelhante diz-se também que, no aspecto quantitativo, processo é o conjunto de todos os atos; procedimento é só um ato ou grupo desses atos; processo é o todo, procedimento consiste em partes do todo.[2]

Tal critério não propicia percepção da substância das duas figuras, por deixar de apontar sob qual aspecto o processo é algo mais que o procedimento.

---

geral, a expressão *processo administrativo não contencioso* para denominar a processualidade administrativa, diferenciando-a da processualidade existente nas jurisdições administrativas, a que se dá o nome de *processo administrativo*. Em obra de 1990, Brewer-Carias criticou a primeira expressão sob dois ângulos: primeiro, porque não tem sentido fora do ordenamento francês, em que para identificar a processualidade administrativa se utilizou a expressão *não contencioso* por oposição ao contencioso administrativo; em segundo lugar, porque não é certo que essa processualidade seja sempre de caráter "não contencioso" (*Principios del procedimiento administrativo*. 1990, p. 21, 22 e 23).

2 Cretella Júnior. *Tratado de direito administrativo*. v. VI, p. 16.

17 O critério da complexidade

Por meio desse critério, contrapõe-se processo e procedimento com base no complexo e no simples. O procedimento implicaria "manifestações simples de vontade, o meio imediato de dar forma a um ato ou a uma decisão; trata-se de operação simples, podendo haver procedimento de um ato só". "O processo seria o conjunto de atos ou procedimentos, a soma de diferentes operações que integram, na unidade, um todo", configurando-se como operação complexa.[3]

Há um outro modo de enquadrar a distinção entre processo e procedimento no critério da complexidade. Esse modo revela-se como produto da evolução da teoria processual e assenta a diversidade em elementos dotados de mais significação. Sob tal ótica, o procedimento significa simples sucessão de atos processuais, simbolizado por uma cadeia de anéis; o processo é uma entidade complexa, que sintetiza os atos que lhe dão corpo e as relações entre as posições jurídicas ativas e passivas dos seus sujeitos; característico do processo é o funcionamento conjugado dos componentes dessa entidade complexa.[4]

18 O critério do interesse

O critério do interesse, utilizado por administrativistas e processualistas, diferencia procedimento de processo com base numa concepção clássica, por muito tempo predominante. Assim, os atos do procedimento realizam-se com o objetivo de satisfazer somente o interesse do autor do ato, que é o único interesse para cuja satisfação é conferido o poder. Eis uma das explicações do emprego do termo *procedimento* no âmbito de atuação administrativa, pois esta se destinaria, nesta concepção, principalmente à satisfação do sujeito, Administração Pública. Quanto ao *processo*, os atos realizados pelos sujeitos visariam a um interesse que não é o do autor do ato final, mas ao interesse dos destinatários do ato. Daí a tradicional

---

[3] Manoel de Oliveira Franco Sobrinho. *Curso de direito administrativo*. 1979, p. 278 e 279.

[4] Nesse sentido as lições de Cintra, Grinover e Dinamarco. *Teoria geral do processo*. 2007, p. 300 e 301.

associação entre exercício da função jurisdicional e processo.

Realmente, o entendimento exposto traz subjacentemente uma visão tradicional tanto administrativista quando processualista.

No campo administrativo prevaleceu, por longo período, a ideia de contraposição irredutível entre interesse público e interesse particular. Como a Administração apresentava-se na condição de detentora absoluta das escolhas referentes ao interesse público, este acabou por identificar-se como interesse da Administração. O contraste entre interesse público e interesse privado ou interesse social refletia a separação entre Estado e sociedade, predominante como realidade e concepção no século XIX e na primeira metade do século XX. No contexto do fim do século XX e primeiras décadas do século XXI, em que a separação entre Estado e sociedade perde nitidez, em que ocorre progressiva aproximação entre Administração e cidadãos da sociedade civil, em que os inúmeros grupos sociais colaboram na identificação do interesse público, dificilmente se poderia aceitar a ideia de que os atos do esquema processual administrativo visam a satisfazer o interesse da Administração, autora do ato final.

Por sua vez, no âmbito processualista, dominou por muito tempo o enfoque privatista ou subjetivista do processo, do que decorria a assertiva de que os sujeitos atuam no processo direcionados ao interesse dos destinatários do ato final. A evolução do direito processual levou à visão publicista do processo, ao reconhecimento também dos escopos sociais e políticos da jurisdição, ao acolhimento dos direitos difusos na proteção jurisdicional, concepções essas que dificultam sustentar *in totum* a ideia do ato final do processo destinado somente às partes da relação processual.

19 O critério do concreto e do abstrato

Nos esforços para distinguir as duas figuras surgiu a percepção de que o processo corresponde ao conjunto de todos os atos realizados, a cada vez, para a composição da lide ou do assunto; quer dizer, o processo consiste na soma dos atos que se realizam em cada caso; o processo, nessa concepção, diz respeito ao mundo do ser, ao mundo dos fatos, embora qualificáveis do ponto de vista jurídico, mas realizados concretamente na realidade extrajurídica; o processo exprime, assim, o fenômeno em concreto.

O procedimento consistiria no módulo legal do fenômeno em abstrato, o esquema formal do processo; diz respeito, portanto, à hipótese abstrata ou normativa, a um dado da realidade normativa; a realização concreta dessa hipótese abstrata é o processo.

Esse contrasteamento também parece de difícil acolhida, pois cria dificuldades metodológicas no tratamento do processo: como cuidar cientificamente de algo que é único em si, insuscetível de repetição. Por outro lado, não oferece fundamentos consistentes para identificação das duas figuras. E, por fim, "seria possível inverter as conotações de abstrato e concreto, sem que daí decorressem consequências aplicativas".[5]

20 O critério da lide

Tentou-se distinguir processo de procedimento com base na lide; o processo seria identificado pela existência da lide; no procedimento não haveria lide. Lide vem habitualmente conceituada no direito processual como o conflito de interesses qualificado pela pretensão de um dos sujeitos e pela resistência do outro.

O critério da lide, na verdade, fica prejudicado, ao se cogitar de processo sem lide. A respeito, mostram-se apropriadas as seguintes ponderações de Cândido Dinamarco: "É de questionar se realmente existe lide em todo processo, mesmo em todo processo propriamente jurisdicional ou contencioso. Em processo penal, não é exato que o Ministério Público, ou seja, a sociedade, tenha algum interesse à punição de inocentes, em conflito com o interesse do acusado à manutenção de seu status libertatis. Em processo civil mesmo, há certas causas onde a existência de conflito entre atitudes das partes (o elemento formal da lide, resistência à pretensão) mostra-se de total indiferença, como sucede nas ações de anulação de casamento: com ou sem a resistência, o processo é indispensável à consecução do objetivo do autor, sendo inclusive indispensável a nomeação de curador que defenda a permanência do vínculo matrimonial".[6]

---

[5] Giannini. *Diritto amministrativo*. v. II, 1988, p. 540.

[6] *Fundamentos do processo civil moderno*. 3. ed., 2000, p. 194.

21 O critério da controvérsia

Outra chave para distinguir as duas figuras situa-se na controvérsia; assim, o processo encerra uma controvérsia ou litígio, quer no âmbito jurisdicional quer no âmbito administrativo; no processo administrativo o litígio envolveria a Administração e o administrado ou o servidor; o procedimento, por sua vez, seria o modo de realização do processo, seu rito.[7]

22 O critério do teleológico e do formal

De acordo com esse critério, a noção de processo é essencialmente teleológica, pois se caracteriza por sua finalidade de exercício do poder; a noção de procedimento é de índole formal, porque significa mera coordenação de atos que se sucedem.[8] Sob tal aspecto, o termo *procedimento* apresenta o sentido de modelo de sequência.

"O procedimento é, nesse quadro, apenas o meio extrínseco pelo qual se instaura, desenvolve-se e termina o processo; é a manifestação extrínseca deste, a sua realidade fenomenológica perceptível [...]. Conclui-se, portanto, que o procedimento (aspecto formal do processo) é o meio pelo qual a lei estampa os atos e fórmulas da ordem legal do processo".[9]

23 O critério do ato e da função

Existe uma orientação doutrinária, acolhendo a tese de Benvenutti, de que a função significa passagem do poder abstrato ao ato, daí extrai consequências diferentes daquelas mencionadas pelo referido autor. De acordo com essa orientação, há um circuito que se inicia sobre uma figura dinâmica, que é a função e se fecha sobre uma figura estática, que é o ato; o procedimento representa a reunião de ambas, atraído, no entanto, mais para o ato, do qual prepara os pressupostos e os elementos; o procedimento torna-se tributário do

---

7 É o entendimento de Hely Lopes Meirelles, na obra *Direito administrativo brasileiro*. 1990, p. 578 e 579.

8 Nesse sentido, Alcalá-Zamora. *Proceso, autocomposición y autodefensa*. 1970, p. 115.

9 Araújo Cintra, Grinover e Dinamarco. *Teoria geral do processo*. 23. ed., 2007, p. 295.

ato e representa sua descrição. Assim, o procedimento entra na área do ato; o processo vincula-se à função. Quando se fala de processo se dá realce a um conjunto de garantias que não se referem ao ato final ou à decisão, mas ao exercício da função; a função adquire evidência enquanto seja evidente um processo e este, por sua vez, é evidente por si próprio e não pelo ato final em que resulta.[10]

24 Procedimento como gênero e processo como espécie

Nos confrontos entre processo e procedimento, realizados com o intuito de distingui-los, o procedimento aparecia em posição desprestigiada; tornou-se até habitual o uso da expressão *mero procedimento*, sobretudo quando se pretendia designar a sucessão de atos do processo, a jurisdição voluntária e o processo administrativo.

No entanto, a partir do estudo de Benvenuti, intitulado *Funzione amministrativa, procedimento, processo* (publicado em 1952) passou a se delinear, de modo mais nítido, a noção de procedimento e de processo, e assistiu-se a uma reversão do menosprezo pelo procedimento; das ideias de Benvenuti resultou, entre outras consequências, uma "reaquisição" de prestígio científico do procedimento.

Os pontos fundamentais do pensamento de Benvenuti são os seguintes: os atos emanados do poder estatal, tais como leis e sentenças, consistem na concretização da entidade abstrata que é o poder; concretizar significa assumir efetividade real; quer dizer, o poder se adapta a uma realidade, transfundindo-se em ato, o qual representa aplicação pontual de um poder a uma realidade. Esta concretização do poder em ato nem sempre é instantânea. Quando falta essa instantaneidade entre poder e ato, há qualquer coisa que enquanto se concretiza não é poder, mas ainda não é ato; este fazer-se ato denomina-se função. A manifestação sensível da função, o modo de fazer-se ato é o procedimento; procedimento é a história da transformação do poder em ato, história essa marcada por toda a série de atos necessários para a transformação do poder em

[10] É a orientação exposta por Berti. *Diritto e stato*. 1986, p. 330, 331, no capítulo denominado "A estrutura procedimental".

realização concreta. Procedimento é fenômeno que se produz em todo exercício de uma função; constitui elemento basilar do sistema e da lógica do direito.[11]

Com base principalmente na ideia do procedimento como expressão da passagem não instantânea entre poder e ato, como história do conjunto de atos que marcam a transformação do poder em ato final, passou-se a raciocinar em termos de procedimento como gênero e processo como espécie. Sobretudo no âmbito da atuação dos poderes públicos, a respectiva função realiza-se por procedimento, adotado para várias manifestações das atividades dos sujeitos públicos.[12] Contudo, o procedimento pode traduzir-se como processo.

Partindo-se de tais premissas, buscou-se caracterizar processo e procedimento, surgindo duas orientações principais.

24.1 O critério da colaboração dos interessados

Segundo Benvenuti,[13] em virtude da sua própria essencialidade, como elemento basilar do sistema e da lógica do direito, o procedimento pode diferenciar-se em tipos concretos. E a diferenciação se obtém somente se o procedimento for encarado sob ótica subjetiva, isto é, sob o aspecto do vínculo existente entre os sujeitos que dele participam. Do ponto de vista subjetivo, distinguem-se dois tipos de procedimento: o procedimento em sentido estrito e o processo. Os dois tipos ligam-se à figura do procedimento que, no seu aspecto objetivo, representa a manifestação sensível da função.

---

[11] As ideias de Benvenuti tiveram ampla acolhida na doutrina publicista e processualista italiana, principalmente. Nos trabalhos referentes à processualidade nas atuações dos poderes públicos, tornou-se frequente a vinculação entre poder, função e procedimento, tal como exposto por Benvenuti. Contudo, críticas lhe foram dirigidas por Virga, segundo o qual o uso do procedimento não pode ser considerado necessário para os fins de exercício da função administrativa; há casos em que atos são editados independentemente de procedimento (*Il provvedimento amministrativo*. 1972, p. 224, nota 5). Em sentido semelhante, situa-se a crítica formulada por Alberto Xavier: "Efetivamente, é ir longe demais dizer-se que toda concretização de um poder é uma função" (*Do procedimento administrativo*. 1976, p. 28). As ressalvas de Virga e de Alberto Xavier merecem acolhida, pois, no âmbito da atuação administrativa, nem todo ato resulta de um processo; há atos editados com instantaneidade. Este aspecto tem relevo justamente no tocante à caracterização da processualidade administrativa e das razões que levam à imposição de processo antes da edição de certos atos administrativos.

[12] Nessa linha, Mortati. *Istituzioni di diritto pubblico*. v. I, 1975, p. 263.

[13] Funzione amministrativa, procedimento, processo, in *Rivista trimestrale di diritto publico*, 1952, p. 118-145.

O procedimento em sentido estrito tem como elemento característico a sucessão de atos, realizados todos pelo mesmo sujeito a quem compete editar o ato final; mesmo sujeito significa um só órgão ou mais órgãos do mesmo sujeito; ainda que os atos do procedimento provenham de órgãos diversos, todos são imputados ao mesmo sujeito. O referido autor atrela, a este critério, a atuação dos vários órgãos norteada numa única direção, que é o interesse do próprio sujeito que edita o ato. Ressalta, depois, que não é sem razão que se usa, de hábito, o nome *procedimento* para designar o modo de exercício da função administrativa, pois esta é a transformação de poderes preordenados à satisfação do sujeito, Administração Pública; só de forma reflexa os poderes preordenados podem redundar na satisfação de um sujeito que não é a Administração, em particular o cidadão.[14]

Outro tipo de procedimento tem o nome de processo, cujo elemento característico se encontra na atuação de sujeitos diversos daquele a quem compete editar o ato; no processo, os próprios destinatários do ato têm a possibilidade de participar da concretização do poder no ato determinativo de sua posição. Processo é, assim, colaboração do interessado. Ao critério da colaboração dos interessados, o mencionado autor acrescenta que estes visam, com seus atos processuais, a um interesse substancial que não é o interesse do autor do ato, mas de seus próprios destinatários.

Um dado a mais, segundo Benvenuti, caracteriza o processo; nele um ou vários atos dos sujeitos encontram sua razão de ser ou seu limite em atos de outro sujeito; quando esta razão de ser e este limite surgem e se fixam no interesse sobretudo do destinatário do ato, está presente um processo. Esta concepção do processo como modo de exercício de uma função pública, limitada, no seu exercício, por atos realizados no interesse do destinatário do ato final, revela o elemento essencial do instituto, na percepção do referido autor.

---

14 As considerações tecidas no item 18, referentes à concepção da Administração como detentora exclusiva e absoluta do interesse público, concepção essa hoje contestada, podem ser transpostas, como ressalva crítica a esta ideia de função administrativa exercida somente no interesse da própria Administração Pública. Esta ideia era predominante na época em que Benvenuti publicou o seu trabalho, ora comentado (1952), e não invalida a grande contribuição que ofereceu ao tratamento da processualidade.

No tocante à função administrativa, Benvenuti, embora tenha afirmado que o procedimento é a sua expressão típica, admite que também no direito administrativo ocorram hipóteses em que, além do autor do ato, outros sujeitos colaborem no exercício da função, com atos determinativos do ato final, realizados no seu próprio interesse. E exemplifica com o recurso hierárquico e com o processo disciplinar, qualificando-os como processo.

24.2 O critério do contraditório

De acordo com essa orientação,[15] não basta para distinguir o processo a colaboração de muitos sujeitos destinatários do ato; o que o diferencia é a estrutura dialética do procedimento; quer dizer, no processo, os poderes, as faculdades, os deveres mediante os quais se realiza a colaboração são distribuídos entre os participantes de maneira a haver uma efetiva correspondência entre as várias posições. Isso implica simetria de posições subjetivas, em inter-relação, possibilidade de interlocução não episódica, daí decorrendo o exercício de um conjunto de controles, de reações e de escolhas e sujeição a controles e reações de outrem. As atividades dos interessados, praticadas nesse esquema, devem ser levadas em consideração pelo autor do ato, que não pode impedi-las, nem ignorá-las.[16]

No dizer de Cândido Dinamarco, "procedimento e contraditório fundem-se numa unidade empírica e somente mediante algum exercício do poder de abstração pode-se perceber que no fenômeno 'processo' existem dois elementos conceitualmente distintos: à base das exigências de cumprimento dos ritos instituídos em lei está a garantia de participação dos sujeitos interessados, pressupondo-se que cada um dos ritos seja desenhado de modo hábil a propiciar

---

15 O entendimento do contraditório como parâmetro da diferença entre processo e procedimento é encabeçado por Fazzalari, nas publicações "*Processo*", in *Novissimo Digesto Italiano*, v. 13, 1966, e *Istituzioni di diritto processuale*, 1975, e adotado pelos processualistas pátrios Araújo Cintra, Ada Pellegrini Grinover e Cândido Dinamarco, na obra *Teoria geral do processo*, 23. ed., 2007, p. 303. O publicista José Afonso da Silva ressalta a presença de contraditório e divergências no processo: "Toda transformação fenomenológica se realiza através de um *processo*, cujo conteúdo compreende aspectos contraditórios, oposição de interesses divergentes", na obra *Processo constitucional de formação das leis*. 2. ed. 2007, p. 40.

16 Fazzalari, "Processo (teoria generale)". *Novissimo Digesto Italiano*, v. 13, 1966, p. 1.072.

e assegurar essa participação".[17] Assim, no aspecto conceitual, o mesmo autor afirma a distinção: "Nem todo procedimento é processo, mesmo tratando-se de procedimento estatal e ainda que de algum modo possa envolver interesses de pessoas. O critério para a conceituação é a presença do contraditório".[18]

25 O critério adotado

O rol dos critérios comumente invocados para distinguir procedimento e processo revela não só o empenho científico de administrativistas e processualistas na caracterização de cada uma das figuras, mas também a própria evolução da matéria, no rumo da valorização procedimental, da mais precisa noção de processo e da ideia da existência de processualidade no exercício de todos os poderes estatais.

Essa evolução culmina, sobretudo, na concepção do procedimento-gênero, como representação da passagem do poder em ato. Nesse enfoque, o procedimento consiste na sucessão necessária de atos encadeados entre si que antecede e prepara um ato final. O procedimento expressa-se como processo se for prevista também a cooperação de sujeitos, sob prisma contraditório.

Tais conceitos resultam da combinação do critério da colaboração das partes e do critério do contraditório, já expostos, que melhor extraíram a essência das duas figuras. É perfeitamente admissível, a título de complementaridade, o uso do critério da complexidade, na medida em que o processo, por significar colaboração dos interessados em contraditório, traduz malha mais rica de vínculos do que o procedimento. E também o da controvérsia e o teleológico.

26 A processualidade administrativa qualificada como processo

A despeito do difundido uso do termo *procedimento* no âmbito da atividade administrativa, mais adequada se mostra a expressão *processo administrativo*.

---

[17] *A instrumentalidade do processo*. 16. ed. 2022, p. 121.

[18] Idem, p. 121.

A resistência ao uso do vocábulo *processo* no campo da Administração Pública, explicada pelo receio de confusão com o processo jurisdicional, deixa de ter consistência no momento em que se acolhe a processualidade ampla, isto é, a processualidade associada ao exercício de qualquer poder estatal. Em decorrência, há processo jurisdicional, processo legislativo, processo administrativo; ou seja, o processo recebe a adjetivação provinda do poder ou função de que é instrumento. A adjetivação, dessa forma, permite especificar a que âmbito de atividade estatal se refere determinado processo.[19]

Nos ordenamentos dotados de jurisdição dupla, nos quais se empregaria o vocábulo *procedimento* para evitar confusão com o processo da jurisdição administrativa, para este poderia ser usada a locução *processo jurisdicional administrativo* ou *processo da jurisdição administrativa*, reservando-se *processo administrativo* para a esfera da Administração.

Utilizar a expressão *processo administrativo* significa, portanto, afirmar que o procedimento com participação dos interessados em contraditório, ou seja, o verdadeiro processo, ocorre também no âmbito da Administração Pública. E todos os elementos do núcleo comum da processualidade podem ser detectados no processo administrativo, assim: a) os elementos *in fieri* e pertinência ao exercício do poder estão presentes, pois o processo administrativo representa a transformação de poderes administrativos em ato; b) o processo administrativo implica sucessão encadeada e necessária de atos; c) é figura jurídica diversa do ato; quer dizer, o estudo do processo administrativo não se confunde com o estudo do ato administrativo; d) o processo administrativo mantém correlação com o ato final em que desemboca; e) há um resultado unitário a que se direcionam as atuações interligadas dos sujeitos em simetria de poderes, faculdades, deveres e ônus, portanto, em esquema de contraditório.

Além do mais, no ordenamento pátrio, a Constituição Federal de 1988 adotou a expressão *processo administrativo* ou utilizou o termo

---

19 Na 1ª edição do livro *O direito administrativo em evolução*, 1992, a autora deste livro empregou o termo *procedimento*; naquele trabalho, de natureza precipuamente metodológica, a matéria teve o objetivo de assinalar tendência contemporânea do direito administrativo (o processo administrativo) e atenção atual para um tema ausente da dogmática clássica deste ramo. O exame mais aprofundado do assunto levou a qualificá-lo como processo administrativo, que é a expressão usada na 2ª edição daquela obra, editada em 2003, e na 3ª edição, publicada em 2017.

processo, o que significa não só escolha terminológica, mas sobretudo reconhecimento do processo nas atividades da Administração Pública, como demonstram, de forma clara, cinco dispositivos, principalmente: o inc. LV do art. 5º: "Aos litigantes, em *processo judicial* ou *administrativo*, e aos acusados em geral são assegurados o contraditório e a ampla defesa, com os meios e recursos a ela inerentes"; o inc. LXXII do art. 5º: "Conceder-se-á *habeas data* [...] b) para retificação de dados quando não se prefira fazê-lo por *processo sigiloso judicial* ou *administrativo*"; o inc. LXXVIII do art. 5º, acrescentado pela Emenda Constitucional nº 45/2004: a todos, no âmbito judicial e administrativo, são assegurados a razoável duração do *processo* e os meios que garantam a celeridade de sua tramitação; o inc. XXI do art. 37: "Ressalvados os casos especificados na legislação, as obras, serviços, compras e alienações serão contratados mediante *processo* de licitação pública [...]"; o §1º do art. 41: "O servidor público estável só perderá o cargo em virtude de sentença judicial transitada em julgado ou mediante *processo administrativo* em que lhe seja assegurada ampla defesa".

Após a Constituição Federal de 1988, editaram-se vários textos normativos que utilizam a expressão *processo administrativo*. Por exemplo: a) na Lei nº 8.884, de 11.6.1994 – defesa da concorrência – o Título V denominava-se *processo administrativo*; posteriormente, a nova lei sobre defesa da concorrência – Lei nº 12.529, de 30.11.2011, manteve, no Título VI, a expressão *processo administrativo* b) a chamada Lei de Crimes Ambientais – Lei nº 9.605, de 12.2.1998 – no art. 70, §4º, prevê que as infrações ambientais são apuradas em *processo administrativo* próprio.

Na *doutrina* podem ser elencados, a título de exemplo, autores que optam pelo uso do termo *processo* em suas obras.

Assim, Romeu Felipe Bacellar Filho afirma o seguinte: "A opção constitucional pelo 'processo administrativo' ultrapassa as fronteiras de uma mera preferência terminológica. Comporta o reconhecimento expresso da exigência do regime jurídico processual nas atividades administrativas delimitadas pela Carta Magna".[20]

---

20 A distinção entre processo e procedimento administrativo – consequências quanto ao regime jurídico e às garantias no processo disciplinar, in Fernando Dias Menezes de Almeida; Floriano de Azevedo Marques Neto; Luiz Felipe Hadlich Miguel; Vitor Rhein

Nas palavras de Floriano de Azevedo Marques Neto, "Muitos entendem que a figura do processo só pode ter lugar no âmbito da jurisdição. De minha parte discordo desta concepção. No Brasil este debate não tem mais lugar posto que a Constituição reconhece e exige a adoção do processo administrativo (além de outras passagens pontuais, ao consignar o princípio da processualidade no art. 5º, LV)". O mesmo autor oferece o seguinte conceito de processo administrativo: "articulação de vários atos praticados no ambiente do contraditório, necessário para edição de um ato terminal, que consubstancia uma decisão apta a afetar a esfera de direitos e interesses de administrados".[21]

Para Carlos Ari Sundfeld, "depois de 1988, a opção do direito positivo está feita e não há razão forte o suficiente para confrontá-la, de modo que não tenho dúvida, agora, em dar preferência à expressão processo administrativo".[22]

Por sua vez, José dos Santos Carvalho Filho afirma que a "a função jurisdicional típica não descaracteriza o processo administrativo de sua qualificação nem suprime sua condição de modalidade do *processo* como categoria geral". E lança o conceito a seguir: "Processo administrativo é o instrumento que, vinculando juridicamente os sujeitos que dela participam, através da sucessão ordenada de atos e atividades, tem por fim alcançar determinado objetivo, previamente identificado pela Administração Pública".[23]

Nas considerações de Pedro Niebuhr, "a opção por 'processo' no livro decorre da pertinência temática da categoria ao gênero 'processo', solução que foi acolhida no direito positivo brasileiro, tanto no plano constitucional (art. 5º, LV) como infraconstitucional

Schirato (org.). *Direito público em evolução: estudos em homenagem à Professora Odete Medauar*. Belo Horizonte: Fórum, 2013, p. 351. A obra de Romeu Felipe Bacellar Filho. *Processo administrativo disciplinar*, 4. ed. São Paulo: Saraiva, é de leitura indispensável na matéria.

21 A efetividade das decisões. A execução forçosa, in Diego Zegarra Valdivia; Victor Baca Oneto (org.) *La ley de procedimiento administrativo general. Diez años después*. Lima: Ed. Palestra, 2011, p. 175, nota 1 e 175, respectivamente. A obra coletiva refere-se à lei peruana de processo administrativo.

22 Processo administrativo: um debate sobre o problema de sua conceituação e classificação, in Diego Zegarra Valdivia; Victor Baca Oneto (org.) *La ley de procedimiento administrativo general. Diez años después*. Lima: Ed. Palestra, 2011, p. 204, nota 9.

23 *Processo administrativo federal. Comentários à Lei nº 9.784, de 29.1.1999*. 5. ed. São Paulo: Atlas, 2013, p. 7 e 21, respectivamente.

(Lei 9.784/99) e Lei Complementar 140/2011 – previsão de processos de licenciamento ambiental e processos de fiscalização".[24]

Além dos autores supracitados, vários autores brasileiros utilizam, no título dos seus trabalhos, o termo *processo* para a processualidade no âmbito administrativo, como poderá ser lido nas indicações de publicações ao longo deste livro.

De seu lado, Ricardo Perlingeiro explica usar o vocábulo *procedimento* por ser mais compreensível nos sistemas nacionais europeus e latino-americanos.[25]

Na doutrina estrangeira, por exemplo, Cassagne afirma que processo é mais adequado quando referido à função jurisdicional; procedimento administrativo, quando referido à função administrativa. [26]

Quando a opção for pelo uso do termo *procedimento*, sobretudo no ordenamento brasileiro, torna-se imprescindível esclarecer, previamente, se é referido às garantias do art. 5º, inc. LV, da Constituição Federal, em especial. Nesta linha, manifesta-se Carlos Ari Sundfeld, após dar preferência a processo administrativo: "ainda que não veja mal em usar, como sinônima, a expressão procedimento administrativo".[27]

---

[24] *Processo administrativo ambiental, cit*, p. 19.

[25] Os princípios do procedimento administrativo no Brasil e os desafios da igualdade e segurança jurídica, in *Interesse Público,* Belo Horizonte, Fórum, ano 13, nº 68, jul/ago 2011, p. 94, nota 1.

[26] *Curso de derecho administrativo*. Tomo II. 10. ed. Buenos Aires: La Ley, 2011, p. 7.

[27] Processo administrativo: um debate sobre o problema de sua conceituação e classificação, *op. cit.*, p. 204, nota 9, parte final.

CAPÍTULO IV

CARACTERIZAÇÃO DO PROCESSO ADMINISTRATIVO

27 Processo administrativo e contencioso administrativo

Um dos focos de resistência ao uso do termo *processo* para identificar a processualidade administrativa encontra-se na doutrina e legislação dos ordenamentos dotados de jurisdição dupla, visto que a expressão *processo administrativo* vem aí reservada para o âmbito do chamado *contencioso administrativo*. Já se ponderou que nos ordenamentos com jurisdição una não se justifica o receio de confusão terminológica com o chamado *contencioso administrativo*; e que nos ordenamentos dotados de jurisdição dupla as expressões *processo jurisdicional-administrativo* ou *processo da jurisdição administrativa* poderiam perfeitamente especificar a processualidade no âmbito da jurisdição administrativa.

Na verdade, não se confundem processo administrativo e contencioso administrativo.

À locução *contencioso administrativo* vêm se atribuindo conteúdos variados. Por vezes aparece com o sentido de controvérsias entre a Administração e particulares ou entre a Administração e seus servidores, ou seja, com o sentido de controvérsia que envolve a Administração Pública. É a acepção menos precisa e menos técnica, que mais se presta a confusões, devendo ser evitada.

Outras vezes a expressão vem usada para designar o sistema em que se atribui à própria Administração o julgamento definitivo dos litígios que tem com administrados ou servidores. Esta acepção representa a memória prolongada de um tempo em que na França, em muitos países europeus e até no Brasil cabia ao Poder Executivo a solução de tais litígios.

Originou-se na França a ideia de vedar ao Judiciário o julgamento de controvérsias que envolvessem a Administração, em virtude, principalmente, de uma interpretação peculiar do princípio da separação de poderes, combinada a fatos históricos aí ocorridos antes da Revolução Francesa. No chamado *Ancien Regime* (da França) os Parlamentos, dotados de algumas funções jurisdicionais, passaram a envolver-se na atuação da Administração, editando preceitos que lhes pareciam aptos a acabar com abusos (mescla de justiça e ação administrativa) e também proferindo censuras a medidas editadas pelo monarca. Assim, após 14.7.1789, houve o intuito de evitar interferência de órgãos jurisdicionais na Administração Pública. Um decreto de 22.12.1789 previa o seguinte: "As administrações de departamentos e distritos não poderão ser perturbadas no exercício de suas funções administrativas por nenhum ato do poder judiciário". Em 1790, editou-se a conhecida lei de 16-24 de agosto, que no seu art. 13 assim dispunha: "As funções jurisdicionais são distintas e permanecerão sempre separadas das funções administrativas; os juízes não poderão, sob pena de prevaricação, perturbar, por qualquer forma, as operações dos corpos administrativos". Tais preceitos foram reiterados na lei do 16 *fructidor*, ano III (1796), nos seguintes termos: "Proibições iterativas são feitas aos tribunais de conhecer atos da administração de qualquer tipo que sejam, sob as penas da lei". Posteriormente, lei de 1800, editada por Napoleão, estabeleceu o modo de solução de litígios referentes à atividade da Administração: a decisão final cabia ao Primeiro Cônsul (na época o próprio Napoleão), com manifestação prévia do Conselho de Estado, órgão então criado. Esse foi o período da *justiça retida*, em que ao soberano se reservava o exercício da decisão final, competindo ao Conselho de Estado manifestações exaradas por meio de pareceres não vinculantes.

Tal modo de solução das controvérsias suscitadas pela atuação administrativa difundiu-se em muitos países europeus no século XIX, e até no Brasil a Constituição de 1824 criou um Conselho de Estado, depois extinto pelo Ato Adicional de 1834, reinstaurado em

1841 e abolido tacitamente pelo Dec. nº 1, de 15.11.1889.

Em virtude desse período em que o Poder Executivo decidia, em definitivo, os litígios relativos à Administração, em que os Conselhos de Estado dos vários países não detinham independência funcional, permaneceu na memória a ideia de contencioso administrativo como sinônimo de julgamento realizado pela própria Administração.

A partir de 1872, na França, e depois em outros países, reconheceu-se, ao Conselho de Estado e órgãos assemelhados, independência para decidir, com o que se formou verdadeira jurisdição administrativa, quer dizer, jurisdição específica para litígios em que a Administração é parte (embora as regras de competência não tenham esta clareza), com as mesmas garantias de independência da jurisdição comum.

Na acepção atual, sobretudo no ordenamento francês, *contencioso administrativo* designa um sistema em que existe uma jurisdição autônoma, independente da Administração e da jurisdição comum, para decidir os litígios referentes à Administração Pública em geral. Adotam o contencioso administrativo numa versão completa França e Alemanha, por exemplo; numa versão incompleta, a Itália e a Bélgica.

Contencioso administrativo, em sentido contemporâneo, significa atividade jurisdicional, dotada das mesmas conotações da atividade jurisdicional comum. Não se confunde, portanto, com processo administrativo, que se refere à atividade administrativa relacionada a funções próprias da Administração Pública e realizadas em seu âmbito.

28 Processo administrativo e processo jurisdicional

A não acolhida do termo *processo* para denominar a processualidade administrativa também se explica pelo receio de confusão com o processo realizado no âmbito da jurisdição.[1] Buscam-se, então, as diferenças entre os dois processos, para demonstrar a possibilidade do uso do mesmo termo, sem o risco de indistinção.

[1] Expressa tal receio, p. ex., Gordillo, no *Tratado de derecho administrativo*. t. 2. 1998, p. IV- 5.

Subjacente à comparação entre o *processo administrativo* e o *processo jurisdicional*, encontra-se o tradicional confronto entre *administração* e *jurisdição*. Com efeito, afirmada a concepção da processualidade extensiva a todos os poderes estatais, ressaltada a existência de um núcleo comum dessa processualidade, as peculiaridades afloram das características funcionais de cada poder. Portanto, a ideia de um núcleo comum de processualidade não é incompatível com a existência de particularidades em cada tipo de processo, decorrentes, sobretudo, da modalidade de função a que se vincula.

No tocante à jurisdição e administração, há longo tempo publicistas, administrativistas e processualistas vêm se ocupando do confronto das duas funções.

28.1 A ideia da identidade entre jurisdição e administração

Neste confronto surgiu o entendimento no sentido da identidade das duas funções, desdobrado em duas vertentes.

Uma vertente considera que jurisdição também é administração, tanto que se fala em administração da justiça. Aí se confere acepção muito ampla à palavra *administração*, que englobaria, nesta acepção, quase todas as atividades estatais.

A outra vertente assimila jurisdição e administração com base na ideia de que ambas executam a lei. O vocábulo *execução* designa atividade que realiza em concreto algo já existente em abstrato, tal como na locução *execução de um projeto*. No âmbito público, a função executiva significaria, então, atuação do poder estatal que se expressa em atos, os quais realizam modificação jurídica quanto a um sujeito determinado, segundo uma norma jurídica preexistente. Administração e jurisdição seriam funções similares porque executam a lei. Esta ideia decorre da concepção clássica de separação de poderes que girava em torno da supremacia do Legislativo e, portanto, da supremacia da lei sobre os atos emanados do Executivo e do Judiciário. Daí resultava também a ideia de Administração mera executora da lei. Exemplo de entendimento no sentido da identidade substancial entre jurisdição e administração encontra-se em

Carré de Malberg, que tece as seguintes considerações: do ponto de vista material, a jurisdição não é essencialmente diferente da administração; e sob este aspecto é possível distinguir somente duas funções estatais: legislar e executar; a separação entre jurisdição e administração decorre da necessidade de dar, aos cidadãos, juízes que decidem com plena independência de espírito, necessidade essa demonstrada por Montesquieu; decorre também da necessidade de submeter a jurisdição a formas processuais destinadas a propiciar aos cidadãos garantias de verdade e de alta imparcialidade; as formas ordinárias da administração são muito simples, muito rápidas e mesmo muito arbitrárias para fornecer às partes em causa uma segurança suficiente.[2]

A concepção que baseava esta ideia hoje não predomina, especialmente porque o Executivo se tornou hegemônico e não se pensa na Administração como mera executora da lei. Portanto, a similitude entre as duas funções decorrente da atividade de execução da lei perdeu consistência.

28.2 Critérios de distinção

Aventando-se a distinção entre as duas funções, vários critérios emergem, alguns calcados nas características das próprias funções, outros referentes à repercussão dos atos resultantes.

a) Tentou-se fixar diferença mediante o *critério do fim*; a função administrativa visaria ao fim do próprio Estado, enquanto a função jurisdicional atenderia ao fim de quem é interessado no ato jurisdicional. Numa outra versão do critério, afirma-se que na função executiva o interesse primário é do Estado e o secundário, o do indivíduo; na jurisdição, o interesse primário é o do indivíduo e o secundário, o do Estado. O mesmo critério admite outro modo de expressão: a função jurisdicional exerce-se no interesse das partes ou dos destinatários da sentença; a função administrativa se realiza para atendimento do interesse público.

Para todas as versões do critério do fim, pode-se ponderar que o enfoque subjetivista do processo e da jurisdição está superado,

---

[2] *Contribution à la théorie générale de l'État*. v. I, 1920, p. 764, 767 e 768.

como já se mencionou; as ações relativas a direitos difusos expressam muito bem essa evolução, dado seu efeito *erga omnes* e o atendimento do interesse de toda a população.

Quanto à função administrativa, não parece hoje adequado finalizá-la ao interesse do Estado ou a um interesse público em oposição ao interesse privado ou ao interesse social. A doutrina e a prática contemporâneas, em matéria de fins da função administrativa, inclinam-se para o atendimento de multiplicidade de interesses, buscando-se não o sacrifício de um para preservação do outro, mas a conciliação de todos; por outro lado, não mais se cogita da separação de interesse do Estado e interesse dos cidadãos ou interesse social, sobretudo por caber à Administração a efetivação de direitos fundamentais, satisfazendo direitos e interesses próprios dos destinatários, em inúmeras atividades.

b) Mediante o parâmetro do *litígio*, argumenta-se que na função jurisdicional existe litígio e na função administrativa não ocorre litígio. Tal modo de distinguir reveste-se de falhas, pois a presença absoluta de litígio ou lide em todos os processos jurisdicionais é questionável. Por outro lado, na função administrativa também há litígios, que sobressaem nítidos, p. ex., nas licitações, nos concursos públicos, nos processos disciplinares. A ideia de ausência de litígios, ante a homogeneização teórica (ou dogmática) acarretada pela chamada "preponderância do interesse público", não corresponde à realidade, pois a função administrativa depara-se com heterogeneidade de interesses, tanto de particulares, como dos próprios órgãos administrativos.

c) Também se busca distinguir as duas funções com base na *unilateralidade da atuação administrativa* e *na desigualdade dos sujeitos*, se considerada a Administração como um deles. Por sua vez, a função jurisdicional caracteriza-se pela *bilateralidade*, havendo *igualdade entre as partes*. No entanto, embora haja inúmeras atuações unilaterais da Administração, nos primórdios do século XXI, também são inúmeras as atividades da Administração com participação dos particulares. Além do mais, havendo atuação pautada pela processualidade, a Administração tem sujeições e deveres; e ao administrado são reconhecidos poderes, direitos e deveres. Se na atividade realizada como processualidade houver, além da Administração, vários outros sujeitos, como exemplo, nas licitações e concursos públicos, há igualdade entre eles e o resultado final não decorre somente de unilateralidade administrativa. Portanto, na atuação realizada sob o esquema processual, há igualdade também no âmbito administrativo e o ato final não decorre só do desempenho unilateral da autoridade, embora lhe seja imputado, da mesma forma que a sentença é imputada ao juiz (mas, em geral, decorreu de atuação das partes ao longo do processo).

d) Outro modo de distinguir situa-se na *hierarquia* e *dependência,* como atributos da função administrativa, em oposição à *independência* e *inexistência de hierarquia* na função jurisdicional. Com efeito, são características das duas funções que vão refletir justamente no grau mais completo de garantia oferecida pela jurisdição; no tocante à função administrativa, os aspectos apontados não afetam a conotação de processualidade que pode existir no seu âmbito, pois aí, também, os sujeitos são dotados de direitos e faculdades, que a Administração é obrigada a acatar.

e) Diz-se ainda que a função administrativa se exerce *de ofício* e *por provocação,* enquanto a função jurisdicional se faz presente só mediante *provocação.* Na verdade, tais aspectos constituem peculiaridades das funções que não afetam o núcleo processual que lhes é comum, apenas imprimem em cada um a marca típica.[3]

f) Outro ponto de separação encontra-se na *obrigatoriedade de decidir* peculiar à função jurisdicional e na *ausência de obrigatoriedade de decidir,* própria da função administrativa. Na verdade, esse critério baseia-se em falha e distorção da função administrativa, pois o direito de petição consagrado constitucionalmente significa, também, obrigatoriedade de decidir. Embora a Administração adote a praxe de silenciar, daí não decorre que essa postura lhe seja reconhecida como direito. Em muitos ordenamentos, leis fixam a obrigação de decidir.[4] Por vezes, leis atribuem efeitos negativos ou positivos

---

[3] Uma das exceções à regra da inércia dos órgãos jurisdicionais (atuação somente por provocação), encontra-se no art. 654, §2º, do Código de Processo Penal, que reza o seguinte: "Os juízes e tribunais têm competência para expedir, de ofício, ordem de *habeas corpus* quando, no curso do processo, verificarem que alguém sofre ou está na iminência de sofrer coação ilegal".

[4] No Brasil, a Lei nº 9.784/1999 – Lei Federal de Processo Administrativo, no art. 48, fixa, para a Administração, o dever de emitir decisão nos processos administrativos e sobre solicitações ou reclamações, em matéria de sua competência. A lei italiana de processo administrativo, de 1990, no art. 2º, item 1, impõe o dever de concluir o processo, mediante

ao silêncio ou inércia da Administração, equivalentes, portanto, a decisões, esgotado prazo razoável para resposta a um pedido.

g) Para fixar a diferença entre as duas funções, invocam-se os *efeitos dos atos*, que suscitam dois modos de distinguir.

(i) Nos termos do primeiro modo, o ato jurisdicional modifica posições jurídicas só dos destinatários, não a do autor do próprio ato, enquanto o ato administrativo modifica posições jurídicas dos destinatários e também do autor do ato. Esta ideia traduz resquício da visão subjetivista do processo e da jurisdição; novamente o exemplo das ações relativas a direitos difusos, em que a sentença pode afetar seu próprio autor, permite concluir pela inconsistência do argumento.

(ii) Ainda no tocante à repercussão do ato resultante da função, menciona-se a imutabilidade do ato jurisdicional, em contraposição à mutabilidade do ato administrativo. Insuscetível de dúvida que existe essa diferença de efeitos, o que propicia peculiaridades nos respectivos processos. Uma delas diz respeito ao mais acentuado formalismo no processo jurisdicional e menor formalismo no processo administrativo.

h) Distingue-se, por fim, função jurisdicional de função administrativa, porque na primeira em geral há duas partes ante um juiz, que, em nome do Estado, atua com caráter substitutivo, para dizer qual delas está com a razão.[5] Na função administrativa, a Administração confronta-se com o cidadão, o seu servidor e mesmo outro órgão público; portanto, com frequência há dois sujeitos, embora se registrem situações em que a Administração se coloca entre vários sujeitos cujos direitos ou interesses se opõem (p. ex.: concursos públicos, licitações, licenciamento ambiental).

28.3 A função jurisdicional

Dos critérios arrolados, dois especialmente fixam as características essenciais da função jurisdicional: o caráter substitutivo

---

a adoção de ato expresso; e cria a figura do responsável pelo processo para identificar quem há de cumprir tal dever.

[5] Cintra, Grinover e Dinamarco. *Teoria geral do Processo*. 23. ed., 2007, p. 146.

e o objetivo jurídico de atuação do direito. Assim a especificam os processualistas Araújo Cintra, Ada Pellegrini Grinover e Cândido Dinamarco, segundo os quais, ao exercer a jurisdição, "o Estado substitui, com uma atividade sua, as atividades daqueles que estão envolvidos no conflito trazido à apreciação. Não cumpre a nenhuma das partes interessadas dizer definitivamente se a razão está com ela própria ou com a outra [...]".[6] Quanto ao objetivo, os mesmos autores ensinam: "Ao criar a jurisdição no quadro de suas instituições, visou o Estado a garantir que as normas de direito substancial contidas no ordenamento jurídico efetivamente conduzam aos resultados enunciados, ou seja: que se obtenham, na experiência concreta, aqueles precisos resultados práticos que o direito material preconiza... Em outras palavras, o escopo jurídico da jurisdição é a atuação (cumprimento, realização) das normas de direito substancial (direito objetivo); [...] a afirmação de que através da jurisdição o Estado procura a realização do direito objetivo material (escopo jurídico do processo), sendo muito pobre em si mesma, há de coordenar-se com a ideia superior de que os objetivos buscados são, antes de mais nada, objetivos sociais: trata-se de garantir que o direito objetivo material seja cumprido, o ordenamento jurídico preservado em sua autoridade e a paz e ordem na sociedade favorecidas pela imposição da vontade do Estado".[7]

Deve-se observar, ainda, que a função jurisdicional se exerce precipuamente em esquema processual.

28.4 A função administrativa

Há muito a doutrina vem se dedicando à identificação da função administrativa em si e por contraste com outras funções estatais.

a) Com frequência aparece a assertiva de que a função administrativa visa ao atendimento concreto do interesse público, cabendo à função legislativa o atendimento abstrato e à função jurisdicional também o interesse concreto, mas *superpartes*. A acolhida

---

6 Idem, p. 146.

7 Idem, p. 147.

deste critério vincula-se à compreensão do que seja interesse público concreto e interesse público abstrato, o que parece difícil, faltando, assim, consistência para especificar a função administrativa.

b) Sob enfoque semelhante, a função administrativa teria por fim o atendimento de interesse público de modo imediato, ao passo que a função legislativa e a função jurisdicional destinam-se à realização do interesse público pela via mediata. Difícil se torna igualmente entender o que se enquadra na via mediata e na via imediata.

c) Sob ótica orgânica, tenta-se identificar a função administrativa como atividade realizada pelo conjunto de órgãos e agentes englobados sob o nome de Administração Pública, inserida no âmbito do Poder Executivo. Trata-se de verdadeira petição de princípio, que nada esclarece sobre a natureza da função administrativa.

d) A dificuldade de encontrar uma chave para caracterizar a função administrativa levou ao *critério residual*: a função administrativa consiste em atividades que não se enquadram na legislação, nem na jurisdição. Embora prático e até mesmo didático (pois é fácil entender que atuações como calçamento de ruas, coleta de lixo, arrecadação de tributos, ensino gratuito, transporte urbano, p. ex., não se inserem na função legislativa nem jurisdicional), cientificamente é inaceitável adotar critério negativo para fixar uma noção.

e) Busca-se extrair o caráter essencial da função administrativa por outro enfoque: seria atividade subordinada, não autossuficiente, porque se destina à realização das diretrizes políticas fixadas por autoridades de cúpula ou pela lei. Essa conotação decorre da ideia da Administração como executora da lei, que predominou no século XIX e princípios do século XX. Hoje esta ideia vem sendo questionada, ante as atribuições atuais do Poder Executivo e da Administração e, sobretudo, porque a função administrativa talvez nunca tenha se limitado a executar a lei ou a executar a lei de ofício. Embora norteada pelo princípio da legalidade, a função administrativa não tem o fim único de executar a lei, desempenhando amplo rol de atividades que propiciam serviços, bens, utilidades, dificilmente "enquadráveis" na rubrica *execução da lei*. Por outro lado, às vezes, é a própria Administração que propõe as diretrizes de certas matérias, de tal forma que se torna impossível localizar sua origem na autoridade de cúpula ou nos escalões situados em graus inferiores da hierarquia.

f) Também se diz que a função administrativa aparece, entre as funções estatais, como aquela eminentemente "realizativa"; é atividade de realização de tarefas e atribuições, sendo fundamental para sua identificação a projeção para os fins sociais, percebidos como obrigatórios.[8] Embora não de todo inexato, pode-se argumentar que a função legislativa e a jurisdicional igualmente realizam atribuições e tarefas e se projetam para fins sociais.

Na verdade, apresenta-se difícil a caracterização objetiva da função administrativa. As atividades que dela decorrem são desprovidas de unicidade, fragmentando-se em inúmeras variedades, cada qual com características jurídicas e técnicas próprias. A dificuldade de caracterizar sempre existiu, mas na época atual se agravou porque a Administração se tornou mais complexa e se mostra cada vez mais como núcleos diferenciados que realizam atividades de diferentes tipos, sob formas e regimes também diversos.

Pode-se aventar uma síntese, para identificar a *função administrativa* como a atividade estatal que: coadjuva as instituições políticas de cúpula no exercício da atividade de governo; organiza a realização das finalidades públicas postas pelas instituições políticas de cúpula; produz serviços, bens e utilidades para a população.

Aspecto de relevo a salientar diz respeito à atividade multiforme da função administrativa, expressando-se, portanto, em amplo e complexo leque de atuações. Falta à função administrativa a unicidade (ou uniformidade) predominante na função jurisdicional e na função legislativa.

Por realizar-se de maneira múltipla e complexa, só parte da função administrativa se exerce em esquema processual. Os ordenamentos, de regra, impõem a processualidade em determinados tipos de atuação administrativa que mais diretamente afetam direitos dos indivíduos ou restringem atividades, como exemplo, na decretação de sanções, disciplinares ou não; no consentimento de atividades que possam prejudicar terceiros ou a coletividade; e, ainda, quando a função administrativa se sujeita, no seu exercício, à observância da igualdade entre administrados.

---

8 Assim entende Allegretti, no artigo Pubblica amministrazione e ordinamento democratico, in *Il foro italiano*, jul. –ag. 1984, p. 8.

Comparada à função jurisdicional, salientam-se algumas notas diferenciadoras. Assim, em primeiro lugar, a função administrativa não visa precipuamente à atuação da lei, embora, como já se observou, deva nortear-se pelo princípio da legalidade. Em segundo lugar, inexiste na função administrativa o caráter de substitutividade em relação a dois sujeitos em disputa: havendo situação de controvérsia em seu âmbito, a própria Administração toma a decisão que a vai solucionar. Quanto aos efeitos de seus atos, falta-lhes a nota predominante da imutabilidade da coisa julgada; de regra, os atos da Administração podem ser revistos por outros atos administrativos ou por atos jurisdicionais.

As peculiaridades da função administrativa vão se refletir no processo respectivo que, portanto, não depende do processo jurisdicional, nem ao mesmo se funde em termos de concepção. Daí a pertinente ponderação de García de Enterría e Ramón Fernández: "Merkl rompeu o monopólio judicial do processo, assinalando a inexistência de interdependência estrutural ou interna entre os diversos tipos de processo. Com isso, não se assimilam o processo judicial e o processo administrativo, afastando o afã de 'jurisdicionalizar' em excesso o processo administrativo, contra o que postulam as concretas necessidades a que o processo administrativo serve. Há semelhanças entre os dois, mas também há diferenças, como consequência necessária da natureza diferente dos fins a que um e outro servem e sobretudo da diferente posição e caráter dos órgãos cuja atividade disciplinam".[9]

As peculiaridades do processo administrativo sobressaem com mais nitidez ao se atentar para seu quadro evolutivo e para suas finalidades.

29 Linhas evolutivas da concepção de processo administrativo

O período de formação e sistematização inicial do direito administrativo corresponde à fase de irrelevância do processo administrativo na doutrina e na legislação. As obras da primeira e

[9] *Curso de derecho administrativo*. Vol. II, 7. ed. 2000, p. 437.

da segunda metade do século XIX não tratam da matéria. Ausente estava a preocupação com os momentos que antecedem a edição do ato administrativo. Os termos *processo* e o *procedimento* eram usados, quanto à Administração, para o tema relativo ao controle jurisdicional dos seus atos. Inexistia interesse pela matéria no campo do direito administrativo, o qual deveria deixar o mais livre possível o poder discricionário da autoridade administrativa. Predominava a ideia de Administração livre ou sujeita à disciplina restrita.

Entre fins do século XIX e início do século XX, iniciam-se na Alemanha os estudos das situações em que vários agentes atuam para a realização de certo resultado jurídico.[10] Tais estudos repercutiram na doutrina italiana, resultando na elaboração da *teoria do ato complexo*. Por sua vez, a teoria do ato complexo aprofundou-se e refinou-se a tal ponto que excluiu dessa noção algumas figuras jurídicas que anteriormente nela se enquadravam e que decorriam da atuação de vários agentes.

A doutrina, então, dedicou-se a qualificar essas figuras que não se inseriam no conceito de ato complexo, atribuindo-lhes o nome de *procedimento*, cujas conotações buscava ressaltar, mediante diferenciação do ato complexo. Por exemplo, afirmava-se que, no ato complexo, as várias atividades se unem para um único fim imediato, o que não ocorreria com aquelas referentes ao procedimento; dizia-se também que faltava ao procedimento aquele caráter de homogeneidade típico dos atos complexos; em outras palavras, incluía-se na categoria de ato complexo somente a combinação de vários atos, tendo o mesmo conteúdo e visando à realização de um mesmo efeito jurídico, do que decorreria uma fusão de vontades, possível somente porque se apresentavam funcionalmente homogêneas.[11] Desse modo, estariam fora da noção de ato complexo os pareceres, as autorizações, as aprovações, p. ex.

---

[10] Sandulli. *Il procedimento amministrativo*. 1964, p. 24.

[11] O confronto entre *ato complexo* e *procedimento* perdurou na doutrina. Surgiu o entendimento no sentido de que o ato complexo se forma sempre mediante um procedimento e diz respeito à parte substancial do ato (vontade), enquanto o procedimento se refere ao modo de formação desta, na sua disciplina exterior. Segundo Virga, "no procedimento existe concurso de atos de natureza e função diversas. No ato complexo, há emanação de um único ato, nascido no exercício de um mesmo poder e tendo idêntica natureza e idêntica função" (*Il provvedimento amministrativo*. 1972, p. 227). Para Alberto Xavier, "o processo administrativo, embora tenha de comum com o ato complexo a subordinação de todos os seus elementos a um fim unitário, distingue-se dele por vários aspectos. Enquanto o ato complexo é necessariamente composto por declarações de vontade simples, o processo

Além do termo *procedimento*, surgiu, na doutrina francesa, a expressão *operação administrativa* ou *operação com processo* para designar uma série de atos que concorrem a um resultado administrativo comum;[12] mas não houve, na doutrina francesa, interesse algum pelo ato complexo ou pelas diferenças entre cooperação homogênea ou não.[13]

Dessa busca de identificar figuras que não se inseriam no conceito de ato complexo resultou a concepção do ato-procedimento,

administrativo pode abranger, além de atos, fatos jurídicos, como o tempo em que os prazos se traduzem; e, se assim é, não se compreende a fusão de elementos heterogêneos num todo unitário. Se o ato complexo exige que os atos simples em que se decompõe tenham identidade de objeto, já isto não sucede nos processos administrativos, cujos elementos constitutivos visam a realizar interesses distintos" (*Do procedimento administrativo*. 1976, p. 95 e 96). No entender de Hely Lopes Meirelles, "não se confunde o procedimento administrativo com o ato administrativo complexo [...] Procedimento administrativo é o encadeamento de operações que propiciam o ato final; ato complexo é, diversamente, o que resulta da intervenção de dois ou mais órgãos administrativos para a obtenção do ato final" (*Direito administrativo brasileiro*. 1990, p. 134). Para diferenciar processo administrativo de ato complexo, parece melhor lembrar que naquele há colaboração dos sujeitos sobre os quais recairão os efeitos do ato final; tais sujeitos são portadores de direitos e ônus no âmbito do próprio processo e, por vezes, de interesses contrapostos. No ato complexo, há atuação de mais de um órgão da Administração ou de dois poderes estatais, muitas vezes com funções diversas, mas movidos pelo mesmo interesse; não há colaboração, em contraditório, dos sujeitos que arcarão com os efeitos do ato, nem confronto de interesses. Por outro lado, no processo é relevante não só o ato final, mas a atividade no seu todo; aí a sequência ordenada tem por objetivo melhor garantir direitos dos sujeitos e o encontro concreto de uma pluralidade de interesses públicos, coletivos e privados, o que não ocorre no ato complexo. O exemplo típico de ato complexo no Brasil é a nomeação de ministro do STF, emitida pelo presidente da República, depois que o Senado aprovou o nome indicado. Não existe contraditório de sujeitos, nem confronto de interesses; há execução de funções diversas: o Executivo exerce a função de prover o cargo; o Legislativo, a função de fiscalizar a observância das condições previstas na Constituição para o preenchimento do cargo; o interesse é o mesmo: preencher o cargo com pessoa apta a exercê-lo. Deve-se a teóricos alemães a formulação primeira da teoria do ato complexo (Gierke, 1887). Depois, desenvolveu-se de modo significativo no direito italiano, do que fornecem exemplo as obras de: Vittorio Brondi. *L'atto complesso nel diritto pubblico*. 1898; Borsi. *L'atto amministrativo complesso*. 1903; Donato Donati. *Atto complesso, autorizzazione, approvazione*. 1903. Quem deixou claro que o ato complexo pertence à categoria diferente do procedimento foi Arnaldo De Vaalles, no livro *La validità degli atti amministrativi*. 1917. Outras diferenças: ato complexo: a) envolve necessariamente mais de um órgão, poder ou ente; processo administrativo: pode ocorrer em órgão único; b) ato complexo: pode realizar-se mediante procedimento, mas não há controvérsia, teoricamente; processo administrativo: obedece a procedimento e há interesses contrapostos, teoricamente; c) ato complexo: não há necessariamente colaboração dos sujeitos que arcarão com os efeitos do ato; processo administrativo: há colaboração, em contraditório, dos sujeitos que arcarão com os efeitos do ato final; d) ato complexo: as manifestações dos sujeitos provenientes dos vários órgãos ou poderes são absorvidas no ato final; processo administrativo: os atos sequenciados possuem objetivos próprios e efeitos autônomos, não sendo absorvidos no ato final.

[12] É o conceito dado por Hauriou, constante da edição de 1901 do seu *Précis de droit administratif*.

[13] Sandulli. *Il procedimento amministrativo*. 1964, p. 28.

segundo a qual os atos da série eram partes integrantes do ato final, faltando-lhes vida jurídica autônoma. Por conseguinte, o procedimento era equiparado ao ato, daí a necessidade de distingui-lo de figuras similares, espécies de um mesmo gênero, como o ato complexo, o ato colegial. Na esteira dessa concepção, tornou-se frequente reunir, por similitude, nos manuais de direito administrativo, o estudo dos atos colegiais, atos complexos, atos compostos, procedimentos.

Entre fins da década de 20 e fins da década de 40 do século XX, vai emergindo outra concepção de processo administrativo, não mais integrado ao próprio ato em que resulta, mas como o aspecto dinâmico de um fenômeno, ou seja, como o desenvolver-se de um fenômeno em direção a certo efeito: o processo como sucessão de fases ou de atos. Os momentos ou fases, assim, não se confundem com o próprio ato final nem significam um de seus aspectos.

Conforme Sandulli, "se o procedimento representa o *iter* através do qual se chega à obtenção de um certo resultado, seu estudo deverá consistir na análise de seu desenvolvimento, tendo como base uma indagação sobre as atividades que cooperam para tal resultado e sobre as relações funcionais que entre elas se instauram".[14]

Esta concepção levou, então, a uma noção de procedimento separada da noção do ato para o qual tende. Subjacente à ideia estava a visão do processo ou procedimento como método de ordenação interna dos atos e como instrumento para avaliar os aspectos a serem invocados no controle jurisdicional. O procedimento aparece, assim, ligado à garantia formal, para fins de facilitar o controle jurisdicional do ato administrativo, mediante o conhecimento das fases ou conjunto de atos que levam ao efeito final. Os estudos do processo revestiam-se de precípuo sentido garantístico, em termos de defesa do particular em juízo contra ilegalidades administrativas e em termos de ato administrativo como garantia de legalidade em si próprio. Era a preocupação com o conhecimento mínimo dos pressupostos, para o fim de facilitar o controle do ato.

Duas vertentes expressaram essa concepção: a austríaca e a norte-americana.[15]

---

[14] *Il procedimento amministrativo*, 1964, p. 38. A primeira edição desta obra ocorreu em 1940, realizando uma sistematização pioneira do tema e chamando a atenção para este.

[15] Segundo o entendimento de Filippo Satta. *Principio di legalità e pubblica amministrazione*

De acordo com a *vertente austríaca*, inspirada na teoria normativista dos atos estatais, o ato administrativo, como a sentença, é ato de execução da lei; havendo, no ato administrativo, possibilidade de controvérsia com particulares, é razoável utilizar o mesmo tipo de garantias jurídicas existentes no âmbito da função jurisdicional; a primeira entre estas é o contraditório ante a Administração Pública.[16]

Na vertente *norte-americana*, o ponto de partida situa-se na ideia de que a sociedade civil detém capacidade de autorregular-se, não devendo o Estado nela interferir. Quando sua intervenção se torna necessária em virtude de situações de desequilíbrio oriundas de comportamentos de particulares, a estes deve ser dada oportunidade de defender-se; tal defesa realiza-se mediante estrutura essencialmente jurisdicional atribuída ao processo administrativo. Esse foi o espírito que norteou a elaboração do *Federal Administrative Procedure Act*, de 1946, pois as amplas delegações que se vinham concedendo às *agencies* deveriam ser contrabalançadas por parâmetros processuais da atuação administrativa, pelos quais se fortalecia, sobretudo, a obrigatoriedade de informação e de ouvida dos cidadãos.

O enfoque do procedimento como figura diversa do ato final, a preocupação com o conhecimento dos pressupostos do ato para fim de facilitar o controle jurisdicional, o empenho em transferir para a atuação administrativa certas garantias dadas aos sujeitos no processo jurisdicional propiciaram o direcionamento da atenção doutrinária para os momentos preliminares à edição do ato, portanto, preliminares à "manifestação de vontade" administrativa.

Um novo passo na evolução ocorreu a partir da década de 50, com a ideia do procedimento como expressão dinâmica da função, manifestando a passagem do poder abstrato ao ato administrativo,

---

nello ordinamento democratico. 1969, p. 120.

16 Nesse sentido inserem-se as manifestações de Merkl, expoente dessa vertente: "O motivo político legislativo para a elaboração de um direito processual administrativo é o empenho de proporcionar, aos indivíduos que obtêm seu direito, em cada caso particular, através das autoridades administrativas, as mesmas garantias de juridicidade ou a mesma aplicação justa do direito administrativo material ou, em fórmula mais breve embora menos exata, a mesma segurança nas relações jurídicas que oferece o direito processual judicial [...] A mais eficaz de todas essas garantias está suposta pela colaboração, no procedimento, de pessoas para as quais poderão decorrer direitos e obrigações do mesmo e, por isso, a instituição fundamental do direito processual consiste na regulação dessa colaboração" (*Teoria general del derecho administrativo*. trad. da edição de 1927, p. 283).

ideia esta desencadeada por Feliciano Benvenuti, como já se expôs. A função evidencia-se, muitas vezes, pelo procedimento, e este detém a conotação de processo quando está presente o contraditório. A ideia de função associada à atividade administrativa representa seu direcionamento ao fim que a lei determina com a atribuição do poder. No direito público, não se pode ligar o conceito de função somente ao aspecto do interesse de outrem. A essência da função situa-se na preordenação do poder a um fim, daí decorrendo a necessidade causal ou determinação causal da função. A ação não pode caracterizar-se independentemente do fim que tende a realizar. Assim, o exercício do poder não é livre, porque, ante sua vinculação a um fim, aparece condicionado a requisitos que não só justificam a ação como orientam sua realização.

A perspectiva da função traz o dado objetivo, em contraposição ao enfoque subjetivista da atuação administrativa que transparece em geral quando se usam as expressões *manifestação de vontade da autoridade, vício da vontade, atividade livre*. A visão subjetivista implica desvalorização do processo e do procedimento e de todas as potencialidades destes como sede de encontro dinâmico entre Administração e sociedade. Em contraponto, pelo enfoque da função, entre a norma que atribui o poder e o ato administrativo, coloca-se a função e não a autoridade com sua vontade; o ato administrativo é visto, portanto, como produto da função e não como manifestação pré-constituída de um sujeito privilegiado.[17]

A visão objetiva, com fulcro na função, confere relevo jurídico à atividade que antecede o ato. Torna-se foco de atenção não só o ato final, mas a atividade no seu todo. Com isso, é possível vislumbrar no processo administrativo o âmbito no qual se encontram a Administração e os sujeitos interessados na formação do ato; assim considerado, representa uma das mais importantes modalidades da presença valorizada do particular na formação do ato.

Prossegue-se, desse modo, na linha apontada por Merkl, em 1927, quando afirmou que a mais eficaz de todas as garantias está na colaboração, no processo, das pessoas sobre as quais recairão os efeitos do ato que será editado.

[17] Nesse sentido, as ponderações de Berti, no livro *Diritto e Stato*. 1986, p. 337.

Por conseguinte, a formação do ato administrativo resulta não mais da vontade pessoal, subjetiva, da autoridade, mas de um contraditório entre a Administração e interessados ou de vários interessados ante a Administração, havendo um confronto visível de todos os interesses presentes na situação. Segundo Morbidelli, passou-se a ver "na sequência ordenada de atos e operações destinada à produção de um ato, a sede para um confronto dialético dos interesses públicos e privados envolvidos no próprio ato".[18] É um dos caminhos para a objetivação do poder administrativo.

O processo administrativo vem considerado, então, como medida e atuação de uma relação administrativa no exercício de um poder objetivado, em termos de composição paritária das posições dos sujeitos interessados, inclusive sujeitos representantes dos interesses públicos oficiais.

Os passos dessa evolução assinalam a valorização progressiva dos momentos que antecedem a edição dos atos, culminando em indagações a respeito das finalidades do processo administrativo, das relações entre os vários sujeitos que dele participam e do papel que exerce na atividade administrativa. Disso decorre o aumento do interesse doutrinário na matéria, mais amplo tratamento legislativo e mesmo constitucional e mais extensa aplicação prática do esquema processual na atuação cotidiana da Administração Pública.

O texto *supra* do item 29 figurou na 2ª edição deste livro, publicada em 2008.

Continuaram os passos da evolução do processo administrativo. Novos temas surgidos nos estudos e na prática do direito administrativo oferecem possibilidades de novos matizes ao processo administrativo.

Empregando a palavra *procedimento* com o sentido de *processo*, Javier Barnes afirma que "a instituição do procedimento administrativo sintetiza em cada tempo e lugar os traços mais sobressalentes do Direito Público".[19] O mesmo autor menciona "novas funções do

---

[18] Il procedimento amministrativo, na obra coletiva *Diritto Amministrativo*. vol. II, Bolonha: Ed. Monduzzi, 1998, p. 1193.

[19] Introdução, in Javier Barnes (org.). *La transformación del procedimiento administrativo*. Sevilha, Global Law Pressª editorial Derecho Global, 2008, p. 15. Várias obras citadas neste livro empregam o termo *procedimento* com a acepção de processo administrativo, tal como apontado no capítulo anterior.

procedimento administrativo para o novo Direito Administrativo".[20] Barnes aventa *três gerações de processo administrativo* para referir-se à "sucessão – e convivência – de três distintos modo de operar"; 1ª geração: "processo administrativo como instrumento para a correta aplicação do Direito pela Administração"; 2ª geração: "tem por missão a elaboração de todo tipo de normas regulamentares, programas, planos ou projetos, propagando-se na segunda metade do século XX, antes da invenção da internet"; 3ª geração: "se move no marco das novas formas de governança, em meio ambiente de colaboração, para buscar entre múltiplos atores e de forma cooperativa a melhor solução"; e reitera: "as três gerações convivem e não se superam, cada uma cumprindo funções insubstituíveis".[21]

Jean-Bernard Auby, após arrolar vários países dotados de lei geral de processo administrativo, menciona haver "três fases nesta lista: primeira fase – a era dos modelos fundadores, aberta pela primeira lei espanhola, talvez de maneira mais marcante pela lei austríaca, a qual inspirou as leis de vários países da Europa central; segunda fase – período pós-segunda guerra, caracterizado pelo surgimento de dois modelos muito influentes: o americano e o alemão; terceira fase – desde os anos 90 do século XX, surgiu grande número de leis gerais de processo administrativo, especialmente nos sistemas pós-comunistas, nos quais a codificação do processo administrativo foi um dos principais instrumentos da reforma para combater os abusos administrativos, que era uma das marcas dos regimes comunistas".[22]

30 Finalidades do processo administrativo

Se num primeiro momento da atenção doutrinária o processo administrativo significava meio de observância dos requisitos de

---

[20] Toward a third generation of administrative procedure, in Susan Rose-Ackerman; Peter L. Lindseth (org.). *Comparative administrative law*. Cheltenham (Inglaterra): Edª edward Elgar Publishing, 2011, p. 340.

[21] Tres generationes de procedimiento administrativo, in Pedro Aberastury; Hermann-Josef Blanke (org.). *Tendencias actuales del procedimiento administrativo en Latinoamerica y Europa*. Buenos Aires: Eudeba e Konrad Adenauer Stifung. 2012, p. 121, 123, 129.

[22] La question de la codification, in Jean-Bernard Auby; Thomas Perroud (org.). *Droit comparé de la procédure administrative. Comparative law of administrative procedure*. Bruxelas: Bruyland, 2016, p. 482. O texto entre aspas não é a tradução literal do texto de Auby.

validade do ato administrativo e garantia de respeito aos direitos dos indivíduos, seus objetivos foram se ampliando à medida em que se alteravam as funções do Estado e da Administração, as relações entre Estado e sociedade e as próprias concepções do direito administrativo, como deflui das gerações ou fases mencionadas no item *supra*.

Extrapolou-se o perfil do processo administrativo ligado somente à dimensão do ato administrativo em si, para chegar até a legitimação do poder. Saiu-se da perspectiva interna para chegar a perspectivas sociais e políticas da processualidade administrativa.

Como expõe Luiza Torchia, "mediante o processo administrativo se podem alcançar múltiplos e variados objetivos".[23] As várias finalidades apresentam-se cumulativas, sem se excluírem. Além do mais, formam um conjunto entrelaçado, com vínculos recíprocos, embora sejam expostas de modo separado, por exigências de sistematização científica.[24]

30.1 Finalidades de garantia

30.1.1 A vertente de garantia em geral

No campo de sua função garantista, o processo administrativo vem finalizado à garantia jurídica dos administrados (funcionários e particulares), pois tutela direitos que a decisão administrativa pode afetar. Atribui-se ao processo administrativo a condição de *primeiro círculo* de garantia das posições jurídicas do administrado,

[23] Studiare il diritto amministrativo oggi, in Luiza Torchia (cord.). *La dinamica del diritto amministrativo*, *cit.*, 2017, p. 16.

[24] David Duarte menciona a plurifuncionalidade do processo administrativo, em que se combinam funções de tipo garantístico com funções relacionadas a meio de busca do interesse público, no livro *Procedimentalização, participação e fundamentação: para uma concepção do princípio da imparcialidade administrativa como parâmetro decisório*. Coimbra: Almedina, 1996, p. 102. Entre os estudos de fins do século XX e início do século XXI sobre processo administrativo, referem-se às finalidades ou funções: David Duarte, *op. cit.*, p. 90-105; Morbidelli, Il procedimento amministrativo, na obra coletiva *Diritto Amministrativo*, vol II. Bolonha: Monduzzi, 1998, p. 1207, nota 37; Sabino Cassese. Istituzioni di Diritto Amministrativo, na obra Sabino Cassese (org.). *Corso di Diritto Amministrativo*. vol. 1. Milão: Giuffrè, 2004, p. 190-191. De 2008 em diante, ampliou-se a menção a finalidades e/ou funções do processo administrativo na respectiva literatura; ao longo da exposição sobre as finalidades serão indicados os autores que se dedicaram ao tema.

enquanto supõe que a atividade administrativa tem de canalizar-se obrigatoriamente por parâmetros determinados, como requisito mínimo para ser qualificada de legítima.[25] No esquema processual, o cidadão não encontra ante si uma Administração livre, e sim uma Administração disciplinada na sua atuação.

O aspecto garantista vem também enfocado em referência ao controle jurisdicional; neste prisma, Luhmann cita uma "relação de descongestionamento recíproco entre processos administrativos e processos judiciais e este descongestionamento só pode ser concebido em virtude de uma determinada semelhança dos processos".[26] Outros autores mencionam a função de completar a proteção jurisdicional dos administrados, pois o processo administrativo, por suas características, toca em pontos que escapam àquela; assim, enquanto a providência jurisdicional vem *a posteriori*, o processo administrativo propicia garantia prévia à edição do ato. Por outro lado, a proteção jurisdicional só atingiria a legalidade, sem trazer

---

[25] Assim se expressam García de Enterría e Ramón Fernández, mencionando como segundo círculo de garantias os recursos administrativos e, como terceiro, os juízes e tribunais (*Curso de derecho administrativo*. V. II. 2000, p. 436). Referem-se à finalidade de garantia jurídica do processo administrativo, na *doutrina pátria*: Guimarães Menegale quando arrola, entre os objetivos do processo administrativo, "conferir, democraticamente, no que for aplicável, as garantias que em política lhe correspondem", na obra *Direito administrativo e ciência da administração*. 3. ed. 1957, p. 490; Themístocles Brandão Cavalcanti, "boa aplicação dos princípios de justiça e da conservação do equilíbrio jurídico", no livro *Tratado de direito administrativo*. V. IV, 3. ed. 1956, p. 537; Manoel de Oliveira Franco Sobrinho, "dar aos administrados segurança nos seus direitos"na obra *Introdução ao direito administrativo processual*. 1971, p. 39; Carlos Ari Sundfeld, "o processo cumpre papel ligado à tutela dos direitos individuais", no artigo *A importância do procedimento administrativo*, in *Revista de Direito Público*, 84, 1987, p. 67. Na *doutrina estrangeira*: Luhmann refere que as "regras do procedimento vêm associadas a direitos subjetivos contra o Estado", embora não situe nesse aspecto a finalidade principal do processo, no livro *Legitimação pelo procedimento*. ed. Universidade de Brasília, 1980, p. 22; Escola. *Tratado general de procedimiento administrativo*. 1981, p. 21-22; Gonzalez Perez, Las prerrogativas de la administración en el procedimiento administrativo, in *Procedimiento administrativo*. 1982, p. 92; Italia e Bassani, *Procedimento amministrativo e diritto do acesso ai documenti*. 1991, p. 2; Pinar Mañas, Procedimiento administrativo y comunidades autónomas, in *Gobierno y administración*. 1988, v. II/1.465; nos primórdios do século XXI, Diana Urania Galetta, Il procedimento amministrativo in Germania..., na obra coletiva *Il procedimento amministrativo fra semplificazione e partecipazione*, 1ª parte, org. Maria Alessandra Sandulli, Milão: Giuffrè, 2000, p. 41; Rosario Ferrara, segundo o qual "o processo administrativo é o conjunto de atos simples e complexos caracterizados por um estatuto de garantias: de garantias recíprocas das razões da Administração e dos particulares interessados"; menciona ainda o processo administrativo no aspecto de meio de tutela antecipada das situações jurídicas dos particulares, *Introduzione al Diritto Amministrativo*. Roma-Bari: Laterza, 2002, p. 105 e 107.

[26] *Legitimação pelo procedimento*, p. 173, nota 25.

garantias quanto à conveniência e oportunidade, ao passo que o processo administrativo admite argumentos no tocante ao mérito. No aspecto da complementação da proteção jurisdicional, invocam-se ainda os problemas da efetividade das decisões jurisdicionais ou as dificuldades de sua execução perante a Administração Pública, em especial o atraso, a recusa pura e simples ou a execução parcial.[27] Se mediante o processo administrativo direitos dos administrados obtêm reconhecimento, evitam-se os ônus da ação em juízo.

Autores brasileiros e estrangeiros com publicações até 2002 que indicam a finalidade de garantia em geral foram citados em nota de rodapé de número 25. Autores com trabalhos editados a contar de 2008 mencionam essa função, como será exemplificado na sequência.

Na *doutrina brasileira,* Marcos Augusto Perez afirma que o processo administrativo "hoje talvez seja a principal arma do arsenal do direito administrativo contra o arbítrio das autoridades administrativas", no livro *Testes de legalidade*. Belo Horizonte: Fórum: 2020, p. 71.

Na doutrina estrangeira, Cassagne refere-se ao "processo administrativo como instrumento de garantia do administrado".[28] A mesma expressão é empregada por Guido Santiago Tawil.[29] Por sua vez, o autor espanhol Gérman Fernandez Farreres assinala a "garantia para os direitos e interesses dos cidadãos".[30] Saunier também ressalta a "garantia para os administrados".[31]

---

[27] O problema da efetividade das decisões jurisdicionais tem caráter universal, tanto que a Associação Henri Capitant dedicou sua reunião de 1985 a essa questão, no campo do direito privado interno, do direito penal, do direito internacional privado e do direito público (*L'effectivité des decisions de justice*, t. XXXVI dos *Travaux de l'Association Henri Capitant*). No Brasil o problema da execução das decisões jurisdicionais contra a Administração Pública não recebeu ainda tratamento adequado, em especial no atinente à responsabilização da autoridade administrativa pelo atraso na execução ou descumprimento de sentenças judiciais.

[28] *Curso de derecho administrativo*. Tomo II. 10. ed. Buenos Aires: La Ley, 2011, p. 3; e La transformación del procedimiento administrativo y la LNPA (Ley Nacional de Procedimiento Administrativo), in *Derecho PUC - Revista de la Facultad de Derecho*, Lima, Fondo Editorial, nº 67, 2011, p. 36.

[29] El procedimiento como instrumento de control de la Administración y garantia de los administrados, in Guido Santiago Tawil (org). *Procedimiento administrativo*. 1ª reimpressão. Buenos Aires: AbeledoPerrot, 2010, p. 1.

[30] *Sistema de derecho administrativo*. Vol. I. Madri: Civitas. Thomnson Reuters, 2014, p. 547.

[31] La notion de procédure administrative non contentieuse, in L'Association française pour la recherche em droit administratif (AFDA) (org.). *Les procedures administratives*. Paris: Dalloz, 2015, p. 56.

30.1.2 A vertente de garantia associada a direitos fundamentais

Na primeira edição deste livro, escrita em 1992 e publicada em 1993, já se efetuara a associação do processo administrativo aos direitos fundamentais, no sentido de sua previsão constitucional brasileira situar-se no rol dos direitos e garantias individuais, configurando, assim, instrumento de tutela de direitos (v. item 33, *infra*).

Publicações posteriores, sobretudo estrangeiras, ressaltam o aspecto garantista do processo administrativo, sob o ângulo dos direitos fundamentais. Assim, por exemplo, os autores indicados a seguir.

O autor alemão Schmidt-Assmann, em artigo publicado em 1993,[32] afirma que a relação dos direitos fundamentais com o processo administrativo é capital; há um ângulo processual que, junto com a dimensão material, integra o conteúdo dos direitos fundamentais; o Tribunal Constitucional alemão assinalou este aspecto em decisões da época; menciona, ainda, direitos fundamentais sujeitos à "reserva de um processo" e processos impostos pelos direitos fundamentais. Tais considerações são reiteradas e complementadas na obra *La teoria general del derecho administrativo como sistema*;[33] aí afirma: "os direitos fundamentais abarcam um âmbito de proteção em que se incluem, às vezes de modo explícito, às vezes de modo incidental, garantias processuais".

Vasco Manuel Pascoal Pereira da Silva assinala o processo administrativo como exigência dos direitos fundamentais constitucionalmente protegidos e a importância do processo administrativo para os direitos fundamentais.[34]

De seu lado, o publicista alemão Albrecht Weber refere-se à tutela dos direitos fundamentais por meio do processo administrativo.[35]

---

32 El procedimiento administrativo entre el principio del Estado de Derecho y el principio democratico, in Javier Barnés (org.). *El procedimiento administrativo en el derecho comparado*. Madri: Civitas, 1993, p. 328-329.

33 Tradução espanhola da edição alemã de 1998, realizada por diversos publicistas espanhóis. Madri: INAP e Marcial Pons, 2003, p. 363-364.

34 *Em busca do ato administrativo perdido*. Coimbra: Almedina, 1996, p. 333-335.

35 Le basi del diritto procedimentale amministrativo nell'ordinamento tedesco, in Maria Alessandra Sandulli (org.). *Il procedimento amministrativo fra semplificazione e partecipazione*. 1ª parte, Milão: Giuffrè, 2000, p. 37.

Autores com *publicações de 2008 em diante* também salientam a garantia no aspecto dos direitos fundamentais. Na *doutrina brasileira*, por exemplo, Vitor Rhein Schirato indica a função de "garantir a efetividade, do ponto de vista da proteção do plexo de direitos individuais assegurado pela ordem jurídica, do ato final a ser produzido no processo".[36]

Na *doutrina estrangeira*, por exemplo, Blanke afirma que "no Estado de Direito democrático e social o processo administrativo deve assegurar, sobretudo, o respeito dos direitos individuais do cidadão".[37] Ricardo Garcia Macho arrola, entre as finalidades do processo administrativo, a "proteção dos direitos individuais".[38] Por sua vez Schmidt-Assmann inclui entre as finalidades a seguinte: "garantir a tutela dos direitos individuais".[39]

30.2 Melhor conteúdo das decisões

No processo administrativo, os interessados são ouvidos, apresentam argumentos e provas, oferecem informações. Contribuem, portanto, para a determinação do fato ou da situação, objeto do processo. Com isso, ampliam-se os pressupostos objetivos da decisão administrativa. Themístocles Brandão Cavalcanti já assinalava como finalidade "o esclarecimento das autoridades administrativas para decidir sobre direitos subjetivos ou interesses e para solver as controvérsias surgidas entre particulares (funcionários ou não) e o Estado".[40] É o significado instrutório do processo administrativo.[41]

---

36 Legitimidade processual e tipos de processo administrativo, in *Interesse Público*, Belo Horizonte, Fórum, ano 12, nº 62, jul/ag. 2010, p. 95.

37 La función del procedimiento administrativo para el cumplimiento del mandato de execución, protección y concretización del derecho administrativo. Margenes de discrecionalidad y de apreciación, in Pedro Aberastury; Hermann-Josef Blanke. *Tendencias actuales del procedimiento administrativo en Latinoamerica y Europa*. Buenos Aires: Eudeba e Konrad Adenauer Stifung. 2012, p. 30.

38 Procedimiento administrativo y sociedad de la información y del conocimiento, in Javier Barnes (org.). *La transformación del procedimiento administrativo*. 2008, *op. cit.*, p. 208.

39 Pluralidad de estructuras y funciones de los procedimentos administrativos en el derecho alemán, europeo y internacional, in Javier Barnes (org.). *La transformación del procedimiento administrativo*, 2008, *op. cit.*, p. 76.

40 *Tratado de direito administrativo*. Vol. IV. 3. ed., 1956, p. 536.

41 Como observa Marta Cartabia. *La tutela dei diritti nel procedimento amministrativo*. 1991, p. 57. Também se referem a esta finalidade: David Duarte. *op. cit.* 1996, p. 99; e Sabino

Para Domenico Sorace e Simone Torricell, "a participação do particular contribui para enriquecer a instrução porque mais amplos são os dados e os pontos de vista que assim surgem e que a administração tem o poder e o dever de considerar".[42]

Esta finalidade, sob o ângulo do administrado e dos cidadãos em geral, representa igualmente uma garantia, em virtude do embasamento correto da decisão administrativa, ante os elementos de instrução reunidos no processo.

30.3 Eficácia das decisões

A decisão resultante do processo administrativo, embora imputada a uma autoridade, decorreu da realização de vários atos, para os quais colaboraram interessados. As informações colhidas, os dados técnicos e os argumentos propiciam, como se ressaltou, ampla base objetiva para se decidir. Por isso, a decisão é mais suscetível de aceitação e de cumprimento do que outra, oriunda, praticamente, do nada e que se pretende impor aos indivíduos.[43]

Em obras publicadas de *2008 em diante*, encontram-se referências a esta finalidade. Assim, por exemplo, Schmidt-Assmann menciona a promoção da "eficácia e eficiência da ação administrativa".[44] Para Aberastury e Blanke, o processo administrativo propicia "que a Administração atue de modo eficaz".[45]

Cassese, in Istituzioni di Diritto Amministrativo, na obra coletiva Sabino Cassese (org.). *Corso di Diritto Amministrativo*. vol. 1, 2004, p. 191.

[42] *Diritto delle amministrazione pubbliche. Una introduzione. Cit.* 2021, p. 323.

[43] Referem-se à finalidade de tornar eficaz e efetiva a própria ação administrativa, p. ex,: Italia e Bassani, no livro *Procedimento amministrativo e diritto di acesso ai documenti*. 1991, p. 2; Lopez Rodo, La procédure administrative non-contentieuse, in *Revue du Droit Public*, 1980, v. 3/612; Ramón Fernández, Los principios constitucionales del procedimiento administrativo, na obra coletiva *Gobierno y administración en la Constitución*. v. I, 1988, p. 111; Dromi, no livro *El procedimiento administrativo*. 1986, p. 35. Na literatura até 2007, David Duarte menciona "um aumento da aceitabilidade da decisão por via da comparticipação e da potencialidade de exercício legítimo de influência; essa aceitabilidade resulta ainda da diminuição das expectativas iniciais através de uma visão mais realista da questão procedimental que o confronto comum fornece", *op. cit.*, p. 97.

[44] Pluralidad de estructuras..., 2008, *op. cit.*, p. 76.

[45] Palavras introdutórias, in Tendencias actuales..., 2012, *op. cit.*, p. 13.

30.4 Legitimação do poder

A processualidade está associada ao exercício do poder estatal; o poder é, por si próprio, autoritário. No âmbito estatal, a imperatividade característica do poder, para não ser unilateral e opressiva, deve encontrar expressão em termos de paridade e imparcialidade, no processo pré-constituído. Daí a importância dos momentos de formação da decisão como legitimação do poder em concreto, pois os dados do problema que emergem no processo permitem saber se a solução é correta ou aceitável e se o poder foi exercido de acordo com as finalidades para as quais foi atribuído.

Sob enfoque semelhante coloca-se o posicionamento de Luhmann: "O poder traduz-se como mecanismo de resultados de seleção [...]; quem tem o poder, detém condições de motivar outros a adotar as suas decisões; no entanto, isto não é suficiente; deve-se partir da hipótese de que no processo se criem razões adicionais para a aprovação das decisões e de que, neste sentido, o poder origine a decisão e a torne legítima; visto desta forma, o objetivo do procedimento juridicamente organizado consiste em tornar intersubjetivamente transmissível a redução de complexidade, quer com a ajuda da verdade, quer através da criação do poder legítimo de decisão".[46]Desse modo, a imposição do ato apresenta-se como resultado de um processo que viu o confronto de muitos interesses, direitos e deveres e chegou a um ponto de convergência; é possível, então, falar de nova imperatividade, pois é construída e buscada, superando a ideia de imperatividade unilateral.[47]

Na literatura de *2008 em diante*, por exemplo, Garcia Macho associa o processo administrativo a "meio de legitimação democrática".[48] Por sua vez, Blanke refere-se à "legitimação da atuação administrativa mediante o processo administrativo".[49] E Rocio

---

[46] *Legitimação pelo procedimento* 1980, p. 26 e 27. Também apontam a legitimidade: David Duarte, *op. cit.*, p. 97, e Diana Urania Galetta, *op. cit.*, p. 41.

[47] Nessa linha se posiciona Berti, no artigo Stato di diritto informale, in *Rivista Trimestrale di Diritto Pubblico*, 1, 1992, p. 21 e 22. E também Rosario Ferrara, segundo o qual "o ponto de chegada do processo administrativo é um ato unilateral, sim, mas não insensível nem indiferente a quanto os particulares envolvidos esperavam, na confiança de poder alcançar mediação dos interesses em jogo", *op. cit.*, p. 120.

[48] Procedimiento administrativo y sociedad de la información..., 2008, *op. cit.*, p. 209.

[49] La función del procedimiento administrativo para el cumplimiento... *op. cit.*, 2012, p. 30.

Araujo Oñate menciona a "ampliação da legitimação democrática mediante a participação cidadã"no processo administrativo.[50]

Nas palavras de Sorace e Torricelli, "a procedimentalização contribui para que a administração seja percebida como legitimada e que tenha maior propensão a ver aceitas suas decisões, potencializando sua efetividade e atenuando os conflitos".[51]

30.5 Correto desempenho da função

Sob vários aspectos o processo oferece condições para o correto desempenho da função administrativa.

Em primeiro lugar, leva ao equilíbrio entre a autoridade do sujeito público e os direitos dos particulares, pois o processo implica a existência de posições jurídicas de todos os sujeitos. Tratando-se de processo administrativo, há direitos e sujeições da Administração e dos demais sujeitos.

Em segundo lugar, ocorre no processo o encontro de pontos de vista e interesses diversos daquele assumido pela própria Administração, o que possibilita a objetivação das suas decisões, pois estas decorrem desse confronto e não da afirmação de um só modo de entender um problema. Para Guimarães Menegale, restringir o arbítrio é uma das finalidades do processo administrativo.[52]

Em terceiro lugar, o processo administrativo, suscitando o afloramento de vários interesses, posições jurídicas, argumentos, provas e dados técnicos, obriga à consideração dos interesses e direitos copresentes em certa situação. Muitas vezes, o desempenho incorreto da função provém do insuficiente conhecimento ou insuficiente consideração dos dados da questão, importando um inútil sacrifício de alguns interesses, sem busca de soluções alternativas.

Na doutrina mais recente, Floriano de Azevedo Marques Neto inclui entre as finalidades a seguinte: "aperfeiçoar a atividade administrativa, pois colocada dentro do crivo do contraditório é obrigada

---

[50] El procedimiento administrativo colombiano como garantia de los derechos del ciudadano, in Aberastury; Blanke. *Tendencias actuales del procedimiento administrativo...*, 2012, *op. cit.*, p. 432.

[51] *Diritto delle amministrazione pubbliche. Una introduzione. Cit*, 2021, p. 35.

[52] *Direito administrativo e ciência da administração.* 3. ed. 1957, p. 490.

a ponderar todas as razões enredadas no seu agir".[53] Barnes refere o "processo administrativo como foro para encontrar a solução mais idônea".[54] Por sua vez, Farreres menciona a "garantia para melhor acerto da ação administrativa".[55]

30.6 Justiça na Administração

Diferentemente do pensamento que associa justiça, de modo exclusivo, ao Poder Judiciário, coloca-se uma postura que atribui também à Administração uma tarefa de justiça. Tal postura importa em mudança das condutas administrativas inertes ou negligentes, movidas por má-fé ou não, no atendimento de direitos (muitas vezes cristalinos) de cidadãos ou funcionários. Muito comuns tornaram-se frases e comentários, em tom de jactância, nos termos seguintes: "Se acha que tem direitos, vá procurá-los no Judiciário", como se a função administrativa pudesse permanecer alheia a direitos dos indivíduos, como se fosse meritório deixar de reconhecer direito de alguém.

O processo administrativo oferece possibilidade de atuação administrativa com justiça. Encontra-se mesmo a afirmação de que "o núcleo de todas as teorias clássicas do procedimento é a relação com a verdade ou com a verdadeira justiça como objetivo".[56]

O processo administrativo direciona-se à realização da justiça, não só pelo contraditório e ampla defesa vistos do ângulo do indivíduo, mas também por propiciar o sopesamento dos vários interesses que envolvem uma situação.

---

[53] A efetividade das decisões. A execução forçosa. in Diego Zegarra Valdivia; Victor Baca Oneto (org). *La Ley de Procedimiento Administrativo General. Diez años después*. Lima: E. Palestra, 2011, p. 179.

[54] La colaboración administrativa a través del procedimiento, in Barnes (org.). *La transformación del procedimiento administrativo*. 2008, *op. cit.*, p. 237.

[55] *Sistema de derecho administrativo*. 2. ed. Vol. I. Madri: Civitas. Thomson Reuters, 2014, p. 547.

[56] Luhmann, *Legitimação pelo procedimento*, p. 21. Mencionam a justiça como finalidade do processo administrativo, p. ex.: Manoel de Oliveira Franco Sobrinho, na obra *Introdução ao direito administrativo processual*. 1971, p. 39; Cognetti, no artigo Normative sul procedimento, regole di garanzia ed efficienza, in *Rivista Trimestrale di Dirritto Pubblico*, 1, 1990, p. 123; Garcia de Enterria e Ramón Fernández, no livro *Curso de derecho administrativo*. 2000 v. II, p. 436.

30.7 Aproximação entre Administração e cidadãos

Mediante a colaboração individual ou coletiva de sujeitos no processo administrativo, realiza-se aproximação entre Administração e cidadãos. Rompe-se, com isso, a ideia de Administração contraposta à sociedade; muda a perspectiva do cidadão visto em contínua posição de defesa contra um poder público que age de modo autoritário e unilateral; quebra-se a tradição de interesse público oposto a interesse privado.

O processo administrativo estende as superfícies de contato entre sujeito público e sujeito privado, instrumentalizando, assim, as exigências pluralistas do contexto sociopolítico do fim do século XX e primórdios do século XXI; e também a demanda de democracia na atuação administrativa.

Tal postura mostra-se bem diferente da que predominava algumas décadas atrás. A doutrina da época, refletindo a visão menos recente, afirmava que "só na fase de execução a vontade do administrador encontra-se com a vontade dos administrados; na fase de decisão, só a vontade do administrador se manifesta e também só circula nos limites da economia administrativa, sem conexão com o exterior, quer dizer, com o mundo dos administrados".[57]

Hoje o esquema processual representa um dos meios para que a vontade do administrador e a vontade dos administrados se encontrem na fase de decisão.

Em publicações de 2008 em diante essa finalidade é lembrada. Assim, por exemplo, Jean-Bernard Auby afirma que o "processo administrativo é um lugar essencial do diálogo do poder público e cidadão".[58]

---

[57] Guimarães Menegale, *Direito administrativo e ciência da administração*. 3. ed., 1957, p. 486. Na doutrina menos antiga David Duarte aponta "*a relação de proximidade continuada* que o processo propicia com os interessados"; usa, ainda, as expressões: *diálogo interativo, interatividade sistemática* que o processo administrativo corporiza" *Op. cit.*, 1996, p. 96 e 97; Rosario Ferrara menciona uma *renovada relação dialética* de autoridade-liberdade que se apresenta entre particulares e Administração Pública. *Op. cit.*, 2002, p. 116.

[58] Introdução geral, in Jean Bernard Auby; Thomas Perroud (org.). *Droit comparé de la procédure administrative. Comparative law of administrative procedure*. Bruxelas: Bruylant, 2016, p. 4.

30.8 Sistematização de atuações administrativas

O processo instituído implica organização racional da edição de muitos atos administrativos. Sistematizam-se, desse modo, várias atividades. Sob o ângulo da Administração, representa meio de simplificar práticas, pois não se pode pedir a cada servidor que reinvente, a cada questão que surge, todas as medidas que devam ser adotadas. Para o administrado, permite o conhecimento do modo de exercício da função administrativa, em contraste, assim, com funções não processualizadas, cujo modo de exercício dificilmente se dá a conhecer. Conhecendo o modo pelo qual se desempenha a função, o particular (indivíduo, pessoas jurídicas ou grupos) detém melhores condições para pleitear o reconhecimento de seus direitos.

Diogo de Figueiredo Moreira Neto refere-se ao escopo de "ordenar, de maneira mais segura e eficiente, a atividade da Administração".[59]

Por sua vez, Juliana Bonacorsi de Palma associa o processo administrativo à "racionalização da tomada de decisão".[60] Na doutrina estrangeira, podem ser exemplificados os seguintes autores: Aberastury e Blanke, segundo os quais "as normas de processo administrativo determinam a rota e o modo de formação da vontade da Administração [...]; esta sistematização, por si, configura um avanço no desenvolvimento do direito administrativo".[61] Para Barnes, o processo "racionaliza o trabalho administrativo".[62] Nas palavras de Anne Jacquemet-Gauché e Ulrich Stelkens, "o processo administrativo indica, para o funcionário, sob a forma de um *checklist*, o que ele deve fazer para fixar os fatos a levar em consideração e para realizar um processo neutro e efetivo".[63] Schmidt-Assmann

---

59 *Curso de Direito Administrativo*. 16. ed. Rio de Janeiro: Forense, 2014, p. 628 (a edição foi atualizada; a edição antes citada foi a 2ª, de 2005, p. 570).

60 *Atividade normativa da Administração Pública: estudo do processo administrativo normativo*. Tese de doutorado, defendida no Programa de Pós-Graduação da Faculdade de Direito da Universidade de São Paulo, 2014, p. 23.

61 Palavras introdutórias, in Aberastury; Blanke (org.). *Tendencias actuales del procedimiento... op. cit.*, 2012, p. 11.

62 Tres generaciones de procedimiento... 2012, *op. cit.*, p. 131.

63 Caractères essenciels du droit allemand de la procédure administrative, in AUBY; PERROUD (org.) *Droit comparé de la procédure administrative*...2016, *op. cit.*, p. 15.

lembra ser útil, o processo administrativo, "para estruturar e garantir a racionalidade da ação administrativa".[64]

Na percepção de Sorace e Torricelli, o processo "deve responder a regras de funcionalidade e deve desenvolver-se segundo sequências oportunas em relação às decisões administrativas que devem ser tomadas nas diversas circunstâncias".[65]

30.9 Facilitar o controle da Administração

A colaboração dos sujeitos e o conhecimento do modo de atuação administrativa, decorrentes do esquema processual, facilitam o controle por parte da sociedade, do Poder Judiciário e de todos os outros entes que fiscalizam a Administração Pública.

Tendo em vista que a controlabilidade da Administração se vincula à democracia e a incontrolabilidade, ao arbítrio,[66] o processo administrativo, também no tocante ao objetivo de facilitar o controle, coaduna-se à ideia de Administração democrática.

A contar de 2008, prosseguiu, nas obras doutrinárias, a citação dessa finalidade. São elencados, a seguir, textos com nomes dos autores e ano, se foram citados anteriormente, e com indicação bibliográfica caso contrário.

Floriano de Azevedo Marques Neto – 2011: "aperfeiçoar o controle sobre o ato, pois que no procedimento são mais explícitos os motivos e ponderáveis as circunstâncias do provimento".

Juliana Bonacorsi de Palma – 2014: "há direto relacionamento entre processualização da atividade administrativa e incremento do controle da Administração Pública".

Cassagne – 2011, *Curso de derecho administrativo*: "processo administrativo como instrumento de controle".

Garcia Macho – 2008: "função de controle".

---

[64] Pluralidad de estructuras y funciones de los procedimientos administrativos...2008, *op. cit.*, p. 77.

[65] *Diritto delle amministrazione pubbliche... cit.*, 2021, p. 321.

[66] Bobbio, *O futuro da democracia*, 1986, p. 95. No tocante ao controle jurisdicional, Morbidelli aventa uma linha de entendimento que vê uma tutela jurisdicional mais intensa da atuação administrativa processualizada, porque as imposições de verificação instrutória, de motivação, do contraditório etc. tornam mais penetrante a apreciação jurisdicional. *Op. cit.*, 1998, p. 1194.

Tawil – 2010, obra coletiva *Procedimiento administrativo*: "instrumento de controle".

Simone Torricelli: com o processo administrativo "a visibilidade que a ação administrativa adquire torna mais fácil seu controle".[67]

30.10 Aplicação dos princípios e regras comuns da atividade administrativa

O processo administrativo apresenta-se como ponto de encontro ou ponto de convergência de vários princípios e regras comuns que presidem à atividade administrativa. Torna-se, então, campo propício à concretização de tais parâmetros, muitos dos quais consagrados constitucionalmente.

Nesta linha, expressa-se Jens-Peter Schneider:[68] "O procedimento administrativo representa um modo de fazer efetivo o direito administrativo, porque em geral as normas abstratas não são diretamente aplicáveis e é necessário que a Administração, em cada caso, aplique e concretize, desenvolva ou inove, segundo os casos".

***

As finalidades arroladas nos itens 30.1 a 30.10 figuraram na 2ª edição deste livro e, a partir da 3ª edição houve acréscimos referentes a trabalhos editados a contar de 2008. Mudanças ocorridas em concepções do direito administrativo e a crescente pujança do processo administrativo fizeram emergir a explícita indicação de outras finalidades, embora algumas estejam permeadas ou ventiladas de modo indireto nas anteriores. Para Garcia Macho, "a heterogeneidade da atividade administrativa ante mudanças sociais e econômicas ampliou as funções do processo administrativo".[69]

---

[67] El procedimiento administrativo nel sistema italiano entre la eficiencia y la garantia, in *Revista de Derecho Administrativo*, ano 5, nº 9, Lima, Circulo de Derecho Administrativo – CDA, dez. 2010, p. 286.

[68] La evolución del procedimiento tipo de la ley de procedimiento administrativo aleman de 1976: hacia un modelo integral y comprensivo, in Barnes (org). *La transformación del procedimiento administrativo*. Sevilha: Global Law Pressª editorial Derecho Global, 2008, p. 373.

[69] Procedimiento administrativo y sociedade de la información... 2008, *op. cit.* p. 209.

30.11 Democratização da Administração

Rocio Araujo Oñate refere-se à "democratização da Administração mediante processos administrativos".[70] Para Roberto Chieppa, com o processo administrativo "o princípio democrático se estende à ação administrativa".[71] Saunier menciona a "democratização da Administração".[72]

Cristiana Fortini, Maria Fernanda Veloso Pires, Tatiana Martina da Costa Camarão e Caio Mário Lana Cavalcanti, em obra sobre processo administrativo, notam que "só há democracia quando o cidadão abandona o posto de mero expectador e de mero objeto de ações públicas para assumir a condição de auxiliar na construção das decisões administrativas, sobretudo daquelas que afetam seus interesses (...)".[73]

30.12 Ponderação e/ou composição de interesses

Com terminologia diversa, registra-se o objetivo do surgimento, na atuação processualizada, dos vários interesses envolvidos na situação, para que a autoridade administrativa realize avaliação destes na tomada de decisão.

Serão arrolados, a seguir, autores que assinalam esta finalidade, com indicação de texto e ano, se foram citados anteriormente, e com indicação bibliográfica, caso contrário.

Vitor Rhein Schirato – 2010, *Legitimidade processual...*: "arbitramento dos interesses subjacentes à decisão da Administração, com a finalidade de garantir que haja uma decisão ponderada e fundamentada [...]".

Luís Filipe Colaço Antunes – 2008: "hiperponderação dos interesses no processo administrativo".[74]

---

[70] El procedimiento administrativo colombiano como garantia de los derechos del ciudadano, in Aberastury; Blanke (org). *Tendencias actuales...* 2012, *op. cit.*, p. 426.

[71] Mario Nigro e la disciplina del procedimiento administrativo, in *Rivista trimestrale di diritto pubblico*, 3, 2010, p. 677.

[72] La notion de procédure administrative, in L'Association française pour la recherche en droit administratif (AFDA) (org.). *Les procédures administratives*. Paris: Dalloz, 2015, p. 56.

[73] *Processo administrativo:* comentários à Lei nº 9.784/1999. 4. ed. Fórum, 2023, p. 26

[74] *O Direito Administrativo sem Estado. Crise ou fim de um paradigma?* Coimbra: Coimbra Editora, 2008, p. 37.

Casetta – 2019: "o procedimento vai configurado de modo a permitir a revelação dos interesses envolvidos na ponderação".

José Ignacio Hernandez – 2010: "o procedimiento administrativo deixa de ser só a base formal para editar o ato administrativo, a fim de configurar-se como a base mediante a qual a Administração valorará todos os interesses em jogo, a fim de adotar a melhor decisão, inclusive no âmbito da atividade prestacional ou material".[75]

Pedro Niebuhr – 2023: "mecanismo adequado em que fatos, direitos e interesses são cotejados e ponderados, com vistas à construção da decisão administrativa melhor informada".

Giulio Napolitano – 2020: "a atuação do particular permite que a administração tenha decisões mais ponderadas, mediante a obtenção de todos os interesses em jogo e dos elementos relevantes no caso concreto".[76]

Domenico Sorace e Simone Torricelli – "A administração pode ter clara representação do quadro dos interesses a equilibrar, cuja correta consideração torna a decisão respeitosa do princípio da imparcialidade".

30.13 Instrumento de cooperação com a Administração

Podendo ser vista como faceta da aproximação entre Administração e particular, esta finalidade vem ressaltada de modo autônomo por alguns autores, com textos exemplificados a seguir, indicando-se somente o nome e ano, se foram citados antes.

Barnes – 2008, *La colaboración...*: "colaboração entre Administração e cidadão como sócios que se necessitam na busca do bem comum".

Claudio Moraga Klenner – 2012: "o procedimento administrativo como instrumento de cooperação com a Administração Pública".[77]

---

[75] El objeto del procedimiento administrativo y el concepto del Derecho Administrativo, in *Revista de Derecho Administrativo*, ano 5, nº 9, Lima, Circulo del Derecho Administrativo, dez. 2010, p. 65.

[76] *La logica del diritto amministrativo*. 3. ed. Bolonha: Il Mulino, 2020, p. 274.

[77] Procedimiento administrativo chileno, in Aberastury; Blanke, *op. cit.*, p. 387.

Tawil – 2010: "procedimento administrativo como procedimento de colaboração".[78]

Torricelli – 2010: meio de "colaboração entre Administração e particular".

Domenico Sorace e Simone Torricelli – 2020: "O início do procedimento põe a premissa para a construção de uma relação jurídica revestida de boa fé e colaboração".

30.14 Intercâmbio de informações

Barnes – 2008, *Introducción*: "o procedimento como espaço onde se produz intercâmbio de informações entre Administração e cidadão e das Administrações entre si".

Garcia Macho – 2008: "intercâmbio de informações entre a Administração e o cidadão exigido na sociedade de informação."

Schmidt-Assmann – 2008: "é útil para estruturar a obtenção de conhecimentos e informações".

Giulio Napolitano – 2020: "A administração aumenta seu patrimônio informativo, entrecruzando dados e informações, sobretudo quando há sujeitos privados com interesses em conflito".

Domenico Sorace e Simone Torricelli – 2021: "O particular enriquece o quadro dos elementos da instrução, na base dos quais a administração deverá fazer uma escolha razoável, proporcional, corretamente destinada ao interesse público em concreto".

---

[78] Apresentação, in Tawil (org.). *Procedimiento administrativo. Op. cit.*, p. XXVII

CAPÍTULO V

O QUADRO CONSTITUCIONAL DO PROCESSO ADMINISTRATIVO NO BRASIL

31 Direito administrativo e Constituição

Se no século XIX e primórdios do século XX, as Constituições ignoraram ou pouca atenção dedicaram à Administração Pública; a partir da segunda metade do século XX, a tendência reverte-se, pois as Constituições desse período abrigam grande número de preceitos sobre a atuação administrativa. Exemplos significativos oferecem a Constituição portuguesa, a Constituição espanhola e a Constituição brasileira de 1988. Nesta, além de seção específica destinada à Administração Pública, outros preceitos constam da seção relativa aos servidores públicos e do título dedicado aos direitos e garantias fundamentais.

Ao dispor expressamente sobre Administração Pública em tais preceitos, a Constituição brasileira de 1988 fixa as diretrizes fundamentais que devem nortear sua atuação; portanto, daí se extrai a conformação institucional e funcional da Administração Pública brasileira e os princípios informadores do próprio direito administrativo.

Sob o enfoque metodológico que busca associar o tratamento dos temas do direito administrativo ao sistema constitucional, não basta a atenção somente aos preceitos destinados de modo específico e expresso à Administração Pública; torna-se necessária a leitura de toda a Constituição para poder caracterizar a Administração Pública no ordenamento geral do Estado. A "leitura administrativa da Constituição"[1] ou perfil constitucional da Administração representam potencial valioso no tratamento dos institutos do direito administrativo, sobretudo numa revisitação das formulações clássicas.

No momento atual, emerge nitidamente uma coextensividade da Constituição e Administração ou do direito constitucional e direito administrativo: "a Constituição cuida de parte considerável da atividade administrativa; por outro lado, uma dimensão administrativa está presente em toda Constituição contemporânea".[2] A coextensividade traduz-se não somente em termos de movimento direcional da Constituição para a Administração ou para o direito administrativo; há um movimento direcional da Administração ou direito administrativo para a Constituição, pois aquela se apresenta como fator fundamental de concretização dos preceitos constitucionais e de realização dos valores que esta exprime. Nesse sentido, os ensinamentos de Caio Tácito: "O direito administrativo encontra suas bases no antiplano das constituições; estas se tornarão inoperantes, como meras cartas de princípios, sem o socorro do direito administrativo, que fará do sonho a realidade, da norma programática a efetividade da prestação administrativa, como duas faces que se completam na concretização dos ideais de justiça e igualdade social".[3]

32 Processo administrativo e Constituição

Sob a mesma perspectiva se insere o vínculo entre processo administrativo e a Constituição de 1988.

Nas Constituições anteriores, as referências explícitas na matéria diziam respeito somente ao processo administrativo disciplinar;[4] assim, no art. 169 da Constituição de 1934; art. 156, "c", da Constituição de 1937; art. 189, II, da Constituição de 1946; art. 103, II,

---

1 Allegretti, Enunciati costituzionali sull' Amministrazione, in *Jus*, 3, ano XXXIV, set.-dez. 1987, p. 296.

2 Allegretti, *op. cit.*, p. 296.

3 Bases constitucionais do direito administrativo, in *Revista de Direito Administrativo* nº 166, out.-dez. 1986, p. 37-44.

4 Jessé Torres Pereira Júnior bem observa que o processo administrativo no Brasil passou de instrumento protetivo dos funcionários públicos a garantia que reduz o arbítrio da autoridade. O *direito à defesa na Constituição de 1988*. 1991, p. 45.

da Constituição de 1967; art. 105, II, da Emenda nº 1/69. Algumas garantias inerentes ao esquema processual, a prevalecer, portanto, também no exercício de funções administrativas, eram extraídas, pela doutrina e jurisprudência, por analogia ou interpretação extensiva, de garantias fixadas para o processo penal. Por vezes se fundamentavam garantias do processo administrativo no caráter não taxativo do rol de direitos fundamentais, o que permitia, então, desdobramentos retirados do sistema constitucional e seus princípios.

A Constituição de 1988 contém preceito explícito e direto para o processo administrativo em geral. É o inc. LV do art. 5º. O inc. LIV do art. 5º, referente ao devido processo legal, diz respeito a todo processo, abrangendo também o processo administrativo. De modo específico, a Constituição prevê o processo de licitação pública no art. 37, XXI, sem esquecer o processo disciplinar para servidores (art. 41, §1º).

Nas palavras de Juliana Bonacorsi de Palma, "a Constituição de 1988 é um marco na disciplina jurídica do processo administrativo no Brasil". E adiante: "o grande impulso para a processualização da atividade administrativa no Brasil se deve, portanto, à Constituição de 1988".[5]

Assim, mediante os citados dispositivos, a Constituição determina a observância do esquema processual em determinadas atuações. Norteia, por conseguinte, atividades da Administração, circunscrevendo o poder discricionário. Traz nova ordem de certezas e de garantias nas relações entre Administração e administrados, um dos pontos principais das preocupações atuais do direito administrativo.

Ao abrigar dispositivos sobre processo administrativo, a Constituição de 1988 filia-se à tendência contemporânea de *processualização* da atividade administrativa, também denominada *jurisdicionalização* do processo administrativo ou da atividade administrativa.[6] Na verdade, melhor parece o vocábulo *processualização*

---

[5] *Atividade normativa da Administração Pública: estudo do processo administrativo normativo.* Tese de doutorado, defendida no Programa de Pós-Graduação da Faculdade de Direito da USP, 2014, p. 139 e 140.

[6] A doutrina, em geral, usa as duas expressões como equivalentes. Mas, seria possível distinguir da seguinte maneira: a *jurisdicionalização* corresponderia a uma primeira fase, por se utilizar o mesmo tipo de garantias existentes no processo jurisdicional; quando se passa

para intitular essa tendência. Em primeiro lugar, porque o termo expressa com mais clareza a concepção de processualidade ampla, quer dizer, de processualidade existente no exercício de todos os poderes estatais, cada qual com características pertinentes à modalidade de função que traduz. Depois, por afastar a ideia de transposição pura e simples de preceitos do processo jurisdicional para o processo administrativo, o que elimina eventual ideia subjacente de equivalência entre jurisdição e administração.

Sob outro aspecto pode-se associar processo administrativo e Constituição: o processo administrativo representa um dos meios pelos quais, na atividade administrativa, se concretizam princípios e normas constitucionais. Significa, portanto, um núcleo que abriga regras substanciais da atuação administrativa e do ordenamento, de modo conforme aos princípios constitucionais.

Ao mencionar o vínculo entre processo administrativo e Constituição, focalizando a italiana, Domenico Sorace e Simone Torricelli afirmam: "A disciplina do procedimento tem vínculo direto com a Constituição. Se pense: nas disposições destinadas a assegurar a participação dos interessados, as disposições que tendem a permitir decisões capazes de levar em consideração os interesses públicos e privados em jogo e aquelas visando a assegurar a atuação rápida da administração. Todas essas disposições podem ser consideradas realizadoras dos princípios constitucionais da imparcialidade e o do bom andamento (arts. 94 e 27 da Constituição italiana)".[7]

---

a reconhecer a *processualidade* ínsita à esfera estatal, não mais se torna necessário falar em jurisdicionalização. Mencionam a evolução para a jurisdicionalização, p. ex.: Braibant e Wiener, no artigo Processus et procédure de décision, in *Mélanges Stassinopoulos*, 1974, p. 480; Ramón Real, Procedimiento administrativo comparado, in *Procedimiento administrativo*, 1982, p. 199; Sérgio de Andréa Ferreira, A garantia da ampla defesa no direito administrativo processual disciplinar, in *RDP* nº 19, jan.-mar. 1972, p. 62; Agrifoglio, que se refere à passagem de uma Administração autocrática para uma Administração "aberta"aos administrados, levando à jurisdicionalização dos procedimentos administrativos, pois neles se desenvolveram as garantias das posições jurídicas dos cidadãos; veio a processualizar-se, no artigo La trasparenza dell'azione amministrativa ed il principio del contradditorio: tra procedimento e processo, in *Scritti per Mario Nigro*, v. III, 1991, p. 20. Em estudos posteriores, Morbidelli (*Op. cit.*, 1998, p. 1190) e Cassese (Istituzioni di Diritto Amministrativo, na obra coletiva *Corso di Diritto Amministrativo*, vol. 1, 2004, p. 190) referem-se à processualização da atividade administrativa.

[7] *Diritto delle amministrazione pubbliche... cit.* 2021, p. 318.

33 O processo administrativo no rol dos direitos e garantias fundamentais

O dispositivo-chave em matéria de processo administrativo é o inc. LV do art. 5º, que reza o seguinte: "Aos litigantes, em processo judicial ou administrativo, e aos acusados em geral são assegurados o contraditório e a ampla defesa, com os meios e recursos a ela inerentes". Visualizado quanto à Administração Pública, o preceito assegura, aos litigantes em processo administrativo e aos acusados no âmbito administrativo, o contraditório e a ampla defesa, com os meios e recursos a ela inerentes.

Ao prever a observância do contraditório nas situações que aponta, a Constituição está formulando exigência expressa de que a edição de medidas administrativas, naquelas situações, se efetue mediante desenvolvimento de relação jurídica processual, quer dizer, mediante processo, no qual posições jurídicas correspondentes a direitos, faculdades e ônus existem tanto para a Administração como para administrados.

Na análise do preceito, centrada no aspecto da imposição de processualidade em determinadas atuações administrativas, deve-se observar, de início, que ele está inserido no título dedicado aos direitos e garantias fundamentais. A exigência constitucional de processo administrativo qualifica-se, então, como direito ou garantia?

Em essência, a expressão *direitos fundamentais* designa "as prerrogativas que possibilitam uma convivência digna, livre e igual a todas as pessoas, dizendo respeito a situações jurídicas sem as quais a pessoa humana não se realiza, não convive e, às vezes, nem mesmo sobrevive".[8] Nos direitos fundamentais prepondera o caráter de reconhecimento, pela Constituição, de prerrogativas e faculdades essenciais à pessoa humana.

Por sua vez, o termo *garantia* é utilizado em sentidos diversos, como bem ressaltam os constitucionalistas Manoel Gonçalves

---

8 Como ensina José Afonso da Silva, *Curso de direito constitucional positivo*. 42. ed., 2019, p. 180. A vinculação entre direitos fundamentais e processo administrativo vem apontada, na atualidade, por vários autores, como deflui do exposto no item 30.1.2, *supra*.

Ferreira Filho[9] e José Afonso da Silva.[10] Associadas, de modo imediato, a direitos fundamentais, portanto, levando-se em conta somente os preceitos do Título II da Constituição Federal, as garantias fundamentais, como ensina José Afonso da Silva,[11] significam normas constitucionais que outorgam, aos titulares de determinados direitos, "meios, técnicas e instrumentos destinados a impor o respeito e a exigibilidade de tais direitos; nesse sentido, tais garantias não são um fim em si mesmas, mas instrumentos para a tutela de um direito principal".

No entanto, nem sempre na teoria e na prática se torna possível a separação nítida entre direitos e garantias. Por vezes, na prática, sem grandes cuidados terminológicos ou técnico-jurídicos, garantias recebem o nome de direito, como exemplo, nas referências a direito à ampla defesa, direito ao contraditório, pois o interessado pode exigir seu cumprimento. José Afonso da Silva, ao tratar do confronto entre direitos e garantias e após expor em quadro exemplificativo os direitos e respectivas garantias, menciona a conotação destas como direitos instrumentais, porque destinadas a tutelar um direito principal.[12]

O citado autor, discorrendo sobre os direitos e garantias em geral, observa que o Capítulo I do Título II da Constituição Federal traz a rubrica "Dos direitos e deveres individuais e coletivos", sem mencionar as garantias, embora boa parte do capítulo se constitua destas.

Como ver o inc. LV quanto à exigência de processo administrativo? Trata-se de garantia, porque se destina a tutelar direitos, porque representa meio para que sejam preservados, reconhecidos ou cumpridos direitos dos indivíduos na atuação administrativa. Significa, neste aspecto, instrumento a serviço de um direito. Sob o ângulo do cidadão, trata-se de direito-instrumental. E além de garantia constitucional individual, deve ser enfocado como garantia de direitos difusos, do que fornece exemplo o processo de

---

9 *Comentários à Constituição brasileira de 1988*. v. I. 1990, p. 24.

10 *Curso de direito constitucional positivo*, 42. ed., 2019, p. 188-189.

11 *Op. cit.*, p. 191.

12 *Op. cit.*, p. 420.

licenciamento ambiental com a participação, em contraditório, de entidades ambientalistas direcionadas à defesa de interesses difusos.

Se, considerando-se o rol de direitos e garantias fundamentais do Título II, o inc. LV insere-se entre as garantias, o processo administrativo, sob o prisma do escopo, não se reduz à conotação garantista, como já foi exposto.

33.1 Litigantes em processo administrativo

A análise do inc. LV suscita, ainda, a questão do significado do termo *litigantes* na perspectiva do processo administrativo. Houve momento na construção doutrinária do direito administrativo em que se afirmava a incompatibilidade teórica de uma controvérsia no meio administrativo; controvérsias, conflitos, pretensão a reconhecimento de direitos coadunavam-se à esfera jurisdicional, pois na Administração Pública uma alegada supremacia do interesse público sobre o particular e a concepção da Administração detentora absoluta do juízo sobre o interesse público impediam que se cogitasse a respeito do que se encontra na realidade fática: a existência de conflitos de pontos de vista, de controvérsias a respeito de direitos, neste âmbito. As correntes doutrinárias contemporâneas trabalham com a ideia de multiplicidade de interesses, de variedade de pontos de vista, enfim, de pluralismo no panorama da atuação administrativa.

Daí merecer acolhida a diretriz fixada por Ada Pellegrini Grinover ao examinar o sentido do termo *litigantes* na esfera administrativa: "Já que a Constituição não restringe, a meu ver, a expressão litigante, em processo administrativo, há de ser entendida no sentido mais amplo possível. O litigante surge em razão de uma controvérsia, em razão de um conflito de interesses [...] Haverá litigantes sempre que houver um conflito de interesses, sempre que houver uma controvérsia".[13] A mesma autora reitera, em nova obra: "por litigantes entendemos os titulares de interesses em conflito".[14]

---

13 Garantias do contraditório e ampla defesa, in *Jornal do Advogado*, seção de São Paulo, n. 175, nov. 1990, p. 9. Em sentido semelhante manifesta-se Ana Lúcia Berbert de Castro Fontes, no artigo Garantia do devido processo legal-princípio constitucional da Administração Pública, in *Revista da Procuradoria-Geral do Estado da Bahia*, nº 14, jul. dez. 1990, p. 99.

14 *Ensaio sobre a processualidade*. Brasília: Gazeta Jurídica, 2016, p. 29.

A exigência de processo administrativo abrange também situações em que dois ou mais administrados apresentam-se em posição de controvérsia entre si, perante uma decisão a respeito que deva ser tomada pela Administração; p. ex., as situações de licitações, concursos públicos, licenciamento ambiental. E os casos de controvérsia entre administrado (particulares ou servidores) e a Administração; p. ex.: licenças em geral, recursos administrativos em geral, reexame de lançamento – processo administrativo tributário.[15]

33.2 Acusados no âmbito administrativo

Na esfera administrativa, o termo *acusados* designa as pessoas físicas ou jurídicas às quais a Administração atribui determinadas condutas, das quais, se comprovadas, decorrerão consequências punitivas. A hipótese compreende, p. ex.: exercício do poder disciplinar sobre servidores; imposição de sanções decorrentes do poder de polícia, inclusive sanções de trânsito; atuações disciplinares sobre alunos de escolas públicas.

Os exemplos citados não exaurem as hipóteses de processualidade no âmbito administrativo. Independentemente de disciplina legal específica, a Constituição impõe a processualidade para cada caso de controvérsia, e situações de acusados ante a Administração.

[15] V. Paulo Celso B. Bonilha, *Da prova no processo administrativo tributário*, 1992. O autor caracteriza o processo administrativo tributário como espécie de processo administrativo, p. 73. É possível aventar, p. ex., a processualidade no exercício do poder de expropriar. No direito francês, belga e espanhol há uma fase administrativa da desapropriação, em que o público tem acesso a todos os elementos do *dossier*, com prazo para apresentar observações e contestar até o mérito; as manifestações dos interessados, por determinação legal, devem obrigatoriamente ser consideradas e respondidas pela Administração antes da decisão final. No Brasil a Constituição Federal, no inc. XXIV do art. 5º, diz que a lei estabelecerá o procedimento para desapropriação; em nova disciplina legal da desapropriação, deve-se adotar o esquema processual, em âmbito administrativo, à semelhança do que existe na França, Bélgica e Espanha, com obrigatoriedade de uma fase de acordo sobre a indenização ou fase de conciliação para evitar a ação judicial, com todas as decorrências conhecidas no setor de desapropriações. O conteúdo do texto acima figurou na 1ª edição (1993) e 2ª edição (2008) deste livro. Agora, a Lei nº 13.867, de 26.8.2019, ao acrescentar o art. 10-A ao Decreto-Lei nº 3.365/41 – desapropriação, determina fase administrativa com atuação do particular, pois a Administração expropriante deve notificar o proprietário e apresentar a oferta de indenização, acompanhada de: cópia da declaração expropriatória de utilidade pública; planta ou descrição dos bens atingidos; valor da oferta; informação do prazo para aceitar ou rejeitar a oferta de 15 dias; a mesma lei prevê a possibilidade do uso de meios consensuais na matéria, nesta fase.

À medida que os preceitos constitucionais da matéria se consolidam na aplicação prática e jurisprudencial, reforça-se a tendência a reconhecer maior amplitude para o esquema processual na Administração.[16]

34 O devido processo legal no âmbito administrativo

A exigência de atuação administrativa mediante processualidade, prevista no inc. LV para as hipóteses indicadas, vincula-se profundamente ao inc. LIV do art. 5º, que estabelece a cláusula do devido processo legal, nos seguintes termos: "Ninguém será privado da liberdade ou de seus bens sem o devido processo legal".

Em breve síntese evolutiva,[17] pode-se dizer que a cláusula teve origem no art. 39 da Magna Carta de 1215, que dispunha o seguinte: "No free man shall be taken or imprisoned or disseised or outlawed or exiladed or in any way destroyed, nor will we go upon him, nor will we send upon him, except by legal judgement of his peers or by *the law of the land*".

A expressão *law of the land*, entendida como *lei do país*, foi substituída em 1354 pela fórmula *due process of law* e com estes termos foi difundida.

No ordenamento norte-americano, ausente no texto da Constituição de 1787, consagrou-se inicialmente na Emenda V de

---

[16] Deve-se lembrar que Themístocles Brandão Cavalcanti, no anteprojeto de lei de processo administrativo que propôs em 1938, utilizou o termo *acusado* neste âmbito (respectivos arts. 94 e 95).

[17] Para amplo estudo da origem e evolução da cláusula do *due process of law*, v. Ada Pellegrini Grinover. *As garantias constitucionais do direito de ação*. 1973; Carlos Roberto Siqueira Castro. *O devido processo legal e a razoabilidade das leis na nova Constituição do Brasil*. 1989; San Tiago Dantas, Igualdade perante a lei e *due process of law*, in *Revista Forense*, abril/48, p. 21-31; Carmen Silvia Lima de Arruda, O devido processo legal como garantia de liberdade religiosa – do julgamento de Paulo às decisões do Supremo, in Ricardo Perlingeiro (org.). *Liberdade religiosa e direitos humanos*. Niterói- RJ: Nupej/TRF2, 2019, p 385-417. A autora Carmen Silvia Lima de Arruda, no citado artigo, menciona o episódio bíblico denominado Julgamento de Paulo, descrito pelo Evangelista Lucas, no Novo Testamento, cujas linhas sintéticas são as seguintes: Paulo, também com o nome de Saulo, era cidadão romano, submetido ao direito dos romanos e, devendo ser julgado por ter se convertido ao cristianismo, alega o direito de ser ouvido por um magistrado, o que é atendido, sendo-lhe dado direito de defesa com declarações orais, apresentação de provas e direito de ser assistido por advogado, o que o direito romano garantia aos cidadãos do Império (p. 397-399).

1791: "No person shall [...] be deprived of life, liberty or property, without due process of law". Sua observância tornou-se obrigatória para os Estados-Membros, em 1868, por força da Emenda XIV: "[...] nor shall any State deprive any person of life, liberty or property, without due process of law".

Na linha evolutiva referente ao seu *conteúdo*, a cláusula significou, num primeiro momento, exigência de processo regular e ordenado. Por interpretação da Suprema Corte norte-americana, passou a ser percebida como garantia de legalidade na atuação dos poderes estatais, inclusive garantia de processo legislativo e de conteúdo justo, razoável e constitucional nas leis. Adquiriu, assim, forte matiz substancial, vinculado à observância dos direitos fundamentais, sobretudo a liberdade e a propriedade. Em meados do século XIX, vem invocada como anteparo ao *police power*, entendido como limitação, por lei, de direitos e liberdades individuais.[18]

Atualmente, no direito norte-americano, é vista sob a ótica de *substantive due process*, associada, portanto, ao respeito dos direitos fundamentais nas leis e atos estatais em geral. E sob a ótica *do procedural due process*, que diz respeito ao modo pelo qual o governo age e aos mecanismos de imposição que emprega,[19] implicando que a ação oficial deve ter um mínimo de padrão de justiça para o indivíduo, o que geralmente engloba o direito à informação adequada e à oportunidade de ser ouvido antes da decisão.

Na linha evolutiva atinente ao seu *campo de aplicação*, a cláusula originariamente vinculou-se ao processo penal, sobretudo para possibilitar o direito de defesa. Depois, estendeu-se ao processo civil, significando, no momento atual, "o conjunto de garantias constitucionais que, de um lado, asseguram às partes o exercício de suas faculdades e poderes processuais e, do outro, são indispensáveis ao correto exercício da jurisdição".[20] No tocante às partes, consiste,

---

[18] A relação entre o *due process of law* e o *police power* mereceu tratamento de Caio Tácito, no trabalho O poder de polícia e seus limites, integrante da obra *Direito Administrativo*, 1975, p. 134-145.

[19] V., p. ex., Barron e Dienes. *Constitutional Law*. 1986, p. 117-129, no qual os autores dedicam, no capítulo sobre *due process of law*, um item para o *substantive due process*, dividido em *traditional substantive due process* e *substantive due process revisited*; e um item para o *procedural due process*. E Mashaw; Merril; Shane. *Administrative Law*. 4. ed., 1998, p. 290-295.

[20] Cintra, Grinover e Dinamarco. *Teoria Geral do Processo*. 23. ed. 2007, p. 88.

principalmente, na garantia de igualdade processual (inclusive assistência judiciária), na garantia do juiz natural, contraditório, ampla defesa e motivação.

Associado habitualmente à função jurisdicional, o devido processo legal aplica-se à atividade administrativa? O inc. LIV tem repercussão no direito administrativo?

A doutrina pátria posiciona-se favoravelmente à vigência da cláusula no âmbito administrativo.[21] Assim, por exemplo, Carlos Roberto Siqueira Castro observa que a cláusula "alastrou-se do campo processual penal e civil para os procedimentos na Administração"; "encontrou campo fértil nas searas do Direito administrativo".[22] No mesmo sentido manifesta-se Ana Lúcia Berbert Fontes: "Torna-se um princípio da Administração Pública o devido processo legal, na medida em que a Constituição instituiu um Estado Democrático de Direito e estendeu esse princípio aos

---

[21] Na *doutrina estrangeira* referem-se ao devido processo legal na esfera administrativa, p. ex.: Escola. *Compendio de derecho administrativo*. vol. II, 1990, p. 1.180; Guillermo Becerra Ferrer, Princípios constitucionales del procedimiento administrativo in *Procedimiento administrativo*, 1982, p. 44; Ramón Fernández. Los principios constitucionales del procedimiento administrativo, in *Gobierno y Administración en la Constitución*. vol. 1, 1988, p. 118; Gordillo, La garantia de defensa como princípio de eficácia en el procedimiento administrativo, in *RDP* 10, out.-dez. 1969, p. 16; Marienhoff, La legislación sobre procedimiento administrativo y su significación juridica, in *Procedimiento administrativo*, 1982, p. 22. A doutrina italiana menciona decisão da Corte Constitucional, de 1962, segundo a qual o *justo procedimento*, entendido como procedimento dotado de instrução aberta a todos os titulares de interesses substanciais envolvidos na decisão, é um princípio geral do ordenamento, cf. Tedeschini, Procedimento amministrativo, *Enciclopedia del Diritto*, v. XXX, 1986, p. 877, e Giovanni Sala, Regole costituzionale dell'azione amministrativa e principio del giusto procedimento nella giurisprudenza dei TRAI, in Umberto Allegretti; Andrea Orsi Battaglini; Domenico Sorace (org.). *Diritto administrativo e giustizia amministrativa nel bilancio di un decennio di giurisprudenza*. 1987, v. II, p. 714. A referência ao devido processo legal no âmbito administrativo se encontra em autores com publicações a contar de 2008; por exemplo: Oñate menciona "o devido processo como eixo central do procedimento administrativo", no item 2, da parte III do artigo El procedimiento administrativo colombiano como garantia de derechos de los ciudadanos, *op. cit.*, indicando sua vigência na Constituição da Colômbia, de 1991, art. 29, com o teor a seguir: "O devido processo de aplicará a toda classe de atuações judiciais e administrativas". Para Enrique Rojas Franco "o devido processo é uma garantia para o administrado [...]"; "o devido processo se edifica como um padrão ou uma garantia para os administrados", no artigo El devido procedimiento, in *Derecho Puc – Revista de la Facultad de Derecho*, Lima: 2011, p. 184 e 188. Nas considerações de Santofino, "devido processo é a essência mesma do Estado de direito (para nosso caso das relações entre administração e administrados), com profundas raízes num regime de justiça e equidade", na obra *Procedimiento administrativo y tecnologia"*. Bogotá: Universidad Externado de Colombia, 2011, p. 93-94.

[22] *O devido processo legal e razoabilidade das leis na nova Constituição do Brasil*. 2. ed., 1989, p. 39, 40 e 319.

processos administrativos. A partir da Constituição de 1988, esse postulado é, portanto, garantia do cidadão, do administrado e do servidor nas suas relações com a Administração Pública. Assim, estando essa garantia inserta no âmbito da Administração Pública, o que da essência dela se extrai vigora nessa esfera".[23] Ada Pellegrini Grinover alude ao *devido processo legal administrativo*.[24]

Com efeito, o inc. LIV tem sentido amplo, sem indicação do campo de incidência, devendo-se, portanto, reconhecer sua acolhida na esfera administrativa, o que representa estágio avançado de uma evolução que já vinha ocorrendo na jurisprudência, como bem expressa a Súmula nº 21 do STF, que vedou a demissão sumária dos servidores em estágio probatório, obrigando a Administração a dar-lhes conhecimento das alegações contra sua permanência no cargo e a dar-lhes oportunidade de defesa.

Como, então, relacionar os incs. LIV e LV do art. 5º da CF? Ana Lúcia Berbert Fontes afirma que o texto de 1988 visou, com o inc. LV, a garantir o princípio do devido processo legal.[25] Contudo, parece melhor dizer que o inc. LV aplica, na esfera administrativa, o devido processo legal, ao impor a realização do processo administrativo, com as garantias do contraditório e ampla defesa, nos casos de controvérsia e ante a existência de acusados, sem afastar outras implicações do preceito contido no inc. LIV. No âmbito administrativo, desse modo, o devido processo legal não se restringe somente às situações de possibilidade de privação de liberdade e de bens, mas abrange as hipóteses de controvérsia ou conflitos e de existência de acusados.[26]

---

[23] Garantia do devido processo legal – princípio constitucional da Administração Pública, in *Revista da Procuradoria-Geral do Estado da Bahia* 14, jul.-dez. 1990, p. 95.

[24] Garantias do contraditório e ampla defesa, in *Jornal do Advogado*, seção de São Paulo, n. 175, nov. 1990, p. 9.

[25] Garantia do devido processo legal – princípio constitucional da Administração Pública, in *RPGE* da Bahia, 1990, p. 99.

[26] No inc. LIV do art. 5º da Constituição Federal de 1988, o termo *bens* reveste-se de acepção ampla, no sentido de bens da vida objeto de tutela jurídica abrangendo, por exemplo, situações, títulos e itens do universo jurídico que podem ser afetados por medidas da Administração Pública. No direito norte-americano, o *procedural due process* na atividade administrativa é aplicado, sobretudo, a questões relativas a interesses de propriedade, caracterizados quando um indivíduo está legalmente titulado a um benefício ou bem, como em casos sobre licença para guiar, expulsão de escola pública, dispensa de professor com muitos anos de serviço, interrupção de benefícios sociais; e questões relativas à liberdade,

No concernente aos sujeitos, o devido processo legal significa o conjunto de garantias que lhes são propiciadas para tutela de posições jurídicas ante a Administração. Sob o ângulo do Poder Público, consiste na obrigatoriedade de atuar mediante processo em determinadas situações.

A combinação dos incs. LIV e LV do art. 5º resulta na imposição de processo administrativo que ofereça, aos sujeitos, oportunidade de apresentar sua defesa, suas provas, de contrapor seus argumentos a outros, enfim, a possibilidade de influir na formação do resultado final. O devido processo legal desdobra-se, sobretudo, nas garantias do contraditório e ampla defesa, aplicadas ao processo administrativo.

35 Processo administrativo e Estado democrático

O vínculo entre processo administrativo e Constituição também emerge ao se cogitar de preceitos constitucionais concretizados na atuação administrativa processualizada.

O art. 1º da Constituição pátria caracteriza o Estado brasileiro como Estado democrático de direito. Trata-se de fórmula composta, cujas adjetivações se conjugam para identificar a feição estatal, a que se pode agregar o caráter *social*, extraído da leitura completa do texto.

O componente *democrático* traz à mente, de imediato, a percepção de governo *do povo para o povo*, acentuada no modo de formação do governo, no modo pelo qual são escolhidos aqueles que tomam as decisões em nome do povo. A este enfoque associam-se os diversos mecanismos pelos quais se ampliam as possibilidades de participação do povo na escolha dos governantes: extensão do sufrágio; pluralismo político, propiciado sobretudo pelas garantias

---

como castigos corporais aplicados a alunos, reputação pessoal, perda de emprego por manifestação de opiniões (cf. Barron e Dienes, *Constitutional Law*, 1986, p. 144-152). Os direitos processuais que frequentemente foram considerados nas questões relativas ao *procedure due process* são os seguintes a) adequada informação sobre a medida que se pretende tomar; b) possibilidade de ser ouvido oralmente; c) direito a apresentar provas e formular alegações; d) direito de rebater as provas contrárias; e) decisão baseada nos elementos e provas trazidos ao processo; f) se o sujeito quiser, assistência de advogado; g) enunciação dos motivos da decisão (cf. Gelhorn e Boyer, *Administrative Law and process*, 1981, p. 158-176, e Mashaw; Merril; e Shane, *Administrative Law*, 4. ed., 1998, p. 290-291).

de formação de partidos políticos, sindicatos, associações diversas, igual acesso à representatividade e aos cargos públicos.

A partir de meados da década de 50 surge na doutrina publicista preocupação com a democracia mais completa, com a democracia que transpõe o limiar da eleição de representantes políticos, para expressar-se também no modo como os eleitos tomam as decisões. Assim, p. ex., Lavagna, em 1956, chama a atenção para dois aspectos das relações povo-governo: o aspecto da formação do governo, denominado *democracia formal ou estrutural*; e o aspecto da atividade do governo, ou seja, a *democracia funcional ou substancial*.[27] Em 1965, Rivero afirmou a incompatibilidade absoluta entre as concepções de democracia vigentes na França e a ação administrativa, pois perante a Administração o indivíduo permanecia súdito, como no *Ancien Régime*; a democracia era considerada somente sob o ângulo do modo de designação do poder, exaurindo-se na origem eleitoral do governante; no entanto, a democracia significa também um modo de exercício do poder.[28] E desde a década de 70 tornou-se mais forte a pregação doutrinária pela democracia administrativa.

Se o vínculo entre o processo e a democracia já vinha sendo ressaltado pela doutrina constitucionalista e processualista,[29] os administrativistas dedicados ao estudo do processo administrativo

---

27 Considerazione sui caratteri degli ordinamenti democratici, in *Rivista Trimestrale di Diritto Pubblico*, 1956, p. 396. Baldassare observa que à preocupação com a *democracia de investidura* soma-se a preocupação com a *democracia de funcionamento* ou *de operação*, no artigo Lo stato sociale: una formula in evoluzione, in *Critica dello stato sociale*, 1982, p. 76.

28 À propos des métamorphoses de l'administration d'aujourd'hui: democratie et administration, in *Pages de doutrine*, v. I, p. 253-264 (o artigo foi publicado pela primeira vez em 1965).

29 Assim Lavagna, em 1956, afirma a analogia entre processo democrático e atividades processuais em geral; ressalta a importância da regulamentação formal das numerosas atividades estatais; a seu ver, a organização democrática do governo não pode se limitar à instituição de intervenções eleitorais populares; "isso podia considerar-se suficiente quando a ideia democrática se colocava em função antimonárquica, para fim de limitar e controlar os poderes soberanos, transferindo-os no todo ou em parte para corpos e instituições de origem popular", no artigo Considerazioni sui caratteri degli ordinamenti democratici, *in Rivista Trimestrale di Diritto Pubblico*, 1956, p. 407. Fazzalari refere-se à sedutora hipótese segundo a qual o esquema processual e a paritária e dialética participação de vários sujeitos que o distingue seriam as formas com que se realiza, no plano técnico jurídico, também o jogo da democracia, no verbete Processo, do *Nuovo Digesto Italiano*, v. 13, 1966, p. 1.074. Candido Dinamarco associa a informação e a participação de sujeitos na atividade estatal, típicas do processo, ao Estado democrático; o processo aparece como projeção minúscula do Estado democrático, no livro *Fundamentos do processo civil moderno*, 2. ed., 1987, p. 85 e 93.

não deixaram de correlacioná-lo à democracia, como uma das searas mais fecundas à efetividade desta.[30] Além dos autores listados em nota de rodapé nº 29, administrativistas com publicações a contar de 2008 também associam processo administrativo e Estado democrático/democracia, como se indica na sequência. Marçal Justen Filho ressalta que "o devido processo administrativo é um requisito inafastável do exercício democrático do poder político".[31] Nas palavras de Vitor Rhein Schirato, "o processo administrativo é o elemento-chave para possibilitar a participação dos interessados no processo decisório do Estado, em consonância com os mandamentos de um regime democrático".[32] Para Ocimar Barros de Oliveira, "a participação do cidadão no processo administrativo é imperativo de concretização do ideal brasileiro de construção de um Estado Democrático de Direito".[33] Barnes vê no processo administrativo a "correia de transmissão na Administração de valores fundamentais próprios de um Estado democrático de Direito".[34] Chieppa, ao se referir à lei italiana de processo administrativo (e tal se aplica a todos os processos administrativos), afirma que "o princípio democrático foi estendido à ação administrativa".[35] Por sua vez, o espanhol Juan

---

[30] Nessa linha se expressam, p. ex., Guy Isaac, *La procédure administrative non-contentieuse.* 1968 p. 220; Allegretti, Pubblica amministrazione e ordinamento democratico, in *Il foro italiano*, jul.-ag.1984, p. 17; Agrifoglio, La trasparenza dell'azione amministrativa ed il princípio del contradditorio: tra procedimento e processo, in *Scritti par Mario Nigro.* vol. III, 1991, p. 20; Marta Cartabia. *La tutela dei diritti nel procedimento amministrativo.* 1991, p. 60. Os ingleses Smith e Brazier ressaltam que a natureza democrática da Constituição é testada pela extensão com que um indivíduo afetado por uma decisão pode contestá-la e pela real oportunidade que o processo de decisão oferece, aos membros da população envolvidos na decisão, de participar do processo, no livro *Constitutional and administrativa law.* Londres: 1989, p. 537. Posteriormente outros autores estrangeiros associaram processo administrativo e democracia, por exemplo, Schmidt-Assmann, no artigo El procedimiento administrativo entre el principio del Estado de Derecho y el principio democratico, in Javier Barnes (org.) *El procedimiento administrativo en el derecho comparado.* Madri: Civitas, 1993, p. 334, e Rosario Ferrara. *Introduzione al diritto amministrativo.* Laterza, 2002, p. 111.

[31] O direito administrativo de espetáculo, in Alexandre dos Santos Aragão; Floriano de Azevedo Marques Neto (org.). *Direito Administrativo e seus novos paradigmas.* 2. ed. Belo Horizonte: Fórum, 2017, p. 77.

[32] O processo administrativo como instrumento do Estado de Direito e da Democracia, in Odete Medauar; Vitor Rhein Schirato (org.). *Atuais rumos do processo administrativo.* São Paulo: RT, 2010, p. 39.

[33] *Processo administrativo e democracia participativa.* Leme: Ed. J.H. Mizuno, 2014, p. 129.

[34] Tres generaciones de procedimiento administrativo, in Aberastury; Blanke (org.). *Tendencias actuales... op. cit.*, 2012, p. 131.

[35] Mario Nigro e la disciplina del procedimento amministrativo, in *Rivista trimestrale di diritto pubblico*, 3, 2010, p. 677.

José Diez Sanchez registra ser o processo administrativo "peça nuclear do Estado Social e Democrático de Direito".[36]

Com efeito, a colaboração ou participação dos sujeitos no processo administrativo exerce influência no teor do resultado final. Com isso o administrado conhece melhor a Administração; esta, de seu lado, mediante fatos, provas e argumentos oferecidos pelos sujeitos, detecta melhor as situações e mais se aproxima dos administrados, propiciando abertura nas muralhas administrativas. Os vários pontos de vista, os vários argumentos, as várias interpretações dos fatos expressam a realidade do pluralismo, característico da democracia, e muito difícil de ser verdadeiramente aceito por autoridades administrativas, apegadas, de regra, à sua própria visão unilateral das situações ou à visão do partido político a que pertencem. Por outro lado, a colaboração dos sujeitos amplia as possibilidades de controle da atividade administrativa, aspecto este ligado à democracia.

36 Processo administrativo e Estado de Direito

Da fórmula *Estado de Direito*, um dos elementos identificadores do Estado brasileiro, decorrem vários postulados, cada qual representando uma de suas faces, cada face obtendo ressonância no processo administrativo.

Se for considerado na face de *limitação do poder pelo Direito*, o Estado de Direito vincula-se ao processo administrativo, pois este submete a atuação administrativa a parâmetros e confere, aos administrados, posições jurídicas que devem ser respeitadas na relação processual.

Por outro lado, atuação processualizada contrapõe-se à atividade livre; aí se pode ver a face de *observância da legalidade*.

O princípio da *igualdade*, como um dos aspectos do Estado de Direito, encontra terreno propício de realização no processo administrativo, pois aos sujeitos que dele participam são oferecidas idênticas oportunidades de apresentar argumentos, provas, pontos

---

[36] Principios del procedimiento administrativo, in Valdivia; Oneto (org). *La Ley de Procedimiento Administrativo General... op. cit.*, 2011, p. 273.

de vista. Nos processos administrativos em que figuram como sujeitos a Administração e um administrado (particular ou servidor) as posições jurídicas reconhecidas a este conferem caráter paritário à relação processual.

O perfil de *garantia dos direitos fundamentais* também se conecta ao processo administrativo. A própria atuação parametrada já reduz a possibilidade de arbítrio; o contraditório e a ampla defesa, que lhe são inerentes, fornecem condições para pleitear o reconhecimento de direitos na esfera administrativa.

A cooperação do interessado nos momentos de preparação do ato final aumenta a possibilidade de decisão justa, o que torna o processo administrativo um instrumento de garantia prévia dos direitos do cidadão, ou seja, um meio para evitar decisões ilegais ou iníquas. Com isso, a face do Estado de Direito relacionada à "criação, desenvolvimento e execução do direito como ordenamento direcionado à justiça e à paz jurídica"[37] também se concretiza mediante o processo administrativo. Além dos autores indicados em nota nº 36, outras considerações doutrinárias ligando processo administrativo e Estado de Direito advieram a contar de 2008. Assim, por exemplo, Jean-Bernard Auby, ao dizer o seguinte: "Hoje o direito do processo administrativo não pode ser isolado dos valores fundamentais dos sistemas jurídicos, os do Estado de Direito, da proteção dos direitos fundamentais, da democracia administrativa".[38] Barnes observa: "O procedimento administrativo converteu-se em fundamental veículo de transmissão onde se cristalizam tantas exigências emanadas do Estado de Direito, do princípio democrático nas relações entre a Administração e o

---

[37] Karl Larenz. *Derecho Justo* (trad. espanhola). 1985, p. 158. Conforme Diana-Urania Galleta, no direito alemão a "introdução de uma disciplina específica do processo administrativo é estritamente conexa ao princípio do Estado de Direito, do qual representa ao mesmo tempo um essencial instrumento de concretização", no artigo Il procedimento amministrativo in Germania..., na obra coletiva *Il procedimento amministrativo fra semplificazione e partecipazione*, org. Maria Alessandra Sandulli, 1ª parte, Milão, Giuffrè, 2000, p. 40. No dizer de Schmidt-Assmann, a doutrina do processo administrativo foi construindo suas instituições a partir do princípio do Estado de Direito, encaminhando-se depois para bases também nos direitos fundamentais, no livro *La teoria general del Derecho Administrativo como sistema*, trad. de diversos publicistas espanhóis, Madri-Barcelona: 2003, p. 364.

[38] Introdução geral, in AUBY; PERROUD (org.). *Droit comparé de la procédure administrative. op. cit.*, 2016, p. 4.

cidadão".[39] No entender de Juan Alfonso Santamaria Pastor, "o procedimento administrativo constitui uma técnica capital a serviço do Estado de Direito".[40] De seu lado, Santofino Gamboa menciona a "estreita vinculação dos procedimentos administrativos com as cláusulas do Estado social de Direito e a do Estado democrático".[41]

37 Processo administrativo e princípios constitucionais da Administração

O *caput* do art. 37 da Constituição de 1988 determina a observância, pela Administração Pública direta e indireta, em todos os níveis de poder estatal, dos princípios de legalidade, impessoalidade, moralidade, publicidade e eficiência. Tais princípios, norteadores da Administração e do direito administrativo, incidem também sobre o processo administrativo, que representa um dos modos mais profícuos de realização de tais princípios.

37.1 Processo administrativo e legalidade

Um dos desdobramentos do Estado de Direito situa-se no princípio da legalidade que informa as atividades da Administração Pública.

A aparente simplicidade da fórmula *a Administração deve sujeitar-se à lei* oculta questões relevantes na matéria. A título de exemplo, podem ser lembradas as quatro conhecidas interpretações arroladas por Eisenmann:[42] a) a Administração pode realizar todos os atos e medidas que não sejam contrários à lei; b) a Administração só pode editar atos que uma norma autoriza; c) somente são permitidos atos cujo conteúdo seja conforme um esquema abstrato fixado por norma legislativa; d) a Administração só pode realizar atos ou medidas que a lei ordena fazer.

---

[39] Introdução, in Barnes (org.). *La transformación del procedimiento administrativo. op. cit.*, p. 16.
[40] *Principios de derecho administrativo.* Vol. II. 2. ed. Madri: Iustel, 2009, p. 28.
[41] *Procedimientos administrativos y tecnologia. Op. cit.*, p. 13.
[42] *Cours de droit administratif.* t. I, 1982, p. 463.

Podem ser lembrados também os problemas do legalismo, da possível incoerência entre princípio da legalidade e poder discricionário, da redução do princípio da legalidade à relação lei – ato administrativo.

No vínculo legalidade – processo administrativo, este representa uma das garantias do princípio da legalidade,[43] porque significa atuação parametrada da autoridade administrativa, em contraposição à atuação livre, em tese, mais suscetível de arbítrio. Mesmo que exista parcela de discricionariedade em alguma fase do processo administrativo, o conhecimento dos mecanismos decisionais e dos fatos da situação, inerentes à processualidade, possibilitam direcioná-la às verdadeiras finalidades da atuação.

Portanto, o processo administrativo estende a legalidade e dá ensejo ao surgimento de uma *nova legalidade*, em especial nas relações entre cidadão e Administração, o que não significa opção neopositivista ou ideia de onipotência da lei, mas a adequada compreensão da atividade administrativa, com base na realização dos princípios constitucionais, sem renúncia a um grau de certeza e de garantia, ou seja, um padrão de coerência sistemática, segundo as linhas inerentes ao Estado de Direito.

Ao discorrer sobre procedimento e legalidade, Sorace e Torricelli mencionam o seguinte: "Com a formalização do procedimento vêm submetidos a disciplina legal não somente o ato final, mas também todos os atos que o precedem. Deste ponto de vista, o procedimento interessa como conjunto formalizado de atos, cada um disciplinado pela lei, entre os quais intercorrem relações juridicamente necessárias, cuja falta determina "vícios" do ato editado na decisão final".[44]

[43] O autor argentino Hector Jorge Escola estuda o processo administrativo em capítulo denominado A garantia do princípio da legalidade, no livro *Compendio de derecho administrativo*. V. 11, 1990, p. 1.157 e 1.172. Brewer-Carias igualmente vê o processo administrativo como garantia do princípio da legalidade, na obra *Principios del procedimiento administrativo*. 1990, p. 33. Para Diana-Urania Galleta "as regras do processo administrativo devem ser consideradas como essencial instrumento de garantia da legalidade e efetividade da ação administrativa", no artigo Il procedimento amministrativo in Germania..., na obra coletiva *Il procedimento amministrativo fra semplificazione e partecipazione*, org. Maria Alessandra Sandulli, 1ª parte, Milão, Giuffrè, 2000, p. 41.

[44] *Cit.*, 2021, p. 324.

37.2 Processo administrativo e impessoalidade

Os princípios da impessoalidade, moralidade e publicidade apresentam-se intrincados de maneira profunda, registrando-se mesmo instrumentalização recíproca; assim, a impessoalidade configura meio para atuações dentro da moralidade; a publicidade, por sua vez, dificulta medidas contrárias à moralidade e impessoalidade; a moralidade, de seu lado, implica observância da impessoalidade e publicidade. Embora nem sempre seja possível afastar as implicações recíprocas e os aspectos comuns, o estudo em separado atende a requisitos de natureza sistemática e metodológica.

No tocante ao princípio da impessoalidade, recebe várias interpretações da doutrina brasileira. Para José Afonso da Silva, "significa que os atos e provimentos administrativos são imputáveis não ao funcionário que os pratica, mas ao órgão ou entidade administrativa em nome do qual age o funcionário [...] Por conseguinte, o administrado não se confronta com o funcionário 'x' ou 'y' que expediu o ato, mas com a entidade cuja vontade foi manifestada por ele".[45] Hely Lopes Meirelles associou a impessoalidade ao princípio da finalidade, que se expressa como atendimento do interesse público: "o administrador fica impedido de buscar outro objetivo ou de praticá-lo no interesse próprio ou de terceiros".[46] No entender de Bandeira de Mello, impessoalidade "traduz a ideia de que a Administração tem que tratar a todos os administrados sem discriminações, benéficas ou detrimentosas [...] O princípio em causa não é senão o próprio princípio da igualdade ou isonomia".[47]

Entre as Constituições estrangeiras, a italiana (1947) contempla no seu art. 97 o preceito da *imparcialidade* da Administração; e a espanhola (1978), no seu art. 103, 1, determina que a Administração sirva, com *objetividade*, aos interesses gerais.

Impessoalidade, imparcialidade, objetividade envolvem tanto a ideia de funcionários que atuem em nome do órgão, não para atender a objetivos pessoais, como de igualdade dos administrados e atuação norteada por fins de interesse público. Trata-se de

[45] *Curso de direito constitucional positivo*. 42. ed. 2019, p. 678.

[46] *Direito administrativo brasileiro*. 1990, p. 81.

[47] *Curso de Direito administrativo*. 17. ed. 2004, p. 104.

ângulos diversos do intuito essencial de impedir que fatores pessoais, subjetivos, sejam os verdadeiros móveis e fins das decisões administrativas. Com o princípio da impessoalidade, a Constituição visa a obstaculizar atuações geradas por antipatias, simpatias, objetivos de vingança, represálias, *trocos*, nepotismo, favorecimentos diversos, muito comuns em concursos públicos, licitações, processos disciplinares, exercício do poder de polícia. Busca, desse modo, fazer predominar o sentido de função, isto é, o caráter objetivo nas atuações dos agentes, pois, sob tal enfoque, os poderes atribuídos não se destinam a atender a interesses e móveis subjetivos e pessoais; finalizam-se ao interesse de toda a coletividade, portanto, a resultados desconectados de razões pessoais. Em situações que dizem respeito a interesses coletivos ou difusos, a impessoalidade significa a exigência de ponderação equilibrada de todos os interesses envolvidos, para evitar decisões movidas por preconceitos e radicalismos ideológicos ou pela busca de benesses de tipos diversos.

Nessa ordem de considerações, o processo administrativo representa instrumento de objetivação do poder, para evitar ou dificultar que motivos e fins subjetivos informem a tomada de decisões, pois nele se contrapõem argumentos, dados e fatos, que permanecem registrados; se móveis subjetivos, mesmo assim, afetarem a decisão, torna-se mais fácil o controle administrativo e jurisdicional.

37.3 Processo administrativo e moralidade

O princípio da moralidade é de difícil ou até impossível expressão verbal, na forma escrita ou oral. A doutrina busca apreendê-lo, ligando-o a termos e noções que propiciem seu entendimento e aplicação.

Na doutrina pátria, Manoel de Oliveira Franco Sobrinho, que dedicou obra específica à moralidade administrativa,[48] tece as seguintes considerações: "Muito embora não se cometam faltas legais, a ordem jurídica não justifica no excesso, no desvio, no arbítrio, motivações outras que não encontram garantia no interesse geral, público e necessário; [...] o que se quer defender é a lisura ou

[48] *O controle da moralidade administrativa*. 1974, p. 18, 19, 22, 186.

a exação nas práticas administrativas; [...] a presunção de fim legal equivale à presunção de moralidade". Vê-se, então, que o referido autor ligou moralidade à exação, lisura e fins de interesse público.

Hely Lopes Meirelles, que sempre incluiu a moralidade entre os princípios da Administração, afirma que "ao legal deve se juntar o honesto e o conveniente aos interesses gerais"; e vincula a moralidade administrativa ao conceito de "bom administrador".[49]

Por sua vez, José Afonso da Silva[50] parece aceitar a concepção de Hauriou, que aventa a moralidade como conjunto de regras de conduta tiradas da disciplina da Administração; menciona, como exemplo, o cumprimento imoral da lei, no caso de ser executada com intuito de prejudicar ou favorecer deliberadamente alguém; e caracteriza a improbidade administrativa como imoralidade qualificada pelo dano ao erário e correspondente vantagem ao ímprobo e a outrem.[51]

Bandeira de Mello acentua os aspectos da lealdade e da boa-fé asseverando que "a Administração haverá de proceder em relação aos administrados com sinceridade e lhaneza, sendo-lhe interdito qualquer comportamento astucioso, eivado de malícia, produzido de maneira a confundir, dificultar ou minimizar o exercício de direitos por parte dos cidadãos".[52]

Na doutrina estrangeira, a primeira referência à moralidade administrativa vem de Hauriou, em nota de acórdão publicada no *Recueil Sirey*, em 1909, posteriormente desenvolvida em seus manuais. Hauriou sustentou que a jurisprudência administrativa francesa anulava atos que nada tinham de ilegal, mas que eram contrários à moralidade administrativa, isto é, a certas normas de boa administração, de administração norteada somente para o interesse

---

49 *Direito administrativo brasileiro*. 1990, p. 79 e 81.

50 *Curso de direito constitucional positivo*. 42. ed., 2019, p. 679.

51 A Lei nº 8.429, de 2.6.1992, dispõe sobre sanções aplicáveis aos casos de improbidade administrativa, regulamentando o §4º do art. 37 da CF, que prevê suspensão dos direitos políticos, perda da função pública, indisponibilidade de bens e ressarcimento ao erário. Referida lei arrola, como atos de improbidade: os que importam enriquecimento ilícito, os causadores de prejuízo ao erário, os atentatórios aos princípios da Administração Pública (como exemplo destes: praticar ato visando a fim proibido em lei ou regulamento ou diverso daquele previsto na regra de competência; negar publicidade aos atos oficiais; frustrar a licitude de concurso público – respectivamente incs. I, IV e V do art. 11).

52 *Curso de Direito administrativo*. 17. ed. 2004, p. 109.

público; e afirmou que o controle da moralidade administrativa se realizava mediante a invocação do desvio de poder. Hauriou, portanto, identificava moralidade com normas de boa administração, com atendimento do interesse público e como um dos casos de desvio de poder.

Waline, por seu turno, aceita a conotação atribuída por Hauriou à moralidade administrativa, discordando quanto ao controle realizado sob a rubrica do desvio de poder.[53]

Para Vedel, o juiz, sob alegação do "espírito da lei" ou dos princípios gerais de direito, pode integrar diretrizes de moralidade à legalidade; do ponto de vista do direito que se faz, o desvio de poder incorpora à ilegalidade certos princípios de moralidade, dos quais o juiz avalia o necessário atendimento.[54]

Das orientações doutrinárias expostas, percebe-se a diversidade de entendimentos quanto à caracterização da moralidade administrativa. Vê-se ainda que boa parte destas associa moralidade administrativa a fim de interesse público. O fim de interesse público, já apregoado e trabalhado na dogmática clássica do direito administrativo, engloba todos os aspectos da moralidade? Esta, então, se ligaria ao tradicional desvio de poder? Por que se efetua atualmente alusão à moralidade administrativa, se figuras já elaboradas, como fim de interesse público e desvio de poder, atingiriam os mesmos aspectos da atuação administrativa visados pelo princípio da moralidade? Eis algumas questões que o estudo deste preceito suscita.

Para o efeito de seus vínculos com o processo administrativo, quer seja caracterizado sob o perfil das regras de conduta extraídas da disciplina da Administração, sob o perfil do fim de interesse público, sob o perfil da boa administração, sob o perfil da boa-fé e lealdade da Administração,[55] a atuação processualizada reduz as

---

[53] *Précis de droit administratif*. 1969, p. 352.

[54] *Droit administratif*. 1973, p. 610. Debbasch afirma que o desvio de poder implica controle de moralidade administrativa, no livro *Institutions et droit administratifs*, vol. II, 1986, p. 619.

[55] Já se ressaltou o intrincamento dos princípios da moralidade e impessoalidade. Um dos aspectos da imoralidade diz respeito ao uso de poderes administrativos com o fim de propiciar favorecimentos a si e a outrem e prejuízos a outrem, situação que envolve então a pessoalidade como um dos fatores da imoralidade. Nem sempre o locupletamento, para si ou para outrem, reveste-se de caráter financeiro ou material; formas subliminares de exercício imoral do poder ocorrem a título de patrulhamento ideológico, partidário, de represália ou vingança, proteção de parentes, obstáculo a investigações; ou ainda na

oportunidades de práticas imorais no exercício de poderes públicos: atividades parametradas, presença de sujeitos com direitos e ônus, obrigação de motivar etc. dificultam os desvirtuamentos próprios da imoralidade administrativa. Há um sentido moralizador na conflitualidade prevista e explícita, que substitui aquelas casuais e ocultas que nascem de pressões subjetivas e corporativas e de atividades facultativas de sujeitos mais espertos ou hábeis.[56] Havendo, no entanto, práticas imorais em momentos do processo, torna-se mais fácil evidenciá-las.

37.4 Processo administrativo e publicidade

A Constituição de 1988 alinha-se à tendência de publicidade ampla ou transparência da Administração, que se detecta, de modo acentuado, a partir da década de setenta, invertendo a regra do segredo e do oculto que predominava. Celso Lafer bem pondera que "numa democracia a visibilidade e a publicidade do poder são ingredientes básicos, posto que permitem um importante mecanismo de controle *ex parte populi*, da conduta dos governantes [...] Numa democracia a publicidade é a regra básica do poder e o segredo, a exceção, o que significa que é extremamente limitado o espaço dos *arcana imperii* ou seja, dos segredos de Estado".[57]

---

manipulação de verbas ou concursos públicos para impedir a ascensão profissional de pretensos desafetos ou para compra de votos em eleições administrativas. O princípio da moralidade é de difícil tradução verbal, talvez porque seja impossível enquadrar em um ou dois vocábulos a ampla gama de condutas e práticas desvirtuadoras das verdadeiras finalidades da Administração Pública. Se a verbalização em fórmula sintética revela-se difícil ou impossível, o exame contextual de uma situação pode fazer sobressair a imoralidade; p. ex.: a compra de uma centena de automóveis oficiais de luxo, numa ocasião de crise financeira, numa época de redução de mordomias, num período de agravamento de problemas sociais, apresenta-se claramente imoral, apesar de possível respaldo legal.

56 Nesse sentido as ponderações de Allegretti, no trabalho Legge generale sui procedimenti e moralizzazione amministrativa, in *Scritti in onore di Massimo Severo Giannini*. vol. III, 1988, p. 7.

57 *A ruptura totalitária e a reconstrução dos direitos humanos*. 1988, p. 243 e 244. Em ordenamentos de países europeus se associa processo administrativo e transparência, como exemplo, na Itália e França. E também no direito comunitário; v. a respeito, p. ex: Ignazio Francesco Caramazza, Dal princípio de segretezza al principio de trasparenza, in *Rivista trimestrale di diritto pubblico*, 4, 1995, p. 943; Diana-Urania Galetta (op. ult. cit., 2000, p. 63); Francesca Bignami, no artigo Tre generazioni di diritti de partecipazione nei procedimenti amministrativi europei, na coletânea de artigos sob a rubrica *Il procedimento amministrativo europeo*, Caderno 1 da *Rivista trimestrale di diritto pubblico*, 2004, p. 89. Em 2016 Auby ressalta o vínculo entre processo administrativo e transparência nos termos a seguir: "O processo administrativo deve se conciliar com tudo o que se refere à transparência", na *Introdução*,

O princípio da publicidade, previsto no *caput* do art. 37, vem reforçado pelo inc. XXXIII do art. 5º, que assegura o direito de receber informações dos órgãos públicos, e pelo inc. LXXII, que prevê o *habeas data* como garantia do direito de conhecer e retificar informações pessoais constantes de registros existentes em entidades governamentais ou de caráter público.

Em virtude da participação de administrados (particulares ou servidores), a publicidade é inerente ao processo administrativo. Tornam-se impossíveis atuações ocultas em processo, embora em casos relativos à privacidade, honra, p. ex., sua realização possa ocorrer em círculo restrito, mas sempre com a atuação dos sujeitos a que se refere.

37.5 Processo administrativo e eficiência

A Emenda Constitucional nº 19/1998 – reforma administrativa – acrescentou a eficiência aos princípios da Administração enunciados no *caput* do art. 37.

Na legislação pátria, o termo *eficiência* já aparecera relacionado à prestação de serviços públicos. Assim, por exemplo, a Lei nº 8.987/1995 - concessão de serviços públicos - no §1º do art. 6º caracteriza o serviço adequado como aquele que atende às condições de regularidade, continuidade, *eficiência*, segurança, atualidade, generalidade etc.

A partir da Emenda nº 19/1998, a eficiência é princípio que norteia todas as atividades da Administração Pública. O vocábulo liga-se à ideia de ação, para produzir resultado de modo rápido e preciso, com a menor onerosidade possível. Associado à Administração Pública, o princípio da eficiência determina que esta deve agir, de modo rápido e preciso, para produzir resultados que satisfaçam as necessidades da população, com o uso adequado dos meios. Eficiência contrapõe-se a descaso, negligência, lentidão, omissão. Para

ao livro AUBY; PERROUD (org.). *Droit comparé de la procédure administrative*, *op. cit.*, p. 4. Sobre o princípio da transparência e sua possível identificação ou distinção do princípio da publicidade v. Carmen Silvia Lima de Arruda, no livro *O princípio da transparência*, Quartier Latin, 2020 (edição da sua tese de doutorado com dupla titulação, com o mesmo título, defendida, em 2019, na Universidade Federal Fluminense, da qual participaram também Jacques Ziller, orientador pela Universidade de Pavia, e Diana-Urania Galetta.

Diogo de Figueiredo Moreira Neto, "uma vez constitucionalmente consagrado este *dever de eficiência do setor público*, conotado aos *interesses da sociedade*, sempre que possa ser objetivamente aferível, passou a ser um *direito da cidadania*".[58]

O princípio da eficiência tem suscitado entendimento errôneo no sentido de que, em seu nome, a legalidade poderia ser sacrificada. Inexiste tal sobreposição do princípio da eficiência ao da legalidade. Os dois princípios devem ser conciliados, buscando a Administração atuar com eficiência, dentro da legalidade.

Quanto aos vínculos entre eficiência e processualidade, cabe notar, de início, que um entendimento contrário à expansão do processo administrativo invoca razões de eficiência, no seu aspecto de agilidade e rapidez, sob a alegação de que este retardaria a tomada de decisões. Daí terem surgido discussões, na doutrina italiana sobretudo, entre os chamados "eficientistas" (avessos àquela expansão) e os chamados "garantistas" (favoráveis à expansão). O argumento contrário à processualidade perde força ante o fato de que a Administração se mostra lenta em geral, mesmo nas atuações não processualizadas, o que evidencia que a demora não se origina destas atuações. Além do mais, se os prazos fixados na legislação dos processos administrativos (e em todos os outros) fossem obedecidos pelos agentes públicos, estes seriam finalizados de maneira mais rápida. A eficiência, sob o ângulo da rapidez na tomada de decisões, relaciona-se, também com o *direito à duração razoável do processo administrativo*, previsto no art. 5º, inc. LXXVIII, da Constituição Federal, inciso este acrescentado pela Emenda Constitucional nº 45/2004.

Já houve referência no item 30.3 sobre o aspecto da maior facilidade de aceitação e o cumprimento de decisões advindos de processos administrativos em que os sujeitos participaram, pois tiveram conhecimento, assim, do modo pelo qual o resultado foi obtido e dos elementos que nele influíram, o que, sem dúvida, propicia eficiência no aspecto dos efeitos da decisão.[59]

---

[58] *Curso de direito administrativo*. 16. ed. Rio de Janeiro: Forense, 2014, p. 116.

[59] A respeito do princípio da eficiência v. p. ex.: Gabardo, Emerson. *Princípio constitucional da eficiência administrativa*. Dialética, 2002; Harger, Marcelo. Princípio da eficiência. In *Repertório IOB de Jurisprudência*, 2ª quinz. ago. 1999.

CAPÍTULO VI

PRINCÍPIOS DO PROCESSO ADMINISTRATIVO

38 Considerações preliminares

Princípios, em direito, são fórmulas nas quais está contido o pensamento diretor de uma disciplina legal ou de um instituto jurídico.[1] Consistem em "enunciações normativas de valor genérico que condicionam e orientam a compreensão do ordenamento jurídico para sua aplicação e integração e para a elaboração de novas normas".[2] Constituem as bases nas quais assentam institutos e normas jurídicas.

Desempenham função positiva ao se considerar a influência que exercem na elaboração de normas e decisões sucessivas; sua função negativa significa a exclusão dos valores e normas que os contrariam.[3]

O processo administrativo é regido por princípios que orientam sua compreensão como instituto jurídico, informam sua disciplina legal, quando editada, e canalizam sua realização ao cumprimento das finalidades que lhes são próprias.

Na doutrina, o rol dos princípios do processo administrativo varia de autor para autor, segundo as concepções de cada um e o teor do direito legislado do respectivo país. Há, no entanto, um núcleo

---

1 Karl Larenz, *Derecho justo*. (trad. espanhola). 1985, p. 14.

2 Miguel Reale. *Lições preliminares de direito*. 25. ed., 2000, p. 306-307.

3 Karl Larenz. *Derecho justo*. 1985, p. 33

comum, com o qual trabalha a maioria da doutrina e que, muitas vezes, transparece das leis ou códigos de processo administrativo.

No ordenamento pátrio, os princípios constitucionais da Administração Pública em geral, previstos no *caput* do art. 37, aplicam-se também ao processo administrativo, como já se disse. Especificamente para este âmbito, a Constituição abriga os chamados *princípios do contraditório, da ampla defesa* e *da razoável duração do processo*; os demais decorrem de formulação doutrinária, jurisprudencial e legal. Observe-se que a Constituição de 1988 insere o contraditório, a ampla defesa e a duração razoável do processo no rol dos direitos e garantias elencados no art. 5º. Não lhes confere, de modo explícito, o nome de *princípios*, embora figurem com tal título em muitos trabalhos doutrinários. Então emergiria a questão de tratá-los como direitos fundamentais, garantias, direitos-garantia, princípios ou valores. Embora fascinante, a discussão a respeito foge aos objetivos deste livro, podendo-se notar que na doutrina, na legislação infraconstitucional e na jurisprudência se mesclam os vocábulos que os denominam, em especial na referência a direito, à garantia ou a princípio, utilizados sem rigidez terminológica ou conceitual, o que será a linha deste livro.

39 O princípio do contraditório

Em essência, o contraditório significa a faculdade de manifestar o próprio ponto de vista ou argumentos próprios ante fatos, documentos ou pontos de vista apresentados por outrem. O contraditório possibilita "tecnicamente contradizer a posição contrária".[4] A doutrina vem há algum tempo identificando o contraditório no binômio *informação-reação*, com a ressalva de que, embora a primeira seja absolutamente necessária sob pena de ilegitimidade do processo

[4] Ada Pellegrini Grinover, Garantias do contraditório e ampla defesa, *Jornal do advogado*, nov./1990, p. 9. Segundo Olivier Schrameck, "o contraditório supõe uma oposição ou uma diferença de percepções, de argumentação e de interesses, um diálogo permitindo opor-se à visão de outrem, manifestando a própria; o contraditório suscita um encadeamento de respostas alternadas até o fim do processo onde se inscreve", no artigo Quelques observations sur le principe du contraditoire, in *L'État de Droit – Mélanges en honneur de Guy Braibant*. Paris: Dalloz, 1996, p. 630.

e nulidade de seus atos, a segunda é somente *possível*,[5] pois o sujeito pode escolher entre reagir ou deixar de reagir.

Elemento ínsito à caracterização da processualidade, o contraditório propicia ao sujeito a ciência de dados, fatos, argumentos, documentos, a cujo teor ou interpretação pode reagir, apresentando, por seu lado, outros dados, fatos, argumentos, documentos. À garantia do contraditório para si próprio corresponde o ônus do contraditório, pois o sujeito deve aceitar a atuação no processo de outros sujeitos interessados, com idênticos direitos. Nas considerações de Rodrigo Pagani de Souza, "o contraditório já traz em si, reconheça-se, o propósito de compelir as múltiplas partes no processo à colaboração recíproca".[6]

Em processos administrativos referentes a questões coletivas e difusas, o contraditório se expressa na possibilidade de fazer emergir os diferentes interesses em jogo e de confrontá-los adequadamente em presença dos respectivos titulares, antes da decisão final.[7] É o caso do licenciamento ambiental, p. ex.[8]

Para Tawil, contraditório "significa reconhecer que pertence à própria essência do procedimento administrativo a possibilidade de que se façam valer nele os distintos interesses parciais e individuais e que estes sejam adequadamente confrontados ante seus titulares – sejam estes a Administração ou os particulares com interesses contrapostos – antes de adotar-se decisão definitiva".[9]

39.1 A ideia de contraditório na esfera administrativa

A noção de contraditório vinha tradicionalmente associada ao processo jurisdicional; sua admissibilidade na esfera administrativa

---

5 Cândido Dinamarco. *Fundamentos do processo civil moderno*. 3. ed. vol. I, 2000, p. 127.

6 As várias faces do princípio do contraditório no processo administrativo, in Odete Medauar; Vitor Rhein Schirato (org.). *Atuais rumos do processo administrativo*. São Paulo: RT, 2010, p. 161.

7 García de Enterría e Ramón Fernández. *Curso de derecho administrativo*. Vol. II, 2000, p. 457.

8 Sobre o processo administrativo ambiental, v. Pedro Niebuhr. *Processo administrativo ambiental*. 4. ed. Belo Horizonte: Fórum, 2023.

9 Sobre o futuro del procedimiento administrativo, in *Revista de Derecho Administrativo*, Lima: Círculo de Derecho Administrativo, ano 5, nº 9, dez. 2010, p. 14.

representa mudança de algumas concepções relativas à supremacia do Estado, à existência de um só juízo sobre o interesse público, à posição do administrado como súdito, servil e submisso, à predominância absoluta da autotutela. Guimarães Menegale já advertia que "a teoria do processo administrativo condena a contraposição do administrador e do administrado como disputantes de um interesse ou de um direito, afetado ou negado por um, reivindicado por outro"; e dizia que se deve "imprimir caráter contraditório ao procedimento, seja de iniciativa do particular seja da autoridade".[10]

A doutrina menos antiga pondera que o "caráter contraditório tende a afirmar-se universalmente; em verdade seria fechar os olhos à realidade pretender que no procedimento administrativo haja uma só parte cujos direitos serão discernidos, sem conflitos nem contendas, por um órgão desinteressado do assunto; ao contrário, os recursos, reclamações, denúncias administrativas supõem quase necessariamente um conflito de interesses entre o requerente, de um lado, e o órgão autor do ato, de outro, e isto desemboca bem concretamente numa impugnação que não é outra coisa senão contenda: daí a indispensável discussão plena do assunto, com ataque e prova, mediante um procedimento imparcial, público, etc.".[11]

A ideia de contraditório em processos administrativos ganha terreno também à medida que a atenção se volta para a relação Administração-administrados e que se buscam meios para circunscrever a atuação administrativa dentro de parâmetros, com o fim de refrear abusos.

Admitindo-se a divergência de interesses, de pontos de vista e de interpretações jurídicas entre Administração e administrados e até entre órgãos da própria Administração, aceita-se o contraditório. Portanto, o contraditório não é exclusivo do processo jurisdicional.[12]

---

[10] *Direito administrativo e ciência da Administração*. 3. ed., 1957, p. 491.

[11] Gordillo. *Tratado de derecho administrativo*. t. II. 3. ed. 1998, p. IX-44-45.

[12] Nesse sentido, entre outros manifesta-se Benvenuti, para quem "o contraditório não é instituto próprio somente das formas em que se exerce a função jurisdicional, justamente porque é expressão de um princípio jurídico geral de caráter constitucional [...]"no verbete Contradditorio-diritto amministrativo, *Enciclopedia del Diritto*, v. IX, 1961, p. 739. Karl Larenz lembra a conexão entre o princípio de audiência e o respeito à dignidade do cidadão, afirmando que o contraditório deve vigorar também na atuação da Administração Pública. *Derecho justo*, 1985, p. 188. Schrameck menciona o contraditório como noção imanente e universal da consciência jurídica, no artigo Quelques observations sur le principe du

Cogitando-se de contraditório no processo administrativo, surge a questão de visualizá-lo fora da relação triangulada de juiz e duas partes. O processualista Fazzalari expõe a diretriz adequada a respeito, pois ao mencionar os processos não jurisdicionais observa que neles "o contraditório se realiza às vezes entre particulares, às vezes entre o particular e um órgão da Administração; o que conta, nesta última hipótese, é que a Administração Pública é colocada pela norma em posição substancialmente igual à do particular, de modo que, nos limites determinados pela mesma norma, a participação dos dois sujeitos realiza aquele jogo de ações, reações e controles recíprocos, características justamente das garantias do contraditório. Ao contrário, não merecem ser catalogados entre os processos aqueles esquemas nos quais é contemplada uma participação do particular não só meramente episódica, mas também sob um plano diverso e inferior ao da Administração".[13] Se, na fase que antecede a formação do ato, um órgão da Administração não se colocar no mesmo plano que o sujeito, no tocante a direitos, ônus, ações e reações, inexiste contraditório.

39.2 Os sujeitos no processo administrativo

O contraditório no processo administrativo pode ocorrer entre: particular (indivíduo, pessoa jurídica ou grupo) e Administração;

---

contradictoire, in *L'État de Droit – Mélanges en honneur de Guy Braibant*. Paris: Dalloz, 1996, p. 629. Os estudos específicos sobre o contraditório na Administração Pública se expandiram na Europa, ao longo da década de 90 do século XX e primórdios do século XXI, em países de tradição romanística, como reflexo do desenvolvimento do processo administrativo e como efeito de decisões da Corte Europeia dos Direitos do Homem e da Corte de Justiça da Comunidade Europeia. Citem-se, por exemplo: D'Alberti, no artigo La "visione" e la "voce": le garanzie di partecipazione al procedimento amministrativo, in *Rivista trimestrale diritto pubblico*, 1, 2000, p. 1-33; Hocine Zeghbib, Principe du contradictoire et procédure administrative non contentieuse, in *Revue du Droit Public*, Paris, 2, 1998, p. 467-503; Olivier Schrameck, Quelques observations sur le principe du contradictoire, in *L'État de Droit – Mélanges en honneur de Guy Braibant*. Paris: Dalloz, 1996, p. 629-640. Tendo em vista os desdobramentos do art. 6º, §1º, da Convenção Europeia para Salvaguarda dos Direitos do Homem sobre o processo administrativo e a garantia do contraditório, a *Revue Fraçaise de Droit Administratif*, 1, jan.fev 2001, p. 1-42 traz vários artigos sobre o contraditório, sob a rubrica: *O contraditório no Direito público francês e o art. 6º, §1º da Convenção Europeia dos Direitos do Homem*; entre os artigos: Christine Ferrari-Breeur, La contradiction et le pouvoir de sanction de l'Administration, p. 33-42; Sylvie Caudal, Les procédures contradictoires en dehors du contentieux, p. 13-29; Jean- Paul Costa, Le principe du contradictoire dans l'article 6,§1 dans la jurisprudence de la Cour Européenne des droits de l 'homme, p. 30-32.

[13] Processo (teoria generale), verbete em *Nuovo Digesto italiano*, v. 13, 1966, p. 1.074.

servidor e Administração; dois ou mais particulares (indivíduos ou pessoas jurídicas) contrapostos ante a Administração, como nos concursos públicos e licitações; dois ou mais servidores contrapostos ante a Administração, como nos processos de acesso ou promoção em carreiras funcionais.

A pluripessoalidade típica do processo e do contraditório também em sede administrativa suscita o tema da denominação conferida aos integrantes dessa relação.

Algumas peculiaridades se registram no ordenamento pátrio, a respeito. À Administração não se atribui nome algum, enquanto outros integrantes recebem denominações específicas em cada processo; assim, por exemplo: *candidatos*, nos concursos públicos; *licitantes*, nos processos licitatórios; *contribuintes*, nos processos administrativos tributários; *indiciados*, nos processos disciplinares. Na ausência de título específico, a preferência recai sobre o vocábulo *interessado*, na prática administrativa. A doutrina emprega ainda o termo *administrado* para designar o particular.

Nota-se, em alguns autores, resistência ao uso do nome *partes* na relação processual administrativa, talvez como reflexo da não aceitação teórica da ideia de confronto de argumentos, pontos de vista, interpretações, nesta esfera, ideia esta vigente por longo tempo; ou talvez para bem distinguir o processo administrativo do processo jurisdicional.

Modernamente, não em nível de terminologia, mas em nível de concepção, alguns autores mencionam a importância de recuperar a noção de *parte*, ao se pretender introduzir a processualidade na ação administrativa; esta noção permaneceu estranha ao processo administrativo, pois apenas o sujeito público vinha sendo considerado uma parte; a outra parte, o administrado, nesta concepção, ficaria estranha à própria lógica do processo. Com a processualidade administrativa, emerge a questão da relação entre Administração e cidadão, retirando-se o indivíduo da condição de súdito.[14] Afirma-se até que "a consequência fundamental do princípio do contraditório em matéria de procedimento administrativo é que, no mesmo, também existe a noção de parte; assim, na relação

---

[14] É o entendimento de Berti. *Diritto e Stato*. 1986, p. 344.

Administração-administrado ou administrados, ambos são partes no procedimento, considerando-se parte também todos os outros administrados que possam ser afetados pelo ato administrativo".[15]

A acolhida da concepção de *parte* no processo administrativo não torna incompatível o uso dos termos *interessado, administrado, licitante, candidato* etc. No tratamento doutrinário da processualidade administrativa, parece melhor o uso do nome *sujeitos*, tal como adotam os estudiosos da *teoria geral do processo* Cintra, Grinover e Dinamarco,[16] porque expressa, com clareza, a condição de detentores de direitos, garantias, ônus, na relação processual, inclusive administrativa.

No ordenamento norte-americano, a lei federal de processo administrativo, hoje integrada no Código Administrativo (USCA), título 5, seção 500, confere o nome *parte* (*party*) à pessoa ou agência designada ou admitida como parte ou com pretensão ou direito de ser admitida como parte no processo de uma *agency*, e à pessoa ou *agency* admitida por uma *agency* como parte para objetivos limitados (§551, item 3).

A lei espanhola de procedimento administrativo de 1992 considerava *interessado*: (principal) aquele que o inicia como titular de direitos ou interesses legítimos individuais ou coletivos; aqueles que, sem ter iniciado o processo, tenham direitos que possam ser afetados pelo resultado final; associações e organizações representativas como titulares de interesses coletivos nos termos em que a lei reconheça (art. 31). A vigente lei espanhola de procedimento administrativo – Lei nº 39/2015 – reproduz, no art. 4º, tais disposições, também empregando a palavra *interessado*.

Por sua vez, a lei alemã de processo administrativo de 1976 adota o termo *parte*, qualificando como capazes para tal: as pessoas físicas e jurídicas, as associações, as autoridades administrativas (art. 11); dispõe que são partes: o requerente e o oponente; aqueles aos

---

15 Brewer-Carias. *Princípios del procedimiento administrativo*, 1990, p. 152. Este autor publicou a mesma obra em francês, com prefácio de Frank Moderne: *Les principes de la procédure administrative non contentieuse*. Paris: Economica, 1992 (embora no livro em espanhol tenha efetuado crítica a esta denominação francesa para o processo administrativo, adotou-a no título em francês, pois se assim não fosse haveria o risco de confusão com o processo da jurisdição administrativa existente na França).

16 *Teoria geral do processo*. 23. ed., 2007, p. 295.

quais a autoridade quer destinar ou destinou o ato administrativo; aqueles com os quais a autoridade quer concluir ou já concluiu um contrato de direito público; aqueles que foram chamados, pela autoridade, para tomar parte no procedimento; terceiros cujo resultado do processo tenha eficácia jurídica em seus direitos (art. 13).

Na lei italiana de processo administrativo, editada em agosto de 1990, com a redação atual, utilizam-se tanto os termos *sujeitos* quanto *interessados*; conforme o art. 7º, item 1, a realização do processo deve ser comunicada aos sujeitos em relação aos quais o ato final produzirá efeitos diretos e àqueles que por lei devem intervir; quando de um ato possa decorrer prejuízo a sujeitos identificados, diferentes dos destinatários diretos, a administração é obrigada a dar-lhes notícia do início do processo. Segundo o art. 9º, qualquer sujeito, portador de interesses públicos ou privados e também os portadores de interesses difusos constituídos em associações, que possam sofrer prejuízos decorrentes do ato, têm a faculdade de intervir no processo.

Na especificação das partes ou sujeitos do processo administrativo, nota-se evolução similar às tendências recentes do processo jurisdicional. De início detinham essa condição somente os titulares de direitos ou detentores de interesse direto e pessoal. Na atualidade, por disposição legal ou por interpretação, vem se admitindo, como sujeito ou parte, os defensores de direitos coletivos ou difusos.

O texto *supra* do item 39.2 figurou na 2ª edição deste livro, de 2008 (com exceção da atualização nas leis citadas).

Na literatura surgida a partir de então, por exemplo, Vitor Rhein Schirato emprega o vocábulo *parte* para denominar os sujeitos no processo administrativo, seja na denominação do artigo, seja no texto.[17]

Nas considerações de Bernardo Strobel Guimarães, "a simples oposição de vontades basta para que sejam demarcados dois polos distintos, permitindo que se fale em partes no processo

---

[17] As partes no processo administrativo: os papéis da Administração Pública na lei federal de processo administrativo, in Valdivia; Oneto (org). *La ley de procedimiento administrativo. Diez años después. Op. cit.*, 2011, p. 289-308.

administrativo".[18] De seu lado, o argentino Gastón Dario Oberda também escolhe o termo *parte*, no título e bojo do seu artigo, para indicar os integrantes do processo administrativo.[19]

Vozes doutrinárias, na atualidade, aventam acepções subjacentes ou simbólicas da terminologia usada para denominar os particulares integrantes da relação processual administrativa. Assim, por exemplo, Gladys Camacho Cépeda afirma que "o enfoque na pessoa nos leva a ajustar a linguagem a fim de usar terminologia que facilite acentuar as garantias que as pessoas devem ter frente ao poder público". E acrescenta: "A palavra 'administrado' foi qualificada como infeliz por parte da melhor doutrina. Isto porque a palavra 'administrado' alude a posição de subordinação e de dever suportar os encargos, obrigações ou ordens do poder público".[20] Didier Truchet, ao discorrer sobre o título do Código das Relações entre o Público e a Administração (é um código de processo administrativo, editado na França em 2015), registra que o termo *administrado* é "poeirento e passivo"e que o uso da palavra *público* no referido título, precedendo a palavra *Administração*, "traduz nova fase do diálogo administrativo".[21] Por sua vez, Jacques Chevallier, debruçando-se também sobre o título do citado Código francês, tece as seguintes considerações: "O advento de novas representações do administrado será um dos signos simbólicos e uma das manifestações tangíveis da mudança administrativa". "A figura do administrado que evocava um contexto tradicional de sujeição, cedeu lugar a do 'usuário' como o beneficiário das prestações administrativas, depois deu lugar a do 'cidadão', ligado à ideia de democracia administrativa, sem que nenhuma tenha sido considerada como pertinente para o Código". "O Código se abstém de tentar qualificar a condição e o status do administrado: prefere usar um termo deliberadamente vago, que por

---

18 A participação no processo administrativo, in Odete Medauar; Vitor Rhein Schirato (org.). *Atuais rumos do processo administrativo*. São Paulo: RT, 2010, p. 91.

19 As partes en el procedimiento administrativo, in Tawil (org.). *Procedimiento administrativo*. 1ª reimpressão, *op. cit.*, 2010, p. 218 e 219.

20 Los particulares como sujetos del procedimiento administrativo, in *Derecho PUC – Revista de la Facultad de Derecho*, Lima, nº 67, 2011, p. 285 e 287.

21 L'intitulé du Code et le choix des termes, in *Journal du Droit Administratif (JDA)*, Edição on line, (fundado em Toulouse, França), 2016, Dossier 02, art. 67 (esta publicação, que será indicada em outros itens deste livro, não tem paginação e identifica artigos também pela palavra "Art.", por exemplo "Art. 67").

seu caráter indefinido cobre amplo leque de situações". "O termo *público* foi justificado pela preocupação de abranger a diversidade de situações, levando as pessoas físicas ou jurídicas a estar em relação com as administrações".[22]

39.3 Contraditório e ampla defesa

No estudo do princípio do contraditório vem à luz seus vínculos com o princípio da ampla defesa, sobretudo em termos de precedência de um em relação ao outro, de um como decorrência do outro.

A questão foi enfrentada por Ada Pellegrini Grinover,[23] ao ressaltar o seguinte: "Num determinado enfoque, é inquestionável que é do contraditório que brota a própria defesa. Desdobrando-se o contraditório em dois momentos – a informação e a possibilidade de reação – não há como negar que o conhecimento, ínsito no contraditório, é pressuposto para o exercício da defesa. Mas, de outro ponto de vista, é igualmente válido afirmar que a defesa é que garante o contraditório, conquanto nele se manifeste [...] Defesa, pois, que garante o contraditório, e que por ele se manifesta e é garantida: porque a defesa, que o garante, se faz possível graças a um de seus momentos constitutivos – a informação – e vive e se exprime por intermédio de seu segundo momento – a reação. Eis a íntima relação e interação da defesa e do contraditório". Por sua vez, Tucci e Cruz e Tucci notam que a defesa "só poderá efetivar-se em sua plenitude com o estabelecimento da participação ativa e contraditória dos sujeitos parciais em todos os atos e termos do processo".[24]

Na doutrina estrangeira, Olivier Schrameck, ao tratar do contraditório, menciona o adágio *audi alteram partem*; afirma que às vezes seu sentido está mesclado a outros imperativos ou exigências, como o respeito dos direitos de defesa e diz que o direito de defesa

---

22 Le "public"du Code, in Geneviève Koubi; Lucie Cruzel-Metayer; Wafa Tamzini (org.). *Lectures critiques du Code des relations entre le public et l'administration*. Paris: LGDJ, 2018, p, 129 e 134.

23 *Novas tendências do direito processual*. 1990, p. 4-6. Na obra *Teoria Geral do Processo*, 23. ed., 2007, p. 61, Cintra, Grinover e Dinamarco afirmam que o contraditório possibilita a garantia da ampla defesa e esta mantém íntima ligação com aquele.

24 *Constituição de 1988 e processo. Regramentos e garantias constitucionais do processo*. 1989, p. 60.

se manifesta em especial por meio do contraditório.[25] De seu lado, Sylvie Caudal informa que o Conselho Constitucional francês, em decisão de 29.12.1989, qualificou o princípio do contraditório como "corolário dos direitos de defesa"; mas a autora diz, em nota de rodapé, que o contraditório é distinto dos direitos de defesa, daí não se poder admitir que seja somente um subconjunto dos direitos de defesa.[26] Para Christine Ferrari-Breeur, o direito de defesa é um dos aspectos do contraditório; são noções distintas, a de contraditório parece mais ampla que a dos direitos de defesa.[27]

"Ampla defesa e contraditório estão intimamente ligados, pois é pelo contraditório que a ampla defesa é exercida", enuncia Ada Pellegrini Grinover, em obra posterior.[28]

Para Thiago Marrara, "O contraditório é a premissa da defesa, daí porque andam inexoravelmente juntos. Não há reação ao desconhecido; [...]".[29]

Tais colocações demonstram a interconexão dos dois princípios, o que gera dificuldade teórica e prática de separar com precisão os respectivos desdobramentos, dada sua mescla no andamento processual.

39.4 Finalidades do contraditório

a) A informação dada ao sujeito para que possa reagir no processo administrativo, num *enfoque garantista*, visa à tutela das posições jurídicas dos destinatários do ato final; tal proteção se efetua no seu aspecto genérico, pois enseja a colaboração do sujeito na fixação do conteúdo do ato; e se efetua no seu aspecto reativo, por oferecer possibilidade concreta de melhor combater o possível

---

[25] Quelques observations sur le principe du contradictoire, in *L'État de Droit. Mélanges en l'honneur de Guy Braibant*. Paris: Dalloz, p. 629 e 632.

[26] Les procédures contradictoires en dehors du contentieux, in *Revue Française de Droit Administratif*, 1, jan.fev. 2001, p. 25 e 26.

[27] La contradiction et le pouvoir de sanction de l'Administration, in *Revue Française de Droit Administratif*, 1, jan.fev 2001, p. 34.

[28] *Ensaio sobre a processualidade*. Brasília: Gazeta Jurídica, 2016, p. 22.

[29] Princípios do processo administrativo, in Bitencourt Neto, Eurico; Thiago Marrara (org.). *Processo administrativo brasileiro: estudos em homenagem aos 20 anos da Lei Federal de Processo Administrativo*. Belo Horizonte: Fórum, 2020. p. 89.

ato final, se lesivo a direitos. Na doutrina pátria, Lafayette Pondé ressalta que a instrução contraditória protege o indivíduo contra o poder coercitivo da administração.[30]

b) Sob o *ângulo técnico*, evidencia-se a finalidade instrutória, de busca da verdade, de conhecimento mais preciso dos fatos, de coleta de informações para a decisão correta. A atuação da autoridade administrativa e das partes envolvidas no processo contribui para fornecer ao órgão chamado a decidir um panorama completo da situação de fato, de direito e dos interesses envolvidos, de modo que a decisão poderá ser mais ponderada e mais aderente à realidade.

c) No *perfil colaborativo*, sobressai o objetivo de propiciar a impessoalidade, pela igual oportunidade, dada aos sujeitos entre si, e a sujeitos ante a Administração, de apresentar alegações, provas, pontos de vista etc. "Com efeito, a bilateralidade da audiência ou contraditoriedade assenta-se num importantíssimo regramento, dito princípio de justiça, e determinante da exigência de tratamento paritário das partes, de tal sorte que haja o mais perfeito equilíbrio entre as suas respectivas atividades processuais".[31] Expostos, às claras, todos os elementos de uma situação, torna-se mais fácil a tomada de decisões objetivas, sem conotações pessoais; caso estas predominem, o cotejo dos dados expostos permitirá que sejam detectadas com mais nitidez.

d) Com isso amplia-se a *transparência administrativa*. O contraditório não pode realizar-se em regime de "despotismo administrativo" que pressupõe e impõe o segredo de ofício.[32] Daí estar o contraditório vinculado à exigência de democracia administrativa, sob o ângulo da cooperação dos interessados na tomada de decisão e sob o ângulo da visibilidade dos momentos que antecedem a decisão.

---

[30] Considerações sobre o processo administrativo, in *Revista de Direito Administrativo*, nº 130, out.-dez. 1977, p. 9.

[31] Tucci e Cruz e Tucci. *Constituição de 1988 e processo. Regramentos e garantias constitucionais do processo*. 1989, p. 65.

[32] Agrifoglio, La trasparenza dell'azione amministrativa ed il principio del contradditorio: tra procedimento e processo, in *Scritti per Mario Nigro*. vol. III, 1991, p. 19. Lavagna arrola, entre os elementos fundamentais de toda disciplina democrática, o acolhimento de um princípio geral do contraditório, com base no qual nenhuma decisão pode ser tomada senão depois de uma adequada formulação e motivação dos diversos pontos de vista correspondentes a opostos interesses substanciais ou só formais, no artigo Considerazioni sui caratteri degli ordinamenti democratici, in *Rivista Trimestrale di Diritto Pubblico*, 1956, p. 416.

39.5 Desdobramentos do contraditório

Do princípio do contraditório, centrado na informação necessária para possibilitar a reação, emanam faculdades, direitos, enfim, consequências que formam, na verdade, o corpo do seu próprio conteúdo. Tendo em vista sua profunda conexidade ao princípio da ampla defesa, alguns desdobramentos vêm inseridos pela doutrina e jurisprudência também no rol dos elementos configuradores deste último. Nas palavras de Seira, "hoje a intervenção do interessado tem significação mais rica do que antes, levando a dotá-lo de conjunto de direitos considerados necessários para permitir defesa eficaz"; assim, não engloba componente único, mas pluralidade de elementos em forma de direitos. E adiante: "conhecer, alegar, provar e motivar".[33]

Representam desdobramentos mais diretos do contraditório, principalmente, a *informação geral*, a *ouvida dos sujeitos* e a *motivação*.

a) A regra da *informação geral* significa o direito, atribuído aos sujeitos e à própria Administração, de obter conhecimento adequado dos fatos que estão na base da formação do processo, e de todos os demais fatos, dados, documentos e provas que vierem à luz no curso do processo. Daí resultam as exigências impostas à Administração no tocante à comunicação, aos sujeitos, de elementos do processo em todos os seus momentos. Como é evidente, a comunicação deve abranger todos os integrantes da relação processual administrativa. Igualmente se vincula à informação ampla o direito de acesso a documentos que a Administração detém ou a documentos juntados por sujeitos contrapontos. E a vedação ao uso de elementos que não constam do expediente formal, porque deles não tiveram ciência prévia os sujeitos, tornando-se impossível eventual reação a tais elementos.[34]

---

[33] El principio de audiencia y contradicción, in Santamaria Pastor (org.). *Los princípios del derecho administrativo*. Madri: La Ley, 2010, p. 336. Seira menciona, entre os direitos: "obter informações em qualquer momento, apresentar alegações em prazo bom; direito de trazer provas ou de solicitar sua prática; direito de obter respostas ante as alegações e provas apresentadas" (p. 336).

[34] Segundo D'Alberti, o acesso às informações constitui o pressuposto necessário para poder exprimir a voz, para que ocorra o pleno contraditório entre o administrado e a Administração, no artigo La "visione" e la "voce": le garanzie di partecipazione al procedimento amministrativo, in *Rivista Trimestrale di Diritto Pubblico*, 1, 2000, p. 5. Conforme Olivier Shrameck, o procedimento contraditório inclui: direito à informação prévia completa e rápida; o direito de dispor de tempo suficiente para apresentar sua posição; o direito à assistência de uma pessoa que supra falta de experiência ou conhecimento da pessoa

No ordenamento pátrio, a Lei do Processo Administrativo Federal – Lei nº 9.784/1999 – assegura ao administrado o direito de ter ciência da tramitação dos processos administrativos em que tenha a condição de interessado, de ter vista dos autos, obter cópias de documentos nele contidos e conhecer as decisões proferidas (art. 3º, II).

Além do mais, o princípio da publicidade, consagrado constitucionalmente, irradia-se, de forma acentuada, nas atuações processualizadas. Assim, p. ex., a publicidade constitui um dos princípios básicos do processo licitatório no Brasil (art. 5º da Lei nº 14.133/21 – Lei de Licitações e Contratos Administrativos). A informação geral vigora, por exemplo, no licenciamento ambiental perante a Administração paulista; a Constituição do Estado de São Paulo, de 1989, art. 192, §2º, determina que, no tocante a atividades, obras e empreendimentos potencialmente causadores de degradação ambiental, a licença será sempre precedida da aprovação do estudo prévio de impacto ambiental e respectivo relatório, a que se dará prévia publicidade, garantida a realização de *audiências públicas*.

No *direito inglês*, foram desenvolvidas pela jurisprudência, para aplicação no âmbito das *agencies* administrativas, as chamadas *common law rules of fair procedures*, expostas pela doutrina sob a rubrica da *natural justice*, entre as quais se insere o *right to be heard*, cuja primeira consequência é a *prior notice*.[35] Conforme expõe Aurélien Antoine, "hoje o contraditório se impõe a toda autoridade. A jurisprudência cita o contraditório para extrair as seguintes obrigações para a Administração: notificação, acesso à informação, aos documentos e às provas, audiências, assistência e representação legal, contrainterrogatório, motivação".[36]

No *ordenamento norte-americano*, a jurisprudência resultante dos casos relativos a processo administrativo inclui, entre as

---

concernente; em caso de insuficiência prática da língua, direito à assistência de um intérprete, no artigo citado *supra*, 1996, p. 632. De seu lado, Sylvie Caudal aponta o que denomina o *mínimo do contraditório*: que os interessados sejam informados da medida pretendida e dos seus motivos; e, sobretudo, que tenham a possibilidade de fazer valer suas observações, no artigo supracitado, 2001, p. 18, nota 48.

35 Cf. Hawke. *An introduction to administrative law*. Oxford: 1984, p. 142 e 157.

36 Les sources des procédures administratives au Royaume-Uni, in L'Association française pour la recherche en droit administratif (AFDA) (org.). *Les procédures administratives*. Paris: 2015, p. 112.

fundamentais e elementares exigências do *due process*, a informação razoavelmente calculada, sobre todas as circunstâncias, a ser oferecida às partes envolvidas na controvérsia, para que possam apresentar suas objeções.[37] A lei de processo administrativo de 1946, que privilegia a divulgação prévia de extenso rol de projetos de decisões gerais das *agencies*, determina que as pessoas tituladas ao contraditório, perante uma *agency*, deverão ser informadas a tempo, sobre o horário, local e natureza do tema a ser debatido; e também sobre a autoridade legal sob a qual se realizará o debate e sobre a matéria de fato e de direito referente ao tema (§554, "b").

A *lei italiana* de processo administrativo, de 1990, no art. 8º, obriga a administração a dar a notícia da abertura do processo, mediante comunicação pessoal ou formas idôneas de publicidade, para grande número de destinatários; na comunicação devem ser indicados: a) o órgão competente; b) o objeto do processo; c) o órgão e a pessoa responsável pelo procedimento; d) o órgão no qual se pode tomar vista dos autos.

b) A *ouvida dos sujeitos ou audiência das partes*, que se mescla com facilidade aos desdobramentos da ampla defesa, consiste, em essência, na possibilidade de manifestar o próprio ponto de vista sobre fatos, documentos, interpretações e argumentos, apresentados pela Administração e por outros sujeitos. Aí se inclui o direito a um prazo suficiente para o preparo das observações a serem contrapostas.

Na percepção de Cesar Cierco Seira, "o princípio de audiência abriga um dos valores mais arraigados na consciência social de todas as épocas: poder expor a própria postura antes que a autoridade emita decisão capaz de incidir de maneira negativa na esfera pessoal (*nemine danatur sine audiatur*) [...]. Um selo evolutivo na maneira de entender o procedimento e na maneira de atuar da Administração".[38]

---

37 Cf. Gelhorn e Boyer. *Administrative law and process*. 1981, p. 158 e 378.

38 El principio de audiencia y contradicción, in Juan Alfonso Santamaria Pastor (org.). *Los princípios jurídicos del derecho administrativo*. Madri: La Ley, 2010, p. 327 e 329. O mesmo autor, a respeito do princípio de audiência, invoca o trecho do julgamento do *Bentley's Case*, na Inglaterra, em 1723, em que o juiz Fortescue afirma que Deus ouviu Adão antes de sentenciá-lo: "*even God did not pass sentence upon Adam before he was called to make his defense*" (p. 330). Outro autor, citado *supra*, Aurélien Antoine, ao discorrer sobre o contraditório no direito inglês igualmente se refere a este caso e aos conhecidos dizeres do juiz Fortescue. Este caso também é apontado, na doutrina, ao se estudar a ampla defesa (v. item 40.1, b,

Em relação ao *direito inglês*, Aurélien Antoine observa que "é possível identificar a aplicação do contraditório (*hearings*) à administração desde o século XVII, na hipótese de penalidade a agente público"; e cita o caso *Bagg*, de 1615, e o *Bentley's case*, de 1723, no qual o Juiz Fortescue sublinha que Deus não pronunciou a sentença contra Adão sem tê-lo ouvido previamente para emitir sua defesa.[39]

No direito pátrio, a ouvida dos sujeitos há muito se consagrara no processo disciplinar, independentemente de previsão legal expressa do contraditório, sobretudo pela elaboração jurisprudencial e doutrinária. Após a promulgação da Constituição de 1988, reforça-se a garantia. Assim, p. ex., a Lei nº 8.112, de 11.12.1990 – Estatuto dos Servidores Públicos Civis da União, no art. 153, menciona o princípio do contraditório no processo disciplinar; o art. 156 fixa em dez dias o prazo para oferecimento de defesa escrita. Nos demais processos administrativos, mesmo sem previsão legal específica, o direito de audiência se impõe, por força do inc. LV do art. 5º da CF.

Na Lei do Processo Administrativo Federal Brasileiro – Lei nº 9.784/1999 – o art. 3º, III, atribui ao sujeito o direito de formular alegações e apresentar documentos antes da decisão, os quais serão objeto de consideração pelo órgão competente.

No *direito inglês*, a segunda exigência da *audi alteram partem* consiste na razoável oportunidade para que as pessoas do caso sejam ouvidas, podendo todos os lados comentar e contradizer toda informação obtida.[40]

A *lei norte-americana* de processo administrativo de 1946 dispõe, no §554, "c", que toda *agency* dará às partes interessadas oportunidade para a consideração de fatos, argumentos, propostas de decisão ou propostas de conciliação quando o momento, a natureza do procedimento e o interesse público permitirem.

---

deste livro), o que expressa as interfaces do contraditório e da ampla defesa.

[39] Les sources des procédures administratives au Royaume-Uni, in *Les procédures administratives*. L'Association française pour la recherche en droit administratif (AFDA) (org.). Paris: 2015, p. 111.

[40] Hawke. *An introduction to administrative law*. Oxford: 1984, p. 158 e 159. O direito de ser ouvido foi reconhecido pelas cortes inglesas em casos havidos em fins do século XVII e no século XVIII, visto como um princípio de *eternal law*; consolida-se nos séculos XIX e XX. Para D'Alberti, o direito de fazer ouvir a própria voz, oralmente ou por escrito, antes que a decisão seja adotada, é um dos aspectos principais do contraditório (no artigo citado, p. 50).

O *ordenamento espanhol* contém preceito constitucional garantindo a audiência dos cidadãos, nos seguintes termos: "Art. 105. A lei regulará: a) a audiência dos cidadãos, diretamente ou através das organizações e associações reconhecidas por lei, no procedimento de elaboração das disposições administrativas que os afetem". (Constituição da Espanha, de 1978).

Por sua vez, a *lei alemã* de processo administrativo (1976), no art. 28, fixa a regra da audiência das partes: "Antes da edição de um ato administrativo que produza efeitos sobre os direitos de uma parte deve-se lhe dar a possibilidade de pronunciar-se sobre os fatos pertinentes da decisão". Depois arrola casos em que se pode prescindir da audiência.

No *direito italiano,* a lei de processo administrativo de 1990 confere, a qualquer sujeito, portador de interesses públicos ou privados, também aos portadores de interesses difusos constituídos em associações, aos quais possa derivar um prejuízo pelo ato final, a faculdade de intervir no procedimento, tendo o direito de apresentar memoriais escritos e documentos, que a Administração tem a obrigação de avaliar, quando forem pertinentes ao objeto do procedimento (arts. 9 e 10 b).

c) A oportunidade de reagir ante a informação seria vã, se não existisse fórmula de verificar se a autoridade administrativa efetivamente tomou ciência e sopesou as manifestações dos sujeitos. A este fim responde a regra da *motivação* das decisões administrativas. Pela motivação percebe-se como e quanto determinados fatos, documentos ou alegações influíram sobre a decisão final.

Evidentemente, a motivação não esgota seu papel ao possibilitar aos sujeitos a verificação do modo como a autoridade ponderou os elementos por eles produzidos no processo. Além disso, a motivação propicia o reforço da transparência administrativa e do respeito à legalidade: da motivação emergem: o enunciado das normas jurídicas que levaram a Administração a adotar uma decisão, sua pertinência aos fatos embasadores e o iter lógico seguido no processo, se for o caso. Cabem, a respeito, as observações de Araújo Cintra: "Não há dúvida de que à motivação do ato Administrativo cabe um papel de realce, como coadjuvante do controle da legalidade do ato administrativo, seja explicitando os motivos que impeliram a ação do administrador, seja revelando os sintomas de um eventual desvio de poder. Porém, não se reduz a isso sua importância, não se podendo tampouco elaborar a teoria da motivação a reboque da teoria dos motivos do ato administrativo [...]. Mais relevante se nos afigura, pois, a motivação do ato discricionário para ensejar o controle dos critérios adotados pelo administrador na opção por uma ou outra das alternativas que lhe permite a lei. Aqui não falamos apenas no controle jurisdicional, mas em controle em sua acepção mais ampla, incluindo o político, em seu sentido restrito, e o da própria opinião pública, dado que o povo é o maior interessado no correto andamento da atividade administrativa".[41]

Nas considerações de Ricardo Perlingeiro, "no procedimento administrativo, a motivação é mais ampla, devendo compreender a indicação das alegações fáticas e jurídicas deduzidas pelos interessados no exercício dos seus direitos de petição, de defesa e de contraditório".[42]

Para Giulio Napolitano, "a motivação é funcional ao controle difuso da racionalidade das decisões públicas e à tutela, individual e coletiva, em sede jurisdicional ou administrativa. Somente examinando as razões na base da decisão o destinatário pode efetivamente compreender se sua atuação participativa no processo foi considerada de modo adequado e avaliar se a decisão que lhe diz respeito é legal ou ilegal, calculando as chances de êxito em caso de recurso".[43]

A primeira exigência legal de motivação ocorreu na *lei austríaca* de processo administrativo *de 1925*, por influência sobretudo da Escola de Viena, que aventava, para a função administrativa, as mesmas garantias da função jurisdicional. Por sua vez, a lei de

[41] *Motivo e motivação do ato administrativo*. 1979, p. 196 e 197. Na doutrina pátria, v. p. ex: Carlos Ari Sundfeld, Motivação do ato administrativo como garantia dos administrados, in *Revista de Direito Público* nº 75, 1985, p. 8 e ss.; Florivaldo Dutra de Araújo. *Motivo e controle do ato administrativo*. Del Rey, 1992; na doutrina estrangeira, v. p. ex.: José Carlos Vieira de Andrade. *O dever da fundamentação expressa de atos administrativos*. Coimbra: 1991; Didier Linotte, no artigo La motivation obligatoire de certaines décisions administratives, in *Revue du Droit Public*, 1980, p. 1.699 e ss.; Correale, La motivation de l'acte administratif et son controle, in *Rivista Trimestrale di Diritto Pubblico* 2, 1982, p. 501-554; Marcos M. Fernando Pablo. *La motivacion del acto administrativo*. Madri: Tecnos, 1993.

[42] Os princípios do procedimento administrativo no Brasil e os desafios da igualdade e da segurança jurídica, in *Interesse Público*, ano 13, nº 68, jul./ago. 2011, p. 103.

[43] *Introduzione al diritto amministrativo comparato*. Bolonha: Il Mulino, 2020, p. 268-275. Nesta obra, o autor efetua amplo estudo da motivação no direito estrangeiro, sobretudo relacionada ao processo administrativo.

processo administrativo norte-americana impõe, desde 1946, que as decisões das *agencies* incluam uma exposição das razões ou bases de todas as questões de fato, de direito ou discrição apresentadas no expediente (§557, inc. 3). No *direito inglês*, o dever de motivar toda decisão foi recomendado pela Comissão do Chanceler, em 1932 (*The Chancellers Commitee of Minister Powers*). Desde 1964, no caso *In Re Poyser and Mill's Arbitration* (*Queen's Bench Division*), a jurisprudência determinou que se motivasse de modo adequado e inteligível. O *Tribunals and Inquiries Act*, no texto resultante de alteração efetuada em 1971 (o texto original é de 1958), atribui ao órgão administrativo ou ao ministro o dever de fornecer declaração oral ou escrita sobre os motivos *(reasons)* da decisão, se for solicitado, ou antes de notificá-la.[44]

Nos ordenamentos de base romanística prevaleceu por longo tempo a regra da não obrigatoriedade de motivar, certamente por influência da França, pois aí se firmou orientação jurisprudencial nesse sentido, salvo imposição expressa de lei ou regulamento determinando a motivação.

Em 1958, a *Espanha* no art. 43 de antiga Lei de Procedimento Administrativo obrigou a motivar os seguintes atos: limitativos de direitos subjetivos; que decidissem recursos; que se afastassem do critério seguido em decisões precedentes e dos pareceres de órgãos consultivos; os acordos de suspensão de atos que tenham sido objeto de recurso.

As *leis argentina* (1972) e *alemã* (1976) de processo administrativo fixaram a exigência de motivação, respectivamente, nos arts. 1, "f", 3, e 39, inc. 1.

Em *Portugal*, o Dec.-Lei nº 256-A/77, de 17.6.1977, impôs a regra de fundamentação dos atos administrativos que neguem, extingam, restrinjam ou comprimam posições jurídicas ativas dos particulares (direitos ou interesses), diretamente ou através da imposição ou agravamento de posições jurídicas passivas (deveres, encargos ou sanções); devem ser motivados também os atos que: decidam recurso ou reclamação; decidam em contrário de pretensão ou oposição formulada por interessado, ou de parecer, informação ou proposta

---

44 Cf. Hawke, *op. cit.*, p. 138-139.

oficial; decidam de modo diferente da prática habitualmente seguida na resolução de casos semelhantes ou na interpretação e aplicação dos mesmos preceitos legais; impliquem revogação, modificação ou suspensão de ato administrativo anterior. A exigência de motivação foi constitucionalizada na revisão de 1982, constando do inc. 2 do art. 268; na revisão de 1989 o dispositivo foi mantido e renumerado para o inc. 3 do mesmo art. 268; na revisão de 1992 o texto foi abolido, talvez em virtude da promulgação do Código de Procedimento Administrativo em 15.11.1991, para vigorar em 15.5.1992, no qual se arrolam as decisões com motivação obrigatória. O novo Código de Procedimento Administrativo, editado em 2015, arrola os casos de motivação obrigatória (art. 152), além das hipóteses determinadas em leis especiais, em redação similar à do supracitado decreto-lei de 1977.

No *ordenamento francês*, a lei de 11.7.1979 trouxe reviravolta na diretriz até então predominante, pois tornou obrigatória a motivação explícita das decisões individuais que: restrinjam o exercício das liberdades públicas; constituam medidas de polícia; inflijam uma sanção; subordinem uma autorização a cláusulas restritivas; imponham sujeições, revoguem ou derroguem uma decisão constitutiva de direitos; oponham uma prescrição, caducidade ou preclusão ou recusem uma vantagem cuja atribuição constitua um direito para as pessoas que reúnam as condições legais para obtê-la; esta última situação foi ampliada, por texto de janeiro de 1986, a todas as recusas de prestações, mesmo facultativas. O Código das Relações entre o Público e a Administração (é um código de processo administrativo), editado em outubro de 2015, lista os casos de motivação (art. L.211-2), com redação similar à da supracitada lei.

De seu lado, a *lei italiana* de processo administrativo (1990) estabelece, no art. 3, a obrigação geral de motivar, no seguinte teor: "1. Todo ato administrativo, inclusive os concernentes à organização administrativa, à realização de concursos públicos e ao pessoal, deve ser motivado [...] 2. A motivação deve indicar os pressupostos de fato e as razões jurídicas que determinaram a decisão da administração, em relação aos resultados da instrução". "A motivação não é exigida para os atos normativos e para aqueles de conteúdo geral" (este preceito vem numerado também com o algarismo 2).

A *lei espanhola* de processo administrativo – Lei nº 30/1992, alterada pela Lei nº 4/1999, arrolava, no art. 54, diversos atos que deveriam ser motivados, figurando sucinta referência de fatos e fundamentos de direito. A nova lei espanhola de processo administrativo – Lei nº 39/2015 lista os atos que devem ser motivados, repetindo a exigência de sucinta referência de fatos e fundamentos jurídicos (art. 35.1).

No Brasil vigorou, por muito tempo, a regra da inexigência de motivação, salvo casos específicos, como a imposição de sanções disciplinares. Houve tentativa de introduzir na Constituição de 1988 a regra da motivação suficiente como princípio da Administração Pública, visto ter figurado nos seguintes textos: comissões temáticas (art. 83); 1º substitutivo da comissão de sistematização (item I do art. 55); 2º substitutivo da comissão de sistematização (art. 43); projeto A da comissão de sistematização (art. 44); projeto final da comissão de sistematização (art. 44). Mas não permaneceu no texto definitivo, ficando só a exigência de motivação das decisões administrativas dos tribunais (art. 93, X).

No âmbito administrativo paulista, a motivação é a regra desde a edição da Constituição do Estado (1989), pois aí se determina a observância, nos procedimentos administrativos, qualquer que seja o objeto, da exigência de despacho ou decisão motivados (art. 4º). E o art. 111 arrola a motivação entre os princípios da Administração.

De seu lado, a Lei Federal de Processo Administrativo – Lei nº 9.784, de 29.01.1999, no art. 50, impõe a motivação nos atos que: I – neguem, limitem ou afetem direitos ou interesses; II – imponham ou agravem deveres, encargos ou sanções; III – decidam processos administrativos de concurso ou seleção pública; IV – dispensem ou declarem a inexigibilidade de processo licitatório; V – decidam recursos administrativos; VI – decorram de reexame de ofício; VII – deixem de aplicar jurisprudência firmada sobre a questão ou discrepem de pareceres, laudos, propostas e relatórios oficiais; VIII – importem anulação, revogação, suspensão ou convalidação de ato administrativo. No art. 38, §1º, determina que os elementos probatórios sejam considerados na motivação do relatório e da decisão.

Mostra-se relevante notar que a ausência de previsão expressa, na Constituição Federal ou em qualquer outro texto legal, não elide a exigência de motivar nas atuações administrativas processualizadas, visto configurar decorrência necessária da garantia do contraditório. Nas atuações administrativas norteadas pelo contraditório, tal como determina o inc. LV da CF, impõe-se a motivação das decisões.

40 O princípio da ampla defesa

Longo caminho a humanidade percorreu, desde a época em que a vida e os bens eram tirados do ser humano só pela vontade do soberano, até a afirmação, a consolidação e o aprimoramento das garantias de vida, patrimônio, honra e outras mais, conquistadas no correr dos séculos. Uma dessas garantias situa-se no direito de defesa. O termo *defesa*, em essência, significa a contestação, em favor de si próprio, ante condutas, fatos, argumentos, interpretações que possam acarretar prejuízos físicos, materiais ou morais. Tem sentido de busca da preservação de algo que será afetado por atos, medidas, condutas, decisões, declarações vindos de outrem. Apresenta-se, ainda, como resistência a pretensões adversárias ou busca de preservação de interesses. Nas palavras de Olivia Danic, "os direitos de defesa são o conjunto das garantias fundamentais de que desfrutam as pessoas para fazer valer seus interesses e assegurar efetivamente sua defesa".[45]

Os termos *direito de defesa* e *garantia de defesa* configuram expressão sintética do preceito segundo o qual ninguém pode ser condenado sem ser ouvido, frequentemente citado em latim, pela força ritual de que se reveste: *Inauditus nemo damnari potest*. Trata-se, como nota Gordillo, de princípio geral do direito, consubstanciado com a essência mesma do direito, do Estado de Direito e do que às vezes se denomina *justiça natural*.[46] Na percepção de Olivia Danic, os direitos de defesa são corolários de uma sociedade democrática e do Estado de Direito.[47]

Sob um ângulo subjetivo, o *direito de defesa* é indispensável para a segurança individual,[48] entendida esta nos seus diversos aspectos (p. ex.: locomoção, patrimônio, direito adquirido, ato jurídico

---

[45] 1913-2013: les cents ans de l'arrêt *Téry* ou un siècle de droits de la défense, in *Revue du droit public*, 1, janeiro 2014, p. 4. O artigo trata dos direitos de defesa no âmbito administrativo.

[46] La garantia de defensa como principio de eficacia nel procedimiento administrativo, in *Revista de Direito Público* 10, out.dez. 1969, p. 17.

[47] *Op. cit.*, p. 13.

[48] Manoel Goncalves Ferreira Filho. *Comentários à Constituição brasileira de 1988*, vol. I, 1990, p. 68.

perfeito, privacidade etc.). Sob enfoque objetivo, liga-se à caracterização do Estado de Direito, no qual o Poder Público sujeita-se à lei e à observância dos direitos fundamentais; além disso, propicia melhor conhecimento dos fatos, contribuindo para a edição de decisões mais justas.

A Constituição Federal de 1988 alude não a simples direito de defesa, mas, sim, à *ampla defesa*. O preceito da ampla defesa reflete a evolução que reforça o princípio e denota elaboração acurada para melhor assegurar sua observância. Significa, então, que a possibilidade de rebater acusações, alegações, argumentos, interpretações de fatos, interpretações jurídicas, para evitar sanções ou prejuízos e preservar interesses não pode ser restrita, no contexto em que se realiza. Daí a expressão final do inc. LV, "com os meios e recursos a ela inerentes", englobados na garantia, refletindo todos os seus desdobramentos, sem interpretação restritiva.

40.1 Evolução da ampla defesa

a) No *ordenamento pátrio* e em ordenamentos estrangeiros, a ampla defesa teve incidência, de início, no processo penal, pelo caráter ostensivo do bem a ser afetado por uma condenação, tal como a liberdade física, a locomoção ou a própria vida. Assim, no Brasil, as Constituições de 1891 (art. 72, §16), de 1937 (art. 122, n. 11), de 1946 (art. 141, §25) associavam a ampla defesa à nota de culpa ou à instrução criminal. A Constituição de 1967 e a Emenda nº 1/69 continham a fórmula seguinte: "A lei assegurará, aos acusados, ampla defesa com os recursos a ela inerentes". Vários autores se manifestaram no sentido da aplicação exclusiva da garantia ao processo penal; porém, aos poucos se firmou, na doutrina e na jurisprudência, entendimento favorável à extensão da ampla defesa ao âmbito do processo civil, com fundamento, em especial, na proteção judiciária dos direitos e no caráter não exaustivo dos direitos e garantias expressos na Constituição.

Mais fácil que a acolhida da ampla defesa no processo civil parece ter sido sua aceitação nos processos administrativos disciplinares, pois neles se apreendia, de modo claro, a situação de alguém acusado de determinada conduta e passível de sofrer uma sanção. A similitude ao processo penal facilitava a admissibilidade da ampla defesa nessa esfera. No Brasil, já em 1938, Themístocles Brandão Cavalcanti, no anteprojeto de Código de Processo Administrativo que elaborou,[49] previu, ao indiciado em processo disciplinar, garantias de ampla defesa, em moldes semelhantes aos vigentes na atualidade (arts. 91, "a", "b", "c", 94, 95, 98 e 100 do referido anteprojeto). E tanto a doutrina como a jurisprudência que se manifestaram quanto à matéria, antes da Constituição de 1988, inclinavam-se pela extensão da ampla defesa aos processos administrativos disciplinares.[50] Depois, a garantia foi invocada em outros âmbitos de atuação administrativa, como sanções a particulares, fiscalização do exercício profissional, punição de alunos de escolas públicas.

A Constituição de 1988 assegura, de modo explícito, aos litigantes e aos acusados, o direito de ampla defesa nos processos administrativos (art. 5º, inc. LV). Por sua vez, a Lei Federal de Processo Administrativo – Lei nº 9.784/1999 prevê a garantia dos direitos à comunicação, à apresentação de alegações finais, à produção de provas e à interposição de recursos (art. 2º, parágrafo único, X).

b) No *direito estrangeiro*, a trajetória da ampla defesa na esfera administrativa teve início também no exercício do poder disciplinar sobre funcionários, em vários países.

Na *França*, os direitos de defesa surgiram no direito administrativo com o art. 65 da lei de 22.4.1905, que exigiu a comunicação do *dossier* antes da imposição de sanções disciplinares a um funcionário. "Esse texto de lei serviu de ponto de apoio para que se afirmasse, na jurisprudência administrativa, o princípio geral da defesa de modo amplo".[51] Olivia Danic lembra a decisão Téry, de 20.6.1913, "que foi a ocasião para o Conselho de Estado declarar com firmeza a aplicação dos direitos de defesa e de definir seu conteúdo", anulando a

---

[49] Publicado na *Revista de Serviço Público* nº 3, 1938, p. 54-68.

[50] Nessa linha se expressaram, p. ex., Sérgio de Andréa Ferreira, A garantia da ampla defesa no direito administrativo processual disciplinar, *RDP*, jan.-mar. 1972, p. 60-68; Ada Pellegrini Grinover, O princípio da ampla defesa no processo civil, penal e administrativo, no livro *O processo em sua unidade*. II, 1984, p. 56-69. Pronunciamentos jurisdicionais significativos sobre a ampla defesa no processo disciplinar e em outras atuações administrativas são arrolados por Carlos Roberto de Siqueira Castro na obra *O devido processo legal e a razoabilidade das leis na nova Constituição do Brasil*. 2. ed., 1989.

[51] Bernard Stirn. *Les sources constitutionnelles du droit administratif*. 11. ed., 2022, p. 126.

decisão.[52] Autores franceses também mencionam a decisão do Conselho de Estado, de 5.5.1944, no caso *Mme veuve Trompier-Gravier*.[53] Mesmo sem previsão expressa, o princípio passou a ser invocado em grande número de situações; a jurisprudência até decidiu que a desclassificação de um vinho de *appellation d'origine controlée*, pretendida após série de perícias que demonstravam rebaixamento nas exigências de qualidade, só poderia ser efetuada depois que o proprietário pudesse discutir o parecer dos peritos (decisão de 1980, do Conselho de Estado). O Conselho Constitucional francês reconheceu o princípio de defesa como garantia de valor constitucional, em 1972, e declarou, em 1976, que, se o legislador podia disciplinar as modalidades dos direitos de defesa, não podia afastar o contraditório nem prever procedimento pouco desenvolvido antes da intervenção de medidas que apresentassem, para os interessados, certa gravidade; em decisão de 13.8.1993, o Conselho Constitucional afirmou que o direito de defesa representa, para todas as pessoas, quer tenham nacionalidade francesa, estrangeira ou sejam apátridas, um direito fundamental de caráter constitucional. [54]

Este era o panorama no direito francês no momento da 1ª edição deste livro (1993). Daí até o presente ocorreu reforço acentuado do direito de defesa no âmbito do processo administrativo, denominado, na França, *processo administrativo não contencioso*. Para tal contribuíram decisões da Corte Europeia dos Direitos do Homem, com fulcro no art. 6º, §1º, da Convenção Europeia dos Direitos do Homem, e decisões da Corte de Justiça da Comunidade Europeia, no sentido da observância dos direitos de defesa no processo

---

52 1913-2013: les cents ans de l'arrêt Téry ou un siècle de droits de la défense, *op. cit.*, p. 6. A mesma autora relata os fatos do caso: o Sr. Téry, como professor, foi indiciado em processo disciplinar, intentou recurso ante o conselho superior da instrução pública; por razões médicas não pode assistir à audiência na qual seu recurso foi rejeitado; recorreu ao Conselho de Estado, pedindo a anulação da decisão do referido conselho superior, pois este não poderia se pronunciar sem tê-lo ouvido (p. 6).

53 Bernard Stirn, *op. cit.*, p. 126; e Olivia Danic, p. 10; esta autora relata os fatos do caso: a autorização de venda de jornais num quiosque foi retirada da Sra. Trompier-Gravier em decorrência de uma falta pretensamente cometida por esta; o Conselho de Estado censurou a decisão da autoridade administrativa, pois não poderia ter sido tomada sem que a Sra. Trompier-Gravier tivesse sido previamente convidada a apresentar seus meios de defesa (p. 10).

54 Dados extraídos de Stirn. *Les sources constitutionnelles du droit administratif.* 11. ed., 2022 , p. 127-128.

administrativo. Tais decisões repercutiram nos julgados do Conselho de Estado francês, que vem anulando decisões tomadas com desrespeito ao direito de defesa e contraditório. Para Danic, "os direitos de defesa são os grandes vencedores do século XX".[55]

No *direito inglês*, remonta a 1723 o primeiro caso (*Bentley's case*) sobre o direito de defesa visto como princípio da *natural justice*; nele foi decidido que o Dr. Bentley, chanceler da Universidade de Cambridge, não podia ser desprovido de seus títulos acadêmicos sem ter sido previamente informado das acusações contra si e sem ter tido oportunidade de respondê-las. Conhecida é a frase do Juiz Fortescue ao lembrar que Deus chamou Adão para se defender antes de sentenciá-lo: "The objection for want of notice can never be got over. The laws of God and men both give the party an opportunity to make his defense, if he has any".[56] Num salto no tempo, a doutrina cita o caso *Arlidge*, de 1915, precursor de um período em que predominou indevida limitação das garantias de defesa. Vários autores passaram a apregoar o reconhecimento dos direitos de defesa, culminando na elaboração do *Frank's Report*, em 1957, no qual se enfatizava que os *tribunals* deveriam nortear sua atuação por três princípios: abertura (publicidade ou transparência), justiça e imparcialidade. O *Tribunals and Inquiries Act*, de 1958 (revisto em 1971), incorporou muitas propostas daquele relatório, atinentes aos direitos de defesa, que a partir de então se consolidaram na atuação administrativa. Pode-se mencionar, em largo espaço de tempo, o *Tribunals Courts and Enforcement*, de 2007, que estendeu princípios da *nature justice* aos processos administrativos, inclusive: comunicação da instauração do processo administrativo, direito de ser ouvido, direito de oferecer alegações escritas, direito à motivação do ato.[57]

40.2 Desdobramentos da ampla defesa

Os princípios do contraditório e da ampla defesa mantêm profunda interação, já se disse, mesclando-se, em muitos pontos, as

[55] *Op. cit.*, p. 37.

[56] Cf. Brewer-Carias. *Princípios del procedimiento administrativo*. 1990, p. 171.

[57] Cf. Mario Pilade Chiti, Il "nuovi poteri"nel Common Law: la prospettiva del Diritto Amministrativo, in *Diritto Pubblico*, 2, 2009, p. 394.

decorrências de um e outro. Para Olivia Danic, os direitos de defesa "se misturam com frequência a outros princípios processuais [...]. Os direitos de defesa, exprimindo-se sempre no plural, figuram como direito proteiforme: não existe um direito de defesa, mas direitos da defesa".[58] Talvez, por isso, inexista coincidência, na literatura, no rol dos respectivos desdobramentos.

No atinente à ampla defesa, sua incidência no processo administrativo se depara com tradicionais considerações a respeito da autoexecutoriedade das decisões administrativas, da urgência no atendimento do interesse público, do exercício do poder discricionário, da ordem na Administração, subjazendo uma ideia de não total compatibilidade entre esses elementos e o direito de defesa. Se no processo jurisdicional os desdobramentos da ampla defesa encontram plena ressonância, na esfera administrativa poderiam suscitar questionamentos ante os itens arrolados, sobretudo.

a) É o que ocorre ao se cogitar do *caráter prévio* da defesa, quer dizer, de sua anterioridade em relação ao ato decisório. Segundo Gordillo, "em cada um dos aspectos dessa garantia, desde o ter acesso às autuações, apresentar alegações, produzir provas etc., insiste-se em que devam ser respeitados *antes* de se tomar a decisão que possa afetar direitos do indivíduo".[59] Com efeito, a garantia de ampla defesa supõe, em princípio, o caráter prévio das atuações decorrentes.

A anterioridade da defesa recebe forte matiz nos processos administrativos sancionadores (quer envolvam servidores, quer envolvam particulares), pois eles podem culminar em punições aos implicados.

No concernente ao exercício do poder disciplinar, a garantia constitucional da ampla defesa veda a imposição sumária de penalidades, sem a intermediação de processo (que pode ser simples). A ideia de que o contraditório e a ampla defesa só devem existir para apuração de condutas passíveis de penas graves (como demissão e

---

58 1913-2013: les cents ans de l'arrêt *Téry* ou un siècle de droits de la défense, *op. cit.*, p. 20. A mesma autora observa que "muitas tipologias dos direitos da defesa se extraem do estudo da doutrina" (idem, p. 27).

59 La garantia de defensa como princípio de eficacia en el procedimiento administrativo, in *Revista de Direito Público*, out.-dez. 1969, p. 21.

cassação de aposentadoria), enquanto outras penas são aplicadas sem processo, deixa de prevalecer à vista do disposto no inc. LV da CF de 1988. Antes de sua promulgação, portanto, antes da previsão expressa da ampla defesa nos processos administrativos, já se pronunciara José Armando da Costa nesse sentido: "Deve-se dar a todos os funcionários acusados de infração disciplinar o direito da mais ampla defesa, seja qual for a natureza da falta imputada. Entender o contrário significa restringir arbitrariamente uma das mais importantes franquias do catálogo dos direitos individuais, o que, por si, constitui flagrante inconstitucionalidade".[60]

Com isso, não há de se admitir a punição pelo critério da *verdade sabida*, em virtude do qual se conferia à autoridade o poder de aplicar, de imediato, penas leves (ex.: repreensão e suspensão curta), quando tivesse conhecimento direto da falta cometida.

Outra situação ensejadora de dúvidas quanto à anterioridade da defesa refere-se às *multas de trânsito*. Como assegurar defesa antes da fixação da multa? Fica evidente a inviabilidade de defesa antes da visualização da infração e cogitação da multa. A solução advém com a notificação da multa (apontando-se a infração) e concessão de prazo adequado para que o sujeito possa recorrer e para que o órgão possa decidir *antes* do vencimento, não se admitindo o conhecimento da multa só na ocasião do licenciamento do veículo. Além do mais, deve ser facilitada ao máximo a compreensão do procedimento do recurso, para possibilitar o acesso amplo às suas vias. É a solução que predomina hoje no Brasil, ante a inteligência dos arts. 280, VI, 281 e 282, §4º, da Lei nº 9.503/1997 – Código de Trânsito Brasileiro; na interpretação e aplicação desses preceitos, o Judiciário brasileiro firmou entendimento no sentido da exigência de *duas notificações* ao infrator para legitimar a imposição da penalidade de trânsito: a primeira, para dar ciência da lavratura do auto de infração (art. 280, VI), indicando-se o prazo em que o direito de defesa pode ser exercido, qualquer que seja a forma pela qual se efetua a notificação; a segunda, para informar a decisão quanto à regularidade do auto de infração e da imposição da penalidade, com a data do pagamento (art. 281, *caput*). Neste sentido, apresenta-se a Súmula nº 312 do STJ:

---

60 *Teoria e prática do direito disciplinar*. 1981, p. 319.

"No processo administrativo para imposição de multa de trânsito são necessárias as notificações da autuação e da aplicação da pena decorrente da infração".

Em casos excepcionais, envolvendo risco de vida e segurança da população, pode-se admitir a defesa *posterior*, como na hipótese de embargo de obra com risco de desabamento e de interdição de atividades perigosas. "Salvo condições de extrema urgência ou estado de necessidade pública, em que a precariedade do tempo e a gravidade da situação tornam indispensável a tomada de alguma decisão imediata, o certo é que normalmente nada justifica que não se ouçam as razões e se considerem as provas que os interessados oferecem antes de adotar-se uma decisão".[61] Em tais casos e mesmo tendo havido oportunidade de defesa prévia, deve ser assegurado o direito de recorrer, como desdobramento da ampla defesa.

b) O *direito de interpor recurso administrativo* independe de previsão expressa em lei ou demais normas, visto ter respaldo no direito de petição, que no ordenamento pátrio vem consignado pela Constituição Federal, art. 5º, XXXIV, "a", integrante do rol dos direitos e garantias fundamentais. Além disso, nos processos administrativos o direito de recorrer está baseado na garantia de ampla defesa, como uma de suas consequências. Em alguns ordenamentos, exige-se que, no texto da notificação ou publicação do ato administrativo, sejam indicados os recursos cabíveis, as autoridades perante as quais devem ser interpostos e os respectivos prazos.[62]

Para o autor francês Sébastien Jeannard, desde o fim dos anos 80, a administração buscou ser mais transparente e pacificar suas relações com os usuários. Esta transformação dos modos de ação pública recebe um importante eco em matéria de recursos administrativos.[63] O citado autor vê no recurso administrativo um

---

[61] Gordillo. *Tratado de derecho administrativo*. t. II. 3. ed. 1998, p. IX-28.

[62] Tais exigências figuram, p. ex., no art. 67 do Código de Procedimento Administrativo da Colômbia – Lei nº 1.437, de 18.1.2011 (que abriga, na segunda parte, normas sobre o contencioso administrativo); na Lei Orgânica de Procedimento Administrativo da Venezuela (1981), art. 73.

[63] *Le recours administratif dans le système juridique français*. Paris: LGDJ, 2013, p. 107. Embora voltadas ao direito francês, várias considerações do autor se aplicam a outros ordenamentos. Por exemplo, a noção de recurso administrativo: "o recurso administrativo supõe a existência de um litígio, isto é, que uma pessoa (física ou jurídica) não está satisfeita com um ato produzido pela administração" (p. 33).

"meio de manter o diálogo entre a administração e os particulares quando uma controvérsia emerge entre os mesmos".[64] Ao longo do livro deste autor, transparece um sentido de valorização do recurso administrativo, o que também se verifica no tratamento que recebe em várias leis ou códigos de processo administrativo da atualidade. Stelkens e Jacquemet-Gauché mencionam o grande sucesso atual dos recursos administrativos na Alemanha, afirmando o seguinte: "Esses recursos são vistos como convite a um diálogo entre Administração e administrado e meio de evitar processo longo e custoso, pois a Administração pode diretamente dar satisfação ao administrado [...]; os recursos administrativos asseguram melhor proteção dos direitos dos indivíduos".[65] A relevância atual do recurso administrativo também se expressa por ter sido um dos temas escolhidos para o estudo comparado do processo administrativo na obra coletiva organizada por Jean-Bernard Auby e Thomas Perroud, de 2016.[66]

No ordenamento brasileiro, em vários setores, sobretudo fiscais, vinha-se exigindo depósito prévio ou arrolamento prévio de bens e direitos para poder interpor recurso administrativo. Por sua vez, a Lei Federal de Processo Administrativo – Lei nº 9.784/1999, no art. 56, §2º, admitia a caução, havendo exigência legal. A autora deste livro, nas reuniões da comissão encarregada de elaborar o projeto desta lei, manifestara-se contra a exigência, por desrespeitar o art. 5º, inc. LV, da Constituição Federal. E, desde a edição da referida lei, vinha se posicionando no sentido da inconstitucionalidade da exigência, nas edições subsequentes do seu livro *Direito administrativo moderno*. O Supremo Tribunal Federal, na ADI nº 1.976/DF, julgada em 28.3.2007, confirmou este posicionamento, declarando inconstitucional a exigência de depósito prévio ou arrolamento prévio de bens e direitos como condição para interpor recurso administrativo, por lesar o exercício do direito de petição (CF, art. 5º, XXXIV) e o art. 5º, LV, da CF – contraditório e ampla defesa.

c) Outro elemento da ampla defesa que, aplicado na esfera administrativa, suscita controvérsia situa-se na *defesa técnica*.

---

[64] Idem, p. 13.

[65] Les recours administratifs en droit allemand, in AUBY; PERROUD (org.). *Droit comparé de la procédure administrative*. *Op. cit.*, 2016, p. 741.

[66] Idem, 2016, p. 5.

A *defesa técnica* e a *autodefesa* figuram, na doutrina processualista, como as duas vertentes da ampla defesa, quanto à pessoa que realiza as atuações dela oriundas.[67]

Autodefesa é a possibilidade conferida ao sujeito de, pessoalmente, realizar as condutas e providências para preservar-se de prejuízos a seus interesses e direitos ou de sanções. A autodefesa implica dois elementos: *direito de presença* e *direito de audiência*.[68]

O *direito de presença* se traduz na faculdade conferida ao sujeito de assistir pessoalmente à realização das provas e de contraditá-las, também pessoalmente, sem intermediação de representante legal, inclusive de inquirir ou fazer inquirir testemunhas. No anteprojeto de lei de processo administrativo que propôs em 1938, Themístocles Brandão Cavalcanti já previa, no processo disciplinar, a presença do acusado (é o termo que empregou) nos exames, nas vistorias e na ouvida de testemunhas (arts. 94 e 95 do referido anteprojeto).

O *direito de audiência*, em sentido literal ou estrito, consiste no direito de falar oralmente, para relatar fatos, de viva voz, ou dar explicações sobre dados que são expostos. Em acepção ampla inclui, também, o direito de apresentar argumentos e alegações a seu favor por si próprio.

Salvo o processo disciplinar, na praxe administrativa brasileira predomina a autodefesa; mesmo que alegações escritas ou condutas sejam norteadas por advogados, estes não aparecem oficialmente, em geral.

Por sua vez, a *defesa técnica* é a defesa realizada pelo representante legal do interessado, o advogado. Várias justificativas surgem, de regra, quanto à defesa técnica: equilíbrio entre os sujeitos ou paridade de armas, vinculado à plenitude do contraditório; o conhecimento especializado do advogado auxilia a tomada de decisão parametrada pela legalidade e justiça; a presença do advogado evita que o sujeito se deixe nortear por emoções de momento, por vezes exacerbadas.

---

[67] V., p. ex., Ada Pellegrini Grinover, Garantias do contraditório e ampla defesa, in *Jornal do Advogado*, secção de São Paulo, nov. 1990, p. 9; e Rogério Lauria Tucci e José Rogério Cruz e Tucci, *Constituição de 1988 e processo*. 1989, p. 62 e 63.

[68] Cf. Ada Pellegrini Grinover, Garantias do contraditório e ampla defesa, in *Jornal do advogado*, nov. 1990, p. 9.

Considerando-se a defesa técnica como desdobramento da ampla defesa assegurada pela Constituição, deve ser encarada, no processo administrativo, como possibilidade ou como exigência?

Nos processos disciplinares de servidores, que pudessem resultar em penas graves, se firmara tendência jurisprudencial no sentido da necessidade de defesa técnica, cabendo ao Poder Público a indicação de defensor dativo, quando o servidor estivesse desassistido ou fosse verificada revelia. A exigência de defesa técnica se reforçara, de início, com a edição, em 2007, da Súmula nº 343 do STJ: "É obrigatória a presença de advogado em todas as fases do processo administrativo disciplinar". Essa orientação não prevaleceu, pois foi editada, pelo STF, em maio de 2008, a Súmula Vinculante nº 5, nos termos a seguir: "A falta de defesa técnica por advogado no processo administrativo disciplinar não ofende a Constituição". Desse modo, a defesa técnica em processo administrativo disciplinar se tornou facultativa.

A Súmula Vinculante nº 5 recebeu críticas de vários publicistas. Por exemplo, Ada Pellegrini Grinover aponta ser a defesa técnica "indispensável, sendo que sua ausência acarreta a nulidade insanável do ato praticado. Infelizmente, na visão do STF, a colocação acima foi invertida no processo administrativo sancionatório. Certamente com o intuito meramente utilitário consistente em 'salvar' muitos processos administrativos punitivos, o STF editou a Súmula Vinculante nº 5".[69] Para Romeu Felipe Bacellar Filho e Daniel Wunder Hachen, "com isso foi consagrada, *data venia*, manifesta inconstitucionalidade, em desprestígio às conquistas da doutrina em matéria de garantias constitucionais do processo administrativo disciplinar [...]".[70] O Conselho Federal da Ordem

---

[69] *Ensaio sobre a processualidade*. Brasília: Gazeta Jurídica, 2016, p. 22.

[70] É imprescindível a defesa por advogado em processo administrativo disciplinar? Sobre a Súmula Vinculante nº 5 do STF, in Bitencourt Neto; Marrara (org.). *Processo administrativo brasileiro: estudos em homenagem aos 20 anos da Lei Federal de Processo Administrativo*. Fórum, 2020, p. 200. Ana Lúcia Berbert Fontes já se manifestara a favor da presença do defensor técnico em todo e qualquer processo administrativo disciplinar, como consequência da própria configuração de um processo e da democratização na vida social. Mas admite atenuações à exigência para não se levar às últimas consequências e não prejudicar o desenvolvimento das apurações, propondo o rito sumário para penas brandas, para o qual se dispensaria, embora não se proibisse, a presença do profissional habilitado, no artigo Garantia do devido processo legal – princípio constitucional da Administração Pública, in *Revista da Procuradoria-Geral do Estado da Bahia,* jul. dez. 1990, p. 103-104. Na lei federal de

dos Advogados do Brasil, em pedido redigido por Romeu Felipe Bacellar Filho (que efetuou a respectiva sustentação oral) e também assinado pelo então presidente do referido Conselho Federal, ofereceu proposta de cancelamento da Súmula Vinculante nº 5, em agosto de 2008; por maioria de votos a proposta foi rejeitada, em julgamento de novembro de 2016.

Melhor parece haver defesa técnica obrigatória, nos processos administrativos disciplinares, em casos que podem acarretar perda do cargo ou suspensão das funções igual ou superior a 90 dias.

Quanto aos demais processos administrativos, deve-se exigir defesa técnica?

A exigência de defesa técnica em todos os processos administrativos implicaria a obrigatoriedade de defensoria dativa proporcionada pelo Poder Público a todos os sujeitos sem advogado próprio, o que parece inviável. A defesa técnica nestas hipóteses é facultativa.

d) Vinculados ao aspecto da informação geral decorrente do contraditório e tangenciando, assim, desdobramentos desse princípio, apresentam-se outros elementos da ampla defesa.

Um deles se situa no *direito a ser notificado do início do processo*, devendo constar do texto a indicação dos fatos e as bases legais. O Supremo Tribunal Federal, no RE nº 120.570, julgado em 12.6.1991, pronunciou o seguinte: "A portaria não menciona o tipo legal em que se enquadra a conduta. Inexistência de imputação. Omissão grave, insanável violência à ampla defesa; não é erro leve de forma. Não se supre pela vista dos autos ao defensor dativo. É instrumento que, especificando as imputações, delimita e demarca o objeto do processo disciplinar e, por consequência, a defesa do acusado". No recurso em MS nº 1.074, julgado pelo STF em 2.12.1991, é citado o art. 5º, inc. LV, tendo a ementa a seguinte redação: "A portaria inaugural e o mandado de citação, no processo administrativo, devem explicitar os atos ilícitos atribuídos ao acusado. Ninguém pode defender-se eficazmente sem pleno conhecimento das acusações que lhe são imputadas. Apesar de informal o processo administrativo deve obedecer às regras do devido processo legal".

---

processo administrativo norte-americana, o *rigth to counsel* coloca-se como possibilidade, não como exigência (§555, alínea "b").

Inserem-se na ampla defesa: o *direito de ser notificado, com antecedência, das medidas ou atos referentes à produção das provas*; o *direito de ser cientificado da juntada de documentos*; o *direito de acesso aos elementos do expediente* (vista, cópia ou certidão).

e) Integra também a ampla defesa o *direito de solicitar a produção de provas, de vê-las realizadas e consideradas*. Tais direitos já se encontram consagrados na doutrina e na jurisprudência quanto aos processos disciplinares, devendo aplicar-se aos demais.

O reconhecimento do direito à prova não significa seu exercício abusivo, p. ex.: ouvida de 100 testemunhas, realização de provas irrelevantes ao objeto do processo, produção de provas tumultuárias.

f) Aplica-se ao processo administrativo a regra do inc. LVI do art. 5º da CF, no sentido da *inadmissibilidade, no processo, de provas obtidas por meios ilícitos*. As provas ilícitas são as provas colhidas com desrespeito a preceitos da Constituição ou de normas legais, editados para proteção de direitos fundamentais e direitos da personalidade. Por ex.: provas obtidas com ilegal quebra de sigilo das comunicações. A ilicitude dessas provas diz respeito a momento anterior ao da apresentação da prova no processo. A Constituição de 1988 veio consolidar entendimento do STF e tendência doutrinária, afastando do processo, de qualquer natureza, a admissibilidade de provas obtidas por meios ilícitos. De seu lado, a Lei Federal de Processo Administrativo – Lei 9.784/1999, no art. 30, reza o seguinte: "São inadmissíveis no processo administrativo as provas obtidas por meios ilícitos".

g) Outro desdobramento da ampla defesa se encontra no chamado *direito ao silêncio*, que abrange, além do *direito de permanecer calado*, o *direito de não declarar contra si próprio* e *de não se declarar culpado*.

No tocante ao direito de não declarar contra si próprio, García de Enterría e Tomás-Ramón Fernández mencionam a Sentença Solvay, da Corte de Justiça da União Europeia, prolatada em 18.10.1989, consagrando "como princípio geral europeu o direito de não declarar contra si mesmo na ordem administrativa, inclusive na fase de inspeção [...] A Comissão não pode impor à empresa a obrigação de fornecer as respostas naqueles casos em que isso suporia admitir a existência da infração, pois cabe à Comissão (tratava-se de expediente em matéria de defesa da concorrência) estabelecer a prova".[71]

Na doutrina pátria, no entendimento de Romeu Felipe Bacellar Filho, "a Administração não pode interpretar o silêncio do acusado, no processo administrativo disciplinar, como presunção de culpabilidade".[72] Tais considerações se estendem a todos os processos administrativos sancionadores, pela similaridade.

Dúvidas a respeito da aplicabilidade do direito ao silêncio e seus desdobramentos ao processo administrativo sancionador não mais subsistem ante julgados do Supremo Tribunal Federal, do que fornece exemplo decisão do Ministro Celso de Mello, ao conceder liminar no Habeas Corpus nº 80.530-2, em 8.11.2000 (v. *RDA*, n. 222, p. 258-262, out./dez. 2000): "Esse direito, na realidade, é *plenamente* oponível ao Estado, a *qualquer* de seus poderes e aos respectivos agentes [...] O direito de o indiciado/acusado (ou testemunha) permanecer em silêncio [...] insere-se no alcance concreto da cláusula do devido processo legal [...] Em suma, o direito ao silêncio constitui prerrogativa que *não pode* ser desconsiderada por *qualquer* dos Poderes da República".

Por vezes, esses direitos se contrapõem a dispositivos legais que mencionam o dever de lealdade e veracidade do administrado, o dever de prestar informações. Em alguns casos, advém sanção ante a recusa de prestar informações. A propósito do art. 4º da Lei nº 9.784/1999 – processo administrativo federal, em que se indica o dever de lealdade e veracidade do administrado, comenta José dos Santos Carvalho Filho: "É preciso, contudo, observar que o dever do administrado é de exposição dos fatos de acordo com a verdade que constitui sua convicção, isto é, de acordo com os elementos que formem a verdade daquele que expõe".[73]

Mostra-se evidente que dispositivos infraconstitucionais referentes a processos administrativos sancionadores, contemplando deveres de lealdade, boa-fé, prestação de informações, em relação aos administrados, hão de receber interpretação e aplicação pautadas pelas garantias constitucionais do contraditório e ampla defesa.

---

[71] *Curso de Derecho Administrativo*. vol. II. 7. ed., 2000, p. 192.

[72] *Princípios constitucionais do processo administrativo disciplinar*. 1998, p. 281.

[73] *Processo administrativo federal*. 5. ed. São Paulo: Atlas, 2013, p. 89.

41 O princípio da razoável duração do processo administrativo

A Emenda Constitucional nº 45, de 9.12.2004 – Reforma do Judiciário, acrescentou ao rol dos direitos fundamentais, indicados no art. 5º, o inc. LXXVIII, *assegurando a todos, no âmbito judicial e administrativo, a razoável duração do processo e os meios que garantam a celeridade de sua tramitação*.

Assim, além da incidência na esfera judicial, o preceito se aplica ao âmbito administrativo, ou seja, às atividades administrativas de todos os poderes e entes públicos. Representa importante inovação quanto aos direitos das pessoas físicas ou jurídicas perante a Administração e no tocante a deveres e sujeições da Administração, a qual, tradicionalmente, se permitia silenciar ou prolongar *ad infinitum* a tomada de decisões. Na observação de José dos Santos Carvalho Filho, ao tratar do referido inc. LXXVIII, "o dispositivo teve inspiração no cansaço de que tem sido tomada a sociedade em função da imperdoável e inaceitável demora na solução dos problemas deduzidos em feitos judiciais e administrativo".[74] Marco Antonio Rodrigues e Thaís Marçal expressam o seguinte: "a hora e a voz de um processo administrativo com a proteção das garantias do contraditório e a duração razoável, associadas ao uso dos métodos consensuais pela Administração [...] são importantes vias para o acesso a uma solução justa para as controvérsias que envolvam a Administração Pública em tempo razoável".[75] Para Ricardo Rivero Ortega, a "Administração não pode se dar ao luxo de consumir o tempo do cidadão; não se pode suportar hoje prazos de duração próprios de séculos anteriores".[76] Sorace e Torricelli mencionam, entre os direitos procedimentais, "que a decisão seja tomada no prazo pré-determinado e razoável.[77]

---

[74] *Processo administrativo federal. Comentários à Lei nº 9.784, de 29. 1.1999*. 5. ed. São Paulo: Atlas, 2013, p. 63.

[75] Processo administrativo e justiça multiportas, in Thaís Marçal (coord.). *Direito público democrático*. Rio de Janeiro: Lumen Juris, 2023, p. 195.

[76] Principio de celeridad, in Santamaria Pastor (org.). *Los princípios jurídicos del derecho administrativo*. Madri: 2010, p. 981 e 984.

[77] *Cit*, 2021, p. 328.

Em essência, o *princípio da razoável duração do processo administrativo*, denominado em muitos ordenamentos *princípio da celeridade*, visa à tramitação sem delongas deste, sem extensos períodos de paralisação, para que a decisão seja tomada no menor prazo possível ou para que sejam cumpridos os prazos fixados em normas. Por outras palavras, este princípio traduz a exigência de *aceleração temporal* da tomada de decisões em processos administrativos. Evidente que a palavra *razoável* traz ínsita as ideias de *equilíbrio*, de *ponderação*, de *dosagem*, de *justo*. Assim, por exemplo, para assuntos simples, repetitivos ou sobre os quais incidem orientações firmadas, os prazos de tramitação hão de ser curtos. Para os casos dotados de *verdadeira* complexidade, o tempo pode ser mais amplo, mas não infinito.

Desse modo, o Poder Público é obrigado a adotar medidas ou providências adequadas para o atendimento deste direito fundamental, propiciando rapidez na tomada de decisões. A lentidão, a inércia ou o silêncio se contrapõem ao princípio da razoável duração do processo administrativo, revestindo-se de notório caráter de inconstitucionalidade, por lesão a direito fundamental/princípio consagrado pela Constituição Federal no art. 5º, inc. LXXVIII. Para cumprir o preceito, a Administração deve providenciar os meios e medidas que assegurem a celeridade da tramitação dos processos administrativos, pois lhe são inerentes, até mesmo pela menção explícita na parte final do referido inciso.

O dispositivo garante *a todos*, sem distinção, a razoável duração, perante quaisquer órgãos, poderes ou entes públicos, nas suas atuações administrativas. Se o particular agir em funções públicas que lhe foram transferidas, seja por delegação seja por outra forma, aí se aplica o citado princípio; é o caso dos processos disciplinares instaurados pelos conselhos e ordens profissionais (por exemplo: OAB, CREA, CRM) que, em matéria de fiscalização do exercício das profissões de sua especialidade, exercem atribuições do Poder Público que lhes foram delegadas. Pode ser cumulado com outros direitos e/ou princípios.

Também sob o nome de *princípio da celeridade* vem apontado em estudos de vários autores, sobretudo europeus, pois, no caso destes, o art. 41 da Carta dos Direitos Fundamentais da União Europeia, de 2000, inclui no direito à boa administração o direito de todas as pessoas a que seus assuntos sejam tratados de forma imparcial, equitativa e num prazo razoável.[78]

41.1 A razoável duração do processo administrativo e outros princípios

O princípio da razoável duração do processo administrativo mantém interface sobretudo com os princípios da eficiência, da segurança jurídica e da legalidade. Em acórdãos relativos ao tempo de tramitação de assuntos administrativos, muitas vezes são citados também estes princípios.

O princípio constitucional da *eficiência* traz a ideia de ação, de agilidade para produzir resultado, de modo rápido e preciso. Eficiência contrapõe-se a descaso, à negligência, à omissão, características habituais da Administração Pública brasileira, com poucas exceções. Agora, o princípio da razoável duração do processo administrativo carreia, ao princípio da eficiência, a agilidade temporal.

O princípio da *segurança jurídica* também se vincula ao princípio da razoável duração. Muitas vezes a pendência de situações causa incerteza, paralisa vidas, impede atividades, afeta a subsistência, quadro oposto ao teor do princípio da segurança jurídica. Lembrem-se, como exemplo, dos pedidos endereçados aos órgãos públicos de *previdência* (verdadeiros *órgãos de sofrimento social* ou de *paciência social*), cujas decisões ou recursos se prolongam no tempo,

[78] Mencionam o *princípio da celeridade*, por exemplo: Brewer-Carias, no artigo La regulación del procedimiento en America Latina con ocasión de la primera década (2001-2011) de la Ley de Procedimiento Administrativo General del Peru, in *Derecho PUC – Revista de la Facultad de Derecho*, Lima, 2011, p. 68; Jinestra, Tendencias actuales del procedimiento administrativo en Costa Rica, in Aberastury; Blanke. *Op. cit.*, 2012, p. 458 e 461; Fausto de Quadros, Os princípios gerais da atividade administrativa no Código de Procedimento Administrativo depois da sua revisão, in *Estudos em homenagem a Rui Machete*. Coimbra: Almedina, 2015, p. 7; Rafael Wallbach Schwind, Processo administrativo em evolução, in Fernando Dias Menezes de Almeida; Floriano de Azevedo Marques Neto; Vitor Rhein Schirado; Luiz Felipe Hadlich Miguel (org.). *Direito público em evolução: estudos em homenagem à Professora Odete Medauar*. Belo Horizonte: Forum, 2013, p. 380; Gustavo Pablo Lupetti, Los princípios de eficácia, celeridade, economia y sencillez, in Tawil (org.). *Procedimiento administrativo*. Buenos Aires, 2010, p. 173-178; Simone Torriceli, El procedimiento administrativo nel sistema italiano, entre la eficiencia y la garantia, in *Revista de Derecho Administrativo*, nº 9, 2010, Lima, p. 292, observando que prazo razoável é direito do interessado.

desrespeitando direitos ínsitos à subsistência e obrigando o interessado a dirigir-se ao Judiciário.

O princípio da razoável duração do processo administrativo relaciona-se, ainda, com o *princípio da legalidade*, em especial no tocante ao cumprimento de prazos pelos agentes públicos; revela-se habitual, sob a justificativa de sobrecarga de processos e/ou de demandas, o desrespeito a prazos para decidir ou editar medidas, o que afronta, ainda, o princípio da razoável duração do processo, o da eficiência e o da segurança jurídica.[79]

A vigência do princípio da razoável duração do processo não implica sacrifício do contraditório e ampla defesa, pautando-se pela proporcionalidade a compatibilização de todos.

41.2 Mecanismos de concretização

Tendo o dever de tornar efetivo o princípio da razoável duração do processo em seu âmbito, a Administração há de valer-se de medidas propiciadoras de sua concretização. Tais mecanismos, de natureza organizacional e/ou funcional, são implantados por lei, por atos, por posturas de controle, entre outros. Alguns mecanismos, a título de exemplo, mencionam-se a seguir.

a) *Fixação de prazo para decidir*. Por exemplo: a Lei nº 9.784, de 20.1.1999 – processo administrativo federal, no art. 49, estabelece o prazo de 30 (trinta) dias para decidir, salvo prorrogação por igual período expressamente motivada; o mesmo prazo incide sobre a decisão de recurso administrativo, conforme o art. 59, §1º; outro exemplo: a Lei paulista nº 10.177, de 30.12.1998 – processo administrativo estadual, arrola vários prazos máximos nos incisos do art. 32, dimensionados ao tipo de decisão, como exemplo: 6 dias para expedição de notificação ou intimação pessoal; 20 dias, prorrogáveis por 10 dias, para elaboração de pareceres ou informes técnicos; 20 dias, prazo para decisão final.

---

[79] A respeito do cumprimento de prazos, Diego Vaiano refere-se ao "direito à tempestividade da ação administrativa", informando que alteração na lei italiana de processo administrativo – Lei nº 241/1990, "prevê reparação de dano injusto acarretado por descumprimento doloso ou culposo do prazo de conclusão do processo administrativo", no artigo Il principio di tempestività dell'azione amministrativa, in Mauro Renna; Fabio Saitta (org.). *Studi sui principi del diritto amministrativo*. Milão: Giuffrè, 2012, p. 484 e 479, respectivamente.

b) *Fixação de prazo para manifestação do particular ou para providência a seu cargo*. Por exemplo: Lei paulista nº 10.177/98, art. 32, VI – 7 dias.

c) *Previsão de efeitos do silêncio ou descumprimento do prazo, em relação ao interessado*. Por exemplo: Lei paulista nº 10.177/98, art. 33, §1º: ultrapassado o prazo de decidir, o interessado poderá considerar rejeitado o requerimento.

d) *Controle interno do cumprimento dos prazos*. As autoridades públicas podem valer-se do controle hierárquico para fiscalizar o cumprimento dos prazos fixados em normas ou decisões internas. Ouvidorias e corregedorias podem efetuar tal controle, por provocação ou de ofício.

e) *Perda, para a Administração ou para órgãos no exercício de funções administrativas, da possibilidade de atuar, após decurso de prazo não cumprido*. Por exemplo: Lei nº 9.784/99, art. 54 – "O direito da Administração de anular os atos administrativos de que decorrem efeitos favoráveis para os destinatários decai em cinco anos contados da data em que foram praticados, salvo comprovada má-fé".

f) *Reunião conjunta de representantes de vários órgãos*. Se a instrução do processo ensejar a ouvida de vários órgãos ou entes administrativos, torna-se conveniente realizar reunião conjunta, com a participação de representantes destes, lavrando-se ata a ser juntada nos autos. Realizada a reunião conjunta, reduz-se o tempo de tramitação, com a vantagem, ainda, de emergir decisão consensual. A reunião conjunta vem prevista no art. 35 da Lei nº 9.784/99.

41.3 Jurisprudência

O Poder Judiciário vem efetivando o princípio da razoável duração do processo administrativo, por vezes citado no corpo das decisões, por vezes indicado na ementa, por vezes mencionado no vocabulário de indexação. Em alguns acórdãos, os Tribunais invocam também o princípio da eficiência e o princípio da segurança jurídica. Encontram-se acórdãos que determinam a manutenção de ato, mesmo de legalidade duvidosa, ante o decurso de longo tempo. Em outras situações, o acórdão fixa prazo para a Administração decidir, ante descumprimento do prazo legal.

A seguir serão arroladas, em ordem cronológica, a título exemplificativo, ementas ou sínteses de ementas de acórdãos do STF e do STJ, pesquisados nos respectivos *sites*.

(i) *STJ – MS nº 12.376/DF*, rel. Min. Herman Benjamin, j. 28.3.2007, *DJ* 1º.9.2008 – "Mandado de segurança. Processo de anistia. Ministro de Estado da Justiça. Demora na decisão. Fixação de prazo. Princípios da razoável duração do processo e da eficiência. 1 [...] 2. A postergação indefinida da decisão acaba por negar eficácia à própria ordem constitucional e às disposições legais atinentes à anistia política, não atendendo aos princípios da razoável duração do processo e da eficiência (arts. 5º, LXXVIII e 37 da CF). 4. Hipótese em que o processo administrativo perdura há mais de 5 (cinco) anos, havendo de ser aplicado o prazo previsto no art. 49 da Lei 9.784/99. Precedentes. 5. Segurança concedida para que a autoridade impetrada decida o requerido pela impetrante no prazo de 60 (sessenta) dias".

(ii) *STF – MS nº 26.405-5/DF*, j. 17.12.2007, rel. Min. César Peluso – "Servidor público. Cargo. Ascensão funcional sem concurso público. Anulação pelo Tribunal de Contas da União. Inadmissibilidade. Ato aprovado pelo TCU há mais de 5 (cinco) anos. Inobservância do contraditório e da ampla defesa. Consumação, ademais, da decadência administrativa após o quinquênio legal. Ofensa a direito líquido e certo. Cassação dos acórdãos. Segurança concedida para esse fim. Aplicação do art. 5º, inc. LV da CF e art. 54 da Lei 9.784/1999. Não pode o Tribunal de Contas da União, sob fundamento ou pretexto algum anular ascensão funcional de servidor operada e aprovada há mais de 5 (cinco) anos, sobretudo em procedimento que lhe não assegura o contraditório e a ampla defesa".

(iii) *STF – MS nº 24.448/DF*, rel. Min. Carlos Ayres Britto, j. 27.9.2007, *DJ* 14.11.2007 – "Mandado de Segurança [...] Pensões civil e militar [...] 3. A inércia da Corte de Contas, por sete anos, consolidou de forma positiva a expectativa da viúva, no tocante ao recebimento de verba de caráter alimentar. Este aspecto temporal diz intimamente com o princípio da segurança jurídica, projeção objetiva do princípio da dignidade da pessoa humana e elemento conceitual do Estado de Direito. 4. O prazo de cinco anos é de ser aplicado aos processos de contas que tenham por objeto o exame da legalidade dos atos concessivos de aposentadorias, reformas e pensões. Transcorrido *in albis o interregno* quinquenal, é de se convocar os particulares para participar do processo de seu interesse, a fim de desfrutar das garantias do contraditório e da ampla defesa (inc. LV do art. 5º. Segurança concedida" (ao final da publicação, nos vocábulos da indexação, é mencionada a *duração razoável do processo*).

(iv) *STJ – REsp nº 980.271*, rel. Min. José Delgado, j. 18.12.2007 – "Administrativo. Recurso especial. Mandado de segurança. Processo administrativo. Demora em decidir. 1. De acordo com o art. 49 da Lei n. 9.784, de 29.01.99, concluída a instrução de processo administrativo, a Administração tem o prazo de até trinta dias para decidir, salvo prorrogação por igual período expressamente motivada. 2. Comprovada a omissão da autoridade administrativa em decidir no prazo acima definido, há de se confirmar mandado de segurança concedido para que, no caso, a Receita Federal analise e decida os pedidos de ressarcimento formulados pela recorrida no prazo de 120 (cento e vinte) dias. Multa devida pelo descumprimento. 3. Homenagem que a Administração deve prestar aos princípios da legalidade, da eficiência e do respeito aos direitos subjetivos dos cidadãos. 4. Recurso especial não provido".

(v) *STJ – MS nº 13.545/DF*, rel. Min. Maria Thereza de Assis Moura – "Mandado de segurança. Anistia. Pedido [...] formulado há quase cinco anos, sem qualquer resposta da autoridade coatora. Omissão configurada. Prazo razoável para apreciação do pleito (art. 5º, LXXVIII, da CF/88). Princípio da eficiência na Administração. Aplicação do art. 49 da Lei 9.784/99. Precedentes. 1. Situação em que o impetrante protocolou, no Ministério da Justiça, o pedido [...] em 11 de novembro de 2003, ou seja, há quase cinco anos. 2. Vê-se, portanto, que a demora do Poder Público em responder à pretensão do interessado ultrapassa os limites da razoabilidade, em contraposição aos princípios da celeridade e eficiência, inscritos, respectivamente, no art. 5º, LXXVIII da Constituição Federal e no art. 2º da Lei 9.784/99. 3 [...] 4. Na linha da orientação firmada pela Terceira Seção do Superior Tribunal de Justiça, deve a autoridade coatora julgar definitivamente o pedido formulado pelo impetrante no prazo de 30 (trinta) dias, prorrogáveis por igual período, desde que expressamente motivado, conforme estabelecido no art. 49 da Lei 9.784/99 [...] 5. Segurança concedida".

41.4 Silêncio da Administração

A atenção despertada pelo princípio da razoável duração do processo administrativo ou princípio da celeridade também vem suscitando o interesse pelo estudo dos efeitos da ausência de decisão administrativa, ou seja, pelo estudo dos efeitos do silêncio. E levou ao tratamento desta questão em leis de processo administrativo (alteradas ou editadas pela primeira vez nos primórdios do século XXI).

A relevância da matéria se expressa também por ter sido um dos temas selecionados para estudo comparado na obra coletiva organizada por Auby e Perroud.[80]

Nos estudos doutrinários, o silêncio da Administração recebe outros nomes: *omissão, inércia, não ato, mutismo administrativo*, por exemplo.

No direito brasileiro, Fernando Dias Menezes de Almeida afirma que "o silêncio em sentido negativo é um não-ato, não sendo apto a encerrar o processo administrativo, mas a dar ensejo à tomada de certas medidas que ainda visam à decisão final"; e menciona que a Lei Federal de Processo Administrativo não tratou do silêncio da Administração; o mesmo autor cita o art. 26, §3º, da Lei da ANP – Lei nº 9.478, de 6.8.1997, que fixa um caso de silêncio positivo, ou seja, equivalente à aprovação.[81]

Outra hipótese de silêncio com efeito de aprovação se encontra no inc. IX do art. 3º da Lei nº 13.874, de 20.9.2019 – liberdade econômica, segundo o qual, ao apresentar todos os elementos necessários à instrução, o particular será informado do prazo máximo de análise do pedido e de que, encerrado o prazo, o silêncio importa aprovação tácita.

---

[80] Auby, Introdução geral, in *Droit comparé de la procédure administrative. Comparative law of administrative procedure. Op. cit.*, 2016, p. 5.

[81] No artigo Final do procedimento: silêncio administrativo, in Valdivia; Oneto (org.). *La ley de procedimiento administrativo general... Op. cit.*, Lima: 2011, p. 327 e 330. O mesmo autor observa, com pertinência, que "silenciar a Administração quanto a uma decisão que importe concretizar o comando normativo significa negar efetividade à lei" (p. 332). Quanto ao fato de a lei federal de processo administrativo brasileira não cuidar do silêncio, na época da sua elaboração não fora ainda promulgada a emenda constitucional, de 2004, que previu o direito à razoável duração do processo; e no geral os efeitos do silêncio não eram tratados nas leis de processo administrativo então vigentes, nem em obras doutrinárias, sobretudo europeias, pois não se editara ainda a Carta dos Direitos Fundamentais da União Europeia (2000), prevendo o direito a prazo razoável na decisão.

Algumas considerações doutrinárias sobre efeitos do silêncio podem ser indicadas.

Para Auby, em caso de inércia ou omissão há três soluções possíveis: possibilidade de recurso a outra autoridade, como na lei da Sérvia; conferir um sentido jurídico ao silêncio, exemplificando com o silêncio positivo no direito italiano; dar ao interessado o direito de ir ao Judiciário para forçar a Administração a decidir, citando o direito suíço.[82]

Casetta refere-se a tipos de silêncio. No caso de solicitação de particular, pode haver o *silêncio significativo*, em que o decurso do prazo para decidir acarreta efeito equivalente à decisão favorável (silêncio-consentimento, que hoje é regra no direito italiano, com exceções) ou indeferimento (silêncio-denegação). Também há o silêncio-rejeição (*silenzo-rigetto*), quando, no direito italiano, a Administração permanece inerte após o prazo para se manifestar sobre um recurso hierárquico.[83]

No *direito francês*, o Código das Relações entre o Público e a Administração, de 2015, estabelece, no art. L 231-1, que o silêncio da Administração durante dois meses após o pedido leva à decisão de aceitação, elencando inúmeras exceções. Nas palavras de Georgina Benard-Vincent, "o princípio 'silêncio vale aceitação' tem por ambição oferecer mais garantias ao público e se coloca como forte medida de simplificação"; e assinala haver grande número de exceções, dispersas em textos legais, devendo os interessados consultar o rol de exceções; e afirma: "existe, então a passagem de um princípio a uma lista".[84] Para Geneviève Koubi, as exceções "geraram complexidade em vez de haver simplificação, um dos objetivos do Código, [...] complicando a aplicação do princípio 'silêncio vale aceitação'; o interessado pode solicitar um atestado (*attestation*) do

---

[82] La question de la codification, in AUBY; PERROUD (org). *Droit comparé de la procédure administrative*. *Op. cit.*, 2016, p. 499-500.

[83] *Compendio di diritto amministrativo*. 19ª ed (aos cuidados de Fabrizio Fracchia). Milão: Giuffrè, 2019, p. 345, 346 e 349.

[84] La codification des règles regissant les décisions implicites de l'administration: un droit plus acessible et inteligible?, in *Journal du droit administratif – JDA*, julho 2016, Art. 76 (s/p).

esgotamento do prazo, que resulta a decisão favorável; é o silêncio atestado pela Administração".[85]

42 O princípio da oficialidade

O princípio da *oficialidade*, também denominado *impulso oficial* ou *impulsão de ofício*, expressa a atribuição da Administração de tomar as providências necessárias ao trâmite contínuo para se chegar, sem delongas, à decisão final.

Esse princípio não elide a participação dos sujeitos, garantida pelo contraditório e ampla defesa, dotados, portanto, de faculdades e direitos quanto à iniciativa do processo, à realização de provas, à junção de documentos etc. Significa, sobretudo, a responsabilidade da Administração pelo andamento regular e contínuo do processo, independentemente de provocação dos sujeitos para a realização de atos e providências, inclusive quanto à instrução, no sentido de determinar a coleta de todos os elementos necessários ao esclarecimento de fatos pertinentes ao assunto. Vem previsto no art. 29 da Lei nº 9.784/1999 – Lei de Processo Administrativo Federal, ao dispor que as atividades de instrução "realizam-se de ofício ou mediante impulsão do órgão responsável pelo processo, sem prejuízo do direito dos interessados de propor atuações probatórias".

José dos Santos Carvalho Filho registra o seguinte, a respeito deste princípio: "O princípio da oficialidade significa que a iniciativa da instauração e do desenvolvimento do processo administrativo compete à própria Administração". E adiante: "A Administração pode instaurar e impulsionar, de ofício, o processo e não depende da vontade do interessado".[86]

"A oficialidade autoriza, em síntese, ação de ofício, por iniciativa própria, independentemente da vontade e de pedido dos interessados ou de terceiros no processo administrativo", observa Thiago Marrara.[87]

---

[85] Le "silence attesté", in Koubi; Cluzel-Metayer; Tamzini (org). *Lectures critiques du Code des relations entre le public et l'administration*. Paris: LGDJ, 2018, p. 215 e 216.

[86] *Manual de Direito Administrativo*. 33. ed. São Paulo: Atlas, 2019, p. 1042.

[87] Princípios do processo administrativo, in Bitencourt Neto; Marrara (org.). *Processo administrativo brasileiro: estudos em homenagem aos 20 anos da Lei Federal de Processo Administrativo*. Fórum, 2020, p. 97.

Nas palavras de Maria Paula Rennella, "o *princípio de impulsão ou instrução de oficio,* também denominado *princípio de oficialidade,* implica que a Administração tem poder de iniciativa sobre o procedimento administrativo, faculdades de instrução e competência para dispor sobre seu término".[88]

Para Roberto Jiménez Murillo, "as autoridades administrativas impulsionarão de ofício o procedimento e ordenarão a realização ou a prática dos atos convenientes para o esclarecimento e a resolução das questões apresentadas. Portanto, a continuidade do procedimento administrativo não dependerá do administrado, mas, essencialmente da autoridade administrativa".[89]

Por sua vez, Winfried Kluth e Jana Nucket mencionam a "obrigação que tem a Administração de indagar de ofício todos os fatos que sejam relevantes no caso".[90]

Algumas decorrências desse princípio vêm comumente apontadas pela doutrina:[91]

a) A atuação da Administração no processo tem caráter abrangente, não se limitando aos aspectos ou medidas suscitados pelos sujeitos.

b) A obtenção de provas e de dados para esclarecimento de fatos e situações deve também ser efetuada de ofício, além do pedido dos sujeitos.

---

88 El principio de oficialidad en el procedimiento administrativo, in Tawil (org.) *Procedimiento administrativo.* Buenos Aires: AbeledoPerrot, 2010, p.

89 Los princípios de impulso de oficio y verdad material en el procedimiento administrativo, in *Derecho Puc – Revista de la Facultad de Derecho,* nº 67, 2011, p. 194.

90 La legislación de procedimiento administrativo y la generación de conocimiento en el ambito de la Administración Publica, in Barnes (org.). *La transformación del procedimiento administrativo.* Sevilha: Global Law Press, 2008, p. 484.

91 Referem-se ao princípio da oficialidade, na doutrina pátria, p. ex., Hely Lopes Meirelles. *Direito administrativo brasileiro.* 15. ed. 1990, p. 580; Manoel de Oliveira Franco Sobrinho. *Curso de direito administrativo.* 1979, p. 287; a partir de 2008, Maria Sylvia Zanella Di Pietro. *Direito administrativo.* 32. ed. Rio de Janeiro: Forense, 2019, p. 804; na doutrina estrangeira: Villar y Romero. *Derecho procesal administrativo.* 2. ed., 1948, p. 59; Garcia de Enterría e Ramón Fernández. *Curso de derecho administrativo.* t. II, 7. ed., 2000, p. 489; Gordillo. *Tratado de derecho administrativo.* t. 2. 3. ed., 1998, p. IX-53-57; Dromi. *El procedimiento administrativo.* 1986, p. 77. A partir de 2008, Brewer-Carias, La regulación del procedimiento en America Latina... *Op. cit.,* in *Derecho PUC – Revista de la Facultad de Derecho,* nº 67, 2011, p. 60; Ernesto Jinestra Lobo, Tendencias actuales del procedimiento administrativo en Costa Rica, in Aberastury; Blanke (org). *op. cit.,* 2012, p, 461; Juan Jose Diez Sanchez, Principios del procedimiento administrativo, in Valdivia; Oneto (org.) *La ley de procedimiento administrativo general. Diez años después.* Lima: 2011, p. 274.

c) A inércia dos sujeitos (particulares, servidores e órgãos públicos interessados) não acarreta a paralisação do processo, salvo o caso de providências pedidas pelo particular e que dependam de documentos que deva juntar; em tais casos, a Administração deverá conceder prazo para a juntada, encerrando o procedimento se tal não ocorrer.

d) "Se a Administração o retarda ou dele se desinteressa, infringe o princípio da oficialidade e seus agentes podem ser responsabilizados pela omissão".[92] Lesa, ainda, o princípio da razoável duração do processo administrativo.

43 O princípio da verdade material

O princípio da *verdade material* ou *verdade real*, com interface no princípio da oficialidade, exprime que a Administração deve tomar decisões com base nos fatos tais como se apresentam na realidade, não se satisfazendo com a versão oferecida pelos sujeitos. Para tanto, tem o direito e o dever de carrear para o expediente todos os dados, informações, documentos a respeito da matéria tratada, sem estar jungida aos aspectos considerados pelos sujeitos. Assim, no tocante a provas, desde que obtidas por meios lícitos (como impõe o inc. LVI do art. 5º da CF), a Administração detém liberdade plena de produzi-las. Gordillo exemplifica a incidência do princípio no caso de acordo firmado entre sujeitos a respeito dos fatos; a Administração não se vê obrigada a acatar essa versão dos fatos, nem o acordo, cabendo-lhe verificar a autenticidade dos fatos.[93]

O texto *supra* do item 43 figurou na 2ª edição deste livro (2008). Na literatura posterior, geral ou específica, o princípio da verdade material vem tratado.

---

92 Hely Lopes Meirelles. *Direito administrativo brasileiro*. 15. ed. 1990, p. 580.

93 *Tratado de derecho administrativo*. t. II, 1998, p. IX-59. A consideração desse princípio tem relevo, p. ex., no processo licitatório, quando há conluio de licitantes e quando se deve realizar diligência para verificar ou obter documentos. Referem-se também ao princípio da verdade material, na doutrina pátria, Manoel de Oliveira Franco Sobrinho, na obra *Curso de direito administrativo*. 1979, p. 287; Hely Lopes Meirelles. *Direito administrativa brasileiro*. 1990, p. 581; na doutrina estrangeira, Escola. *Tratado general del procedimiento administrativo*. 1981, p. 126-127; Dromi. *El procedimiento administrativo*. 1986, p. 128.

Na percepção de Marçal Justen Filho, "o procedimento administrativo é orientado à busca da verdade material. Isto significa que a autoridade administrativa dispõe de poderes para promover diligências e adotar medidas orientadas a revelar a verdade sobre os fatos controvertidos".[94]

Para José dos Santos Carvalho Filho, "é o princípio da verdade material que autoriza o administrador a perseguir a verdade real, ou seja, aquela que resulta efetivamente dos fatos que a constituíram".[95]

"É certo que sua aplicabilidade é válida para todos os tipos de processo no âmbito da Administração Pública, sem exceção, porém deve se compatibilizar com os demais princípios processuais existentes", assinala Carlos Eduardo Faraco Braga.[96]

A respeito deste princípio discorre o argentino Tawil: "O princípio de verdade material ou verdade jurídica objetiva [...] pressupõe caber aos entes ou órgãos estatais chamados a decidir o processo o encargo de verificar a efetiva existência dos fatos (a *quaestio facti*) e o direito em questão (a *quaestio iuris*)".[97]

Na visão de Jiménez Murillo, "o princípio da verdade material estabelece que a autoridade administrativa deverá verificar plenamente os fatos que servem de motivo para suas decisões, para o que deverá adotar todas as medidas probatórias necessárias e autorizadas por lei, mesmo que não tenham sido propostas pelos administrados ou tenham decidido eximir-se delas".[98]

44 O princípio do formalismo moderado

Na doutrina é citado também com o nome de *princípio do informalismo*. Porém, não parece adequada esta última expressão, porque dá a entender que não há ritos e formas no processo administrativo. Há ritos e formas, inerentes a todo processo jurídico.

---

[94] *Curso de direito administrativo*. 13. ed. RT, 2018, p. 235.

[95] *Manual de Direito Administrativo*. 33. ed. Atlas, 2019, p. 1046.

[96] O princípio da verdade material no processo administrativo, in Odete Medauar; Vitor Rhein Schirato (org.). *Atuais rumos do processo administrativo*. RT, 2010, p. 203.

[97] El principio de verdad material en el procedimiento administrativo, in Tawil (org.). *Procedimiento administrativo*. Buenos Aires: 2010, p. 117.

[98] Los princípios de impulso de oficio y verdad material en el procedimiento administrativo, in *Derecho PUC – Revista de la Facultad de Derecho*, Lima, nº 67, 2011, p. 200.

Na verdade, o princípio do *formalismo moderado* consiste, em primeiro lugar, na previsão de ritos e formas simples, suficientes para propiciar um grau de certeza, segurança, respeito aos direitos dos sujeitos, o contraditório e a ampla defesa; em segundo lugar, traduz-se na exigência de interpretação flexível e razoável quanto a formas, para evitar que estas sejam vistas como um fim em si mesmas, desligadas dos verdadeiros objetivos do processo. Oportunas se apresentam, no tema, as ponderações de Cintra, Grinover e Dinamarco, aplicáveis ao processo administrativo: "A experiência secular demonstrou que as exigências legais quanto à forma devem atender critérios racionais, lembrada sempre a finalidade com que são impostas e evitando-se o culto das formas como se elas fossem um fim em si mesmas. Esse pensamento é a manifestação do princípio da *instrumentalidade das formas*, o qual vem dar a justa medida do sistema de legalidade formal".[99]

Evidente que exigências decorrentes do contraditório e ampla defesa, como motivação, prazo para alegações, notificação dos

[99] *Teoria geral do processo*, 23. ed., 2007, p. 344. O excesso de formalismo, não só no processo administrativo e no processo em geral, mas no ordenamento como um todo, gerou como resposta um movimento de *desregulamentação (deregulation)*, *desformalização*, *desburocratização*. O movimento de desregulamentação surgiu nos Estados Unidos, em meados da década de setenta, com o objetivo de aliviar o peso das regras editadas pelas *agencies* e comissões, devolvendo aos agentes econômicos, principalmente, certa margem de liberdade de atuação; o movimento expandiu-se para grande número de países, abrangendo vários setores de atividades, adquirindo também o sentido de *simplificação* e de *redução de regulamentos*, apresentando-se, assim, como uma das soluções para o problema da inflação jurídica ou inflação legislativa. No âmbito do processo jurisdicional expressou-se como *desformalização*; na Administração Pública, como *desburocratização* e, na Europa, em fins do século XX e primórdios do século XXI, como *simplificação* e *aceleração*. A pregação a favor do informal acarretou, por sua vez, preocupações, enfeixadas em estudos sobre o Estado de direito informal, como exemplificam os trabalhos de Berti ("Stato di diritto informale", in *Rivista Trimestrale di Diritto Pubblico* I, 1992, p. 3-30) e do alemão Püttner ("Lo stato di diritto informale", no mesmo periódico, p. 31-42), nos quais se discute a contraposição do informal e formal, da substância e da forma; nesses trabalhos não se concluiu pela eliminação do formal, como parece óbvio; assim, Berti pondera que o Estado de Direito se salva distribuindo substância e forma de modo que, respeitados os princípios constitucionais, a forma seja a veste de uma racionalidade adquirida mediante a ação e o confronto real dos interesses; é bem vindo o informal no direito e no Estado, se isso representa a passagem para formas jurídicas menos invasivas, inimigas do privilégio e aliadas da liberdade e do direito das pessoas (*op. cit.*, p. 6 e 30); de seu lado, Püttner afirma que o agir informal do Estado de Direito não pode eliminar a lei, diminuir os direitos de terceiros e acabar por usurpar competências; o Estado de direito não pode renunciar ao elemento formal e às decisões formais; deve-se encontrar o justo equilíbrio entre formal e informal (*op. cit.*, p. 42).

sujeitos, não podem ser consideradas "filigranas" ou formalidades dispensáveis, como por vezes é invocado ao se pretender ocultar razões pessoais subjacentes. Portanto, o princípio do formalismo moderado não há de ser chamado para sanar nulidades ou para escusar o cumprimento da lei. Visa a impedir que minúcias e pormenores não essenciais afastem a compreensão da verdadeira finalidade da atuação. Exemplo de formalismo exacerbado, destoante desse princípio, encontra-se no processo licitatório, ao se inabilitar ou desclassificar participantes por lapsos em documentos não essenciais, passíveis de serem supridos ou esclarecidos em diligências; assim agindo, deixa-se em segundo plano a verdadeira finalidade do processo licitatório, que é o confronto do maior número possível de propostas para aumentar, em decorrência, a possibilidade de celebrar contrato adequado ao interesse público. O apego excessivo a minúcias, no caso, pode até ensejar a suspeita de alijamento propositado de certos licitantes, para beneficiar outros.

O texto acima integrou a 2ª edição deste livro, de 2008. O princípio do formalismo moderado é objeto de estudo na doutrina posterior.

Ao discorrer sobre o formalismo moderado, Karlin Olbertz registra: "Vê-se que há um elemento comum a todas as conceituações, referente à finalidade última do processo, que é o alcance de seu resultado. Tendo em vista esta finalidade, o formalismo moderado impõe *simplificação* e *relativização das exigências formais*, na medida da manutenção da certeza e da segurança jurídica".[100]

Referindo-se ao princípio do *formalismo mitigado* ou *informalismo*, Thiago Marrara afirma que "seu emprego deve ser guiado por sua função que, grosso modo, consiste em evitar a supervalorização da forma, a construção de barreiras a direitos fundamentais a partir de exigências sem importância prática".[101]

Na doutrina estrangeira, Miriam Mabel Ivanega adverte ser perniciosa também para a Administração "a aplicação do rigorismo formal, justamente porque pode afetar a busca da verdade material.

---

[100] O princípio do formalismo no processo administrativo, in Odete Medauar; Vitor Rhein Schirato (org.). *Atuais rumos do processo administrativo*. RT, 2010, p. 223.

[101] Princípios do processo administrativo, in Bitencourt; Marrara (org.). *Processo administrativo brasileiro... op. cit.*, 2020, p. 100 e 101.

Em definitivo, as formalidades que se imponham no procedimento administrativo devem ser moderadas, procurando salvar a juridicidade da atuação".[102]

---

[102] El principio del informalismo en el procedimiento administrativo, in *Derecho PUC, op. cit.*, 2011, p. 173. Na doutrina estrangeira Julio C. Durand utiliza a expressão *formalismo atenuado*, no artigo El procedimiento administrativo en la Argentina, in Aberastury; Blake (org). *Tendencias actuales... op. cit.*, 2012, p. 301; por sua vez Jinestra indica o *princípio do informalismo a favor do administrado*, no artigo Tendencias actuales del procedimiento administrativo en Costa Rica, in Aberastury; Blake (org.), *op. cit.*, 2012, p. 461.

CAPÍTULO VII

ASPECTOS TIPOLÓGICOS E ESTRUTURAIS DO PROCESSO ADMINISTRATIVO

45 Considerações preliminares

O exame do item classificatório de um tema sempre se reveste de dificuldades; os critérios doutrinários são diversos, refletindo os diferentes pontos de vista com que o fenômeno vem considerado. Por outro lado, a apreensão em quadro tipológico de realidades ou atuações dinâmicas traz o risco de insuficiências e falhas, pois nem sempre a padronização decorrente consegue abranger todas as modalidades. Contudo, as classificações são típicas dos estudos e trabalhos jurídicos. Apesar das dificuldades apontadas, servem para oferecer um panorama da matéria e propiciar melhor conhecimento de suas peculiaridades.

Levando em conta esses pontos, será efetuado o estudo das modalidades e das fases do processo administrativo.

46 Tipologia do processo administrativo

Conforme Albisinni e Giardino, "apesar de haver invariáveis estruturais, o processo administrativo não constitui categoria única. Há também normas específicas para certo tipo de processo, além dos preceitos gerais".[1]

---

1 Il procedimento amministrativo. *In*: TORCHIA, Luiza (coord.) *La dinamica del diritto amministrativo*. Bolonha, Il Mulino, 2017, p. 44.

Na *doutrina estrangeira* as classificações vêm expostas principalmente por autores espanhóis, italianos e argentinos.

a) Entre os espanhóis, Villar Y Romero[2] arrola três modalidades de processo. Denomina a primeira *processo técnico* ou *de gestão*, que visa exclusivamente à coleta de dados e informações necessários à tomada de uma decisão administrativa; segundo o autor, não se refere, esse tipo, de modo imediato, a direito ou interesse de um particular, embora o administrado possa ter a iniciativa; o resultado final poderá repercutir em direitos ou interesses de administrados, os quais darão início a outro processo, com a interposição de recurso ou reclamação. Da maneira como o autor aponta as características desse tipo, não se enquadraria, na verdade, no módulo processual, pois inexiste contraditório. Pode-se até cogitar de processo técnico ou de gestão, no qual a coleta de dados, informações ou elementos se realiza em contraditório, pela ouvida de sujeitos públicos e privados interessados na decisão; é o que ocorre na Bélgica e na Espanha nos processos expropriatórios em que, na fase administrativa, é obrigatória a consulta pública, para recebimento de informações e observações, que deverão ser necessariamente analisadas pela autoridade, antes da decisão final. Havendo, em tais atividades, somente coleta de dados, sem contraditório, há procedimento, não processo.

A segunda espécie é o *processo propriamente administrativo*, no qual existe definida uma relação jurídica entre a Administração e um particular e no qual se discutem interesses juridicamente protegidos; tem por objetivo uma decisão concreta da Administração que individualize uma norma ou declare, reconheça e proteja um direito, o que, em geral, é solicitado pelo próprio interessado; esse tipo se subdivide, por sua vez, em: processos originados de petição ou reclamação e processos originados de recurso.

Como terceira modalidade vem o *processo sancionador*, cuja finalidade é o reconhecimento ou proteção de um direito que pertence à Administração, que é o direito de sancionar faltas cometidas pelos funcionários em serviço ou por particulares que desatenderam a preceitos cuja aplicação cabia à Administração fiscalizar. A finalidade processual consiste em averiguar a realidade da falta cometida,

---

[2] *Derecho procesal administrativo*. 2. ed. Madri: 1948, p. 76.

ponderar as circunstâncias que aí concorrem e aplicar, se for o caso, as sanções pertinentes; inicia-se de ofício ou em virtude de denúncia. Dois grupos de processos incluem-se nesse tipo: os corretivos, contra particulares que transgridem disposições administrativas; e os disciplinares, que a Administração instaura contra seus funcionários quando estes infringem deveres funcionais.

b) Outro autor espanhol, Gonzalez Perez,[3] propõe uma classificação dos processos administrativos, utilizando o critério da finalidade e o critério do modo como são disciplinados. Conforme o primeiro, há *processos de gestão de serviços de interesse geral, processos de gestão administrativa, processos de reclamação ou recurso, processos sancionadores* e *processos executivos*. Pelo segundo critério, existem *processos ordinários*, sem disciplina legal específica, e *processos extraordinários, com disciplina específica*; estes últimos, por sua vez, subdividem-se em: processos declaratórios (sumários e de urgência; processos para a elaboração de disposições de caráter geral; e processos sancionadores); processos de revisão (revisão de ofício, como anulação e retificação de erros materiais e recursos administrativos); e processos de execução.

O mesmo reparo efetuado para a classificação anterior aplica-se a esta; alguns exemplos de subtipos fogem à caracterização do esquema processual, configurando procedimento, como é o caso de retificação de erro material.

c) García de Enterría e Ramón Fernández[4] partem da distinção entre *processo geral* e *processos especiais*, à vista da realidade do ordenamento espanhol, os primeiros disciplinados por lei de processo administrativo geral, os segundos por normas específicas. Pelo critério da finalidade específica, separam os processos em três espécies: a) *processos declaratórios*, destinados à elaboração de uma decisão, como o processo sancionador e o processo de revisão (subdividido em processo de revisão de ofício e processo de revisão por meio de recurso); b) *processos executivos*, que tendem à realização material de uma decisão anterior já definitiva; c) *processos de simples gestão*, com finalidade de natureza técnica ou interna, preparatória de uma decisão ulterior. Sob o perfil da forma de desenvolver-se e do

---

3 *El procedimiento administrativo*. Madri: 1964, p. 65 e 66.

4 *Curso de derecho administrativo*. t. II. 7. ed., 2000, p. 443-445.

prazo, existem os *processos ordinários* e os *sumários ou de urgência*. Os referidos autores mencionam, ainda, os processos em que a posição dos administrados é contraposta, apresentando-se a Administração não só como gestora do interesse público, mas também como árbitro de interesses ou direitos que se contraditam.

Nem todos os tipos classificados pelos autores configuram processo.

d) Idêntica observação pode ser formulada para a classificação empreendida por Giannini,[5] em que se mesclam processos e procedimentos. Para Giannini os processos são agrupados em tipos característicos, que são os seguintes:

d.1) *Processos declaratórios* e *processos constitutivos;* os declaratórios servem para atribuir qualificações jurídicas a coisas, a pessoas, a relações, como títulos acadêmicos, inscrições em quadros profissionais; os constitutivos caracterizam-se pelo efeito jurídico de nascimento, modificação ou extinção de situações subjetivas, decorrentes de seus atos finais.

Os processos constitutivos subdividem-se segundo vários aspectos. Quanto ao papel que desempenham, formam três grupos: ablatórios (levam à privação de bens), concessórios (produzem acréscimo de bens a favor de sujeitos) e autorizatórios (impedem ou consentem que se faça algo). No tocante aos interesses públicos envolvidos, distinguem-se em homogêneos ou simples e heterogêneos ou complexos, conforme se refiram ao atendimento de um só interesse público ou pluralidade de interesses públicos (ex.: processos de elaboração de planos reguladores urbanísticos).

d.2) *Processos de 1º grau* e *processos de 2º grau;* estes têm por objeto outros atos administrativos (ex.: recurso administrativo, anulação de ofício), enquanto aqueles não se referem a ato anterior.

d.3) *Processos sancionadores,* mediante os quais a autoridade aplica sanções administrativas por fatos que as normas qualificam como ilícitos administrativos.

e) O argentino Escola[6] refere-se aos *processos internos,* em que há vinculação entre órgãos administrativos, e aos *processos externos,*

---

[5] *Diritto amministrativo.* vol. II, 1988, p. 541-543.

[6] *Tratado general de procedimiento administrativo.* 1981, p. 27-29.

em que há vinculação entre órgãos e particulares. Pelo critério do *objeto específico*, arrola os seguintes tipos: *processo de gestão ou comum*, utilizado para cumprir a atividade normal da administração; *processo recursivo ou de reclamação*, destinado à impugnação de um ato, para que seja modificado, substituído ou desfeito; *processo corretivo*, que visa à sanção dos administrados que lesaram normas jurídicas administrativas; *processo disciplinar*, referente aos funcionários públicos que transgrediram os deveres que lhes são impostos; *processo executivo*, destinado ao cumprimento ou execução de atos administrativos. Quanto ao *modo como se inicia*, divide-se em *processo de ofício*, se desencadeado por órgão administrativo, e *processo de iniciativa da parte*, quando promovido por administrado.

Nessa classificação igualmente mesclam-se procedimentos e processos, daí não ser suscetível de aceitação plena.

Na *doutrina pátria*, serão indicadas as classificações de três autores.

1. Sérgio de Andréa Ferreira[7] aparta o *processo administrativo punitivo* do *processo administrativo não punitivo*. O punitivo visa à aplicação de sanções administrativas, em virtude da prática de ilícitos administrativos, e subdivide-se em externo (para caracterizar ilícitos e cominar nas respectivas sanções aos particulares) e interno (referente aos servidores públicos).

2. Em trabalho sob a égide da Constituição de 1988, Ana Lúcia Berbert Fontes[8] alude a dois tipos básicos de processo administrativo, referidos pelo inc. LV do art. 5º da CF. "Compreende o primeiro *aquele que visa à solução de controvérsia*, lide no âmbito da Administração Pública, resultante da edição, pelo poder público, de ato contrário a interesse ou direitos de pessoa jurídica ou física, incluindo-se entre estas últimas, particulares e servidores. Já o segundo, diz respeito *àquele que é meio de apuração e punição de infrações administrativas graves dos funcionários públicos lato sensu*". Quanto ao

---

[7] A garantia da ampla defesa no direito administrativo processual disciplinar, in *Revista de Direito Público* 19, jan.-mar. nº 2, p. 60. Para o autor, o direito administrativo processual disciplinar cuida dos procedimentos administrativos disciplinares, que visam à constatação da prática de ilícitos administrativos por servidores públicos e à determinação e à aplicação das respectivas sanções (*op. cit.*, p. 61).

[8] Garantia do devido processo legal – princípio constitucional da Administração Pública, in *Revista da RPGE da Bahia* 106, jul.-dez. 1990, p. 100.

segundo tipo, cabe um reparo, visto que o acusado na esfera administrativa identifica-se também no particular, ao qual se atribui ilícito administrativo, passível de punição.

3. Hely Lopes Meirelles[9] elaborou uma classificação com o intuito de abranger o maior número possível de modalidades, inclusive as subespécies do processo administrativo tributário ou fiscal. Deixando de lado o processo de expediente, o qual o próprio autor não caracteriza como processo, sua classificação inclui o *processo administrativo de outorga*, o *processo de controle* e o *processo punitivo*.

Segundo o referido autor, no processo administrativo de outorga pleiteia-se algum direito ou situação perante a Administração; havendo impugnação de terceiros ou da própria Administração deve haver contraditório e ampla defesa, sob pena de nulidade da decisão final; como exemplos desse tipo, cita o licenciamento de edificação, o registro de marcas e patentes, a pesquisa e lavra de jazida, a isenção condicionada de tributos.

Processo administrativo de controle, também denominado processo de determinação ou de declaração, é todo aquele "em que a Administração realiza verificações e declara situação, direito ou conduta do administrado ou servidor, com caráter vinculante para as partes. Tais processos, normalmente, têm rito próprio e, quando neles se deparam irregularidades puníveis, exigem oportunidade de defesa ao interessado, antes de seu encerramento, sob pena de invalidade do resultado da apuração; [...] não se confunde com o processo punitivo, porque enquanto neste se apura a falta e se aplica a penalidade cabível, naquele apenas se verifica a situação ou a conduta do agente e se proclama o resultado para efeitos futuros". Indica, como exemplos, os processos de prestação de contas perante órgãos públicos, os de verificação de atividades sujeitas à fiscalização, o de lançamento tributário e o de consulta fiscal.

"O processo punitivo é todo aquele promovido pela Administração para a imposição de penalidade por infração de lei, regulamento ou contrato. Esses processos devem ser necessariamente contraditórios, com oportunidade de defesa e estrita observância do devido processo legal *(due process of law)*, sob pena de nulidade da sanção imposta".

---

[9] *Direito administrativo brasileiro*. 1990, p. 585-587.

4. Tendo em vista o inc. LV da CF, propõe-se a seguinte tipologia para os processos administrativos no direito pátrio:

a) *Processos administrativos em que há controvérsias, conflitos de interesses*:

a.1) Processos administrativos de gestão, ex.: licitações, concursos públicos, concursos de acesso ou promoção.

a.2) Processos administrativos de outorga, ex.: licenciamentos de atividades e exercício de direitos, licenciamento ambiental, registro de marcas e patentes, isenção condicionada de tributos.

a.3) Processos administrativos de verificação ou determinação, ex.: prestação de contas, lançamento tributário.

a.4) Processo administrativo de revisão, ex.: recursos administrativos.

b) *Processos administrativos em que há acusados*, denominados *processos sancionadores ou punitivos*:

b.1) Internos, são os processos disciplinares sobre servidores, alunos de estabelecimentos públicos, p. ex.

b.2) Externos, que visam a apurar infrações, desatendimento de normas e aplicar sanções a administrados que não integram a organização administrativa; ex.: sanções decorrentes do poder de polícia, da administração fiscal, aplicação de penalidades a particulares que celebram contrato com a Administração, inclusive concessionários.

O texto *supra* figurou na 2ª edição deste livro, de 2008. A contar daí emergiram fatores, como o avanço tecnológico e o crescimento da relevância de alguns processos administrativos, que propiciam acrescentar outros tipos às modalidades *supra*. Assim, no item 4 – a.1 cabe inserir o *processo administrativo normativo*, que será objeto de atenção própria adiante.

Parece adequado aventar critério baseado na forma de expressão ou de materialização, havendo o *processo administrativo materializado em papel* e o *processo administrativo materializado em meio eletrônico*, denominado *processo administrativo eletrônico*, este objeto de considerações em item específico.

Desse modo, renova-se a tipologia *supra*, adicionando outras modalidades, no teor a seguir:

a) *Processos administrativos em que há controvérsias, conflitos de interesses*:

a.1) Processos administrativos de gestão, ex.: licitações, concursos públicos, concursos de acesso ou promoção, processos administrativos normativos.

a.2) Processos administrativos de outorga, ex.: licenciamentos de atividades e exercício de direitos, licenciamento ambiental, registro de marcas e patentes, isenção condicionada de tributos.

a.3) Processos administrativos de verificação ou determinação, ex.: prestação de contas, lançamento tributário.

a.4) Processo administrativo de revisão, ex.: recursos administrativos.

b) *Processos administrativos em que há acusados*, denominados *processos sancionadores ou punitivos*:

b.1) Internos, são os processos disciplinares sobre servidores, alunos de estabelecimentos públicos, p. ex.

b.2) Externos, que visam a apurar infrações, desatendimento de normas e aplicar sanções a administrados que não integram a organização administrativa; ex.: sanções decorrentes do poder de polícia, da administração fiscal, aplicação de penalidades a particulares que celebram contrato com a Administração, inclusive concessionários.

c) *Processos administrativos materializados em papel* e *processos administrativos eletrônicos* (ou seja, materializados em meio eletrônico).

Em publicações lançadas a partir de 2008, autores enunciam tipologia do processo administrativo. Assim, Vitor Rhein Schirato arrola os seguintes: *processo administrativo sancionador*; *processo administrativo declaratório*; *processo administrativo constitutivo*; *processo administrativo normativo*.[10] De seu lado, Carlos Ari Sundfeld referese ao *processo administrativo sancionador*, ao *processo administrativo competitivo* (ex.: concursos públicos), ao *processo administrativo normativo*.[11] Na doutrina estrangeira, Miriam Mabel Ivanega menciona a divisão entre *processo geral* e *processo especial* e a divisão entre

---

[10] Legitimidade processual e tipos de processo administrativo, in *Interesse Público*, Belo Horizonte: Fórum, ano 12, nº 62, jul./ag. 2010, p. 98.

[11] Processo administrativo: um debate sobre o problema de sua conceituação e classificação, in Valdivia; Oneto (org.). *La Ley de procedimiento administrativo general. Diez años después*. Lima: 2011, p. 208 e 209.

processo de informação (para levar à edição do ato administrativo) e *de impugnação* (quando o particular impugna um ato administrativo).[12] Albisinni e Giardino utilizam o critério dos efeitos incidentes na esfera jurídica dos destinatários para a tipologia apresentada: *preceptivos*, processos administrativos destinados à elaboração de preceitos gerais, ou seja, à emanação de atos administrativos gerais; *ablatórios*, cujo efeito é restrição na esfera jurídica de um sujeito, p. ex., desapropriação, imposição de tributo; *sancionador*, que é consequência de um comportamento ilícito do destinatário (daí se distinguir do ablatório); *concessório*, tendo como efeito ampliar a esfera jurídica do destinatário, p. ex., concessão de bem público; *autorizador*, permitindo ao sujeito realizar uma atividade que é subordinada, de modo preventivo, a uma avaliação do ponto de vista do interesse público".[13] Por sua vez, Giulio Napolitano indica, de um lado, os *processos gerais de planejamento e de regulação* e, de outro, os *processos individuais ampliativos ou restritivos da esfera individual*; os primeiros destinam-se à adoção de planos, linhas diretrizes e regulações voltadas a destinatários indeterminados; os segundos são instrumentais a uma decisão específica para um ou mais destinatários determinados".[14]

46.1 Processo administrativo normativo

Nos estudos do tema, que vem crescendo de importância, outros nomes surgem: processo regulamentar, processo normativo, processo regulatório normativo, processo de elaboração participativa de normas. Trata-se de processo administrativo destinado à edição de regulamento (seja este normativo, também denominado autônomo ou regulatório; seja para explicitar preceitos de lei).

Para Juliana Bonacorsi de Palma, representa o "processo conduzido no exercício da competência normativa para, primariamente,

---

[12] El principio del informalismo en el procedimiento administrativo, in *Derecho PUC – Facultad de Derecho*, Lima, 2011, p. 160 e 162. Tipologia minuciosa é exposta por Juan Carlos Morón Urbina, no artigo Los procedimientos administrativos: contribución para su útil classificación, in Valdivia; Oneto (org.). *La ley de procedimiento administrativo general, op. cit.*, Lima, 2011, p. 210-252.

[13] *Cit*, p. 45.

[14] *Introduzione al diritto amministrativo comparato*. Bolonha: Il Mulino, 2020, p. 230-231.

produção de regulamentos".[15] Nas palavras de Carlos Ari Sundfeld, é processo "para edição de normas regulamentares pela administração, muito especialmente em matéria regulatória".[16] "Geração de um espaço institucional para expressão de opiniões e propostas por parte da comunidade de forma prévia à sanção de regulamentos e projetos de lei", registra Natalia Victoria Mortier.[17] Na visão de Juan Carlos Morón Urbina, autor peruano, os "procedimentos regulamentares são referentes à sequência de atos e fases sucessivas para a aprovação de uma norma obrigatória e geral vinculante para os administrados".[18]

Auby salienta que nada ilustra melhor o diálogo do Poder Público e cidadão do que "a participação na elaboração de regulamento administrativo".[19] De seu lado, Barnes observa o seguinte: "A participação nos procedimentos de elaboração de normas e disposições representa um elemento central do Direito Administrativo, como mecanismo de controle de legitimação democrática da Administração".[20]

46.2 Processo administrativo eletrônico

O processo administrativo eletrônico, também denominado *ciberprocedimento*, adquiriu tanto relevo que foi selecionado para tratamento do ponto de vista comparado na obra coordenada por Auby e Perroud, *Droit comparé de la procédure administrative*, de 2016.

---

[15] *Atividade normativa da Administração Pública: estudo do processo administrativo normativo.* Tese de doutorado (apresentada e defendida no âmbito do Programa de Pós-Graduação da Faculdade de Direito da Universidade de São Paulo), 2014, p. 351. A autora realiza profundo estudo sobre o processo administrativo para elaboração de regulamentos, inclusive sobre o processo administrativo normativo norte-americano (*rulemaking*), este resultado de pesquisa efetuada em período de permanência nos Estados Unidos, junto a universidades conceituadas.

[16] Processo administrativo: um debate sobre o problema de sua conceituação e classificação, in Valdivia; Oneto (org). *Ley de procedimiento administrativo general. Op. cit.*, 2011, p. 209.

[17] Los procedimientos de elaboración participativa de normas, in Tawil (org.). *Procedimiento administrativo.* Buenos Aires: AbeledoPerrot, 2010, p. 502.

[18] Los procedimientos administrativos: contribución para su útil classificación, in Valdivia; Oneto (org). *op. cit.*, p. 222.

[19] Introdução geral, in AUBY; PERROUD (org). *Droit comparé de la procédure administrative.* 2016, p. 4.

[20] Introdução, in Barnes (org.). *La transformación del procedimiento administrativo.* Sevilha: Global Law Press, 2008, p. 53.

Várias leis de processo administrativo foram revistas ou reeditadas para abrigar disposições sobre esta modalidade. Inúmeros preceitos e exigências cercam o processo administrativo eletrônico; nesta sede serão expostas linhas gerais da matéria.[21]

O tema insere-se no âmbito do governo eletrônico – e.governo ou Administração eletrônica – e-Administração, vinculados à chamada *sociedade da informação*, "desenvolvida sobre a base das tecnologias da informação e da comunicação (TIC), seu entrelaçamento, velocidade de difusão".[22]

Barnes menciona "a passagem da Administração do papel à Administração eletrônica".[23] Martinez Gutierrez assinala "a mudança que implica o passo de uma Administração 'em papel' a uma 'eletrônica'".[24] Nas considerações de Carlos Delpiazzo, os meios eletrônicos "projetam consequências sobre o desenvolvimento do processo administrativo", mencionando a "despapelização" para "significar graficamente a nova realidade determinada pelo abandono do papel no modo habitual de documentação".[25]

Na visão de José Fernando Brega, "devem ser rompidos os limites impostos pelo suporte papel, tendo em consideração a documentação em meio digital, a possibilidade de relacionamento telemático e a automatização de atividades. Esses três mecanismos, que refletem o estágio tecnológico atual, podem ser considerados os *eixos de transformação* do processo administrativo na sociedade da informação"; e prossegue: o processo administrativo eletrônico é "o

---

21 Para estudo aprofundado v. o livro de José Fernando Brega, *Governo eletrônico e direito administrativo*. Brasília: Gazeta Jurídica, 2015; o autor realiza ampla pesquisa na matéria, em decorrência sobretudo de período de estudos na Espanha, tendo escolhido o processo administrativo e o ato administrativo para expor os reflexos do governo eletrônico no direito administrativo. V. também a obra de Jaime Orlando Santofino Gamboa. *Procedimientos administrativos y tecnologia*. Bogotá: Universidad Externado de Colombia, 2011.

22 Garcia Macho, Procedimiento administrativo y sociedad de la información y del conocimiento, in Barnes (org.). *La tranformación del procedimiento administrativo*. Sevilha: Global Law Press, 2008, p. 189.

23 La colaboración administrativa a través del procedimiento administrativo nacional, in Barnes (org.). *La transformación del procedimiento administrativo, op. cit.*, 2008, p. 257.

24 El procedimiento administrativo electronico en los ordenamientos peruano y espanõl, in *Revista de Derecho Administrativo*, ano 5, nº 9, Círculo de Derecho Administrativo, Lima: 2010, p. 96.

25 Supuestos y realidad del procedimiento administrativo electronico, in *Aportes para un Estado eficiente*, Associación Peruana de Derecho Administrativo, Lima: Ed. Palestra, 2012, p. 78.

processo administrativo em que as informações recebidas, processadas e produzidas estão representadas em documentos eletrônicos".[26] Para Martinez Gutierrez, o "ciberprocedimento é a base formal de edição de decisão administrativa em sede eletrônica".[27]

A respeito, Lucie Cruzel-Metayer observa que "o direito aplicável aos processos administrativos eletrônicos, isto é, às relações desmaterializadas entre as autoridades públicas, seus parceiros e usuários, apresenta certas especificidades inerentes ao imaterial [...]; este direito, eminentemente evolutivo, é também complexo, porque mescla preceitos gerais aplicáveis ao processo administrativo 'clássico' e preceitos específicos próprios do circuito desmaterializado; a segurança das trocas e a proteção dos dados levaram à edição de preceitos específicos; a explosão dos processos administrativos eletrônicos supõe a existência de um quadro jurídico sofisticado".[28] Ao se referir ao processo administrativo eletrônico, Barnes indica *exigências*, entre as quais: "aplicação de regras e padrões comuns ou equivalentes de processo administrativo; interoperalidade dos sistemas (*software* adequado); equilíbrio entre a proteção de dados e acesso a informação; cooperação quanto à segurança da informação; equilíbrio entre a automatização dos procedimentos e a necessária individualização das circunstâncias específicas de cada caso".[29]

"Uma exigência imprescindível para a atuação administrativa eletrônica é a *interoperabilidade*, entendida como a capacidade dos sistemas de informação e, portando, dos procedimentos, de compartilhar dados e possibilitar o intercâmbio de informações", afirma Carlos Delpiazzo.[30] Nas palavras de José Fernando Brega, a *interoperabilidade* "corresponde à capacidade dos sistemas informáticos de se relacionar mutuamente, o que lhes permite compartilhar e trocar

---

26 *Governo eletrônico e direito administrativo*. Brasília: Gazeta Jurídica, 2015, p. 263 e 264.

27 *Op. cit.*, p. 10.

28 Les procédures de l'administration electronique en France, in AUBY; PERROUD (org.). *Droit comparé de la procédure administrative*. 2016, p. 834. A mesma autora menciona o risco de "desumanizar" a Administração com os teleprocedimentos; afirma que se deve assegurar o acesso aos serviços da Administração àqueles que não são conectados (p. 842).

29 La colaboración administrativa a través del procedimiento administrativo, in Barnes (org.). *La tranformación del procedimiento administrativo. Op. cit.*, 2008, p. 258.

30 Supuestos y realidad del procedimiento administrativo eletrônico, in *Aportes para un Estado eficiente*. Associación peruana de Derecho Administrativo. Lima: 2012, p. 78-79.

informações de forma útil [...]; por meio dela é possível economizar quantidades incalculáveis de tempo e dinheiro para a Administração Pública e para os cidadãos, ao permitir a utilização da informação e de aplicativos para diferentes finalidades, a tramitação de processos complexos e a integração de serviços em que intervenham vários órgãos e entidades".[31]

Outra exigência do processo administrativo eletrônico encontra-se no *princípio da equivalência de garantias*, "de sorte que a utilização das novas tecnologias não deve acarretar diminuição dos direitos processuais dos administrados. O processo administrativo eletrônico deve observar os mesmos princípios do seu equivalente tradicional [...]; para tanto deve proporcionar níveis adequados de publicidade, transparência, participação, motivação, permitindo que o interessado exerça seus direitos no mínimo com a mesma intensidade que exerce quando adotados os meios tradicionais".[32] Além destes, a "transmissão telemática deve oferecer as adequadas garantias jurídicas, exigindo-se que o tráfego de informações seja objeto de adequadas medidas de segurança informática, de maneira a preservar os direitos fundamentais envolvidos no processo administrativo eletrônico, sobretudo a intimidade e a proteção dos dados de caráter pessoal".[33]

Para Juliana Bonacorsi de Palma, o meio eletrônico apresenta-se como arena típica do processo administrativo normativo, referindo-se "ao processo administrativo normativo eletrônico, sobretudo no instituto da consulta pública".[34]

Fausto de Quadros, coordenador da comissão encarregada de elaborar o projeto do novo Código de Procedimento Administrativo português, de 2015, elenca os novos princípios aí inseridos, entre os quais, *o princípio da Administração eletrônica*, mas "o particular deve dizer, na sua primeira atuação no procedimento, se quer se relacionar por esse meio ou se pelo correio postal, pois a solução de

---

31 *Governo eletrônico e direito administrativo. Op. cit.*, p. 192 e 193. O autor realiza estudo sobre a interopabilidade nas páginas 191 a 203 desta obra.

32 José Fernando Brega. *Governo eletrônico e direito administrativo. Op. cit.*, 2015, p. 275 e 276.

33 Jose Fernando Brega, *op. cit.*, p. 278.

34 Atividade normativa da Administração Pública: estudo do processo administrativo normativo. Tese de doutorado, apresentada e defendida no Programa de Pós-Graduação da Faculdade de Direito da USP, 2014, p. 285 e 286, nota de rodapé nº 722.

impor os meios eletrônicos seria violenta ante a existência de zonas no País onde é difícil o acesso aos meios eletrônicos".[35]

46.3 Processo administrativo e consensualidade

Nas considerações de Marie-Odile Diemer, "se o direito administrativo deve profundamente se conceber como um direito de conciliação entre o interesse geral e os interesses privados, deve necessariamente fornecer os instrumentos para materializar este imperativo em caso de conflito"; a mesma autora menciona os meios alternativos de solução de litígios, sobre os quais afirma o seguinte: "Hoje não é mais o caso de debater a utilidade desses meios em direito administrativo; as autoridades administrativas recorrem aos mesmos efetivamente, as vantagens são numerosas (rapidez, racionalização dos custos, eficácia) e os administrados começam a se acostumar aos mesmos"; o administrado não é mais um submisso, mas um verdadeiro ator da resolução do seu conflito com a administração mediante esses meios alternativos.[36] Nas palavras de Juliana Bonacorsi de Palma, "paulatinamente os órgãos e entes administrativos acatam a consensualidade como meio de exercício concertado de competências; [...] é de se reconhecer a utilidade do entrosamento entre o Poder Público e particulares na tomada de decisão administrativa".[37]

A consensualidade repercute no processo administrativo. Para Juan Carlos Cassagne, "o processo administrativo atual tem funções de informação e consenso, devendo incorporar mecanismos de negociação e participação".[38]

---

[35] As principais inovações do Código do Procedimento Administrativo, in *Cadernos de Justiça Administrativa*, Ed. Faculdade de Direito da Universidade do Minho, nº 100, ago.jul. 2013, p. 8.

[36] Um impensé dans la procédure administrative: les modes alternatifs de reglement non juridictionnel des diferents, in *Journal du Droit Administratif (JDA)*, 7, jul. 2016, Dossier 2, art. 79. O artigo desta autora trata de normas sobre a resolução consensual de conflitos entre Administração e particulares contidas no Código de Processo Administrativo francês, de 2015 (denominado *Código das relações entre o público e a administração*).

[37] *Atividade normativa da Administração Pública: um estudo do processo administrativo normativo, op. cit.*, 2014, p. 430.

[38] La transformación del procedimiento administrativo y la LNPA (Ley Nacional de Procedimiento Administrativo), in *Derecho PUC – Revista de la Facultad de Derecho*, Lima, nº 67, 2011, p. 44-45.

Consenso e acordo podem ser efetuados no bojo de processos administrativos. Pode-se cogitar de processos administrativos cujo objeto não seja precipuamente a obtenção de acordo, mas admitem acordo, e processos administrativos instaurados com a finalidade de obtenção de acordo.

A respeito de processos administrativos instaurados com o objetivo de acordo/consenso, Juliana Bonacorsi de Palma cita os acordos setoriais previstos na Lei de Resíduos Sólidos – Lei nº 12.305/2010, regulamentada pelo Decreto nº 7.404/2010; nos termos do art. 20 do referido decreto, o processo inicia-se pelo Poder Público ou pelos particulares (fabricantes, importadores, distribuidores ou comerciantes dos produtos e embalagens). A mesma autora menciona, como projeção da consensualidade, o *negotiated rulemaking* norte-americano, por meio do qual a norma obtida por consenso negociado entre o Poder Público e interessados na matéria se efetua sem que haja minuta prévia elaborada pela Administração.[39] O teor do ato normativo resulta das considerações lançadas pelos participantes deste processo administrativo.

47 Fases do processo administrativo

Os aspectos estruturais do processo administrativo dizem respeito, em essência, às suas fases, quer dizer, aos atos instrumentais, direcionados ao ato final, e aos atos e fatos que têm valor de pressupostos, valor de legitimação e valor de eficácia.[40]

Cada fase do processo administrativo representa um conjunto de atos e fatos que desempenham, quanto ao ato final, uma função relativamente homogênea.

O agrupamento dos atos do processo em fases atende a fins classificatórios, pois os atos de uma fase produzem, de regra, certo tipo de efeitos; por outro lado, visa também à disciplina temporal dos atos que se sucedem entre si, porque as fases expressam os momentos juridicamente definidos da progressão lógica temporal do processo,[41] embora sem caráter de rigidez.

---

[39] *Op. cit.*, p. 431-432 e 433-434.

[40] Giannini. *Diritto amministrativo*. t. II. 1988, p. 549.

[41] Nesse sentido se manifesta Giannini. *Diritto administrativo*. t. II, 1988, p. 549.

O rol e a denominação das fases variam na doutrina. Para Sandulli,[42] cuja lista teve grande irradiação, o processo administrativo compõe-se de três fases: a) preparatória, integrada por elementos destinados a tornar juridicamente possível a formação da atividade produtora do efeito final; tais elementos desdobram-se em quatro categorias: atos de iniciativa (ex.: requerimentos, reclamações, propostas), atos autorizatórios, atos de natureza consultiva (pareceres), verificações preparatórias (ex.: inspeções, exames); b) constitutiva, formada por atividades que desempenham função causal quanto ao efeito final, abrangendo, segundo o autor, os atos complexos, os contratos e ainda as notificações e publicações, quando exigidas para a produção do efeito; c) integrativa da eficácia, formada por elementos de confirmação, necessários à eficácia, como aprovações, atos de adesão dos interessados.

Na doutrina pátria, Manoel de Oliveira Franco Sobrinho aceita as fases indicadas por Sandulli.[43]

Por sua vez, Alberto Xavier[44] tece críticas às fases propostas por Sandulli, porque este se baseou nos efeitos jurídicos a serem produzidos pelo ato final, quando, a seu ver, o elemento caracterizador está no ato; além do mais, faz reparos aos componentes de cada uma das fases, tal como expostos por Sandulli. E propõe cinco fases: a) inicial ou introdutiva; b) instrutória; c) decisão; d) complementar (notificações e publicação); e) impugnação (recursos).

Semelhante à anterior é a proposta de Lafayette Pondé,[45] que elimina a fase de impugnação, propondo as seguintes: introdutória ou inicial, instrução, decisão e controle.

Giannini[46] e Tedeschini[47] arrolam as fases: de iniciativa ou introdutória, instrutória, decisão e integração (ou integrativa da eficácia).

---

42 *Il procedimento amministrativo*. 1964, p. 56, 175-260, 260-290.

43 *Introdução ao direito administrativo processual*. 1971, p. 127.

44 *Do procedimento administrativo*. 1976, p. 151-157.

45 Considerações sobre o processo administrativo, in *Revista de Direito Administrativo*, nº 130, out.-dez. 1977, p. 5.

46 *Diritto administrativo*. v. II. 1988, p. 550.

47 Procedimento amministrativo, *Enciclopedia del diritto*, v. XXX, 1986, p. 878-881.

De seu lado, Hely Lopes Meirelles[48] menciona cinco fases do processo administrativo, muito vinculadas às características do processo disciplinar sobre servidores públicos, embora ressalte que devam "ser atendidas em todos os processos administrativos próprios, ou seja, naqueles que visam à solução de litígios; as fases indicadas são as seguintes: instauração, instrução, defesa, relatório e julgamento".

Alguns autores concentram em três momentos as fases do processo administrativo. Assim, p. ex., Guy Isaac[49] estuda os elementos constantes do início, (desencadeamento), desenvolvimento e término do processo. No mesmo sentido apresenta-se a divisão proposta por García de Enterría e Ramón Fernández.[50] Por sua vez, Mortati[51] indica a fase introdutória, a instrutória ou preparatória e a constitutiva.

Melhor parece seguir esta última diretriz quanto à estrutura, para considerar no processo administrativo três fases: a) *fase introdutória ou inicial*, integrada por atos que o desencadeiam; o processo administrativo pode iniciar-se de ofício ou por iniciativa de interessados (particulares, individualmente ou em grupo, e servidores para pleitear direitos, p. ex.); b) *fase preparatória*, na qual se colhem todos os elementos de fato e de direito que possibilitem a tomada de decisão justa e aderente à realidade; aí se incluem os atos e fatos relativos a provas, a formulação de pareceres jurídicos e técnicos, as audiências públicas (como no licenciamento ambiental), relatórios, alegações escritas com caráter de defesa ou não, enfim, todos os elementos que levam a um conhecimento mais acurado da questão tratada no processo para acarretar, por sua vez, uma decisão correta, quanto aos fatos e ao direito; c) *fase decisória ou decisão*, que é o momento em que a autoridade competente (unipessoal ou colegiada) fixa o teor do ato que emite a decisão e o formaliza; nessa fase se incluem os elementos necessários à eficácia da decisão, como notificação, publicação e eventualmente homologação ou aprovação,

---

48 *Direito administrativo brasileiro*. 1990, p. 583-585.

49 *La procédure administrativa non-contentieuse*. 1968, p. 323 e ss.

50 *Curso de derecho administrativo*. vol. II. 2000, p. 479-500.

51 *Istituzioni di diritto pubblico*. t. I, 1975, p. 265-266.

pois todos são ínsitos à própria decisão.[52]

Na literatura estrangeira recente, Casetta expõe três fases: preparatória; decisória; integrativa da eficácia.[53]

---

[52] A tradicional divisão quintuplicada do processo disciplinar pátrio aparece concentrada em três fases no processo disciplinar previsto na Lei Federal nº 8.112, de 11.12.1990 (regime jurídico dos servidores públicos civis da União), nos seguintes termos: fase de instauração; fase do inquérito administrativo (que compreende instrução, defesa e relatório); e fase de julgamento (art. 151).

[53] *Compendio di diritto amministrativo* (aos cuidados de Fabrizio Fracchia). 19. ed. Milão: Giuffrè, 2019.

CAPÍTULO VIII

O PROCESSO ADMINISTRATIVO EM FINS DO SÉCULO XX E PRIMÓRDIOS DO SÉCULO XXI

48 Considerações preliminares

A partir de meados da década de 60 do século XX, acentuando-se nas décadas seguintes, emergiram, progressivamente, fatores que propiciaram mudanças em concepções clássicas do direito administrativo e levaram ao ingresso, em seu catálogo, de novos temas. Tais fatores serão indicados a seguir, de modo resumido.[1]

a) Reivindicação de *democracia administrativa*. Tornou-se famosa a afirmação de Jean Rivero, em 1965, de que na França havia incompatibilidade absoluta entre as concepções de democracia lá vigentes e a ação administrativa, em especial porque o indivíduo permanecia súdito como no *Ancien Régime*.[2] A partir daí passou a haver atenção não só ao modo de escolha do governante, mas também ao modo do exercício do poder, após a eleição, na ideia de que a democracia não termina com o voto dado; deve prosseguir nas medidas adotadas pelo governante na sua atuação cotidiana, política e administrativa.

---

[1] Para estudo mais aprofundado de tais fatores, v. nosso *O Direito Administrativo em Evolução*. 2. ed., RT, 2003, e *O Direito Administrativo em evolução*. 3. ed., Gazeta Jurídica, 2017. Este capítulo não constava da 1ª edição deste livro, publicada em 1993; destina-se a ressaltar a relevância que o processo administrativo adquiriu ao longo das últimas décadas do século XX e primórdios do século XXI, sobretudo na Europa (inclusive na França, tradicionalmente avessa ao tema) e América Latina. O capítulo 9 cuida de um dos elementos que traduzem tal importância do processo administrativo: sua codificação.

[2] A propos des métamorphoses de l'Administration d'aujourd'hui: démocratie et Administration, publicado pela primeira vez em 1965, na obra coletiva *Mélanges offerts à René Savatier*, p. 821, e publicado, novamente, em *Pages de Doctrine*. Paris: LGDJ, 1980, vol. I.

b) Diluição da distância entre Estado e sociedade, como ideia e como prática. Acentuaram-se pleitos de mais ouvida e atuação dos cidadãos e da sociedade na tomada de decisões.

c) Forte tendência de adoção de medidas, pela Administração, por acordo, consenso, negociação, reduzindo seu caráter imperial. Uso crescente de instrumentos contratuais na atividade administrativa.

d) Preocupação acentuada com a efetividade dos direitos fundamentais, assegurados pela Constituição, vendo-se a Administração como principal operadora.

e) Preocupação com a melhoria das relações entre a Administração e os particulares, inclusive pela garantia de direitos *antes* da tomada de decisões.

Tais fatores contribuíram para mudanças nos enfoques doutrinários do direito administrativo e na prática administrativa. Novos temas emergiram ante um contexto político-institucional diferente daquele cenário da clássica elaboração deste ramo. Entre eles o *processo administrativo*. O processo administrativo leva a conhecer os antecedentes da edição da decisão administrativa e a garantir direitos dos cidadãos já nestes momentos prévios, sem que tais aspectos esgotem suas finalidades (expostas no capítulo 4).

O texto *supra* do item 48 figurou na 2ª edição deste livro, de 2008. Os fatores acima apontados se reforçaram. Outros surgiram, propiciando mais intensa difusão do processo administrativo, como exemplo, a ideia de *governança,* conforme se manifesta Barnes, mencionando "a função de colaboração entre as diversas administrações que foi atribuída ao processo administrativo dentre as novas formas de governança e regulação";[3] o mesmo autor, em outra publicação, refere-se aos arranjos processuais que diretamente respondem às necessidades suscitadas pelos novos modos de governança.[4]

---

3 La colaboración administrativa a través del procedimiento nacional, in Barnes (org.). *La transformación del procedimiento administrativo*, 2008, p. 239.

4 Toward a third generation of administrative procedures, in Susan Rose Ackerman; Peter L. Lindseth (org.) *Comparative administrative law*. Cheltenham: Edward Elgar Publishing, 2011, p. 353.

49 Ampliação do espaço do processo administrativo no direito Administrativo

O processo administrativo figura entre os temas que tiveram somente *aparição fugaz* na primeira metade do século XX.[5] A consulta a manuais ou cursos de direito administrativo, publicados na década de 60 ou 70 e mesmo 80 do século XX, revela que a maioria não tratava do processo administrativo.

A partir de meados da década de 70, assistiu-se a uma verdadeira pregação doutrinária em favor de atuações processualizadas da Administração, com observância das garantias de contraditório e ampla defesa dos particulares, pessoas físicas e jurídicas. A presença do processo administrativo no direito administrativo e na Administração foi crescendo ao longo da segunda metade dos anos 80 do século XX e tornou-se muito forte na década de 90 do século XX e nos primórdios do século XXI.

A pujança do tema *processo administrativo*, aliada aos fatores indicados no item *supra* e outros mais, acarretou reflexos no modo de ver o *ato administrativo* no rol de temas do direito administrativo. E suscitou questionamentos sobre aspectos da construção clássica, em especial no tocante às características ou atributos do ato administrativo, fugindo aos objetivos deste livro expor e debater estes questionamentos.

Quanto ao primeiro reflexo apontado, deve-se lembrar que a forte atenção conferida ao tema *ato administrativo*, desde fins do século XIX até meados da década de 70 do século XX, possibilitou atribuir-lhe a qualificação de figura central do direito administrativo. Neste sentido, a nota de Riccardo Villata: "É observação recorrente entre os estudiosos que a doutrina publicista da primeira metade deste século tinha posto no centro do exercício da função administrativa o episódio de manifestação pontual representado pelo ato administrativo".[6] O publicista português Vasco Manuel

---

[5] Expressão usada por D'Alberti, no artigo Gli studi di Diritto Amministrativo: continuità e cesure tra primo e secondo novecento, in *Rivista trimestrale di Diritto Pubblico*, 4, 2001, p. 1301.

[6] L'atto amministrativo, na obra coletiva *Diritto Amministrativo*. Bolonha: Ed. Monduzzi, 1998, p. 1390.

Pascoal Pereira da Silva refere-se ao "ato administrativo, centro da dogmática jurídico-administrativa clássica [...]".[7]

Após a década de 70 do século XX, o interesse e a publicação de estudos específicos sobre o ato administrativo diminuíram muito (embora a matéria esteja presente nos manuais e cursos). Daí o título do livro *Em busca do ato administrativo perdido*, de autoria do professor português Vasco Manuel Pascoal Dias Pereira da Silva, editado em 1996.

Por isto surgiram, em obras publicadas a partir de meados da 80 do século XX, afirmações de administrativistas no sentido da *perda da centralidade* do tema *ato administrativo*.[8]

E muitos autores atribuem, ao processo administrativo, a posição antes ocupada pelo ato administrativo. Assim, por exemplo: Riccardo Villata, para quem "acima dos específicos episódios constituídos pelos atos que a expressam, é a atividade da Administração que se coloca como tipo legal. Daí o deslocamento do centro de gravidade dos estudos, do ato para a função e para o processo que a representa. [...] O processo, instrumento de aquisição dos interesses, mediante o qual a função se manifesta, vem a por em segundo plano o ato, tradicionalmente entendido como momento de composição entre autoridade e liberdade".[9] Nas palavras de Rosario Ferrara, "o que positivamente conta é a centralidade do processo administrativo no quadro dos ordenamentos contemporâneos [...]".[10] De seu lado, o português David Duarte refere-se à "crescente centralidade do procedimento administrativo no pensamento jurídico-público, nomeadamente na sua relação de topo com os direitos fundamentais". E menciona o "decaimento, em Portugal, do dogma do ato definitivo e executório".[11]

---

7 *Em busca do ato administrativo perdido*. Coimbra: Almedina, 1996, p. 99

8 P. ex.: García de Enterría e Tomás-Ramón Fernández. *Curso de Derecho Administrativo*. 10. ed. Madri: 2000, p. 538 e 539; Vasco Manuel P. P. da Silva. *Em busca do ato administrativo perdido*. 1996, p. 5; Luciano Parejo Alfonso (autor espanhol). *Crisis y Renovación en el Derecho Público*. Buenos Aires: Ed. Ciudad Argentina, 2003, p. 175.

9 *Op. cit.*, p. 1392.

10 *Introduzione al diritto amministrativo*. Roma-Bari: Laterza, 2002, p. 104.

11 *Procedimentalização, participação e fundamentação: para uma concretização do princípio da imparcialidade administrativa como parâmetro decisório*. Coimbra: Almedina, 1996, p. 86. Foge aos objetivos deste livro discutir a pertinência ou não das afirmações de uma centralidade do processo administrativo em lugar de uma centralidade do ato administrativo.

O texto *supra* do item 49 integrou a 2ª edição deste livro, de 2008.

Com efeito, reduziu-se o interesse pelo estudo do ato administrativo, resultando em diminuição de publicações específicas sobre o tema. Por isso, os integrantes do Centro de Estudos de Direito Administrativo, Ambiental e Urbanístico – Cedau elaboraram obra coletiva, com viés contemporâneo e crítico, intitulada *Os caminhos do ato administrativo* (Ed. RT, 2011). Paralelamente, desde 2008, registra-se aumento de livros, edições especiais de revistas e artigos sobre o processo administrativo, como será exposto no item 52 (A expansão doutrinária).

Em publicações de 2008 em diante, diversos autores mencionam a perda do protagonismo do ato administrativo ou o protagonismo do processo administrativo no interesse doutrinário, como exemplificado a seguir, indicando-se o nome do autor e data do trabalho se foi antes citado:

Carlos Ari Sundfeld – 2011: "Processo administrativo tornou-se central ao direito administrativo" (p. 191).

Juliana Bonacorsi de Palma – 2014: "deslocamento do foco do ato administrativo ao processo e perda de importância do ato administrativo" (p. 193).

Barnes – 2008: Introdução: "Processo administrativo, coluna vertebral do direito administrativo" (p. 15).

Barnes – 2012: "Processo administrativo constitui a coluna vertebral do direito administrativo e peça que contem maior informação genética sobre o Direito Público num tempo e espaço determinados".

Susana De La Sierra – 2010: "O protagonismo do processo administrativo pode se entender devido ao que se pode considerar mudança de paradigma", no artigo "El procedimiento en el marco de las transformaciones del Derecho Administrativo", in *Revista de Derecho Administrativo*, ano 5, nº 9, Lima, Círculo de Derecho Administrativo, p. 49.

Karl-Heinz Ladeur – 2012: "diminuição do papel privilegiado do ato administrativo" (p. 39).

As referências doutrinárias, nesta sede, visam a ressaltar a importância que o tema processo administrativo adquiriu em fins do século XX e início do século XXI.

Juan José Diez Sanchez – 2011: "protagonismo do procedimento administrativo" (p. 271).

Luiza Torchia – 2011: "O direito administrativo se tornou um direito da sociedade baseado principalmente no processo administrativo, como instrumento em grau de compor interesses", *in* Un encontro sul Diritto Amministrativo Progredito, relatado na *Rivista trimestrale di diritto pubblico*, 2, 2011 (p. 594).

A crescente importância do processo administrativo é ressaltada por vários autores, exemplificados a seguir, com a indicação do nome e data da publicação, se anteriormente citados:

Jean-Bernard Auby – 2016 – Introdução geral: "Processo administrativo é tema de debates vivos em direitos administrativos de vários países; esses debates atestam o interesse do tema e de seu tratamento" (p. 2). "A época contemporânea é a da processualização"; "Hoje se descobre que o valor do processo administrativo é grande" (p. 3).

Javier Barnes – 2008 – Introdução: "Com o passar do tempo sua relevância aumentou" (p. 16) (o autor refere-se ao processo administrativo).

Karl-Heinz Ladeur – 2012: "Crescente importância do processo administrativo como forma para criação e combinação de conhecimentos para a tomada de decisão" (p. 34, nota 125).

50 Influência da Corte Europeia dos Direitos do Homem

Nos países europeus, a expansão do processo administrativo deve-se também a decisões da Corte Europeia dos Direitos do Homem, interpretando e aplicando a *Convenção Europeia para a Proteção dos Direitos Humanos*, de 4.11.1950. Muitos países europeus ratificaram esta Convenção décadas após sua assinatura; por ex.: a França, em 1974, e a Inglaterra, em 1998. Na França, só a partir de 1981 se possibilitou que o cidadão acionasse a Corte Europeia.

E decisões desta Corte, relativas a países como França e Inglaterra, repercutem, de modo intenso, em outros países europeus e de fora da Europa. E influenciam as decisões dos órgãos jurisdicionais internos (comuns e administrativos) dos Estados europeus. Assim vem ocorrendo, por exemplo, com decisões da

Corte Europeia dos Direitos do Homem, interpretando e aplicando o art. *6º*, *§1º*, principalmente, e *§3º* da Convenção.

Quanto ao art. 6º, §1º, interessa a primeira parte:

> *§1º - Toda pessoa tem direito a que sua causa seja apreciada equitativa, publicamente e dentro de um prazo razoável, por um Tribunal independente e imparcial, estabelecido pela Lei, que decidirá os litígios sobre seus direitos e obrigações de caráter civil ou sobre o fundamento de qualquer acusação em matéria penal dirigida contra ela.*

Por sua vez, o §3º, diz o seguinte:

> *§3º - Todo acusado tem, no mínimo, os seguintes direitos:*
> *a) ser informado, no mais breve prazo, em uma língua que compreenda e minuciosamente, da natureza e da causa de acusação formulada contra ele;*
> *b) a dispor de tempo e das facilidades necessárias para a preparação de sua defesa;*
> *c) a defender-se por si mesmo ou a ser assistido por um defensor de suas escolhas e, se não tem meios para pagá-lo, pode ser assistido gratuitamente por um advogado de ofício, quando os interesses da justiça o exijam;*
> *d) a interrogar ou fazer interrogar as testemunhas que declarem contra ele e a obter a citação e o interrogatório das testemunhas que declarem em seu favor nas mesmas condições que o fazem contra;*
> *e) a ser assistido gratuitamente por um intérprete, se não compreende ou não fala a língua usada na audiência.*

A Corte Europeia dos Direitos do Homem, ao interpretar e aplicar estes preceitos, foi determinando sua extensão ao âmbito do processo administrativo, sobretudo sancionador, e invocando as garantias de um *justo processo* (*procès équitable*). E tribunais dos países europeus também citam os dispositivos *supra*.

Na França, por exemplo, "o Conselho de Estado prolongou as aproximações traçadas pela Corte Europeia a propósito do art. 6º da Convenção Europeia dos Direitos do Homem" e alega o "caráter inoperante de meios usados com violação do princípio geral de respeito ao direito de defesa e da violação dos arts. 6º e 7º da Convenção Europeia dos Direitos do Homem".[12] Assim, na decisão

---

[12] Joel Andriantsimbazovina e Laurent Serment. Jurisprudence administrative et Convention Européenne des Droits de l'Homme, *Revue Française de Droit Administratif*, jul. ag. 1999, p. 800 e 801. Segundo os mesmos autores "a Convenção Europeia dos Direitos do Homem, não só quantitativamente mas também qualitativamente está no coração e no centro

do caso *Chereau*, de 1999, o Conselho de Estado afirmou que o art. 6º, §1º, da Convenção Europeia dos Direitos do Homem se aplica à Câmara de Disciplina da Companhia Nacional dos Conselhos de Propriedade Industrial; tendo em vista que a decisão atacada foi tomada em sessão não pública, anulou-a e determinou o reenvio à Companhia.[13] No caso M.P. e outros, julgado em 17.10.2006, relativo à sanção administrativa imposta pela Autoridade dos Mercados Financeiros (AMF), o Conselho de Estado, nos *consideranda*, invocou os direitos de defesa, com base no art. 6º, §§1º e 3º da Convenção Europeia dos Direitos do Homem, e mencionou os seguintes aspectos: comunicação prévia das faltas; a pessoa indiciada deve ter tempo para se defender; defesa por si mesma ou com assistência de outra pessoa; igualdade de direitos para audiência de testemunhas; desde o início se exige processo justo pelo respeito do contraditório dos debates; o desconhecimento desta exigência pode ser invocado em apoio à ação intentada perante o Conselho de Estado; não se possibilitou que o interessado M.P. tivesse acesso ao conjunto de peças do *dossier*; e o Conselho de Estado anulou a sanção aplicada em novembro de 2004 pela Comissão de Sanções dessa Autoridade.[14]

---

das mutações contemporâneas do nosso direito administrativo" (mesmo artigo, p. 800). Christine Breeur-Ferrari observa que "a invocação do art. 6º, §1º, da Convenção Europeia dos Direitos do Homem pode levar a dois tipos de controle: o da Corte de Estrasburgo e o do juiz nacional, ante a aplicabilidade direta deste texto em direito interno". E também nota que a maioria das multas (que denomina rainha das sanções administrativas) se liga ao art. 6º, §1º, da Convenção Europeia, o mesmo ocorrendo quanto às multas aplicadas por autoridade administrativa independente (no Brasil são as agências reguladoras), no artigo La contradictión et le pouvoir de sanction de l'Administration, in *Revue Française de Droit Administratif*, 1, jan.fev. 2001, p. 34). Para Jean-Paul Costa, "o processo deve ser realizado equitativamente e não se pode imaginar processo justo sem contraditório entre as partes; o art. 6º, §1º, implica necessariamente o respeito ao contraditório e a jurisprudência da Corte de Estrasburgo desenvolveu fortemente esta exigência", no artigo Le principe de contradiction dans l'article 6§1 de la jurisprudence de la Cour Européenne des droits de l 'homme, in *Revue Française de Droit Administratif*, 1, jan.fev. 2001, p. 30.

13 Decisão transcrita na *Revue française de Droit Administratif*, jul.ag. 1999, p. 885. As decisões do Conselho de Estado francês são utilizadas como exemplo, não só pela facilidade de acesso, mas sobretudo para deixar evidente que, até num ordenamento por longo tempo muito resistente ao reconhecimento das garantias do contraditório e ampla defesa e à existência de um processo administrativo a nortear a atividade da Administração, o processo administrativo foi se inserindo de modo cada vez mais intenso e extenso. Para Olivier Gohin "uma das incidências mais benéficas da entrada em vigor, na França, da Convenção Europeia dos Direitos do Homem é o avanço jurisprudencial em favor do reforço do contraditório", no artigo La contradiction hors l'influence de l'article 6, §1§, in *Revue Française de Droit Administratif*, 1, jan.fev. 2001, p. 8-9.

14 Decisão transcrita na revista *AJDA – L'Actualité Juridique – Droit Administratif*, nº 2/2007 – 15.01.2007, p. 80-81, sob a rubrica *Autoridades de regulação e processo justo*. Martin

51 Influência do direito comunitário europeu

Para a difusão da teoria e prática do processo administrativo vem contribuindo, ainda, o chamado *direito comunitário europeu*, ou seja, o conjunto das normas e da jurisprudência oriundas dos órgãos da União Europeia. No caso da jurisprudência, decorre de decisões da Corte de Justiça da Comunidade Europeia, sediada em Luxemburgo. Embora este direito se direcione à própria atuação dos órgãos da União Europeia e aos Estados-Membros, repercute em ordenamentos de outros países.

Nas palavras de Andreina Sconamiglio, "embora falte uma disciplina geral do processo administrativo, os órgãos jurisdicionais comunitários extraíram, dos princípios gerais de direito compartilhados pelos Estados-membros e das normas do Tratado, da Convenção Europeia para a Proteção dos Direitos do Homem e da Carta dos Direitos Fundamentais da União, um conjunto de princípios fundamentais sobre o processo e sobre garantia das partes".[15] Mario Chiti refere-se à "descoberta"do processo administrativo no direito comunitário como forma ordinária da atuação administrativa e acrescenta: "no período de ausência de fontes legislativas explícitas para disciplina do processo administrativo se determinou o cumprimento de exigências decorrentes de princípios gerais; a enunciação desses princípios adveio por via jurisprudencial com juízes comunitários em interação com os juízes e a doutrina dos Estados-membros".[16] Para Claudio Franchini, "a uma fase de escassa atenção ao tema do processo administrativo, seguiu-se a fase de plena consciência e atualmente o tema assumiu centralidade também no ordenamento comunitário".[17]

Collet, ao comentar esta decisão, observa que o Conselho de Estado explicitou o regime de edição de sanção e, ainda, de modo geral, o sentido das exigências ligadas ao *justo processo*, ressaltando que a Autoridade Administrativa (AMF) deve assegurar o caráter de *justo processo* desde o início, ou seja, deve assegurar as regras garantindo a conduta contraditória dos debates desde a fase administrativa (p. 82 da mesma revista).

[15] *Il diritto di difesa nel procedimento amministrativo*. Milão: Giuffrè, 2004, p. 19.

[16] Le forme de azione dell'amministrazione europea, em artigo na *Rivista trimestrale de diritto pubblico*, em número intitulado *Il procedimento amministrativo nel diritto europeo*, org. Francesca Bignami e Sabino Cassese, Caderno 1, 2004, p. 67 e 68.

[17] I principi aplicabili ai procedimenti amministrativi europeo, artigo na *Rivista Trimestrale di Diritto Pubblico*, exemplar intitulado *Il procedimento amministrativo nel diritto europeo*, org. Francesca Bignami e Sabino Cassese, Caderno 1, 2004, p. 283. Conforme Albrecht Weber, "os princípios do processo administrativo comunitário, em essência fruto da análise com-

Antes da edição da Carta dos Direitos Fundamentais da União, em fins de 2000, a Corte de Justiça da Comunidade Europeia já reconhecera *o princípio geral de respeito dos direitos de defesa* nos processos administrativos (1968) e, de modo geral, em todo processo suscetível de impor uma sanção (decisão de 13.2.1979); considerado como uma garantia substancial dos direitos dos Estados-Membros na fase administrativa prévia (instrução) da ação, que lhe é movida, por falta de cumprimento de obrigação que lhe incumbe por força do Tratado, o princípio protege também os particulares.[18]

O *princípio da ampla defesa* e seus desdobramentos recebeu invocação e aplicação intensa por parte da Corte de Justiça da Comunidade Europeia, no tocante aos processos administrativos instaurados por órgão comunitário contra empresas, em matéria de *defesa da concorrência*. Assim, por exemplo, no caso *Michelin* x *Comissão*, julgado em 1983, afirmou-se que o respeito dos direitos de defesa é princípio fundamental do direito comunitário que deve ser cumprido pela Comissão nos seus processos administrativos suscetíveis de levar a sanções por aplicação das regras de concorrência do Tratado; este respeito impõe, entre outros, que a empresa interessada possa fazer conhecer utilmente seu ponto de vista em relação a documentos de posse da Comissão (direito de acesso a documentos). No caso *Orkem x Comissão*, julgado em 1989, foi decidido que as empresas não podem ser obrigadas a responder perguntas que impliquem confissão de conduta ilícita; além do mais, em virtude do direito à ampla defesa, da presunção de inocência e da proibição de provas ilícitas, o órgão comunitário não pode obrigar um diretor de empresa a responder perguntas autoincriminadoras, podendo permanecer em silêncio.

Na sentença do caso *Vitamin*, de 1979, a Corte de Justiça afirmou que o direito de ser ouvido constitui um princípio fundamental

---

parada dos ordenamentos jurídicos de cada um dos países membros, produzem seus efeitos sobre o Direito Administrativo nacional com o objetivo de garantir um padrão mínimo no funcionamento do Direito Comunitário; cabe falar, por isso, de uma interdependência entre ambos ordenamentos jurídicos", no artigo El procedimiento administrativo en el Derecho Comunitario, in Javier Barnes (org.) *El procedimiento administrativo en el Derecho Comparado.* Madri: 1993, p. 59.

[18] Dados extraídos de J. Boulois e R.-M. Chevallier. *Grands Arrêts de la Cour de Justice des Communautés Européennes.* tomo 1, 6. ed. Paris: Dalloz, 1994, p. 78.

do direito comunitário e deverá ser observado também no processo administrativo.

Em 1998, no caso *Laboratoires pharmaceutiques Bergadem et Goupil x Comissão*, a Corte afirmou: "O *princípio do contraditório* é um princípio fundamental do direito comunitário que se aplica a todo processo administrativo aberto em relação a uma pessoa determinada e suscetível de levar a um ato desfavorável à mesma". No caso *Dehibas Dordtselaan BV x Comissão*, decidido em janeiro de 2000, a Corte reafirmou que o respeito do direito de defesa tem validade em qualquer processo promovido em relação a uma pessoa que possa terminar em ato lesivo a ela.

Quanto à *motivação*, já fora prevista para as decisões dos órgãos comunitários nos primeiros tratados. Desde 1963 a Corte de Justiça vinha decidindo que "a motivação deve possibilitar o conhecimento dos raciocínios necessários para a compreensão do fio da argumentação seguida pela Administração até sua decisão" (caso *República Federal x Comissão*, daquele ano).

A Carta dos Direitos Fundamentais da União, proclamada em fins de 2000, veio reforçar direitos atinentes ao processo administrativo. Com efeito, o art. 41 especifica os seguintes: a todo indivíduo se garante um *tratamento imparcial, justo* e *em prazo razoável*, pelas instituições e órgãos da União, das questões que lhe dizem respeito; é garantido, à pessoa, ser ouvida antes de ser adotada medida individual que a afete desfavoravelmente; toda pessoa tem direito a acesso ao expediente que lhe diz respeito; impõe-se a obrigação de motivação a quem decide. Por sua vez, o art. 42 fixa o princípio da *transparência* e o *direito de acesso* aos atos dos órgãos da União.

A propósito de processo administrativo e direito comunitário, Schmidt-Assmann nota: "Para o Direito Administrativo têm uma importância especial os princípios do processo administrativo, em concreto, os *direitos de defesa*. A jurisprudência e o Direito Comunitário derivado criaram, neste âmbito, uma rede de garantias processuais integrada por obrigações de motivar, direitos de acesso a arquivos e registros, direitos a não declarar contra si, assim como proibição de uso incorreto das provas. Ainda que se possam encontrar regras equivalentes também nos Direitos administrativos dos Estados-membros, as normas do Direito Comunitário, editadas num primeiro momento para a própria Administração da

Comunidade, têm um efeito docente e de modelo quando se trata de completar a proteção que dão os processos administrativos dos Estados-membros".[19]

O texto acima do item 50 figurou na 2ª edição deste livro, de 2008.

Posteriormente, surgiram duas propostas no sentido da edição de uma lei geral ou código de processo administrativo para as atuações da União Europeia.

A primeira proposta decorreu de recomendação, de 15.1.2013, oriunda do Parlamento Europeu, na qual solicitou à Comissão Europeia a elaboração de lei europeia de processo administrativo. Um numeroso grupo de professores e especialistas em direito administrativo nacional e europeu e em direito constitucional, a maioria integrante da ReNEUAL – *Research Network on European Union Administrative Law* (Rede de Pesquisa em Direito Administrativo da União Europeia), elaborou o *Model Rules on European Union Procedure Administrative Law*, destinado aos órgãos da União Europeia, com algumas disposições aplicáveis aos Estados-Membros. Esta proposta foi apresentada em 19.5.2014, em conferência organizada, em Paris, pelo Ombudsman Europeu. Em setembro de 2014, foi publicada pela primeira vez *on-line*, em língua inglesa.

Embora não tenha se transformado em norma da União Europeia, suas linhas básicas serão expostas no capítulo dedicado à codificação do processo administrativo.

A segunda proposta adveio de elaboração pelo Parlamento Europeu e Conselho Europeu, apresentada em 2016 à Comissão Europeia, sob o título de *Proposal for a regulation of the European Parliament and the Council for an open, eficient and independent European administration*, conhecida também como *Regulation proposal*.

Embora referida proposta tenha se mantido como tal, sem vigência como norma, terá seus elementos básicos expostos no item dedicado à codificação do processo administrativo.

---

[19] *La teoria general del Derecho Administrativo como Sistema*. trad. Espanhola. Madri: 2003, p. 409-410, no capítulo intitulado "O desenvolvimento e evolução de um Direito Administrativo europeu". Além da literatura já indicada nas notas de rodapé deste item, v. também todos os artigos do Caderno 1, 2004, da *Rivista Trimestrale di Diritto Pubblico*, intitulado *Il procedimento amministrativo nel diritto europeo*, org. Francesca Bignami e Sabino Casses; Alberto Massera. L'Amministrazione e il cittadini nel diritto comunitário, in *Rivista Trimestrale di Diritto Pubblico*, 1, 1993, p. 19-48.

Na matéria, Giulio Napolitano observa o seguinte: "na União Europeia ainda não existe uma disciplina geral dos processos administrativos, apesar do incentivo de resoluções aprovadas pelo Parlamento Europeu, também na base de projetos elaborados por grupos de estudiosos. Há, no entanto, princípios e critérios gerais, como os enunciados na Carta dos Direitos Fundamentais e aqueles constantes da jurisprudência da Corte Europeia dos Direitos do Homem. Regulamentos e diretivas disciplinam com normas de setor alguns procedimentos no âmbito das atribuições de agências e autoridades europeias".[20]

A respeito de uma possível codificação do processo administrativo da União Europeia, manifesta-se Jean-Bernard Auby: "Nos últimos anos houve discussões sobre o processo administrativo no seio das instituições europeias e sua possível codificação".[21] Nas palavras de Hans Christian Röhl, "a instituição do processo administrativo no âmbito da União Europeia expressaria as mais relevantes tendências do Direito Público contemporâneo, entre as quais a internacionalização do Estado".[22]

51.1 O processo administrativo no âmbito global

Vários preceitos do processo administrativo se alastram além das fronteiras dos países e vêm norteando atuações dos organismos internacionais (cerca de dois mil), suscitando considerações doutrinárias. Para Barnes, o processo administrativo canaliza em boa medida as relações interadministrativas mais além das fronteiras nacionais, no plano transnacional e internacional.[23] Nas palavras de Schmidt-Assmann, "os processos administrativos constituem instrumentos de direção muito importantes também para o Direito Administrativo Internacional, em especial quanto ao direito das organizações internacionais e no âmbito da cooperação".[24] Por

---

[20] *Introduzione al diritto amministrativo comparato*. Bolonha: Il Mulino, 2020, p. 231.

[21] Introdução geral, *op. cit.*, 2016, p. 2.

[22] El procedimiento administrativo y la administración "compuesta"de la Union Europea, in Barnes (org.) *La transformación del procedimiento administrativo, op. cit.*, 2008, p. 117.

[23] Introdução, in Barnes (org). *La transformación del procedimiento administrativo, op. cit.*, 2008, p. 18.

[24] Pluralidad de estructuras y funciones de los procedimientos administrativos en el derecho

sua vez, Luís Felipe Colaço Antunes anota o seguinte: "É evidente que muitas controvérsias relativas ao comércio global vêm sendo resolvidas segundo os princípios do *procedural due process of law*"; e adiante: "A participação dos interessados no processo administrativo está se convertendo numa espécie de direito fundamental universal".[25] Na observação de Giacinto Della Cananea, "ao lado de diferenças há traços comuns entre os ordenamentos que podem ser denominados princípios gerais, mas estes não são compartilhados por países despóticos ou governados por fanáticos religiosos; e menciona, dentre outros, procedimentos adequados antes da decisão final; a coerência das decisões com os resultados das atividades instrutórias; o direito de ser ouvido; *due process of law*; obrigação de motivação. Tais princípios se consolidaram fora dos confins do Estado, no último vintênio".[26] De seu lado, Cassese chama atenção para a Recomendação nº 2011-6, de 8.12.2011, emitida pela *Administrative Conference of the United States* – ACUS, no sentido de que "os órgãos da administração federal americana estabeleçam relações de cooperação com os órgãos administrativos estrangeiros para o fim de promover a difusão no mundo dos princípios do processo administrativo dos Estados Unidos".[27] Referida recomendação lista, no item 8, vários princípios, entre os quais: transparência e participação pública; consenso; imparcialidade.

52 A expansão doutrinária

Uma das expressões da pujança do processo administrativo como tema encontra-se na expansão de trabalhos doutrinários a respeito. A matéria passou a figurar nos manuais de direito

---

alemán, europeo y internacional, in Barnes (org.). *La transformación del procedimiento administrativo, op. cit.*, 2008, p 110.

[25] *O Direito Administrativo sem Estado: crise ou fim de um paradigma?* Coimbra: Coimbra Editora, 2008, p. 148 e 149.

[26] I principi del diritto globale, in Mauro Renna; Fabio Saitta (org.). *Studi sui principi del diritto amministrativo*. Milão: Giuffrè, 2012, p. 67 e 68.

[27] La promozione al estero di principi del procedimento amministrativo statutinense, in *Rivista trimestrale di diritto pubblico*, 4, 2012, (notizie). p. 1161-1162. *Administrative Conference of the United States – ACUS* – é um órgão com 75 a 101 membros, integrado por professores e especialistas da área do direito administrativo, da área governamental, representantes da *Bar Association*, todos dotados de conhecimentos e informação sobre processo administrativo.

administrativo de autores estrangeiros e do Brasil, em geral.

Além disso, floresceu, em grande escala, literatura sobre o tema, mediante livros individuais ou coletivos e artigos. Inúmeras teses de doutorado e dissertações de mestrado vêm sendo elaboradas, focalizando o processo administrativo como um todo ou tipos e aspectos do processo administrativo; muitas se transformaram em livros.

A seguir são listados, a título de exemplo desta expansão, livros individuais e coletivos, sobre o processo administrativo em geral, editados no estrangeiro e no Brasil, de 1993, ano em que este livro foi publicado pela primeria vez, em diante, sem exaurir todas as publicações.

Estrangeiros:

a) Javier Barnes Vazquez (org.). *El procedimiento administrativo en el Derecho comparado*. Madri: Civitas, 1993; b) Diogo Freitas do Amaral e Laureano López Rodó (org.). *Procedimiento administrativo*. Santiago de Compostela, Escola Galega de Administração Pública, 1994; c) David Duarte. *Procedimentalização, participação e fundamentação: para uma concretização do princípio da imparcialidade administrativa como parâmetro decisório*. Coimbra: Almedina, 1996; d) Giuseppe Morbidelli. *Il procedimento amministrativo*, na obra coletiva *Diritto Amministrativo* (sem organizador). vol II. Bolonha: Monduzzi, 1998, p. 1.187-1390; e) *Procedimiento administrativo*. (Jornadas organizadas pela Universidade Austral, Faculdade de Direito), Buenos Aires: Ed. Ciencias de la Administración – Divisão Estudos Administrativos, 1998; f) Ewald Eisenberg. *L'audition du citoyen et motivation des décision administratives individuelles. Étude comparative entre France et Allemagne*. Paris: L'Harmattan, 2000; g) Dominique Maillard Desgrées du Loû. *Droit des relations de l'administration avec ses usagers*. Paris: PUF, 2000; h) Maria Alessandra Sandulli (org.). *Il procedimento amministrativo fra semplificazione e partecipazione*. Milão: Giuffrè, 1ª parte, 2000 e 2ª parte, 2001; i) Bruno Cavallo (org.). *Il procedimento administrativo tra semplificazione partecipata e pubblica trasparenza*. Torino: Ed. Giappichelli, 2001; j) Andreina Sconamiglio. *Il diritto di difesa nel procedimento amministrativo*. Milão: Giuffrè, 2004; k) Francesca Bignami e Sabino Cassese (org.). *Il procedimento amministrativo europeo*, Caderno 1, da *Rivista Trimestrale di Diritto Pubblico*, Giuffrè, 2004.

Brasileiros:

a) Odete Medauar. *A processualidade no Direito Administrativo* São Paulo: RT, 1993; b) Odete Medauar (org.). *Processo administrativo: aspectos atuais*. São Paulo: Ed. Cultural Paulista, 1998; c) Romeu Felipe Bacellar Filho. *Princípios constitucionais do processo administrativo disciplinar*. São Paulo: Malheiros, 1998; d) Carlos Ari Sundfeld e Guillermo Andrés Munoz (org). *As leis de processo administrativo*. Malheiros, 2001; e) Marcelo Harger. *Princípios constitucionais do processo administrativo*. Rio de Janeiro: Forense, 2001; f) José dos Santos Carvalho Filho. *Processo administrativo federal. Comentários à Lei 9.784, de 29/01/1999* Rio de Janeiro: Lumen Juris, 2001; g) Sergio Ferraz; Adilson Abreu Dallari. *Processo administrativo*. Malheiros, 2001; h) Lúcia Valle Figueiredo (org.). *Devido processo legal na Administração Pública*. São Paulo: Max Limonad, 2001; i) Egon Bockmann Moreira. *Processo Administrativo. Princípios constitucionais e a Lei 9.784/99*. 2ª ed., Malheiros, 2003; j) Márcia Maria Tamburini Porto Saraiva. *A Lei Federal n. 9784/99. Base para uma codificação nacional de um Direito Processual Administrativo?* Rio de Janeiro: Lumen Juris, 2005; k) Demian Guedes. *Processo administrativo e democracia: uma reavaliação da presunção de legalidade*. Belo Horizonte: Ed. Fórum, 2007.

O texto acima do item 52 integrou a 2ª edição deste livro, de 2008.

Expressivo número de livros e artigos sobre o processo administrativo vieram à luz de 2008 em diante, e Fausto de Quadros, a propósito, refere-se a tempo mais largo quanto a trabalhos acadêmicos, nos termos a seguir: "Nos últimos vinte anos foram escritas centenas de dissertações acadêmicas sobre temas relacionados a matérias disciplinadas no Código de Procedimento Administrativo".[28] Charles Vautrot Schwarz menciona "vertiginosa bibliografia consagrada ao processo administrativo".[29]

Na mesma ordem seguida *supra* serão indicados livros individuais e coletivos, números especiais de revistas surgidos

---

[28] As principais inovações do Código de Procedimento Administrativo, in *Cadernos de Justiça Administrativa*, Ed. Faculdade de Direito da Universidade do Minho, nº 100, jul.ago. 2013, p. 130.

[29] L'écriture de la procédure, in L'Association française pour la recherche en droit administratif (AFDA) (org.). *Les procedures administratives*. Paris: Dalloz, 2015, p. 86, nota 4.

desde 2008, inclusive novas edições de livros, pois estas exigem novos estudos.

Estrangeiros:

Aberastury, Pedro; Blanke, Hermann-Josef (org.). *Tendencias actuales del procedimiento administrativo en Latinoamerica y Europa*. Buenos Aires: Eudeba e Konrad Adenauer Stifung, 2012; L'Association française pour la recherche en droit administratif (AFDA) (org). *Les procedures administratives*. Paris: Dalloz, 2015; Auby, Jean-Bernard; Perroud, Thomas (org.). *Droit comparé de la procédure administrative. Comparative law of Administrative Procedure*. Bruxelas: Bruylant, 2016;[30] Barnes, Javier (org.). *La transformación del procedimiento administrativo*. Sevilha: Global Press. Editorial Derecho Global, 2008; Koubi, Geneviève; Cluzel – Métayer, Lucie; Tamzini, Wafa (org.). *Lectures critiques du Code des relations entre le public et l'administration*. Paris: LGDJ, 2018; Santofino-Gamboa, Jaime Orlando. *Procedimiento administrativo y tecnologia*. Bogota: Universidade Externado de Colômbia, 2011; Tawil, Guido Santiago (org.). *Procedimiento administrativo*. Buenos Aires: AbeledoPerrot, 2010; Valdivia, Diego Zegarra; Oneto, Vitor Baca (org.). *La Ley de Procedimiento general. Diez años después*. Lima: Ed. Palestra, 2011; Procedimiento administrativo, *Revista de derecho administrativo*, nº 9, ano 5 (número especial), Círculo de Derecho Administrativo, Lima; *El procedimiento administrativo. A los 10 años de entrada en vigencia de la LPAG* (número especial). Derecho PUC – Revista de la Facultad de Derecho, Lima, Fondo Editorial – Pontificia Universidad Catolica del Peru, nº 67, 2011.

Brasileiros:

Bacellar Filho, Romeu Felipe. *Processo administrativo disciplinar*. 4ª ed. São Paulo: Saraiva, 2013; Bittencourt Neto, Eurico; Marrara, Thiago (coord.). *Processo administrativo brasileiro: estudos em homenagem aos 20 anos da Lei Federal de Processo Administrativo*.

---

[30] Este livro merece especial nota. Primeiro porque um livro sob enfoque comparado do processo administrativo não teria sido publicado há 40 anos. Segundo, este livro tem 1.000 (mil) páginas, com trabalhos de inúmeros autores de várias nacionalidades, o que demonstra também a pujança do processo administrativo. Terceiro, é um livro coordenado por dois professores franceses, o que seria inimaginável há 40 anos, porque havia até alguns anos, em geral, uma indiferença francesa ao processo administrativo e aos trabalhos jurídicos sob viés comparado.

Belo Horizonte: Fórum, 2020; Brega, José Fernando. *Governo eletrônico e direito administrativo*. Brasília: Gazeta Jurídica, 2015 (há uma parte dedicada ao processo administrativo eletrônico); Carvalho Filho, José dos Santos. *Processo administrativo federal. Comentários à Lei nº 9.784, de 29.1.1999*. 5ª ed. São Paulo: Atlas, 2013; Galvão, Ciro Di Benatti; Luciana Gaspar Melquíades Duarte. *A Lei do Processo Administrativo Federal no contexto do Estado Democrático de Direito*. Curitiba: Ed. CRV, 2017. Gilberto, André Marques. *O processo antitruste sancionador*. São Paulo: Lex editora, 2010; Grinover, Ada Pellegrini. *Ensaio sobre a processualidade*. Brasília: Gazeta Jurídica, 2016; Medauar, Odete; Schirato, Vitor Rhein (org.). *Atuais rumos do processo administrativo*. São Paulo: RT, 2010; Oliveira, Ocimar Barros de. *Processo administrativo e democracia participativa*. Leme: Ed. J. H. Mizuno, 2014; Oliveira, Rafael Carvalho Rezende; Thaís Marçal (org.). *Temas relevantes de processo administrativo: 20 anos da Lei 9.784/1999*. Salvador: JusPodivm, 2019; Ribas, Guilherme Favaro Corvo. *Processo administrativo de investigação de cartel*. São Paulo: Singular, 2016; Schirato, Vitor Rhein (org.). *Estudos atuais sobre ato e processo administrativo*. Rio de Janeiro: Lumen Juris, 2017; Medauar, Odete. *A processualidade no Direito Administrativo*. 3ª ed. Belo Horizonte: Fórum, 2021; Fortini, Cristiana; Pires, Maria Fernanda Veloso; Camarão, Tatiana Martins da Costa; Cavalcanti, Caio Mário Lana. *Processo administrativo:comentários à Lei nº 9.784/1999*. 4ª ed. Belo Horizonte: Fórum, 2023; Niebuhr, Pedro. *Processo administrativo ambiental*. 4ª ed. Belo Horizonte: Fórum, 2023; Taborda, Maren Guimarães. *O processo administrativo como manifestação sensível da função. Lições da história constitucional do Brasil*. Belo Horizonte; Fórum, 2023.

Os numerosos artigos sobre o processo administrativo, publicados desde 2008, estão citados em notas de rodapé e listados na bibliografia final.

53 A expansão legislativa

A pujança do processo administrativo se revela, também, pelo aumento da produção legislativa a respeito, a partir da segunda metade do século XX, em países europeus e latino-americanos, sobretudo. Nas palavras de Marcos Augusto Perez, "há hoje um movimento intenso na legislação de diferentes países no sentido de construir, se não códigos de processo administrativo, ao menos um conjunto de princípios e regras que transformam profundamente os velhos costumes autoritários da Administração".[31]

Por sua vez, a produção legislativa se manifesta na vertente de *leis dispersas* sobre aspectos ou tipos de processo administrativo ou na vertente da chamada *codificação* ou edição de *lei geral*.

A elaboração legislativa sob a forma de código ou lei geral de processo administrativo será objeto de estudo nos próximos capítulos, dedicando-se este item ao exame das linhas gerais de um ordenamento com regime de *leis dispersas*, também denominado regime de *processo administrativo não codificado*, Inglaterra,[32] exemplificando, em outra alínea, países sem código ou lei de processo administrativo.

53.1 Inglaterra: processo administrativo não codificado

a) Embora com forte tradição de respeito ao direito de defesa e ao contraditório no âmbito da Administração, a Inglaterra não conta com lei geral ou código de processo administrativo. Precedentes jurisdicionais invocando princípios marcam a concretização desses direitos. A partir da década de 90 do século XX, vieram à luz algumas leis sobre acesso a informações.

No item 40.1, foi traçado itinerário do direito de defesa na Inglaterra, no aspecto relativo à sua observância antes da edição de atos desfavoráveis aos indivíduos, notando-se remontar a 1723 o primeiro caso julgado pela justiça inglesa neste sentido, envolvendo Richard Bentley, um professor da Universidade de Cambridge.

---

31 *Testes de legalidade*. Belo Horizonte: Fórum, 2020, p. 237.

32 Na 2ª edição deste livro, de 2008, também foi indicada a França, como ordenamento dotado de leis dispersas, sem lei geral ou código de processo administrativo. A França não mais se insere nesta vertente, pois em outubro de 2015 foi editado o *Código das Relações entre o Público e a Administração – CRPA*, que é um código de processo administrativo, cujas linhas gerais serão expostas no capítulo dedicado à codificação do processo administrativo. No item 53.2, são mencionados os passos anteriores à edição do código de processo administrativo da França de 2015, podendo, dessa forma, propiciar elementos para futuros estudos na matéria.

Em 1863, no caso *Cooper v. Wandsworth Board of Works*, decidiu-se que um ente público não podia exercer seu poder de demolição de uma casa sem prévia notificação e audiência do seu proprietário.

Na Inglaterra, tradicionalmente, o *audi alteram partem* ou o *right to be heard* decorrem da *natural justice*, ou seja, da ideia de um conjunto de garantias asseguradas aos cidadãos, nas suas relações com entes administrativos, independentemente de previsão em leis escritas (essas garantias são também vistas como resultantes de um princípio de *eternal law*). São garantias prévias à tomada de decisões, as quais até a primeira metade do século XX foram aplicadas às decisões que pudessem afetar a liberdade e a propriedade. A partir de 1964, em virtude da decisão no caso *Ridge v. Baldwin*, passou a vigorar a exigência de cumprimento das garantias da *natural justice* sempre que um ente público tivesse de editar medidas que afetassem *direitos* da pessoa (portanto, não só a liberdade e a propriedade).

Quanto à *motivação*, desde 1971, ante a revisão do *Tribunal and Inquiries Act, de 1958*, o órgão administrativo ou o ministro devem informar os motivos do ato, mediante declaração oral ou escrita, se for solicitado por interessado ou antes de editá-lo, conforme o caso.

Em *1998* foi promulgado o *Data Protection Act*, assegurando o direito de obter informações pessoais de posse de entes públicos e privados e de proteger tais dados do conhecimento de outrem. A autoridade tem quarenta dias para responder ao pedido.

Entrou em vigor, em 1º.1.2005, o *Freedom Of Information Act* (com a sigla FOIA). Esta lei assegura a todos o direito de acesso a informações de posse de entes e órgãos públicos, valendo para documentos antigos e gerados após sua vigência. O interessado pode efetuar o pedido por escrito ou por *e-mail*. Não é necessário indicar a finalidade do pedido, vedado ao Poder Público solicitar isto. Os preceitos também se aplicam aos estrangeiros. A autoridade deve responder em vinte dias úteis, salvo motivo forte, devendo fornecer cópias, se for o caso. Havendo indeferimento, cabe recurso ao mesmo setor ao qual se dirigiu o pedido. Mantida a recusa, cabe recurso direto ao *Information Comissioner*, pessoa designada como responsável pela execução dos preceitos do FOIA, do *Data Protection Act* e do *Environmental Information Regulations* (EIRs), com poderes para impor o fornecimento da informação solicitada. Se for negada, é possível recorrer ao *Independent Information Tribunal*.

O FOIA determina, ainda, o chamado *release proativo*, ou seja, a divulgação, em cada setor: de dados sobre os serviços prestados; das receitas e despesas; do nome dos servidores de hierarquia elevada (*senior staff*) e suas atribuições; do modo de tomada das decisões.

Também em 1º.1.2005 começou a vigorar o *Environmental Information Regulations* (EIRs), ampliando direitos previstos no texto de 1992. A nova lei fixa direitos dos cidadãos e deveres do setor público, no tocante à informação ambiental, similares àqueles previstos no FOIA. As exceções ao direito de acesso a informações ambientais são mais restritas que as exceções indicadas no FOIA, p. ex.: em matéria de relações internacionais, de defesa e segurança nacional, de direitos de propriedade industrial. A execução da EIRs também é supervisionada pelo *Information Comissioner*, nos moldes indicados *supra*.[33]

O texto *supra* do item 53.1 integrou a 2ª edição deste livro, de 2008.

O ordenamento inglês continua sem uma lei geral ou código de processo administrativo, o mesmo ocorrendo na Escócia e Irlanda do Norte. Nas considerações de Auby, "certas tradições jurídicas que sempre consideraram o processo administrativo essencial não têm lei geral de processo administrativo, como o exemplo inglês".[34] Por sua vez, Vida Azimi observa que os juristas ingleses "são alérgicos à ideia de codificação", têm "profunda aversão em relação à codificação, que pensam ser impraticável no Reino Unido".[35]

---

[33] Além dos manuais ingleses, aspectos relativos a preceitos que seriam tratados em processo administrativo na Inglaterra podem ser estudados nos artigos seguintes: Alan Boyle, Derecho e procedimiento administrativo en Inglaterra, in *El procedimiento administrativo en el derecho comparado*, org. Javier Barnes Vazquez. Madri: 1993, p. 441-476; Tony Prosser, Il procedimento amministrativo in Gran-Bretagna, in *Rivista Ttrimestrale di Diritto Pubblico*, 2, 1993, p. 314-325; Patrick J. Birkinshaw e Nicholas Parry, La partecipazione privata nella nuova gestione pubblica del Regno Unito: fra efficienza e partecipazione, na obra coletiva, *Il procedimento amministrativo fra semplilficazione e partecipazione*. parte 1ª, org. Maria Alessandra Sandulli. Milão: 2000, p. 131-169; D'Alberti, La "visione"et la "voce": le garanzie di partecipazione al procedimento amministrativo, in *Rivista Trimestrale di Diritto Pubblico*, 1, 2000, p. 1-33; no livro de NAPOLITANO, Giulio. *Introduzione al diritto amministativo comparato*. Bolonha: Il Mulino,2020, p. 252-253, que menciona "ser hoje pacífico que o *common law* prescreva padrões mínimos para um processo correto, exigindo um processo justo e imparcial". (p. 253)

[34] La question de la codification, in AUBY; PERROUD. *Droit comparé de la procedure administrative*. 2016, p. 481.

[35] Scolies autor du Code des relations entre le public et l'administration, in Koubi; Cluzel-Metayer; Tamzini (org.). *Lectures critiques du Code des relations entre le public et l'administration*. Paris: 2018, p. 25.

Para Aurélien Antoine, "não há um processo administrativo no Reino Unido, mas processos administrativos"que "giram em torno de princípios de origem jurisprudencial e legislativa; [...] há fontes não escritas de preceitos do processo administrativo".[36] O mesmo autor ressalta que o contencioso não jurisdicional se traduz pela existência dos *administrative tribunals* (são órgãos administrativos independentes); afirma também que o "*natural justice* se enriqueceu, difundindo-se novos princípios, que abrangem não só as decisões individuais, como antes, mas também o conjunto dos atos da administração, inclusive os de alcance geral";[37] lembra que "a aplicação do contraditório pode ser identificada desde o século VII, no caso de pena aplicada a agente público", referindo-se ao caso relativo ao Dr. Bentely (1723), em que Lord Fortescue mencionou que Deus não condenou Adão sem antes ouvi-lo para se defender; e anota, ainda: "hoje o contraditório se impõe a toda autoridade e a jurisprudência cita o contraditório para extrair as seguintes obrigações para a Administração: notificação; acesso à informação, aos documentos e às provas; contrainterrogatório; audiências; assistência e representação legal; motivação";[38] o mesmo autor se refere à importância, no ordenamento inglês, da participação do cidadão nos processos administrativos, das consultas e das audiências orais.[39]

Por sua vez, Patrick Birkinshaw ressalta as situações consultivas e participativas no ordenamento inglês, também o *Consultation Principles*, de 2012, com requisito de transparência no processo de consulta, sendo realizado antes que a decisão seja tomada.[40]

De seu lado, Aurélien Antoine observa que "longe de ter um só processo administrativo, o direito administrativo britânico conhece, portanto, processos administrativos codificados de maneira flexível, que são editados por cada autoridade de acordo com as

---

36 Les sources des procédures administratives au Royaume-Uni, in *Procédures administratives*, L'Association pour la recherche en droit administratif (AFDA). (org.). Paris: 2015, p. 108, 110 e 113.

37 Idem, p. 108.

38 Idem, p. 111 e 112.

39 Idem, p. 108 e 114.

40 The spectrum of administrative procedures – England and Wales, in AUBY; PERROUD (org.). *Droit comparé de la procédure administrative*. 2016, p. 154 e 155.

particularidades do setor da sociedade em que atua. [...] Disso resulta uma crescente complicação e manifesta ausência de compreensão pelo cidadão, criando instabilidade normativa".[41]

b) Também não apresentam disciplina legislativa geral do processo administrativo os seguintes países, p. ex, Canadá, Singapura, Nova Zelândia, Austrália, cujas regras esparsas decorrem de elaboração jurisprudencial ou de normas de setor, p. ex., em planejamento urbanístico, e nos quais se reconhece ao particular o direito de ser ouvido (*fair learing*). Rússia e China não dispõem de lei de processo administrativo.

53.2 Os passos anteriores à edição do código de processo administrativo da França

Antes do advento do código de processo administrativo francês, encontravam-se afirmações no sentido de resistências à ideia de garantir o respeito de direitos antes da tomada de decisões e de resistências à edição de uma lei geral ou código de processo administrativo. Tal se devia a uma das características da construção e desenvolvimento do direito administrativo francês: a chamada *concepção contenciosa*. Tal concepção, que ainda permeia o direito administrativo francês (de modo menos intenso), calca-se no relevante papel que o Conselho de Estado desempenhou na elaboração deste ramo e na proteção de direitos dos cidadãos. E a atuação da jurisdição administrativa se efetuava e se efetua *a posteriori*, ou seja, após a edição do ato administrativo. A chamada *concepção contenciosa* afeta até mesmo a denominação dada na França ao processo administrativo – *procédure administrative non contentieuse* – usando-se, como referência, o processo da jurisdição administrativa, denominado contencioso administrativo. Daí a dificuldade ou demora de se cogitar de garantia dos direitos dos cidadãos *a priori*, ou seja, antes da tomada de decisões, sob a justificativa da suficiência do desempenho *a posteriori* do Conselho de Estado.[42] Pouco antes da

---

[41] Les sources des procedures administratives au Royaume-Uni, in Les procédures administratives, *op. cit.*, 2015, p. 120.

[42] Neste sentido as considerações de: Franck Moderne no *prefácio* à versão francesa de livro

edição do Código de Processo Administrativo francês, Pascale Gonod registra que "o processo jurisdicional na justiça administrativa travou a caracterização do processo administrativo não contencioso, expressão privilegiada da relação administrativa".[43]

Mas desde fins da década de 70, vêm sendo editados textos legislativos prevendo tais garantias do processo administrativo e tornando mais presente, no direito administrativo francês, a elaboração legislativa.

A respeito da França, a 1ª edição deste livro, publicada em 1993, continha o parágrafo a seguir e respectiva nota de rodapé, no capítulo dedicado à codificação do processo administrativo.

"A França encontra-se em fase de semicodificação ou pré-codificação; aí um conjunto de leis editadas entre fins da década de setenta e a década de oitenta, reunidas de modo sistemático, formariam um código ou lei geral de processo administrativo. Assim, lei de 17 de julho de 1978 facilitou o acesso aos documentos públicos e criou a Comissão de acesso aos documentos administrativos, CADA; lei de 11 de julho de 1979 obrigou a motivar atos administrativos; a exigência foi ampliada por texto 1986; decreto 1025, de 28 de novembro/83, referente à melhoria das relações entre Administração e usuários, impõe o contraditório antes da edição de atos que restrinjam o exercício das liberdades, antes de atos decorrentes do poder de policia, de atos que imponham sanções e sujeições, de

---

de Brewer-Carias, antes editada em espanhol, *Les principes de la procédure administrative non contentieuse*. Paris: Economica, 1993, p. 2 (Franck Moderne ironiza ao indagar quanto a ser o contencioso administrativo francês dos mais avançados se comparado com certos sistemas anglo-saxônicos); Bernardo Giorgio Matarella, no artigo L'evoluzione della disciplina del procedimento amministrativo in Francia in *Rivista Trimestrale di Diritto Pubblico*, 3, 1995, p. 728 e 735 (o autor menciona a centralidade do Conselho do Estado como fator do *atraso* da França na adoção de lei geral de processo administrativo e na afirmação de garantias prévias à tomada de decisões); Ewald Eisenberg. *L'audition du citoyen et motivation des décisions administratives individuelles*. Paris: L'Harmattan, 2000, p. 49 ; Monica Bonini. Il procedimento amministrativo in Francia, no livro *Il procedimento amministrativo tra semplificazione e partecipazione*, org. Maria Alessandra Sandulli. Milão: p. 80 e 86. Em sentido similar a Franck Moderne, Dominique Maillard Desgrées du Loû diz o seguinte; "se o direito jurisprudencial levou a um equilíbrio entre as prerrogativas da administração e a proteção dos administrados, este equilíbrio apresentou-se, em numerosos pontos, muito favorável à primeira; ora, o juiz se recusa às vezes a promover algumas evoluções em lugar do legislador, cuja intervenção é, então, solicitada", no livro *Droit des relations de l'administration avec ses usagers*. Paris: PUF, 2000, p. 18.

[43] Les procédures administratives. Rapport de synthèse. *Procédures administratives*, L'Association française pour la recherche en droit administratif (AFDA) (org.). 2015, p. 294.

atos que subordinem uma autorização a cláusulas restritivas, atos que recusem uma vantagem cuja atribuição constitua direito para as pessoas detentoras das condiciones legais para obtê-la. Segundo voz doutrinária, torna-se necessário, num segundo momento, realizar codificação real e formal".[44]

O quadro evoluiu, entre 1993 e primeiros anos do século XXI, no sentido de crescente reforço das garantias do processo administrativo, em especial, do contraditório e da ampla defesa. O reforço decorreu de vários fatores, entre os quais: a influência das decisões da Corte Europeia dos Direitos do Homem com base no art. 6º, §§1º e 3º da Convenção Europeia dos Direitos do Homem; a influência do direito comunitário; decisões da Corte Constitucional e do Conselho de Estado; a edição de novos textos legislativos em acréscimo ou substituição aos supraindicados; mais acentuada propagação doutrinária.

Em itens anteriores deste capítulo, já houve referência à repercussão das decisões da *Corte Europeia dos Direitos do Homem*, sediada em Estrasburgo (França), interpretando e aplicando o art. 6º, §§1º e 2º, no sentido da exigência de um processo justo, dotado de contraditório e ampla defesa também no âmbito da Administração, se o ato administrativo vier a afetar direitos ou interesses dos cidadãos, refletindo-se no ordenamento francês. Já se mencionou a publicação de vários artigos sobre o contraditório no direito público francês em relação ao art. 6º, §1º, da Convenção Europeia dos Direitos do Homem, na *Revue Française de Droit Administratif*, nº 1, jan./fev. 2001.

Também figura no presente capítulo um item relativo à repercussão, nos ordenamentos administrativos dos Estados europeus e fora de seu âmbito, de decisões da *Corte de Justiça da Comunidade Europeia* relacionadas a garantias do devido processo legal, do contraditório e ampla defesa.

---

[44] Linotte, no artigo La motivation obligatoire de certaines décisions administratives, in *Revue du Droit Public*, 1980, v. 6, p. 1.702 e 1.703. O autor chama a atenção para a evolução do direito administrativo francês que, de pretoriano, passa a ter a lei como sua principal forma de expressão; é o que denomina de "evolução para uma certa codificação" (*op. cit.*, p. 1.700). A passagem de um direito essencialmente jurisprudencial a um direito aos poucos legislado é assinalada também por Autin, Illusions et vertus de l'État de droit administratif, in *L'État de droit*, 1987, p. 159.

Já houve igualmente menção, neste livro (item 40.1), ao reconhecimento, pelo *Conselho Constitucional* francês, do valor constitucional do princípio de defesa (decisões de 1972 e 1976) e à qualificação, do princípio do contraditório, como "corolário do princípio dos direitos de defesa" (decisão de 29.12.1989).

Quanto ao *Conselho de Estado*, no item 40.1 constam decisões que reconheceram o direito de defesa e contraditório, antes da edição de ato administrativo. Nas primeiras fases, tais direitos foram assegurados nos processos disciplinares de servidores; depois houve extensão para medidas tomadas em consideração a uma condição pessoal, (p. ex.: o desfazimento de uma vantagem, a interdição para o exercício de uma atividade), ampliando-se, depois, para atos com efeitos de certa gravidade sobre direitos e para sanções administrativas. Aos casos já indicados no item 40.1, pode-se acrescentar, a título de exemplo desta ampliação, a decisão proferida em 7.12.2001, no caso *SA Ferme de Rumon*; o caso diz respeito a cotas de produção de leite fixadas pela Comunidade Europeia; na França as quantidades individuais, a pedido dos interessados, são atribuídas por um órgão denominado *Ofice National Interprofetionnel du Lait et produits du lait* (com a sigla ONILAIT); os interessados devem apresentar declaração anual com informação sobre as quantidades compradas ou vendidas durante o ano; as declarações são submetidas ao controle do ONILAIT; a sociedade anônima *Ferme de Rumont* produz leite para venda a leiterias; e também desejou produzir, em 1980, queijo *brie* para vendê-lo diretamente; o ONILAIT recusou atribuir a quantidade pedida; depois, ao controlar uma produtora de queijos, verificou que esta transformara leite em queijo por conta da *Ferme de Rumont* e aplicou multa elevada sobre a quantidade de queijo comercializada, com base somente nos dados fornecidos pela produtora de queijos, sem antes ouvir aquela; a *Ferme de Rumont* acionou a jurisdição administrativa para anular a multa, obtendo decisões negativas em primeiro e segundo graus; acionado o Conselho de Estado, em grau de recurso, este anulou a multa por descumprimento do contraditório e dos direitos de defesa; no relatório do Comissário do Governo, François Séners, encontram-se os textos seguintes: "Visto que o objeto fundamental do princípio contraditório não é de dar ao administrado uma satisfação formal, mas de permitir à Administração ser utilmente esclarecida pelos elementos que poderiam ser revelados por este processo, a fim de tomar a decisão conforme à realidade da situação, não é absurdo imaginar que o critério determinante para saber se há ou não ocasião de fazer atuar os direitos de defesa repousa sobre o interesse concreto que representa para a tomada de decisão a defesa do interessado mais que a natureza ou os efeitos do ato; e mais adiante [...]"; "O processo contraditório corresponde à vocação profunda dos direitos de defesa. A ausência de processo contraditório é erro de direito no caso".[45]

Quanto à *legislação*, após o decreto de novembro de 1983, supracitado (relações entre a Administração e os usuários), foram editadas outras normas concernentes a aspectos do processo administrativo. As mais relevantes são indicadas a seguir.

A Lei nº 101, de 2.2.*1995*, denominada *Lei Barnier*, contém preceitos sobre participação do público e das associações em matéria de meio ambiente; cria a *Comissão Nacional de Debate Público*, destinada a organizar e realizar debate público sobre grandes empreendimentos públicos que tenham forte aspecto socioeconômico ou significativo impacto ambiental.

Em *12.4.2000* foi editada a Lei nº 321, relativa aos *direitos dos cidadãos nas suas relações com as administrações*. A respeito da ementa da lei, Pierre Ferrari observa: "O próprio título da lei é significativo. Foi escolhido para bem marcar a mudança que se produziu ao longo do tempo. A administração primeiro denominou seus interlocutores de "administrados", mais tarde de "usuários" e eles se tornaram "cidadãos"com direitos. A palavra "cidadão" é usada em sua acepção ampla. Trata-se daquele que, vivendo numa sociedade, aí exerce seus direitos [...]. Esses cidadãos, seja indivíduos, seja empresas, ainda percebem as administrações como longínquas [...]; estas não respondem aos pedidos que lhe são dirigidos ou o fazem lentamente; são excessivamente estanques e fazem o cidadão suportar o peso da sua complexidade. Não ouvem os usuários".[46]

---

[45] François Séners. Le principe des droits de la défense (conclusions sur Conseil d'État, 7 decembre 2001, *SA Ferme de Rumont*), in *Revue Française de Droit Administratif*, 1, jan. fev.2002, p. 46-52).

[46] Les droits des citoyens dans leurs relations avec les administrations. Commentaire général de la loi nº2000-321 du 12 avril 2000, in *AJDA – L'Actualité Juridique – Droit Administratif* (em que figuram, englobados sob a rubrica *Dossier*, quatro artigos sobre esta lei), n. 6/2000, 20 jun. 2000, p. 471.

Referida lei, em síntese: prevê preceitos relativos à liberdade de acesso às regras de direito aplicáveis ao cidadão; prevê a imposição de transparência administrativa e financeira em benefício dos cidadãos; prevê o direito de conhecer o nome, a situação e o endereço funcional do servidor encarregado de instruir seu pedido ou de tratar do assunto respectivo; fixa como data para envio de pedido, de uma declaração, da execução de um pagamento ou da apresentação de documento, a data fixada pelo carimbo dos Correios; havendo limite de prazo, o cumprimento do prazo é do envio postal; todo pedido dirigido a uma autoridade administrativa deve ser objeto de "uma declaração de recebimento" (*accusé de réception*); enquanto não fornecida esta declaração não correm prazos de recurso; quando um pedido é dirigido a uma autoridade incompetente esta o transmite à autoridade competente e comunica esta remessa ao interessado; o silêncio da autoridade administrativa superior a dois meses equivale ao indeferimento do pedido; em casos fixados pelo Conselho de Estado, o silêncio pode significar deferimento; para favorecer os usuários e melhorar a proximidade dos serviços públicos no local, uma *casa de serviços públicos* reúne serviços relevantes a cargo de vários órgãos e entidades, num só espaço, sendo designado um responsável pela mesma.

Por sua vez, a Lei nº 276, de *27.2.2002*, relativa à *democracia de proximidade*, trouxe reflexos na participação em geral, e poucos reflexos no processo administrativo. Quanto a este, a lei traz decorrências no processo relativo a projetos de empreendimentos que, por suas características, possam causar impactos significativos ao meio ambiente ou à ordenação do território (urbanismo); durante a elaboração do projeto deve ser acionada a Comissão Nacional do Debate Público, para organizar o debate a respeito, com participação de todos os interessados; a lei transformou a Comissão Nacional do Debate Público em autoridade administrativa independente (agência reguladora no Brasil).[47]

Quanto à *doutrina francesa*, registra-se expressivo aumento dos trabalhos dedicados ao processo administrativo como um todo

[47] A revista AJDA – *L'Actualité Juridique – Droit Administratif*, nº 4/2002, 20 de abril, p. 281-304, publicou, sob a rubrica *Dossier*, três artigos sobre a Lei de 2002, relativa à democracia de proximidade.

ou a aspectos do processo administrativo, como se depreende dos livros e artigos indicados nas notas de rodapé deste item. E observa-se também a valorização do tema ou de seus subtemas. Algumas citações fornecem exemplo desta nova postura doutrinária sobre o processo administrativo.

Assim, no presente, diversamente de duas décadas atrás, encontram-se afirmações doutrinárias favoráveis a uma codificação, mesmo se reconhecendo dificuldade no ordenamento francês. Neste sentido se expressa Franck Moderne, em 1992, no prefácio à versão francesa do livro de Brewer-Carias sobre os princípios do processo administrativo: "A codificação do processo administrativo não contencioso ordena as regras mais sofisticadas e mais progressistas, indo até além do que o nosso contencioso administrativo pode nos oferecer para reduzir o arbítrio administrativo". E adiante: "Um sistema codificado é por isso mesmo, mais coerente e acessível". Em trecho posterior menciona dificuldades não pequenas para a codificação na França: "há o receio de congelar a evolução de um direito jurisprudencial vivo, flexível, cuja virtude primeira é adaptar-se às circunstâncias; [...] o desenvolvimento do processo administrativo não contencioso suscita entre os franceses reticências e desconfianças que serão longas a vencer ou a dissipar".[48] De seu lado, Anicet le Pors, um dos responsáveis pelo conteúdo do decreto de novembro de 1983 (sobre as relações entre a Administração e os usuários, no qual se previu o contraditório), declara-se a favor da codificação do processo administrativo da França, mencionando os obstáculos decorrentes da ideia do direito administrativo essencialmente jurisprudencial, que deveriam ser superados pelos imperativos do acesso ao direito e da clareza da regra de direito.[49] Ao comentar a Lei nº 321, de 12.4.2000 – direitos dos cidadãos nas suas relações com

---

[48] Prefácio à versão francesa do livro de Brewer-Carias. *Les principes de la procédure administrative non contentieuse*. Paris: Economica, 1992, p. 2, 3 e 4. As resistências e desconfianças, ainda existentes na França, quanto ao chamado *processo administrativo não contencioso* transparecem no pitoresco título do estudo de Olivier Gohin, integrante do livro *Confluences – Mélanges en l'honneur de Jacqueline Morand-Deviller*. Paris: Montchrestien, 2008: Regards de travers sur une mal aimée: la procédure administrative non contentieuse en droit comparé (Luxembourg, Belgique et France).

[49] Du nouveau dans les relations administration-citoyens? Diálogo entre Anicet le Pors et Simon Formery in *AJDA – L'Actualité Juridique- Droit Administratif*, 26 março 2007, p. 629.

as administrações, Pierre Ferrari lamenta a ausência de um código de processo administrativo.[50]

Jean-Paul Costa, em 1993, já afirmava: "A disciplina do processo administrativo não contencioso na França assumiu importância sempre crescente por duas razões: estabelecer garantias a favor dos cidadãos nas suas relações com a Administração, sem a intervenção do juiz; além disso, o juiz pode controlar o respeito ao processo administrativo não contencioso [...]. A França não tem lei geral de processo administrativo; há um conjunto de leis, decretos e normas jurisprudenciais; muitos autores apregoam uma codificação do processo administrativo não contencioso, como Yves Gaudemet".[51]

Em artigo publicado em 1996, Olivier Schrameck aventa um belo futuro ao princípio do contraditório e menciona a importância de ser reforçada, pelo legislador, a constitucionalização dos princípios fundamentais do processo administrativo não contencioso, com o que ganharia o Estado de Direito.[52]

Por sua vez, Hocine Zeghbib refere-se à Administração vista como "arrogante e longe das preocupações concretas do cidadão; ao mutismo da Administração deve suceder o diálogo; ao segredo, a transparência; o contraditório pode ser considerado vetor da transformação radical da Administração, cessando esta de ser uma Administração-poder para tornar-se uma Administração-função".[53]

Para Sylvie Caudal, "seria de interesse uma afirmação específica do valor constitucional do princípio do contraditório".[54]

Sobre o contraditório, Jacqueline Morand-Deviller nota o seguinte: "A decisão administrativa corresponde, com muita frequência, a uma arbitragem entre conflitos de interesses privados e

---

50 Les droits des citoyens dans leurs relations avec les administrations. Commentaire général de la loi nº 2000-321 du 12 avril 2000, in *AJDA – L'Actualité Juridique – Droit Administratif*, 6, jun.2000, p. 478.

51 Il procedimento amministrativo non contenzioso in Francia in *Rivista Trimestrale di Diritto Pubblico*, 2, 1993, p. 339 e 340.

52 Quelques observations sur le principe du contradictoire in *L'État de Droit- Mélanges en honneur de Guy Braibant*. Paris: Dalloz, 1996, p. 639. Vê-se que o ordenamento brasileiro se revela avançado neste aspecto, pois desde 5.10.1988 o contraditório e a ampla defesa no processo administrativo estão constitucionalizados (art. 5º, LV, da Constituição Federal).

53 Principe du contradictoire et procédure administrative non contentieuse, in *Revue du Droit Public*, 2, 1998, p. 497 e 498.

54 Les procédures contradictoires en dehors du contentieux, in *Revue Française de Droit Administratif*, 1, jan.fev.2001, p. 26.

públicos. A boa decisão é aquela que terá sido contraditoriamente debatida, aberta à expressão de pontos de vista divergentes. No tocante às sanções que algumas autoridades administrativas independentes impõem, a questão do respeito dos direitos de defesa e do contraditório suscitou uma rica controvérsia doutrinária e se concluiu pela observância das garantias processuais do art. 6º, §1º, da Convenção Europeia dos Direitos do Homem".[55]

---

[55] La notion de seuil en Droit Administratif, in *Mélanges en honneur de Franck Moderne*. Paris: Dalloz, 2004, p. 310.

CAPÍTULO IX

CODIFICAÇÃO DO PROCESSO ADMINISTRATIVO

54 Codificação do direito administrativo e codificação do processo administrativo

(i) No direito, a discussão a respeito da codificação é antiga[1] e envolve temas de profundidade no tocante ao próprio papel do

[1] Cretella Júnior, na obra, *Da codificação do direito administrativo*, datada de 1951, observa que o problema da codificação "é quase tão velho como a própria humanidade" (p. 13); após realizar amplo estudo sobre a matéria, nos ordenamentos estrangeiros e no brasileiro, fixa posicionamento favorável quanto à possibilidade e necessidade de codificação administrativa total e oficial (p. 128). Estudo profundo sobre o debate da codificação administrativa havido na Itália e na França, no século XIX e primórdios do século XX, foi realizado por Mozzarelli e Nespor, no artigo La codificazione del diritto amministrativo. Giuristi e istituzioni nello Stato liberale, in *Rivista trimestrale di Diritto Pubblico*, 1976, v. 2, p. 1.087-1.137. V. também Carlos S. de Barros Júnior, A codificação do direito administrativo, in *RDA* 18, out.-dez. 1949, p. 1-7. Azimi menciona várias palavras utilizadas para nomear coletânea de normas, por exemplo: código; lei (Lei das XII Tábuas); compilação; coleção; digesto; *corpus* (*Corpus iuris civilis*)"; "em todos os casos trata-se de coligir, de reunir os textos em *molde normativo*, ora abarcando todo o direito, ora um ramo do direito, recapitulando as anteriores disposições e lhes dando força legal e oficial. Toda codificação supõe uma parte de triagem, de supressão ou de acréscimo" (Scolies autour du Code des relations entre le public et l'administration, in Koubi; Cluzel-Métayer; Tamzini (org.) *Lectures critiques du Code des relations entre le public et l'administration*. 2018, *op. cit.*, p. 29); a referida autora lembra que foi "sob a pena do filósofo inglês Jeremy Bentham que apareceu pela primeira vez em 1815 o termo 'codificação' (*codicem facere*)" (*op. cit.* p. 26). Por sua vez, Olivier Renaudie registra que "o termo 'código' vem do latim *codex*, que significa coletânea. A codificação visa, então, reunir numa coletânea o conjunto das normas relativas a matéria especial, a fim de facilitar seu acesso e compreensão". La fabuleuse histoire de la fabrique du CRPA. Dits et non dits, in Koubi; Cluzel- Metayer; Tamzimi (org). *Lectures critiques du Code des relations entre le public et l'administration*. Paris: 2018, p. 39.

direito na sociedade, à fixação de normas ante o dinamismo social, à redução do direito ao texto escrito, ao peso das formas de expressão do direito, à certeza do direito etc.

Quanto à codificação do direito administrativo, recebeu atenção da doutrina desde meados do século XIX até as primeiras décadas do século XX, principalmente, pois neste período o novo ramo se sistematizava e sobressaía no cenário dos ordenamentos, em geral. Nas palavras de Vida Azimi, "O principal objetivo da codificação administrativa a partir do século XIX era de marcar o surgimento de um notável ramo do direito e de consolidá-lo".[2] O contraste da situação de direito não codificado ante os ramos mais elaborados e codificados ocorria necessariamente; daí, então, emergirem os debates em torno da possibilidade e conveniência de codificar um ramo de formação recente, destinado a disciplinar um dos âmbitos da atuação estatal dotado de grande contingente de elaboração pretoriana, na época.

Os argumentos *contrários* à codificação centravam-se nos seguintes pontos: ausência de antiga e completa elaboração doutrinária, quer dizer, imaturidade científica; inviabilidade de codificar a disciplina da Administração porque esta não pertenceria à ordem do direito, mas à ordem dos fatos; impossibilidade de codificar o direito público em geral; mutabilidade excessiva da legislação administrativa. Havia, ainda, uma ideia, nem sempre expressa, de preservação de zonas livres nas atuações administrativas.

A favor da codificação se suscitava o estado de inferioridade decorrente da falta de um código e, portanto, a ausência de simplicidade, clareza, certeza das normas e princípios do direito administrativo, em especial se contrastado ao direito privado. Mencionava-se, ainda, a necessidade de dar ordem à legislação administrativa, de torná-la mais conhecida, e o intuito de tolher os arbítrios. Aos posicionamentos extremos, totalmente favoráveis e totalmente contrários, acrescentavam-se opiniões intermédias, em termos de possibilidade de codificação parcial (só princípios) e de possibilidade futura.

---

2 Scolies autour du Code des relations entre le public et l'administration, in Geneviève Koubi; Lucie Cluzel-Matayer; Wafa Tamzini (org.). in *Lectures critiques du Code des relations entre le public et l'administration*. Paris: LGDJ –Lextenso, 2018, p. 30.

Seguiu-se período de quase ausência de discussão da matéria, como se houvesse aceitação tácita da não codificação. Azimi observa que "um código geral e único do direito administrativo se assemelha à utopia".[3]

(ii) O tema ressurge, no *enfoque da codificação do processo administrativo*, no fim dos anos sessenta, adquirindo certa intensidade nas décadas de setenta, oitenta e noventa, do século XX. Os debates doutrinários sobre o tema ocorreram, em muitos países, em momentos anteriores e posteriores à edição de leis de processo administrativo (ou procedimento, conforme o nome usado no país).

O objeto deste capítulo é a codificação do processo administrativo, não do direito administrativo, embora existam aspectos comuns, em especial quanto aos posicionamentos favoráveis e contrários. Themístocles Brandão Cavalcanti notava, com lucidez, que "as dificuldades da codificação geral do Direito Administrativo não subsistem em relação ao processo".[4] Por sua vez, Manoel de Oliveira Franco Sobrinho alertava: "Não há como não reconhecer as profundas diferenças de substância, de conteúdo, de método e de objetivos entre o que seja, primeiro, codificar o Direito Administrativo e, segundo, codificar o processo administrativo".[5]

Sob a rubrica "da regra jurisdicional à disciplina legislativa", Giulio Napolitano lembra que "durante longo tempo, na maior parte dos ordenamentos, a disciplina do processo administrativo era de predominante fonte jurisprudencial. Declarando a ilegalidade do ato sem adequada instrução, sem motivação etc., os tribunais foram fixando os princípios e regras de base comum a todos os processos administrativos. Na França, por exemplo, o Conselho de Estado, partindo da afirmação do direito de defesa no processo sancionador (em 1913, no caso Téry), cada vez mais generalizou a obrigação de contraditório e de motivação das decisões (fev. 1947, caso d´Aillères). Na Itália, analogamente, deve-se ao Conselho de Estado seja a proclamação do justo procedimento (IV, n. 423/1895), seja a obrigação de motivação do ato administrativo (IV, n. 178/1907)".[6]

---

3 *Op. cit.* p. 29.

4 *Tratado de direito administrativo*. v. IV. 3. ed., 1956, p. 537.

5 *Introdução ao direito administrativo processual*. 1971, p. 72.

6 *La logica del diritto amministrativo*. 3. ed. Bolonha: Il Mulino, 2020, p. 265.

Azimi dá o nome de "microcódigo" a código ou lei de processo administrativo.[7]

Codificação do processo administrativo, nesta sede, significa a reunião, num só texto de lei sistematizado, de preceitos referentes ao processo administrativo; tem o sentido de disciplina geral, de edição de lei geral.

"A disciplina legislativa do processo administrativo mostra a crescente relevância político-institucional da sua regulamentação [...]. A disciplina do processo administrativo não constitui somente um instrumento de prevenção dos conflitos entre administração e particulares, mas também um poderoso meio de guia da ação administrativa, destinado a assegurar o mais possível a racionalidade das decisões e sua coerência legal".[8]

(iii) Um panorama do modo com que se apresentam os códigos ou leis de processo administrativo é apresentado por Auby,[9] salientando-se os aspectos a seguir, a título de exemplo.

a) Em geral as leis de processo administrativo foram elaboradas por comissões de especialistas, professores, juízes e administradores ou aconselhadas por professores.

b) Em Estados unitários as leis abrangem, de regra, órgãos locais além das administrações nacionais; nos sistemas federais, edita-se a lei federal e uma lei em cada Estado-Membro; em geral o conteúdo das leis dos Estados-Membros é inspirado na lei federal.

c) Em geral as leis de processo administrativo se aplicam às agências reguladoras; em algumas leis há normas explícitas sobre os processos administrativos das agências reguladoras.

d) Algumas leis excluem certas matérias, por exemplo: tributária, urbanística; às vezes os âmbitos excluídos têm leis de processo administrativo específicas.

---

7 *Op. cit.* p. 22 e 23. Como se afirmou, o advento de leis ou códigos de processo administrativo suscitou, em vários autores, considerações sobre a codificação em geral e a codificação em direito administrativo. Assim, por exemplo, Azimi, em artigo sobre o Código de Processo Administrativo francês, afirma, em relação ao direito administrativo, que "a codificação total e única diz respeito ao imaginário e não foi tentada" (*op. cit.*, p. 29).

8 NAPOLITANO, Giulio. *La logica del diritto amministrativo. Cit*, p. 268.

9 La question de la codification. *In*: AUBY; PERROUD (org). *Droit comparé de la procédure administrative*. 2016, p. 482-501, *passim*.

e) Há leis que abrangem o processo referente ao ato administrativo e ao ato normativo; outras cuidam somente do ato administrativo individual.

f) Algumas leis incluem normas relativas aos contratos, como a lei alemã, por exemplo.

g) Em algumas leis figuram regras sobre acesso a documentos ou dados públicos, como a lei italiana.

h) Algumas leis arrolam princípios, como a lei italiana; outras não se preocupam em tornar explícitos seus princípios subjacentes.

i) Há leis, editadas nas últimas décadas, que trazem disposições sobre processos eletrônicos.

j) Algumas leis admitem que o processo administrativo termine por um acordo.

k) Nas decisões para concluir o processo administrativo a motivação é frequentemente exigida.

l) Algumas leis explicitamente fixam obrigação de decidir e respectivo prazo; e indicam efeitos jurídicos do silêncio ou inércia da administração.

m) Existem leis que se preocupam em disciplinar recursos administrativos e em fixar efeitos da sua interposição (suspensivo ou não suspensivo; possibilidade de *reformatio in pejus*).

Na observação de Azimi, "a codificação pode ser parcial ou temática, à *droit constant* com frequência; pode realizar-se mediante reelaboração de textos, supressão de materiais que se tornaram obsoletos e mediante inovação ou reforma".[10] A codificação *a droit constant* denomina a reunião, num código ou lei geral, de normas já existentes no ordenamento. Jacques Ziller menciona a "codificação *a droit constant*", representando versão consolidada e juridicamente impositiva da legislação existente; e a *codificação inovadora,* em que "uma lei adota preceitos existentes que estão dispersos em várias normas e na jurisprudência e, se for necessário, modifica os preceitos existentes, acrescentando, se for o caso, novos preceitos", tendo a "vantagem de sanar contradições e preencher lacunas".[11]

---

[10] *Op. cit.* p. 29.

[11] Nos artigos: Alternatives in drafting an EU administrative procedure law, p. 16, in *European Parliament, Policy Department C: Citizens' Rights and Constitutional Affairs, Legal Affairs,* Bruxelas, divulgado em novembro de 2011, no *site*: www.europarl.europa.eu/studies;

iv) Desde fins do século XIX vários ordenamentos vêm optando pela concentração, numa lei, das normas sobre o exercício de poderes administrativos em determinadas atuações, conferindo também direitos e faculdades aos particulares e servidores.

Para Giulio Napolitano, "em perspectiva comparada emergem três gerações de processo administrativo; 1ª geração – o padrão mínimo garantido pelas normas mais antigas, como a espanhola (1889) e a austríaca (1925), é a garantia do direito de ser ouvido no processo individual, a tutela das liberdades pessoais e dos direitos de propriedade; 2ª geração – é inaugurada pela lei norte-americana de 1946, que prevê a participação no processo de *rulemaking*, mediante o *notice and comment* ; 3ª geração – o inteiro processo de decisão pública, incluídos a atividade normativa e o projeto de grandes reformas administrativas, é objeto de consulta pública, aberta e transparente, para fins de aperfeiçoamento geral da atuação das instituições democráticas e da regulação; vão nessa linha preceitos sobre transparência e publicidade e medidas sobre consultação difusa, também por meio eletrônico, sobre projetos de regulamentos (previstos nos códigos e leis editados em 2015 na França, Portugal e Espanha e antes na lei da Corea do Sul)".[12]

A exposição sucinta do conteúdo de algumas leis de processo administrativo, em três épocas, não coincidentes com as gerações supramencionadas, visa precipuamente a oferecer um panorama do tratamento que a matéria recebeu, com o objetivo de informação, mas também com o intuito de verificar sua evolução ao longo do tempo. Com o mesmo objetivo de compreensão do fio evolutivo, algumas leis que não mais vigoram, porque foram substituídas por novas leis, permanecem indicadas, com menção de alguns elementos. A escolha das leis para exposição dos aspectos básicos decorre da frequência da sua invocação nos estudos sobre o processo administrativo, da facilidade de acesso ao respectivo conteúdo e do fato de terem exercido influência na elaboração de outras leis. No

Is a law of administrative procedure for the Union institutions necessary? Introductory remarks and prospects, p. 27, in *European Parliament, Policy Department C: Citizens' Rights and Constitutional Affairs*, Bruxelas, divulgado em março de 2011, no *site* www.europa.eu/studies.

12 *Introduzione al diritto amministrativo comparato. Cit.*, 2020, p. 230.

item relativo às leis resultantes da substituição de anteriores foram escolhidas as leis da Espanha, de Portugal e da Colômbia. Várias leis editadas a partir da segunda metade do século XX, além das leis latino-americanas anteriormente citadas, serão listadas em item prévio ao exame das leis promulgadas após 2008, comprovando a relevante expansão legislativa do processo administrativo.

55 As leis de processo administrativo de 1889 à primeira metade do século XX

55.1 A lei espanhola de 1889

Embora se mencione, com frequência, a lei austríaca de 1925 como ponto de partida das leis de processo administrativo, tem primazia, no tempo, a lei espanhola de 1889, denominada *Lei Azcárate* (nome do deputado que liderou o grupo de parlamentares responsável pela apresentação do respectivo projeto). Referida lei fixou preceitos gerais que deveriam ser disciplinados na esfera de cada ministério, conforme as peculiaridades de cada um. Em síntese, a lei continha o seguinte: prazos para emissão de pareceres técnicos e jurídicos; prazos para decisões administrativas; obrigatoriedade de respeitar direitos de defesa, comunicando o *dossier* ao interessado *antes* de decidir-se uma averiguação administrativa; responsabilidade do funcionário por desatendimento às normas do procedimento, podendo os administrados apresentar reclamação a respeito; previsão de recursos contra decisões.[13]

---

[13] Os dados relativos aos preceitos contidos na lei espanhola de 1889 foram extraídos de Lopez Rodó, La procedure administrative non contentieuse, in *Revue du Droit Public*, 1980, v. 3/613. Para Michelle Della Morte, "a disciplina espanhola do processo administrativo contida na Lei de 1889 constitui um dos mais antigos exemplos europeus de disciplina da relação entre cidadão e Administração", no artigo Funzione consultiva e procedimento amministrativo in Spagna, in *Il procedimento amministrativo fra semplificazione e partecipazione*, org. Maria Alessandra Sandulli, 2ª parte, 2001, p. 44. Dados sobre a Lei Azcárate podem ser obtidos também nos seguintes estudos, p. ex: Francisco Lopez Menudo, Los principios generales del procedimiento administrativo, in *El procedimiento administrativo en el derecho comparado*, org. Javier Barnes Vazques, Madri, 1993, p. 114-119 (segundo este autor, a Lei de 1889 pode ser considerada *codificadora*, se for levado em conta que surgiu no apogeu do movimento codificador na Espanha); Laureano Lopez Rodó, La codificación del procedimiento administrativo: razón de ser, tradiciones y encuadramiento constitucional, in *Procedimiento Administrativo*, Diogo Freitas do Amaral e Laureano López Rodó (org.). Santiago de Compostela: 1994, p. 33-36; em trabalho após 2008 v. Emilio Guichot, Caractères essentiels

Os preceitos dessa lei foram objeto de regulamentação no âmbito de cada ministério, o que gerou diversidade muito grande nos modos de atuação administrativa e, portanto, criou dificuldades para a população lidar com tais diferenças. Com o tempo, surgiram reivindicações de unificação do procedimento.

55.2 A lei austríaca de 1925

O passo posterior na linha evolutiva das leis de processo ocorre com a lei austríaca de 1925, considerada o arquétipo desse tipo de lei. Vários fatores contribuíram para sua formulação: a grande tradição administrativa austríaca, a jurisprudência do tribunal administrativo que aí existia desde 1875 e a influência teórica da Escola de Viena.[14] A lei austríaca teve um longo período de preparação, pois data de 1905 a formação da primeira comissão destinada a elaborar o projeto. Compõe-se das seguintes partes, denominadas leis: lei de introdução às leis de processo; lei geral de processo administrativo; lei de sanções administrativas; lei de execução administrativa. A lei geral desperta maior interesse em virtude de sua aplicação a todos os órgãos administrativos e a todos os assuntos.

De modo sucinto podem ser indicados seus preceitos fundamentais. Partes no processo são as pessoas que detêm direitos subjetivos ou interesse legítimo pessoal; tais pessoas têm direito à instrução contraditória, a decisões motivadas e a interpor recursos; a lei obriga as autoridades a decidir as solicitações e os recursos no prazo máximo de seis meses.[15]

---

du droit espagnol de la procédure administrative, in AUBY; PERROUD. (org.). *Op. cit.*, 2016, p. 39-40; NAPOLITANO, Giulio. *La logica del dritto amministrativo*. 3. ed. 2020, p. 265.

[14] Conforme Giannini. *Diritto administrativo*. v. II, 1988, p. 530.

[15] Os dados contidos no item sobre à lei austríaca, referentes ao processo administrativo geral, foram extraídos de Guy Isasc. *La procédure administrative non contentieuse*. 1968, p. 111 e 112. Mais dados podem ser colhidos no estudo de Heinz Schäeffer, El procedimiento administrativo austríaco: evolución, estado actual y perspectivas de futuro, in Javier Barnes (org.). *El procedimiento administrativo en el Derecho Comparado*. Madri: 1993, p. 405-440; segundo Schäeffer, não houve alterações substanciais nas leis desde 1925, salvo adaptações ao progresso técnico e a reformas orgânicas; em 1991 houve reforma para criar órgãos administrativos independentes como instância de recurso no âmbito de sanções administrativas, com o fim de adaptar o ordenamento a disposições da Convenção Europeia dos Direitos do Homem nesta matéria (*op. cit.*, p. 415 e 436).

A lei austríaca teve grande força de expansão; textos semelhantes foram editados na Tchecoslováquia e Polônia, em 1928, e na Iugoslávia, em 1930 (ordenamentos historicamente ligados ao império austro-húngaro). Segundo Guy Isaac, motivações comuns propiciaram a edição de tais leis: consagração de progressos da democracia na Europa Central e preocupação em contrabalançar influências políticas diretas sobre a Administração; vontade de simplificar e unificar a administração em países formados de muitos componentes jurídicos distintos; do ponto de vista do conteúdo de tais normas, prevaleceu o sentido de garantia dos direitos individuais e a tendência de aplicar o modelo do processo jurisdicional.

55.3 A lei norte-americana de 1946

Na sequência cronológica, desperta interesse a edição, em 1946, nos Estados Unidos, da Lei Federal de Processo Administrativo – *The Federal Administrative Procedure Act*, também citada pela sigla *APA*. Desde 1936, com interrupção no período da Segunda Guerra, discutia-se a respeito de uma futura lei de processo administrativo e alguns projetos foram elaborados.

Vários fatores contribuíram para a promulgação da lei em si e para o teor do seu conteúdo: a importância institucional da cláusula *due process of law* (Emendas constitucionais V e XIV), refletida na atuação administrativa; o caráter predominantemente processual do *administrative law* norte-americano, traduzido, em especial, no peso conferido ao modo de tomada das decisões; a necessidade de contrabalançar amplas delegações conferidas às inúmeras *agencies* por regras de exercício desses poderes.

Nas palavras de Dominique Custos, "a lei americana marca uma virada tanto no direito administrativo nacional como no direito administrativo comparado".[16] Em outro artigo a mesma autora observa: "A centralidade do processo administrativo é uma das marcas da excepcionalidade do direito administrativo americano, não só em relação a outras famílias jurídicas, mas em relação aos

---

[16] Esquisse comparative du CRPA, in *Journal du Droit Administratif (JDA)*, outubro 2016, Dossier 02, art. 98.

membros da sua própria família (common law)"; a democracia administrativa, que é nos Estados Unidos sobretudo sinônimo de democracia procedimental, repousa sobre os valores da participação e da transparência, que operam como um verdadeiro sistema, tanto no processo administrativo referente ao ato individual (*formal adjudication*), como no *rulemaking* (processo do ato normativo).[17] E adiante: "O ordenamento norte-americano é precursor no mundo do *common law* quanto ao processo administrativo; e em escala mundial foi precursor da codificação do processo administrativo normativo". Giulio Napolitano também ressalta o último aspecto: "A lei, pela primeira vez, trazia disciplina não só de processos individuais, mas também dos processos de *rulemaking*, os mais relevantes do ponto de vista político".[18]

Desde sua edição a lei sofreu alterações, incorporando-se a seu texto, por exemplo, normas concernentes à transparência administrativa e proteção da privacidade. Assim, *The Freedom of Information Act – FOIA*, de 1967, obriga as *agencies* a tornar mais acessíveis as informações ao público; *The Privacy Act*, de 1974, determina que a *agency* divulgue todos os usos rotineiros da informação pessoal, prevendo responsabilidade se ocorrer outro uso dos dados pessoais, sem consentimento do indivíduo; este tem direito de conhecer as informações que a Administração registra a seu respeito e de exigir retificação (equivalente ao nosso *habeas data*, em nível administrativo); *The Government Sunshine Act*, de 1976, exige que toda *agency*, encabeçada por colegiado, realize suas reuniões de modo aberto, com possibilidade de presença de público, salvo alguns assuntos, como defesa nacional, política externa, p. ex.; *The Negociated Rulemaking Act*, de 1990, instituiu a negociação como um dos modos de produção normativa das agências, visando, em especial, à ouvida de todos os interessados na matéria e à redução da litigiosidade. Todos esses textos integram hoje uma coletânea, denominada *United States Code – USC*. Em 1996, houve uma revisão do *Freedom Information Act – FOIA*, para incluir o *Electronic FOIA* ou *E-FOIA*, determinando que as agências mantenham *site* eletrônico à disposição do público para leitura de suas disposições e documentos.

---

[17] Caractères essentiels du droit américain de la procédure administrative, in AUBY; PERROUD (org). *Droit comparé de la procédure administrative*. *Op. cit.* 2016, p. 49, 47, 53.

[18] *La logica del diritto amministrativo*. *Cit*, p. 266.

As próprias disposições da lei e a jurisprudência que se firmou a respeito *do procedural due process* em âmbito administrativo consolidaram os seguintes elementos do processo administrativo: informação prévia e adequada a partes interessadas, para que tenham oportunidade de apresentar suas objeções *antes* da tomada de decisão; imparcialidade da autoridade que decide (p. ex., se o administrador criou a impressão de que prejulgou fatos em matéria pendente, deve desqualificar-se para decidir, mesmo que tenha, depois, aberto a mente quanto ao caso); direito a decisão baseada em elementos registrados ou constantes de expediente; direito de ser ouvido pessoal e oralmente; direito de apresentar testemunhas e de interrogar testemunhas contrárias; decisões motivadas; direito à assessoria de advogado (sem que a Administração tenha o dever de propiciar advogado dativo).[19]

56 As leis de processo administrativo a partir da segunda metade do século XX

56.1 A codificação em países da Europa oriental

Nas décadas de 50 e 60 do século XX, em alguns países então denominados *democracias populares*, hoje vistos como países da Europa oriental, editaram-se leis de processo administrativo. Alguns

[19] Os dados desse parágrafo foram extraídos de Gelhorn e Boyer. *Administrative law and process*, 1981, p. 158-176. Sobre o processo administrativo norte-americano v. também: Juliana Bonacorsi de Palma, na tese intitulada *Atividade normativa da Administração Pública: estudo do processo administrativo normativo*, 2014, apresentada e defendida no Programa de Pós-Graduação da Faculdade de Direito da USP, em que a autora oferece profundo estudo sobre o processo administrativo normativo norte-americano, sobretudo (p. 226-274); Peter L. Strauss, Los procedimientos de elaboración de reglamentos y disposiciones administrativas en EE.UU, in Barnes (org.). *La transformación del procedimiento administrativo*. 2008, p. 303-368; Dominique Custos, Esquisse comparative du CRPA, in *Journal du Droit Administratif (JDA)*, outubro 2016, Dossier 02, art. 98 (neste artigo a autora realiza panorâmica comparação entre a lei de processo administrativo americana de 1946 e o Código das relações entre o público e a administração, da França, de 2015); Caractères essentiels du droit américain de la procédure administrative, in Auby; Perroud (org). *Droit comparé de la procédure administrative*. 2016, p. 47-69; NAPOLITANO, Giulio. *Introduzione al diritto amministrativo comparato* Cit. p. 254-257 ; o mesmo autor observa que "o modelo norte-americano de processo administrativo inspirou a adoção de leis gerais de processo administrativo em países do sudeste asiático, como o Japão (1993), a Coreia do Sul (1996) e Taiwan (1999)", in *La logica del diritto amministrativo*, 3. ed. 2020, p. 266.

países renovaram suas antigas leis, como exemplo: Tchecoslováquia (1955), Iugoslávia (1957), Polônia (1960). A Hungria editou sua lei de processo em 1957. Conforme observa Guy Issac,[20] o surgimento das codificações do processo administrativo nesses países coincidiu com a "desestalinização"; inspirou-se, sobretudo, em ideias de socialização dos quadros do procedimento e de colaboração das pessoas nas atividades administrativas.

A Tchecoslováquia editou nova lei de processo administrativo em 2004. A Hungria elaborou novas leis em 1990 e 2004.

56.2 A lei espanhola de 1958

A situação de diversidade processual na Administração espanhola (cada ministério com seu regulamento próprio), decorrente da técnica adotada na lei de 1889, deu margem a um intento de unificação, que se buscou realizar com a lei de procedimento administrativo de 1958. Essa lei integrou o conjunto de textos destinados a efetuar reforma administrativa na Espanha, promulgados entre 1957 (lei da jurisdição contenciosa administrativa, lei do regime jurídico da Administração) e 1965 (lei dos contratos administrativos).

A lei de 1958, parcialmente alterada por lei de 23.12.1963, visou a reunir num texto único as normas de processo aplicáveis a todos os setores da Administração e pretendeu conciliar as garantias legais dos particulares com exigências de modernização e racionalização. Além de normas de natureza processual, contém preceitos sobre o regime jurídico dos atos administrativos, sobre a criação de órgãos administrativos, sua competência e conflitos de atribuição.

Aplicava-se aos órgãos da Administração direta, aos entes locais, aos entes da Administração descentralizada. Quanto às Comunidades Autônomas, observaram a lei nos aspectos comuns ou gerais, pois o art. 149, n. 1, 18ª, da Constituição de 1978, atribui ao Estado (poder central) a competência em matéria de procedimento comum, sem prejuízo das especialidades derivadas da organização própria das Comunidades Autônomas; enquanto não foram editadas

---

20 *La procedure administrative non contentieuse*. 1968, p. 117 e 118.

normas que expressassem tais peculiaridades, a lei de 1958 atuou supletivamente.

Do texto da lei de 1958, alterada em 1963, extraem-se as seguintes disposições fundamentais:

a) Publicidade dos *dossiers*: todos os que tenham algum interesse têm o direito de acesso ao expediente a todo momento, podendo obter certidão.

b) A notificação deve reproduzir o texto integral do ato que se divulga, esclarecendo se tem ou não caráter definitivo; a notificação deve indicar os recursos possíveis contra o ato, administrativos e jurisdicionais, os órgãos perante os quais os recursos são interpostos e respectivos prazos.

c) No período da instrução, os particulares interessados podem apresentar qualquer observação.

d) Obrigatoriedade de uma fase de informação pública, aberta a todos, para recolher o ponto de vista dos interessados; o prazo da informação pública é de, no mínimo, 20 dias.

e) Terminada a fase de instrução e *antes* de decidir, é necessário comunicar o *dossier* aos interessados (é a denominada *audiência do interessado*), durante prazo de 10 a 15 dias, para que esses possam apresentar observações ou documentos.

f) A motivação é obrigatória: nas decisões restritivas do exercício de direitos subjetivos; nas decisões de recursos; nas decisões diferentes dos pareceres dos órgãos consultivos ou que se afastem do critério seguido nos precedentes análogos; na suspensão dos atos impugnados por recurso.

g) Nos casos de sanções administrativas, o funcionário incumbido da instrução deve reunir todas as provas necessárias ao esclarecimento dos fatos e em vista delas elaborará o rol de infrações, a ser notificado ao interessado, que terá prazo para responder; após recebimento da resposta, o funcionário preparará minuta de decisão que, por sua vez, deverá também ser notificada ao interessado, dando-lhe outro prazo para apresentar observações que julgar oportunas; depois, o expediente será submetido à autoridade competente para a decisão.[21]

[21] Mais elementos sobre a lei espanhola de processo administrativo de 1958 podem ser obtidos também nos seguintes estudos, p. ex: Francisco Lopez Menudo, Los principios

A lei espanhola de 1958 foi substituída por lei de 1992, objeto de estudo *infra*.

56.3 A lei argentina de 1972

Em 1972 editou-se a lei argentina de procedimento administrativo – Lei nº 19.549, que recebeu alterações por textos posteriores, em 1977, 2000, 2001, 2024. Como a lei espanhola, traz preceitos sobre o regime dos atos administrativos e, em virtude de alteração efetuada em 2001, as normas substanciais sobre atos administrativos se aplicam aos contratos administrativos; contém, ainda, regras sobre a impugnação judicial destes.

Em síntese, no tocante ao processo administrativo, a lei argentina abriga as regras seguintes:

a) A condição de parte é atribuída a quem invoque direito subjetivo ou interesse legítimo e a quem possa ser afetado em seus direitos ou interesses legítimos pela decisão final.

b) É assegurado o direito de expor razões e apresentar defesa, *antes* da edição de atos que se refiram a direitos subjetivos ou interesses legítimos da pessoa.

c) É assegurado o direito de interpor recursos e de ser patrocinado e representado profissionalmente; quando a representação, por norma expressa, possa efetuar-se por quem não seja advogado, será obrigatória a atuação deste nos casos em que se debatam questões jurídicas.

d) Direito de propor provas e de que se realizem, se pertinentes; a Administração deve providenciar as informações necessárias para o estabelecimento dos fatos e da verdade jurídico-objetiva; os interessados poderão apresentar alegações e defesa após o término do período probatório.

---

generales del procedimiento administrativo, in *El procedimiento administrativo en el derecho comparado*, org. Javier Barnes, Madri: 1993, p. 114-119; Laureano Lopez Rodó, La codificación del procedimiento administrativo: razón de ser, tradiciones y encuadramiento constitucional, in *Procedimiento Administrativo*, org. Diogo Freitas do Amaral e Laureano López Rodó, Santiago de Compostela: 1994, p. 33-36; após 2008 v. Luciano Parejo Alfonso, El procedimiento administrativo en España: situación actual y perspectivas, in Barnes (org). *La transformación del procedimiento administrativo*. 2008, p. 421-473 (o autor discorre sobre as leis espanholas de 1958 e de 1992); Tomás-Ramón Fernández, El acceso de los ciudadanos a la información pública. Del derecho individual de defensa al principio general de transparencia, in Aberastury; Blanke (org.). *Op. cit.* 2012, p. 165-185.

e) Direito à decisão motivada, mediante a consideração expressa dos principais argumentos e das questões propostas.[22]

f) Conforme redação da Lei nº 27.742, de 08.07.2024, os princípios fundamentais do procedimento administrativo são: juridicidade, razoabilidade, proporcionalidade, boa-fé, confiança legítima, transparência, tutela administrativa efetiva, simplificação administrativa, boa administração.

56.4 A lei alemã de 1976

O impulso inicial para a edição da lei de processo administrativo alemã se deu em 1957, com a elaboração do relatório de uma comissão de especialistas, designada para estudar o problema da simplificação administrativa; neste relatório se analisou e se afirmou a necessidade de uma lei geral de processo administrativo.[23] Em 1963

---

[22] Outros dados sobre a lei argentina de processo administrativo podem ser obtidos, p. ex.: em *Procedimiento Administrativo*. Editorial Ciências de la Administración – División Estudios Administrativos, Buenos Aires, 1998, que reproduz as palestras das *Jornadas Nacionais sobre Procedimento Administrativo*, realizadas na Argentina em 1998, centradas sobretudo em temas desta lei; Guillermo Andrés Munoz, O procedimento administrativo argentino, na obra coletiva *As leis de processo administrativo*, org. Carlos Ari Sundfeld e Guillermo Andrés Munoz, Malheiros, 2000, p. 37-52; após 2008: Juan Carlos Cassagne, La transformación del procedimiento administrativo y la LNPA (Ley Nacional del Procedimiento Administrativo), in *Derecho PUC – Revista de la Faculdad de Derecho*, Lima, nº 67, 2011, p. 29-45; Julio C. Durand, El procedimiento administrativo en la Argentina, in Aberastury; Blanke (org.). *Op. cit.*, 2012, p. 271-312. Note-se que o projeto da lei argentina foi elaborado por comissão integrada por Adalberto Cozzi, Hector Jorge Escola e Carlos A. Young; após redigido o projeto, a Comissão solicitou a opinião de Miguel Marienhoff e Juan Francisco Linares e de outros juristas especializados.

[23] Tais dados e todos os demais sobre a lei alemã de processo administrativo, *até 1992*, tiveram como fonte os seguintes trabalhos: Franz Mayer, La legge sul procedimento amministrativo nella Republica Federale tedesca (tradução de Achille Meloncelli), in *Rivista Trimestrale di Diritto Pubblico*, 1977, p. 1.115-1.137; Michel Fromont, La codification du droit administratif par la loi du 25 mai 1976, in *Revue du Droit Public* 1977, p. 1.203-1.321; Achille Meloncelli, La legge sul procedimento amministrativo del 25 maggio 1976 della Repubblica Federale tedesca, in *Rivista Trimestrale di Diritto Pubblico*, 1978, v. I, p. 293-342. *Após 1992*, foram complementados em: Hans Meyer, El procedimiento administrativo en la Republica Federal de Alemania, in *El procedimiento administrativo en el derecho comparado*, org. Javier Barnes, Madri: 1993, p. 281-316; Albrecht Weber, Le basi del diritto procedimentale amministrativo nell'ordinamento tedesco, in *Il procedimento amministrativo fra semplificazione e partecipazione*, org. Maria Alessandra Sandulli, 1ª parte, Milão, 2000, p. 33-38; Diana-Urania Galetta, Il procedimento amministrativo in Germania, in *Il procedimento amministrativo fra semplificazione e partecipazione*, org. Maria Alessandra Sandulli, 1ª parte, 2000, p. 39-127; e *La legge tedesca sul procedimento amministrativo*, Milão, Giuffrè, 2002; *desde 2008*, v. Jens-Peter Schneider, La evolución del procedimiento tipo

a proposta de edição de lei geral de processo administrativo integrou o programa de governo; no mesmo ano foi elaborado projeto de lei a respeito, que suscitou muitas discussões, salvo quanto à oportunidade de codificar as regras do processo administrativo. Projetos subsequentes continham reelaboração do primeiro. Nesse ínterim, colocou-se a questão da adoção, pelos Estados-Membros (*Lander*), de leis próprias de processo administrativo, na ausência de lei federal. Um Estado, o de Schleswig Holstein, se antecipou e aprovou em 1967 sua lei de processo. Em julho de 1973, outro projeto de lei federal foi apresentado ao Parlamento e passou a tramitar, recebendo muitas emendas. Em 25.5.1976 foi publicada a lei, que entrou em vigor em 1º.1.1977.

Antes da promulgação da lei, surgiu a controvérsia a respeito da sua aplicabilidade aos Estados-Membros, o que afetava a tramitação do projeto então em andamento, com o risco de não ser aprovado no Parlamento. Tornou-se necessária a formação de uma comissão paritária de conciliação, que fixou uma fórmula de compromisso, aceita por todos; segundo este compromisso, a lei federal não se aplicaria aos Estados-Membros se estes promulgassem suas próprias leis de procedimento; em decorrência, a maioria dos Estados-Membros, movida pelo intuito de assegurar a unidade do direito alemão neste campo, adotou leis de processo administrativo de conteúdo idêntico ao da lei federal.

Autores alemães vêm no processo administrativo uma expressão característica do Estado de Direito.[24]

Para Diana-Urania Galetta, "a disciplina do processo administrativo é êxito da tentativa de mediar conflito entre a necessidade, de um lado, de garantir a tutela dos direitos fundamentais dos indivíduos também no âmbito do processo administrativo e, de outro, a exigência de assegurar à Administração a possibilidade de

---

de la ley de procedimiento administrativo alemana de 1976: hacia un modelo integral y comprensivo, in Barnes (org.). *La transformación del procedimiento administrativo*. 2008, p. 371-418; Anne Jacquemet-Gauché, Caractères essentiels du droit allemand de la procédure administrative, in Auby; Perroud (org.). *op. cit.*, 2016, p. 15-35; Jorge Alves Correia; Andreas Isenberg. *Código do procedimiento administrativo alemão. Guias de leitura e anotações*. Lisboa: AAFDL Ed. – Associação Acadêmica da Faculdade de Direito de Lisboa, 2018; NAPOLITANO, Giulio. *Introduzione al diritto amministrativo comparato*. 2020. *Cit.*, p. 258-270.

[24] P. Ex. Albrecht Weber, Le basi del diritto procedimentale amministrativo tedesco, *op. cit.*, p. 33.

agir rápida e eficazmente. Sob o primeiro aspecto, esta disciplina representa a tradução, em concreto, do Estado de Direito".[25]

No entendimento de Anne Jacquemet-Gauché e Ulrich Stenkens, "o legislador alemão optou em favor da dupla perspectiva da Administração e do particular; quis estabelecer, ao mesmo tempo, uma base sólida de trabalho para a Administração no cotidiano e fixar os direitos dos cidadãos em relação à Administração, para torná-los mais compreensíveis e fáceis de invocar".[26]

A lei alemã de 1976 extrapola o âmbito processual, visto conter disposições sobre o regime dos atos e contratos administrativos.

No tocante ao processo administrativo, prevê regras gerais, nas quais se incluem as relativas aos processos de massa (p. ex.: construção de centrais elétricas, atômicas, de grandes aeroportos). Fixa regras para três processos especiais: o *processo formal*, destinado a substituir processos previstos em várias leis específicas (p. ex.: o processo administrativo das desapropriações urbanísticas, o processo de interdição de publicações perigosas para adolescentes, o processo de apreciação da aptidão para o serviço militar), no qual os direitos dos sujeitos são mais acentuados que no processo geral; o *processo de estabelecimento de planos*, no qual também se revestem de mais força os direitos dos sujeitos; o *processo de estrela* ou *estrelar*.

Em linhas sucintas, as principais disposições processuais da lei são as seguintes:

a) princípio do informalismo, da simplicidade e eficácia;

b) imparcialidade das autoridades, o que leva a negar a certos agentes o direito de atuar na preparação e na tomada de decisões;

c) princípio da oficialidade e da verdade material;

d) possibilidade de participação de todos que sejam juridicamente interessados, inclusive associações;

e) direito de ser ouvido *antes* da edição de ato administrativo que possa afetar direitos do sujeito (salvo casos de grande urgência, decisões de massa, em que são ouvidos os representantes, decisões automatizadas pela informática);

---

25 *La legge tedesca sul procedimento amministrativo*. Milão: Giuffrè, 2002, p. 19.

26 Caractères essentiels du droit allemand de la procédure administrative, in AUBY; PERROUD (org.). *Droit comparé de la procédure administrative*. 2016, p. 17.

f) direito de comunicação do *dossier*, direito de vista dos atos e documentos, direito a informação geral;

g) direito ao sigilo em casos relativos à privacidade;

h) obrigatoriedade de motivação das decisões, como regra geral, ressalvadas as exceções previstas na própria lei geral.

A lei de 1976 permaneceu inalterada durante cerca de vinte anos. Em 1996 foram editadas leis que inseriram mudanças relevantes.

Entre as leis de 1996, salienta-se a lei que visou à *aceleração* dos processos de autorização para projetos de empresas de caráter econômico, sob o fundamento de que a demora para obter autorização prejudica a competitividade das empresas alemãs no mercado internacional; previu que o processo administrativo deve informar-se também pelo princípio da celeridade; trouxe inovações quanto ao desfazimento de atos por vício no procedimento: só se a decisão fosse diferente sem o vício; previu o *procedimento de estrela* ou *estelar*, nos processos de autorização, para que haja manifestações concomitantes de todos os órgãos envolvidos na questão: é novo instituto para produzir aceleração (art. 71, d); instituiu a *conferência a pedido*: mediante pedido do requerente da autorização, a autoridade pode promover debate oral entre este e todos os órgãos interessados (art. 71, e).

Publicou-se, em 6.8.1998, lei destinada a resolver algumas incongruências decorrentes das revisões sucessivas.

Outras leis foram editadas, inserindo alterações na versão original, por exemplo: lei de 2002, relativa à Administração eletrônica; leis de 2008 e 2009, para transpor a "Diretiva de Serviços" da União Europeia; lei de 2013, com alterações sobre o processo de autorização de grandes projetos e sobre a Administração eletrônica; leis de 2015, de 2016 e de 2017.

56.5 As codificações latino-americanas

A partir de 1960, países latino-americanos adotaram leis de processo administrativo.

Em 1967, o *Peru* promulgou o primeiro texto latino-americano de processo administrativo. Em 2001, nova lei foi editada (Lei nº 27.444), a qual foi alterada em grande escala em dezembro de 2016, sendo publicado um texto único reunindo, de modo sistematizado, todas as mudanças.

No *Uruguai*, houve a codificação em 1973, com o Decreto nº 640/1973, certamente por influência da Argentina, que em 1972 editara sua lei geral de procedimento. Por sua vez, o Decreto nº 500/1991 editou nova lei de processo administrativo neste país, com alterações em 2007 e 2020.

A *Costa Rica* optou por texto mais abrangente, por verdadeiro Código de Direito Administrativo, com a publicação da Lei Geral da Administração Pública, de 2.5.1978, na qual se inseriram normas sobre processo administrativo;[27] houve alterações, p. ex., em 1990,1994, 1999.

Em 1982, editou-se a Lei Orgânica de Procedimentos Administrativos da *Venezuela*, que teve sua elaboração iniciada em 1965. Recebeu influência predominante da lei espanhola de 1958 e abriga, além de normas processuais, preceitos sobre o ato administrativo e as vias recursais. Prevê o direito ao contraditório, o direito de defesa e a obrigação de motivar. Tratando-se de Estado Federal, a doutrina suscitou a questão da aplicabilidade da Lei Orgânica aos Estados-Membros e municípios, pois a Constituição Federal, que prevê a incidência de algumas leis nacionais sobre esses entes, nada reza a respeito de uma lei geral de procedimento administrativo; concluiu-se, então, pela aplicabilidade no concernente aos princípios gerais (como o contraditório, a defesa, a motivação obrigatória), cabendo aos estados e municípios a elaboração de leis próprias de processo administrativo.[28] Referida lei foi alterada em 1999 e 2008.

Na *Colômbia*, ordenamento que adotou a dualidade de jurisdição, inseriu-se, em 1984, uma nova parte no Código Contencioso-Administrativo (vigente desde 1941), relativa ao processo administrativo, aplicável a todos os órgãos e entidades

---

[27] Sobre o processo administrativo da Costa Rica v. p. ex: Ernesto Lobo Jinestra, Tendencias actuales del procedimiento administrativo en Costa Rica, in Aberastury; Blanke (org.). *Op. cit.*, 2012, p. 455-487.

[28] Cf. Brewer-Carias. *Princípios del procedimiento administrativo*. 1990, p. 27, e Comentários sobre el alcance y âmbito de aplicación de la Ley Organica de Procedimientos Administrativos en Venezuela, in *Revue International dos Sciences Administratives*, 1983, v. 3, p. 247-258; após 2008, v. p. ex: Victor Rafael Hernandez-Mendible, Tendencias actuales de los procedimientos administrativos en Venezuela, in Aberastury; Blanke (org.). *Op. cit.* p. 553-590.

do poder público, em todos os setores.[29] Conforme Jorge Enrique Ibanez Najar, a Constituição de 1991 elevou a nível constitucional vários princípios indicados no Código Contencioso-Administrativo, na redação de 1984: participação, direito de defesa, audiência, contraditório, presunção de inocência, celeridade.[30] Mediante a Lei nº 1.437/2011 – *Código de procedimiento administrativo y de lo contencioso administrativo*, adveio nova lei de processo administrativo da Colômbia, encabeçando as disposições do referido Código (Primeira Parte – arts. 1 a 102),[31] alterado por leis de 2015 e 2021.

São listadas, na sequência, outras leis de processo administrativo latino-americanas: (i) Uruguai – 1973, substituída em 1991, esta com alterações em 2007 e 2020; (ii) Honduras – 1987; (iii) México – Lei Federal de Processo Administrativo de 1994, alterada em 1996, 2000, 2018; (iv) Guatemala – 1996; (v) Nicarágua – 1998; (vi) Panamá – 2000; (vii) Bolívia – 2002; (viii) Equador – 2002; (ix) Chile – 2003, com alterações em 2017, 2019, 2023, 2024; (x) Paraguai – 2012 (fixa diretrizes e cada órgão disciplina as minúcias); (xi) República Dominicana – 2013; (xii) El Salvador – 2018.

A respeito das leis de processo administrativo latino-americanas Brewer-Carias nota o seguinte: "A codificação do processo administrativo é o signo mais importante da evolução do direito administrativo na América Latina, pois com essas normas começou-se a disciplinar com mais amplitude e precisão a atividade da Administração Pública, tanto em seus aspectos substanciais como nos atinentes a sua relação com os administrados"; e adiante menciona dois aspectos comuns dos referidos textos: a influência da lei espanhola de 1958 e "a enumeração dos princípios do processo administrativo no próprio texto".[32]

---

29 Cf. Brewer-Carias. *Principios del procedimiento administrativo*. 1990, p. 27 e 28.

30 El derecho publico colombiano, in *A&C Revista de Direito Administrativo e Constitucional*, Ed. Fórum, ano 7, n. 28, abr.jun. 2007, p. 181-183.

31 Sobre o processo administrativo da Colômbia v. p. ex: Rocio Araujo Oñate, El procedimiento administrativo colombiano como garantia de los derechos del ciudadano, in Aberastury; Blanke (org.). *Op. cit.*, 2012, p. 399-453.

32 La regulación del procedimiento administrativo en America Latina con ocasión de la primera década (2001-2011) de la Ley del Procedimiento Administrativo General del Peru (ley 2744), in *Derecho PUC – Revista de Derecho Administrativo*, 2011, p. 47, 50 e 51. Além deste artigo do venezuelano Brewer-Carias v. para a codificação latino-americana: Pedro Aberastury; Hermann-Josef Blanke (org.). *Tendencias actuales del procedimiento administrativo en Latinoamerica y Europa*. Buenos Aires: Eudeba e Konrad Adenauer

56.6 A lei italiana de 1990

A Lei italiana nº 241, de 7.8.1990, que fixa normas em matéria de procedimento administrativo e de direito de acesso aos documentos administrativos, representa o ponto de chegada de um caminho marcado por várias tentativas de fixar disciplina legal nesse âmbito e de uma verdadeira pregação doutrinária nesse sentido, intensificada a partir dos anos setenta.

No último governo Craxi (IX Legislatura), formou-se uma comissão de *deslegificação e de simplificação* das relações entre Estado e cidadãos; uma das subcomissões destinou-se à elaboração do projeto de lei de processo administrativo, presidida pelo Prof. Mario Nigro e integrada por outros professores de direito administrativo e magistrados da justiça administrativa. O projeto foi apresentado em março de 1987, com o duplo objetivo de democratização e de simplificação do processo administrativo. Com algumas modificações, o projeto tornou-se lei em 1990.

Diferentemente da lei alemã e de outras leis de processo administrativo, o texto italiano, na versão original, enunciava princípios gerais do ordenamento jurídico quanto à ação administrativa; portanto, não se adentrava em minúcias nem continha tratamento exaustivo da matéria. O próprio art. 29, com a redação dada pela Lei nº 15/2005, dá a entender, no item 2, que suas disposições constituem princípios.

Por isso, autores italianos afirmavam que, se o texto fosse idêntico à lei alemã, teria efeito paralisante na Itália, ao passo que o caráter de "não modelo" da lei de 1990 é "iluminante", ao possibilitar a convergência entre requisitos de garantia e de eficiência na ação administrativa.[33] No entanto, as alterações efetuadas posteriormente

---

Stifung, 2012; Ricardo Perlingeiro e outros (org.). *Procedimiento Administrativo e Processo Administrativo Latino-Americanos: compilação de leis nacionais (Judicial and Extrajudicial Administrative Dispute Resolution in Latin America: the compilation of nacional laws).* Rio de Janeiro: Escola da Magistratura Regional Federal – EMARF, 2017, 1824 páginas, postado em 4.4.2017, disponível em SSRN: https:ssrn.com/abstract=2911697.

[33] Cognetti, Normative sul procedimento: regole di garanzia ed efficienza, in *Rivista Trimestrale di Diritto Pubblico,* 1990, v. I, p. 94 e 95, e Marta Cartabia. *La tutela dei diritti nel procedimento amministrativo,* 1991, p. 3, nota 7. Para exame mais aprofundado da lei italiana de processso administrativo de 1990, na redação original, v. também: Italia e Bassani. *Procedimento administrativo e diritto di acesso ai documenti.* 1991; Mantini, *Associazioni ambientaliste e interessi difusi nel procedimento amrninistrativo.* 1990; Onorato Sepe, Partecipazione e garantismo nel

tornaram o texto minucioso, mais extenso e com dispositivos cuja redação dificulta a compreensão.

Segundo o art. 29, item 2, as regiões e os entes locais, no âmbito de suas competências, regulam os preceitos da Lei nº 240/1990.

A redação da Lei nº 241/1990 recebeu várias alterações ao longo do tempo, por exemplo em 1993, 1997, 2005, 2015, 2020, 2021.

A Lei nº 127, de 15.5.1997, contém medidas de *agilização* (ou *aceleração*) da atividade administrativa e dos procedimentos de decisão e controle. Tal lei, sem dúvida, decorreu de influência das leis alemãs de 1996, relativas à aceleração do processo administrativo em matéria de autorizações.

Também sob a égide da *agilização* ou *aceleração*, foram editadas, em 2005, as leis nºs 15, de 11 de fevereiro, e 80, de 14 de maio, trazendo várias modificações do texto original da Lei nº 241/1990. A Lei nº 15/2005 fixou rubricas para os artigos, por exemplo, para o art. 1 e itens deu o título de *Princípios gerais da atividade administrativa*.

Em síntese, a Lei nº 240/1990, dispõe o seguinte, já inseridas as alterações:

a) O art. 1 arrola os seguintes princípios que devem nortear a atividade administrativa: economicidade, eficácia, imparcialidade, publicidade, transparência e os princípios do ordenamento comunitário (sem listar). Nos termos do art. 2-bis "as relações entre o

---

procedimento amministrativo, in *Rivista trimestrale di diritto pubblico*, 2, 1992, p. 331-347; Guido Corso, El procedimiento administrativo en Italia, in *El procedimiento administrativo en el derecho comparado*, org. Javier Barnes, Madri: 1993, p. 477-500; Bruno Cavallo (org.) *Il procedimento amministrativo tra semplificazione partecipata e pubblica trasparenza*. Torino: Giappichelli, 2001; *desde 2008*, v. Roberto Chieppa, Mario Nigro e la disciplina del procedimento amministrativo, in *Rivista trimestrale di diritto pubblico*, 3, 2010, p. 667-683; Fabio Merusi, Per il ventennale della legge sul procedimento amministrativo, in *Rivista trimestrale di diritto pubblico*, 4, 2010, p. 939-952; Diana-Urania Galetta, La Ley Italiana 241/90 del procedimiento amministrativo, in Aberastury; Balanke (org.). *Op. cit.*, 2012, p. 231-268; Giacinto Della Cananea, Droit de la procédure administrative: le "modèle italien", in Auby; Perroud (org.). *Droit comparé de la procédure administrative. Op. cit.*, 2016, p. 85-99; Casetta. *Compendio di diritto amministrativo*. 19. ed. (aos cuidados de Fabrizio Fracchia). Milão: Giuffrè, 2019, p. 255-401 (estas páginas abrigam estudo aprofundado do processo administrativo italiano, com todas as alterações inseridas na respectiva Lei até 2019); Farlei Martins Riccio de. O processo administrativo brasileiro e italiano sob uma perspectiva comparada: recepção de modelo e tendências contemporâneas, in Rafael Carvalho Rezende Oliveira; Thaís Marçal (org.). *Temas relevantes de processo administrativo: 20 anos da Lei 9.874/1999*. Salvador: JusPodivm, 2019, p. 139-166; Domenico Sorace; Simone Torricelli. *Diritto delle amministrazione pubbliche. Una introduzione*. 10. ed. Bolonha: Il Mulino, 2021, p. 317-352.

cidadão e a administração pública são informadas pelos princípios da colaboração e da boa-fé" (acréscimo decorrente da Lei 120/2020).

b) A Administração tem o dever de concluir o processo com uma decisão; cada setor fixará o prazo para tal; na ausência de prazo, este será de 30 (trinta) dias. Por atos do Presidente do Conselho de Ministros o prazo pode ser mais amplo, não podendo ultrapassar 90 (noventa) dias. O descumprimento do prazo ou atraso na edição constituem elemento de avaliação do desempenho individual e também de responsabilidade disciplinar e administrativo-contábil do dirigente e do servidor inadimplente (art. 9, com a redação oriunda de lei de 2012). A Administração Pública e os particulares que exercem atividade administrativa sujeitam-se à reparação do dano injusto acarretado pelo descumprimento doloso ou culposo do prazo de conclusão do procedimento (art. 2-bis, acrescentado por lei de 2012).

c) Obrigatoriedade de motivar atos administrativos, com a exposição dos pressupostos de fato e de direito, relativos ao resultado da instrução. A motivação não é exigida para atos normativos ou de conteúdo geral. Se as razões da decisão decorrem de outro ato da Administração, indicado na decisão, junto com a comunicação desta deve ser indicado e disponibilizado também aquele ato.

d) Em todo ato notificado ao destinatário devem ser indicados o prazo e a autoridade a quem se pode recorrer.

e) Para obter maior eficiência nas suas atividades, as administrações públicas agem mediante meios informáticos e telemáticos, nas relações internas, entre as diversas administrações e entre estas e os particulares (art. 3-bis).

f) Obrigatoriedade de ser indicada a unidade responsável pelo processo, do que devem ser cientificados os sujeitos do processo.

g) Obrigatoriedade de ser indicado, pelo dirigente de cada órgão, o responsável pelo processo. Quando houver diversos órgãos envolvidos na questão, o responsável pelo procedimento desempenha o papel de coordenador das atividades desses órgãos, em vista do resultado a obter. Ao responsável pelo procedimento é atribuída a competência para os atos relativos à instrução e toda outra tarefa inerente ao procedimento e, conforme o caso, a edição do ato final.

h) Podem ser sujeitos do processo: aqueles que recebem efeitos diretos do ato final; aqueles que, por lei, devem intervir; aqueles que poderão sofrer prejuízo pela edição do ato; os portadores de interesses difusos constituídos em associações, que poderão ser afetados pelo ato final.

i) Obrigatoriedade de comunicar o início do processo aos sujeitos, com indicação do *e-mail* da administração e meios digitais para ter vista dos atos do processo.

j) Os sujeitos têm direito de vista dos atos do processo.

k) Os sujeitos têm direito de apresentar alegações escritas e documentos, que a Administração é obrigada a analisar, quando pertinentes ao objeto do processo.

l) Nos processos a pedido de parte, o responsável pelo procedimento ou a autoridade, antes da formal adoção de um ato negativo, deve comunicar ao requerente os motivos que impedem o acolhimento do pedido, tendo o requerente o prazo de 10 (dez) dias para apresentar por escrito as suas observações.

m) Quando for oportuno efetuar um exame contextual de vários interesses públicos envolvidos no processo administrativo, a Administração responsável convoca uma *conferência de serviços*, que é uma reunião com a presença de representantes dos órgãos envolvidos; este tipo de conferência de serviços é intitulado *conferência instrutória*, nos termos das alterações efetuadas em 2016 (art. 14, 1). O mesmo ocorre nos casos em que a Administração responsável pela decisão positiva deva obter consentimento de outros órgãos públicos; esta modalidade recebe o nome de *conferência de serviços decisória* (art. 14, 2). As citadas alterações instituíram a *conferência de serviços preliminar*, para o caso de projetos de especial complexidade, convocada por motivado pedido do interessado, destinada a indicar ao requerente, antes da apresentação de um projeto definitivo, as condições para obter os necessários pareceres, autorizações ou demais atos de anuência; administração competente em relação ao projeto, se acolher o pedido, convoca a conferência em cinco dias úteis, a contar do recebimento do pedido (art. 14, 3).

n) Todo ato de autorização, licença, permissão ou outros similares para o exercício de atividades empresariais, comerciais ou artesanais, cuja expedição dependa exclusivamente da verificação de requisitos legais, salvo quanto a matérias apontadas no mesmo texto do art. 19, 1, é substituído por uma declaração do respectivo interessado, também por meio de autocertificação, das certificações ou atestados normalmente exigidos, salvo casos em que haja aspectos ambientais, paisagísticos, culturais e defesa nacional. A Administração competente pode exigir informações e documentos, desde que não estejam já de posse da Administração ou não possam ser obtidos junto a outros órgãos públicos. A atividade objeto da declaração pode ser iniciada decorridos trinta dias da data da apresentação da declaração. Neste mesmo prazo, havendo ausência de condições legitimantes, a Administração pode adotar motivados atos de embargo da atividade.

o) Ressalvada a aplicação do art. 19 (referente ao item *n supra*), nos processos a pedido de parte para expedição de atos administrativos, o silêncio da Administração competente equivale a ato de deferimento do pedido, sem necessidade de ulteriores pedidos ou advertências, se a Administração não comunicar, nos prazos referidos no art. 2º e parágrafos, o ato de indeferimento. O §4º do art. 20 indica as exceções ao silêncio-deferimento (p. ex.: em matéria de patrimônio cultural e paisagístico, em matéria ambiental, defesa nacional, imigração, nos casos em que a legislação comunitária exige o ato formal).

p) Direito de acesso aos documentos administrativos, salvo os referentes a segredo de Estado, segurança e defesa nacional, relações internacionais, política monetária, privacidade; definições e princípios em matéria de acesso a documentos.

q) Mediante indicação do interessado, a Administração providencia a obtenção de documento de que é portadora ou de documento de posse de outros órgãos da Administração.

r) Sem prejuízo de terceiros e em atendimento ao interesse público a administração pode celebrar acordos com interessados a fim de fixar o conteúdo do que seria uma decisão final, em substituição desta, acordos estes que devem ser motivados (art. 11., item 1.).

s) Regras sobre a Comissão para o Acesso a Documentos Administrativos.

Nas palavras de Roberto Chieppa, "a Lei 241/90 sancionou o deslocamento do centro da atividade administrativa do ato ao processo". E adiante: "O espírito da Lei 241/90 não foi só introduzir uma normação geral sobre o processo administrativo, mas também introduzir uma nova concepção de Administração, pois o princípio democrático foi estendido à ação administrativa".[34]

56.7 O Código do Procedimento Administrativo de Portugal de 1992

Segundo vem mencionado na *Exposição de Motivos* do Código de 1992, a primeira versão do projeto foi elaborada em 1980, pelo Prof. Rui Machete, da Faculdade de Direito de Lisboa. Houve discussão pública sobre o projeto, acompanhada por uma comissão, com dois representantes da Faculdade de Direito de Lisboa, um deles o próprio Prof. Rui Machete. Outras versões foram elaboradas. O texto final foi aprovado pelo Decreto-Lei nº 442/91, publicado em 15.11.1991, para produzir efeitos após seis meses, ou seja, 15.5.1992. Conforme Diogo Freitas do Amaral, neste Código português tiveram influência marcante a lei espanhola de processo administrativo de 1958, a lei norte-americana de 1946 e a lei alemã de 1976.[35]

Como a lei alemã, este Código português de 1992 vai além das normas sobre processo administrativo, pois trata também do ato e do contrato administrativo, arrolando, ainda, os princípios gerais da Administração Pública.[36]

O Código do Procedimento Administrativo de Portugal foi substituído por novo Código, em 2015.

---

[34] Mario Nigro e la disciplina del procedimento amministrativo, in *Rivista trimestrale di diritto pubblico*, 3, 2010, p. 673 e 677.

[35] A codificação do processo administrativo em Portugal: razão de ser, tradições e enquadramento constitucional, in *Procedimiento Administrativo*. Santiago de Compostela: 1994, p. 32.

[36] Para estudo mais aprofundado do Código do Procedimento Administrativo de Portugal de 1992, v.: *Procedimiento Administrativo*, org. Diogo Freitas do Amaral e Laureano López Rodó. Santiago de Compostela: Escola Galega de Administração Pública, 1994 (há vários artigos de autores portugueses e espanhóis sobre o processo administrativo em Portugal e na Espanha, respectivamente); David Duarte. *Procedimentalização, participação e fundamentação: para uma concretização do princípio da imparcialidade administrativa como parâmetro decisório*. Coimbra: Almedina, 1996; Vasco Manuel Pascoal Dias Pereira da Silva. *Em busca do ato administrativo perdido*. Coimbra: Almedina, 1996.

56.8 A Lei de Processo Administrativo da Espanha de 1992

Para adequar a disciplina do procedimento à Constituição de 1978, foi editada nova Lei de Processo Administrativo na Espanha, a Lei nº 30, de 26.11.1992, com o nome de *Lei de Regime Jurídico das Administrações Públicas e do Procedimento Comum.* Mas esta lei suscitou reações negativas, em grande escala, da quase totalidade dos administrativistas.[37] A doutrina apontava, em geral, retrocessos em relação à lei de 1958. Tais reações levaram o Governo a prolongar, por um ano, a *vacatio legis*, resultando em período de um ano e meio para a entrada em vigor da lei. Outra consequência das reações adversas foi a revisão da lei, efetuada pela Lei nº 4, de 13.1.1999. Uma das alterações que a Lei nº 4/1999 inseriu situa-se na indicação dos princípios da boa-fé, confiança legítima, participação e transparência, além daqueles antes arrolados na Lei nº 30/1992.

Esta lei espanhola, como o seu título sugere, não continha somente normas sobre processo administrativo. Abrigava regras atinentes a: relações entre órgãos administrativos; funcionamento dos órgãos administrativos, inclusive colegiados; atos administrativos, sua eficácia e invalidade; responsabilidade da Administração, de suas autoridades e outras pessoas a seu serviço. Além das normas sobre o processo administrativo em geral, continha um título específico sobre os princípios do poder sancionador e do processo administrativo sancionador.[38] Esta lei foi substituída por lei de 2015.

---

[37] A respeito das reações negativas dos administrativistas espanhóis quanto à Lei 30/1992 v. Laureano López Rodó, La codificación del procedimiento administrativo: razón de ser, tradiciones y encuadramiento constitucional, in *Procedimiento Administrativo*, org. Diogo Freitas do Amaral e Laureano López Rodó. Santiago de Compostela: 1994, p. 41-43, e Tomás-Ramón Fernández Rodriguez, Conclusiones generales sobre la codificación del procedimiento administrativo en Espana y Portugal, na *mesma obra*, p. 183-191.

[38] Para estudo mais amplo sobre o processo administrativo na Espanha e respectivas leis editadas até 1999 e alterações, v.: Francisco López Menudo, Los principios generales del procedimiento administrativo, in *El procedimiento administrativo en el derecho comparado*, org. Javier Barnes Vazquez. Madri: 1993, p. 91-158, e La entrada em vigor de la Ley 30/1992, de 26 de noviembre, de regimen jurídico de las administraciones publicas y del procedimiento administrativo, no mesmo livro, p. 257-270; *Procedimiento Administrativo*, org. Diogo Freitas do Amaral e Laureano López Rodó. Santiago de Compostela: 1994, onde há inúmeros artigos sobre o processo administrativo na Espanha e em Portugal, de autores respectivos; Jaime Araña Munoz Rodriguez, Sobre las ultimas reformas administrativas en

56.9 Outros países com lei de processo administrativo

Sem exaurir todos, indicam-se outros países com lei de processo administrativo: Noruega – 1967, com alterações; Suíça – 1968, com alterações; Suécia – 1971, depois 1986, esta com alterações; Luxemburgo – 1978; Bulgária – 1979, depois 2006, esta com alterações; Finlândia –1982, depois 2003; Dinamarca – 1987, depois 1990; Coreia do Sul – 1996, com alterações; Holanda – 1994; Sérvia – 1997, depois 2006; Taiwan – 1999; Lituânia – 1999; Eslovênia – 1999, com alterações; Grécia – 1999.

56.10 Lei brasileira de Processo Administrativo Federal de 1999

A indicação da Lei brasileira de Processo Administrativo Federal de 1999 se efetua neste item com o fim de se vislumbrar o panorama de edição ou revisão de leis de processo a partir da segunda metade do século XX, panorama este que inclui o Brasil. Mas a matéria será objeto de tratamento apartado, no próximo capítulo.

Espana, in *Rivista trimestrale di diritto pubblico*, 1, 2000, p 214-230; Joaquín Tornos Mas, La simplificación administrativa y procedimental en el sistema espanhol in *Il procedimiento amministrativo fra semplificazione e partecipazione*, org. Maria Alessandra Sandulli, 1ª parte, 2000, p. 173-202; Michelle Della Morte, Funzione consultiva e procedimento in Spagna: un duplice livello di garanzia dei diritti dei cittadini, in *Il procedimento amministrativo fra semplificazione e partecipazione*, org. Maria Alessandra Sandulli, 2ª parte, 2001, p. 3-75; *após 2008*, v. Luciano Parejo Alfonso, El procedimiento administrativo em Espana: situación actual y perspectivas, in Barnes (org). *La transformación del procedimiento administrativo*. 2008, p. 421-473 (o autor discorre sobre as leis espanholas de 1958 e de 1992); Tomas-Ramón Fernández, El acceso de los ciudadanos a la información pública. Del derecho individual de defensa al principio general de transparencia, in Aberastury; Blanke (org.). *Op. cit.* 2012, p. 165-185.

57 Novas leis de processo administrativo a partir de 2008

57.1 Leis resultantes da substituição de leis anteriores

57.1.1 O Código do Procedimento Administrativo de Portugal de 2015

Uma comissão integrada por Fausto de Quadros (por este coordenada), Sérvulo Correia, Rui Machete, José Carlos Vieira de Andrade, Glória Garcia, Mario Aroso de Almeida, Políbio Henriques, Teresa Naia, José Miguel Sardinha foi designada pelo Governo português para rever o Código de 1992 e foi empossada em julho de 2012.[39] O projeto elaborado foi submetido, a partir de maio de 2013, a debate público por um período de dois meses, com intensa participação; várias sugestões e propostas foram acolhidas. O conteúdo do Código teve influência "dos Direitos alemão, italiano e espanhol (por exemplo, em matéria de Administração eletrônica, de auxílio administrativo e de conferência procedimental)", como informa Fausto de Quadros.[40]

Além de preceitos sobre o processo administrativo, o Código promulgado em 7.1.2015, abriga disposições sobre os órgãos administrativos, o ato administrativo e algumas diretrizes sobre os contratos administrativos.

De modo sucinto, elencam-se, as seguir, algumas disposições processuais:

a) Princípios gerais da atividade administrativa são arrolados (arts. 3º a 19). Entre os princípios diretamente relacionados ao processo administrativo se encontram os seguintes: participação;

---

[39] Cf. Fausto de Quadros, As principais inovações do Projeto do Código do Procedimento Administrativo, in *Cadernos da Justiça Administrativa,* Ed. Faculdade de Direito da Universidade do Minho, nº 100, 2013, p. 128-129.

[40] As principais inovações do Projeto do Código do Procedimento Administrativo, in *Cadernos da Justiça Administrativa,* Ed. Faculdade de Direito da Universidade do Minho, nº 100, 2013, p. 130. Sobre o Código do Procedimento Administrativo de Portugal, de 2015 v. também: Fausto de Quadros, Os princípios gerais da atividade administrativa no Código do Procedimento Administrativo depois da sua revisão, in *Estudos em homenagem a Rui Machete.* Coimbra: Almedina, 2015, p. 263 e ss.

decisão; princípios aplicáveis à administração eletrônica; gratuidade; administração aberta; proteção de dados pessoais.

b) Em virtude do *princípio da decisão*, os órgãos administrativos têm o dever de se pronunciar sobre os assuntos de sua competência que lhes sejam apresentados e sobre os assuntos relativos diretamente aos interessados (art. 13).

c) De modo similar à lei italiana de processo administrativo, o novo Código português instituiu o responsável pelo procedimento (art. 55), que é informado aos participantes do procedimento.

d) Acordos endoprocedimentais podem ser celebrados entre a Administração e particular sobre os termos do procedimento e para a decisão final.

e) Na instrução do procedimento devem ser utilizados preferencialmente os meios eletrônicos, salvo disposição legal em contrário; somente com o prévio consentimento do interessado a comunicação da Administração com estes se efetua mediante tais meios; na primeira atuação no procedimento o interessado deve dizer se aceita a comunicação por esta forma ou mediante correio postal; nas palavras de Fausto de Quadros, "a solução de impor os meios eletrônicos seria violenta, pois há zonas no País onde é difícil o acesso aos meios eletrônicos".[41]

f) É previsto o dever de celeridade, destinado ao responsável pelo procedimento e outros órgãos intervenientes na tramitação.

g) Os sujeitos do processo podem ser, além dos órgãos competentes para a tomada de decisões ou para os atos preparatórios, os titulares de direitos subjetivos, interesses legalmente protegidos, deveres, ônus, ou associações para defender interesses coletivos ou defesa coletiva de interesses individuais dos seus associados (no âmbito dos respectivos fins).

h) São fixadas garantias de imparcialidade.

i) Com inspiração na lei italiana de processo administrativo, é prevista a *conferência procedimental*, destinada ao exercício em comum ou conjugado das competências dos diversos órgãos da Administração, no sentido de promover a eficiência, a economicidade e a celeridade da atividade administrativa.

---

[41] As principais inovações do Código do Procedimento Administrativo, in *Cadernos da Justiça Administrativa*, *op. cit.*, 2013, p. 8.

j) É assegurado o direito à informação e ao contraditório. No caso de procedimento eletrônico, a Administração deve colocar à disposição do interessado, na internet, um serviço de acesso restrito, mediante prévia identificação, para que possa obter por via eletrônica informação sobre a tramitação.

k) São previstas normas relativas ao procedimento do regulamento administrativo, ou seja, ao procedimento do ato normativo, com o seu início publicado na internet, no sítio eletrônico do órgão competente, indicando-se o objeto e o modo de apresentação de propostas para a elaboração; na matéria, é prevista, também a consulta pública.

l) O início do processo será comunicado às pessoas cujos direitos ou interesses legalmente protegidos possam ser lesados pelos atos a praticar no processo e que possam ser desde logo identificadas.

m) Os processos de iniciativa de particular devem ser decididos no prazo de 60 (sessenta) dias, salvo outro prazo previsto em lei, podendo, em circunstâncias excepcionais, ser prorrogado por um ou mais períodos, até 90 (noventa) dias (alteração efetuada em 2023).

n) A falta de decisão final sobre pretensão dirigida ao órgão competente constitui descumprimento do dever de decisão, conferindo ao interessado a possibilidade de utilizar os meios de tutela administrativa e jurisdicional adequados.

o) Considera-se que há deferimento tácito quando a lei ou regulamento determina que a ausência de notificação da decisão final sobre pretensão dirigida a órgão competente no prazo legal tem o valor de deferimento.

p) É imposta motivação (sob o nome de fundamentação) de atos administrativos que: neguem, extingam, restrinjam ou afetem de qualquer modo direitos ou interesses legalmente protegidos ou imponham ou agravem deveres, encargos ou sanções; decidam reclamações ou recursos; decidam em contrário de pretensão ou oposição formulada por interessado; decidam de modo diferente da prática habitualmente seguida na solução de casos semelhantes ou na interpretação e aplicação dos mesmos princípios ou preceitos legais; impliquem anulação, revogação, modificação ou suspensão de ato administrativo anterior.

q) Os procedimentos de iniciativa oficial, passíveis de decisões desfavoráveis aos interessados, caducam, na ausência de decisão, no prazo de 120 (cento e vinte) dias.

57.1.2 A Lei de Procedimento Administrativo da Espanha de 2015

A nova lei espanhola – *Lei de Procedimento Administrativo Comum das Administrações Públicas,* de 01.10.2015, com alterações em 2018, 2019, 2022, disciplina os direitos e as garantias mínimas de todos os cidadãos em relação à atividade administrativa, cuidando também de: atos administrativos; desfazimento de atos administrativos; processos administrativos sancionadores; processos administrativos disciplinares. Os diversos temas recebem tratamento minucioso.

A seguir serão indicadas, de modo resumido, as linhas básicas relativas ao processo administrativo na lei espanhola atual.

a) São interessados: quem inicia o processo como titular de direitos ou interesses legítimos individuais ou coletivos; quem, sem iniciar o processo, tenha direitos ou interesses legítimos, individuais ou coletivos, que podem ser afetados pela decisão; as associações e organizações representativas de interesses econômicos e sociais; quando a condição de interessado derive de alguma relação jurídica transmissível, nesta condição será sucessor qualquer que seja o estado do procedimento.

b) Amplo e minucioso rol de preceitos é dedicado a *registros eletrônicos* e aspectos do *processo administrativo eletrônico,* por exemplo: os registros eletrônicos da Administração Pública devem ser interoperáveis entre si; meios eletrônicos de identificação e assinatura dos interessados no procedimento administrativo eletrônico; a Administração deve garantir que os interessados possam relacionar-se com ela por meios eletrônicos, dando assistência a pessoas físicas; as pessoas físicas podem escolher as comunicações com a Administração por meios eletrônicos, salvo estarem obrigadas a usar tais meios; a escolha pode ser alterada a qualquer tempo; pessoas jurídicas são obrigadas a usar os meios eletrônicos nas comunicações com a Administração; a Administração deve emitir seus documentos por meios eletrônicos, salvo se sua natureza exija outra forma de expressão; as pessoas têm o direito de efetuar comunicações com a Administração por meios eletrônicos; as pessoas têm direito à proteção de dados pessoais nas relações com a Administração; nos procedimentos iniciados por solicitação do interessado, a notificação será efetuada pelo meio indicado pelo esse, sendo eletrônica nos casos em que exista a obrigação de relacionar-se com a Administração desta forma (art. 41, 3); todas as notificações em papel deverão ser colocadas à disposição do interessado no sítio eletrônico da Administração competente para o acesso daquelas.

c) Entre os direitos do interessado (art. 53) encontram-se os seguintes: conhecer, a qualquer tempo, o estado de tramitação dos processos, em que tenham a condição de interessados; ter acesso e obter cópia dos documentos contidos no procedimento; conhecer o órgão ou autoridade competente para a tramitação, instrução e decisão do processo; formular alegações e carrear documentos em qualquer fase do processo anterior à audiência, os quais devem ser levados em conta pelo órgão competente ao redigir a proposta de decisão; obter informação e orientação sobre os requisitos jurídicos ou técnicos que as disposições legais imponham aos projetos ou atividades que se proponham a realizar; ser notificado dos fatos que lhe são imputados, indicando as infrações que tais fatos podem constituir, as respectivas sanções que podem ser impostas e a autoridade competente para a instrução e decisão.

d) A Administração é obrigada a editar decisão expressa em todos os processos no prazo máximo de três meses, se outro não tiver sido fixado; e deverá notificar a decisão, qualquer que seja o modo de início do processo, em prazo que não excederá seis meses, em geral, se outro não tiver sido estabelecido por norma reguladora do procedimento.

e) A Administração informará, aos interessados, o prazo máximo para a decisão e notificação, assim como os efeitos do silêncio administrativo; tais informações devem figurar na notificação do início do processo.

f) Nos processos iniciados por solicitação do interessado, a falta de decisão no prazo fixado, sem que tenha havido notificação de solução explícita, legitima o interessado a vê-la como deferida, salvo se norma com nível de lei ou norma do direito comunitário e internacional estabeleçam o contrário (art. 24, 1). São indicadas exceções em que o silêncio deve ser entendido como indeferimento (art. 24, 1, segunda e terceira partes). O deferimento por silêncio administrativo equivale, para todos os efeitos, a ato administrativo finalizador do processo. O indeferimento pelo silêncio tem o efeito de permitir aos interessados a interposição de recurso administrativo ou judicial.

g) O art. 25 trata da falta de decisão expressa em processos iniciados de ofício, inclusive sancionadores, tendo o silêncio o efeito de indeferimento, em geral. Nos processos sancionadores ou naqueles que possam resultar em efeitos desfavoráveis ou em gravames, a decorrência é a caducidade.

h) Nos processos instaurados a pedido do interessado, a decisão será congruente com o pedido formulado, sem possibilidade de agravar a situação inicial, sem prejuízo da abertura, pela Administração, de novo processo, se for o caso.

i) O art. 35 arrola decisões administrativas que devem ser motivadas, por ex.: que rejeitem provas sugeridas pelos interessados; atos que se afastem do critério seguido em atuações precedentes.

j) Submetido ao princípio da celeridade, o procedimento será impulsionado de ofício em todas as suas fases e por meios eletrônicos, respeitados os princípios da transparência e publicidade.

k) O procedimento poderá ser encerrado por acordo, desde que não contrarie o ordenamento nem verse sobre matérias não suscetíveis de transação.

l) Sempre que razões de interesse público ou ausência de complexidade do procedimento assim o aconselhe, a Administração Pública poderá realizar, de ofício ou por solicitação do interessado, *tramitação simplificada* (art. 96).

m) Sempre que razões de interesse público aconselhem, poder-se-á decidir, de ofício ou a pedido do interessado, pela aplicação, no procedimento, da *tramitação de urgência*, pela qual os prazos se reduzem à metade em relação ao procedimento ordinário (art. 33).

57.1.3 O Código de Procedimento Administrativo da Colômbia de 2011

O *Código de Procedimiento Administrativo y de lo Contencioso Administrativo* foi promulgado na Colômbia por força da Lei nº 1.437, de 18.1.2011. A primeira parte é dedicada ao procedimento administrativo, recebendo alterações em 2015 e 2021, e a segunda ao contencioso administrativo (como se registrou acima, a Colômbia adotou a dualidade de jurisdição e manteve num só Código os preceitos dos dois processos, em partes separadas).[42]

De modo sintético expõem-se na sequência lineamentos do procedimento administrativo.

a) O art. 3º arrola e explicita os princípios das atuações e procedimentos administrativos: devido processo; igualdade; imparcialidade; boa-fé; moralidade; participação; responsabilidade; transparência; publicidade; coordenação; eficácia; economia; celeridade. O item 1 do art. 3º inclui no princípio do devido processo os direitos de defesa e contraditório, indicando nos processos sancionadores a legalidade das infrações e das sanções, a presunção de inocência, a vedação da *reformatio in pejus* e o não *bis in idem*.

b) Entre os direitos das pessoas se encontram os seguintes: relacionar-se com as autoridades por meio tecnológico ou eletrônico disponível na entidade ou integrados em meios de acesso unificado à administração pública; obter informações contidas em registros e arquivos públicos e obter cópias, salvo reserva legal; obter resposta oportuna e eficaz aos pedidos nos prazos fixados para tanto; formular alegações e aportar documentos e outros elementos de prova em qualquer atuação administrativa em que tenha interesse, os quais serão levados em conta na decisão.

c) Os procedimentos administrativos são efetuados por escrito, verbalmente ou por meios eletrônicos; só poderá haver início do procedimento de ofício por meio eletrônico de conformidade com o disposto no Código e na lei; o interessado deve ser informado do início do procedimento para exercício do direito de defesa.

---

[42] Sobre a nova lei de processo administrativo da Colômbia, de 2011, v. Rocio Araujo Oñate, El procedimiento administrativo colombiano, in Aberastury; Blake (org.). *Op. cit.*, 2012, p. 399-453.

d) Poderá ser realizada audiência com o objetivo de promover a participação cidadã, assegurar o direito ao contraditório ou contribuir para a pronta adoção de decisões.

e) Deve haver comunicação da existência da atuação administrativa também a terceiros que podem ser afetados pela decisão.

f) Antes da decisão final podem ser trazidas, pedidas e praticadas provas de ofício ou a pedido do interessado.

g) Amplo rol de preceitos é dedicado à utilização de meios eletrônicos no procedimento administrativo (arts. 53 a 64, cada qual com vários itens), ressaltando-se os seguintes: para garantir a igualdade de acesso, a autoridade deverá assegurar mecanismos suficientes e adequados de acesso gratuito aos meios eletrônicos ou permitir o uso alternativo de outros meios; toda pessoa tem o direito de atuar perante as autoridades utilizando meios eletrônicos, devendo registrar seu endereço eletrônico, e as comunicações e notificações serão efetuadas por esse meio, salvo se o interessado solicitar o uso de outro meio; as autoridades poderão emitir decisões por meios eletrônicos sempre que se assegure sua autenticidade, integridade e disponibilidade; a autoridade garantirá as condições de qualidade, segurança, acessibilidade, neutralidade e interoperabilidade da informação; comissões, conselhos e demais órgãos colegiados poderão deliberar, votar e decidir em conferência virtual, utilizando os meios eletrônicos idôneos, registrando por esse meio a atuação.

h) O silêncio da Administração, decorridos três meses da solicitação do interessado sem haver notificação da decisão, terá efeito de indeferimento, sendo, portanto, silêncio-negativo; e não exime de responsabilidade as autoridades competentes; somente nos casos expressamente previstos em textos legais o silêncio equivale à decisão positiva.

i) O Código de procedimento administrativo abriga também: normas sobre o procedimento administrativo sancionador não disciplinado por normas específicas; normas sobre recursos administrativos; normas sobre o procedimento administrativo de execução coativa.

57.2 Leis de processo administrativo onde não havia

57.2.1 A lei de processo administrativo da França de 2015

O texto francês de 2015 (*Código das Relações entre o Público e a Administração – CRPA*) se distancia 70 anos da lei americana de processo administrativo (1946), 60 anos da lei espanhola de 1958, 50 anos da lei alemã (1976), 25 anos da lei italiana (1990), 23 anos das leis espanholas e portuguesa de 1992, 16 anos da lei federal brasileira (1999).

No item 52.2 do capítulo 8 figuram os passos anteriores à codificação francesa, com menções doutrinárias à *concepção contenciosa* existente na França, que representaria um dos fatores do atraso francês em relação a inúmeros outros países, inclusive bem próximos geograficamente. Nas palavras de Sebastien Saunier, "a doutrina francesa tem dificuldades de 'pensar' o processo administrativo fora do prisma jurisdicional".[43] Por sua vez, Auby registra: "em alguns países o processo administrativo é tradicionalmente considerado assunto secundário, como na doutrina francesa".[44] Jean François Boudet observa: "mal amada ontem, justificada pelo caráter pretoriano do direito administrativo, projetada hoje como instrumento de reforma e de simplificação administrativa; [...] final feliz da novela legislativa e das dificuldades que existiam para a codificação da processo administrativo não contencioso na França".[45]

Após a edição do Código de 2015 (CRPA), alguns autores se manifestaram sobre a quebra da exceção francesa, como se exemplifica a seguir. Dominique Custos: o Código francês "tem caráter tardio; [...] a França estava em atraso em relação a grupo sem cessar crescente de países dotados de um código ou lei geral de processo

---

[43] La notion de procédure administrative non contentieuse, in L'Association française pour la recherche en droit administratif (AFDA) (org.). *Procédures administratives*. Paris: Daloz, 2015, p. 52.

[44] Introdução geral, in AUBY; PERROUD (org.). *Droit comparé de la procédure administrative. Op. cit.*, 2016, p. 2.

[45] Codifier les relations. Considerations sur un oximore, in Koubi; Cluzel-Metayer; Tamzimi (org). *Lectures critiques du Code des relations entre le public et l'administration*. Paris: LGDJ, 2018, p.

administrativo; [...] o CRPA quebrou o isolamento da França".[46] Olivier Renaudie: "A França estava isolada, pois a maior parte dos países vizinhos são dotados de código ou lei geral de processo administrativo".[47] Delphine Espagno-Abdie: "O Código é o resultado de vários anos de reflexão sobre a necessidade de codificar as regras aplicáveis às relações entre o público e a administração".[48] Pascal Combeau: "O CRPA marca o fim da exceção francesa".[49]

O primeiro passo para a edição do Código francês foi a Lei nº 1.005, de 12.11.2013, que habilitou o Governo, por dois anos, para sua redação, devendo reagrupar e organizar as regras relativas ao processo administrativo não contencioso já em vigor e, se fosse o caso, as normas já publicadas, mas ainda sem eficácia. Portanto, o texto francês enquadra-se na codificação *au droit constant*, ou seja, codificação que reúne preceitos já existentes no ordenamento.

Designou-se uma comissão para elaborar o projeto, integrada por dois membros do Conselho de Estado e um conselheiro de tribunal administrativo; e formou-se um grupo de especialistas composto por magistrados, altos funcionários e professores universitários para opinar sobre o projeto, podendo sugerir modificações.

Dois anos depois o Governo baixou o Decreto nº 1.341, de 23.10.2015, relativo aos preceitos do *Código das Relações entre o Público e a Administração – CRPA*. Na exposição de motivos se menciona o objetivo de "reforçar o diálogo entre a Administração e o cidadão e permitir ao cidadão ter acesso a regras até aqui esparsas". Para Aude Zarandy, "duas ideias emergem sobre o Código: a ideia de diálogo administrativo e a ideia de acessibilidade e inteligibilidade da lei".[50] Nas considerações de Didier Truchet, "O título 'CRPA' tem o mérito de ser compreensível para o público a que se destina; Código

---

46 Esquisse comparative du CRPA, in *Journal du Droit Administratif (JDA)*, Dossier 02, outubro 2106, art.98.

47 La fabuleuse histoire de la fabrique du CRPA, in Koubi; Cluzel-Metayer; Tamzimi (org). *Lectures critiques du Code des Relations entre le public et l'administration*. Paris: LGDJ, 2018, p. 35.

48 Une histoire courte des relations entre l'administration et le public mise à porté de tout le monde, in *Journal du Droit Administratif (JDA)*, Dossier 02, 2016, art. 66.

49 Le CRPA et "infra-acte administratif". Entre (timides) avancées et statu quo, in Koubi; Cluzel-Metayer; Tamzimi (org). *Lectures critiques du Code des Relations entre le public et l'administration*. Paris: LGDJ, 2018, p. 111.

50 L'architecture du Code, in Koubi; Cluzel-Metayer; Tamzimi (org). *Op. cit.*, 2018, p. 60. No entanto, a redação não propicia facilidade de compreensão.

do 'processo administrativo não contencioso' teria sido mais exato tecnicamente, porém mais obscuro".[51]

Referido Código recebeu várias alterações nos anos posteriores à sua edição, inclusive em 2016, 2022, 2023, 2024.

Além das disposições processuais, o Código abriga preceitos sobre: atos administrativos;[52] recursos administrativos; prazos para anulação e revogação de atos administrativos; direito de acesso a documentos detidos pela Administração, com as exceções; reutilização das informações públicas; Comissão de Acesso aos Documentos Administrativos; indicação, sem disciplina, nos arts. 421-423 e 432, de meios consensuais de solução de litígios com a Administração (conciliação e mediação, transação e alguns casos em que é possível o uso da arbitragem).

De modo sucinto, são indicados a seguir preceitos processuais do Código francês.

a) Os princípios de legalidade, neutralidade, laicidade, igualdade, tratamento imparcial são mencionados (art. 100-2).

b) Direito da pessoa de conhecer o nome, a qualidade e o endereço administrativo do agente encarregado de instruir seu pedido ou de tratar do assunto que lhe concerne, devendo figurar nas correspondências que lhes são dirigidas.

c) Todo pedido dirigido à Administração deve receber comprovação de sua apresentação (*accusé de réception*).

d) Toda pessoa, desde que identificada previamente junto a uma Administração, pode dirigir a esta, por meio eletrônico, um pedido, uma declaração, um documento, uma informação ou responder por igual meio (art. 112-8). Para exercer seu direito de contatar a administração por meio eletrônico, a pessoa se identifica quanto às modalidades de utilização dos telesserviços; indica se é empresa, seu número de inscrição respectivo; se é uma associação e, em outros casos, nome, endereço postal e eletrônico (art. 112-9-1,

---

[51] L'intitulé du Code et le choix des termes, in *Journal du Droit Administratif (JDA)*, Dossier 02, 2016, art. 67.

[52] Mathieu Doat, no artigo, Sur la definition de l'acte administratif, in Koubi; Cluzel-Metayer; Tamzimi (org). *Op. cit.*, 2018, p. 91-92, critica a manutenção, no Código, da ideia e denominação de ato administrativo unilateral (é o título do Livro II) para todos os atos administrativos, mesmo para aqueles em que há iniciativa de particular; e aponta contradição entre esta noção e "o espírito" de diálogo que fundamenta o Código, pois aí se mantém a ficção da unilateralidade, fugindo da realidade.

conforme redação de 2016). A administração divulga ao público os telesserviços de que dispõe (art. 112-9-2, conforme redação de 2016). Outros dispositivos sobre comunicações por meio eletrônico se encontram no Código.

e) Uma pessoa que apresenta um pedido ou efetua uma declaração a uma administração não pode ser obrigada a produzir informações ou dados que esta detém ou que pode obter junto a uma administração participante do sistema de troca de dados. (art.113-12, por alteração do Código efetuada em 2022). Quando um pedido é dirigido a uma Administração incompetente, essa transmite à Administração competente, comunicando ao interessado.

f) É previsto o contraditório para decisões individuais, indicando-se exceções (p. ex.: em caso de urgência ou de circunstâncias excepcionais).

g) São mencionadas possibilidades de: observações escritas e orais, antes da decisão; assistência de conselheiro, antes da decisão; no caso de processo sancionador, a pessoa deve ser informada da conduta que lhe é atribuída e respectiva sanção, informando o direito de acesso ao expediente respectivo.

h) No caso de concepção ou elaboração de um projeto ou de um ato, a Administração pode decidir por uma consulta pública, divulgando os resultados e as decorrências nas decisões sucessivas. O mesmo se aplica previamente à edição de um ato normativo, mesmo quando este deveria ser submetido a uma comissão consultiva e, neste caso, esta não é consultada, podendo oferecer observações.

i) Audiências públicas são mencionadas nos arts. 134-1 e 134-2.

j) Direito de pessoas físicas e morais de conhecerem os motivos das decisões individuais desfavoráveis que lhes concernem, havendo lista de decisões que devem ser motivadas.

k) O silêncio da Administração após dois meses da apresentação de um pedido equivale à decisão de aceitação (art. 231-1), salvo as exceções em que o silêncio equivale à rejeição (art. 231-4). Outros prazos de decisão podem ser fixados pelo Conselho de Estado. A decisão de aceitação em virtude do silêncio pode ser atestada pela Administração, a pedido do interessado (art. 232-3).

l) Em geral, a Administração não pode revogar ou anular uma decisão criadora de direitos a não ser que seja ilegal e se ocorrer no decurso de quatro meses da edição desta decisão.

57.2.2 A Lei de Processo Administrativo de El Salvador de 2018

Em 13.2.2018, foi promulgada a *Ley de Procedimientos Administrativos* de El Salvador. Além dos aspectos processuais gerais, esta lei trata do seguinte: responsabilidade patrimonial da Administração e de seus funcionários; regime jurídico dos atos administrativos; exercício do poder normativo, aplicando-se a planos, programas e outros atos de caráter geral; princípios e garantias do procedimento sancionador; desfazimento do ato administrativo; recursos administrativos. A lei se aplica aos concessionários de serviços públicos.

São ressaltados na sequência os lineamentos da referida lei.

a) A Administração não poderá exigir, do particular, documentos emitidos pelo órgão que os solicita nem informações que este órgão detenha (art. 4º).

b) Deve haver um guichê único e os órgãos vinculados se empenharão no tocante ao uso de meios eletrônicos.

c) Sob nítida influência da lei espanhola de 2015, o art. 23 dispõe sobre as exigências de motivação.

d) No procedimento administrativo, todo ato que afete direitos ou interesses das pessoas terá de ser notificado.

e) Sem prejuízo de outros direitos, as pessoas, em suas relações com a Administração, são titulares dos seguintes direitos: boa administração, pelo qual os assuntos de natureza pública devem ser tratados com equidade, justiça, objetividade, imparcialidade, sendo resolvidos em prazo razoável e ao serviço da dignidade humana; relacionar-se com a Administração por meios tecnológicos que esta ponha à disposição; acesso a informação pública, arquivos, registros e expedientes administrativos; garantia de segurança e confidencialidade dos dados pessoais que figurem nas bases de dados, prontuários e sistemas da Administração; apresentar reclamações, recursos contra decisões e sugestões.

f) Há um capítulo dedicado ao uso das tecnologias de informação e comunicação.

g) São interessados no procedimento administrativo: titulares de direitos ou interesses legítimos individuais ou coletivos; quem tenha direitos ou interesses legítimos, individuais ou coletivos, que podem ser afetados pela decisão e que se apresentem no procedimento antes da decisão definitiva; as associações e organizações na defesa dos direitos e interesses de seus membros, de acordo com os fins de sua criação e segundo determine a maioria.

h) A Administração deve emitir decisão expressa em todos os procedimentos e notificá-la.

i) O procedimento deve ser concluído por ato ou decisão final no prazo máximo de nove meses após seu início. Em caso algum a decisão final poderá agravar ou prejudicar a situação inicial do administrado cuja solicitação deu início ao procedimento.

j) Nos procedimentos iniciados a pedido do interessado, decorrido o prazo máximo da decisão, sem que tenha havido a respectiva notificação expressa, o efeito do silêncio será positivo, de modo que o interessado deverá considerar deferido seu pedido (art. 113); são indicadas exceções a esta regra, resultando em efeito negativo do silêncio.

k) Nos procedimentos iniciados de ofício, vencido o prazo, dois são os efeitos: nos procedimentos que podem acarretar o reconhecimento ou constituição de direitos ou demais situações individualizadas, o efeito será negativo para os que integraram o procedimento; nos procedimentos sancionadores em geral ou no exercício de poderes de intervenção, suscetíveis de produzir efeitos desfavoráveis ou de gravame, ocorrerá caducidade e haverá o arquivamento.

l) O procedimento para emissão de ato normativo tem por finalidade obter informação necessária para canalizar o diálogo com outros órgãos, com os interessados e o público em geral, promovendo a melhoria regulatória e o direito fundamental à participação cidadã. Pode haver audiência dos cidadãos diretamente afetados em seus direitos e interesses, das associações que os representem e também a participação do público em geral.

m) Exige-se prévia avaliação de impacto regulatório.

58 Códigos-modelo

Os *códigos-modelo* ou *leis-modelo*, em geral elaborados por comissões integradas por professores, juristas, magistrados, especialistas, são textos com natureza de proposta, formatados como projeto de lei, objetivando oferecer orientação ou consulta para países ou órgãos se estes pretenderem redigir projetos de leis de processo administrativo ou projetos para reformular leis já existentes.

58.1 Código-modelo de processo administrativo para Ibero-América de 2012

Em março de 2009 foi designada, pelo Instituto Ibero-Americano de Direito Processual e confirmada em agosto de 2010 nas XXII Jornadas Ibero-Americanas de Direito Processual, comissão para elaborar a proposta de um código-modelo para Ibero-América, integrada pelos seguintes membros: Ada Pellegrini Grinover (Presidente) – Brasil; Ricardo Perlingeiro (Secretário-Geral) – Brasil; Euripedes Cuevas – Colômbia; Ignacio M. Soba Bracesco – Uruguai; Juan Antonio Robles Garçon – Espanha; Odete Medauar – Brasil; Rosa Gutierrez Sanz – Espanha; Ruth Stella Palacio – Colômbia. Realizaram-se várias reuniões a distância e, em abril de 2011, houve reunião presencial da Comissão na Faculdade de Direito da Universidade Livre da Colômbia, em Bogotá, aí se finalizando a proposta, depois revista por Comissão de Revisão. Em fevereiro de 2012, os trabalhos de revisão foram encerrados, sendo aprovado o texto final em 8.6.2012 pela Assembleia-Geral do Instituto Ibero-Americano de Direito Processual.

Na respectiva exposição de motivos se afirma que o código-modelo adotou a palavra *processo*; o art. 3º do código-modelo caracteriza como processo administrativo aquele submetido às garantias do contraditório e da ampla defesa, destinado a preparar decisões administrativas que possam incidir sobre interesses ou direitos dos interessados; e também: em que se configure uma controvérsia entre a Administração e o interessado ou entre pessoas físicas ou pessoas jurídicas de direito público ou privado, cuja solução possa advir da Administração.

Referido código-modelo é sintético, sem minúcias, abrigando 21 artigos com poucos parágrafos. Suas linhas básicas são indicadas a seguir.

a) Além dos princípios aplicáveis à Administração Pública (art. 2º), o art. 4º arrola os princípios próprios do processo administrativo:

isonomia, contraditório, ampla defesa, razoável duração do processo, oficialidade, verdade material, preclusão administrativa, formalismo moderado. Tais princípios vêm explicitados, com seus desdobramentos, nos arts. 5º a 11.

b) Em virtude do princípio da isonomia, estende-se à coletividade a decisão de uma pretensão individual relacionada a efeitos jurídicos de um comportamento administrativo de caráter geral, havendo, portanto decisão única com efeitos *erga omnes*.

c) Como desdobramento do contraditório impõe a motivação, explícita, clara e congruente, podendo remeter a anteriores pareceres, informações, decisões, os quais integrarão o ato decisório.

d) São arrolados vários desdobramentos do princípio da ampla defesa nos incisos do art. 7º, entre os quais: direito de ser notificado do início do processo, com indicação, no texto, dos fatos e das bases legais, de modo explícito; direito de ter indicados, na notificação ou citação, o prazo para manifestação ou para recurso, o órgão responsável pelo processo, com endereço e horário de atendimento, o prazo máximo para a Administração decidir e o efeito do silêncio da Administração.

e) Entre as decorrências da razoável duração do processo (art. 8º) figuram as seguintes: dever da Administração de emitir decisão explícita e ante solicitações ou reclamações; dever de cumprir os prazos para adoção de medidas ou tomada de decisões, sob pena de responsabilização da autoridade competente; regra geral do silêncio com efeito de indeferimento nos processos administrativos iniciados por particulares; nos processos sancionadores ou naqueles que possam acarretar efeitos desfavoráveis, iniciados de ofício, o silêncio acarretará caducidade; vedação de aplicação retroativa de nova interpretação de norma ou de nova orientação fixada para a matéria.

f) As decisões finais sujeitam-se à preclusão administrativa, com efeitos equivalentes aos da coisa julgada, não podendo ser retomado o curso do processo senão no caso de fatos novos, supervenientes à decisão (art. 13).

g) O art. 14 e parágrafos tratam dos recursos administrativos; sua interposição terá efeito suspensivo automático, exceto se houver ofensa ao interesse público, caso em que a suspensão dependerá da demonstração do risco de dano irreparável aos cidadãos; se a decisão do recurso resultar em gravame ao recorrente, este deverá ser cientificado para que possa formular alegações antes da decisão.

h) A constituição de título executivo tributário será precedida de processo administrativo, observado o contraditório prévio; a exigibilidade do crédito ficará suspensa durante a tramitação do processo administrativo (art. 17).

i) No caso de normas, atos ou medidas de que resultem efeitos favoráveis aos destinatários, o desfazimento só poderá ocorrer em processo judicial (art. 19).

58.2 *The Model Rules on European Union Administrative Procedure Law*

Como se indicou no item 51 do Capítulo 8, mediante recomendação, de 15.1.2013, o Parlamento Europeu solicitou à Comissão Europeia a elaboração de lei europeia de processo administrativo. Um numeroso grupo de professores e especialistas em direito administrativo nacional e europeu e em direito constitucional, a maioria integrante da *ReNEUAL – Research Network on European Union Administrative Law* (Rede de Pesquisa em Direito Administrativo da União Europeia), elaborou o *Model Rules on European Union Administrative Procedure Law,* destinado aos órgãos da União Europeia, com algumas disposições aplicáveis aos Estados-Membros. Esta proposta foi apresentada em 19.5.2014, em conferência organizada, em Paris, pelo Ombudsman Europeu. Em setembro de 2014 foi publicada pela primeira vez *on-line,* em língua inglesa.[53]

---

[53] A pedido da Comissão de Assuntos Legais do Parlamento Europeu e antes da elaboração do *Model Rules,* Jacques Ziller, professor da disciplina Direito da União Europeia, na Universidade de Pavia e integrante da ReNEUAL, elaborou dois artigos com propostas para uma futura lei de processo administrativo, direcionada a todos os órgãos da União Europeia, no exercício de atividades administrativas: *Is a law of administrative procedure for the Union institutions necessary? Introductory remarks and prospects,* divulgado em março de 2011, no *site* europarl.europa.eu/studies; *Alternatives drafting an EU administrative procedure law,* divulgado em novembro de 2011, no *site* europarl.europa.eu/studies. No primeiro artigo o autor indica objetivos da codificação do processo administrativo da União Europeia: tornar clara a legislação e facilitar o acesso a esta; incrementar a coerência dos princípios e processos existentes para que não haja contradições entre diferentes regulações setoriais; preencher lacunas da legislação existente, na ausência de normas jurídicas específicas. Nos dois artigos o autor discorre sobre vários formatos de codificação, apontando o tipo que julga adequado.

O *Model Rules* compõe-se de seis partes, denominadas *Livros*, cada qual dedicada a tema específico.

O Livro I constitui o preâmbulo abrigando: relevantes princípios a serem observados nos processos administrativos (direito à boa administração, isonomia e não discriminação, certeza jurídica, justiça, proteção de expectativas legítimas, transparência, acesso a remédios efetivos, objetividade, imparcialidade, eficiência, eficácia, subsidiariedade, sincera colaboração, clara alocação de responsabilidades); preceitos sobre a aplicabilidade institucional do *Model*: autoridades e órgãos da União Europeia no exercício de atividades administrativas, não se aplicando aos Estados-Membros a não ser que leis europeias de específicos setores determinem sua aplicação; os preceitos dos *livros V* e *VI* se aplicam aos Estados-Membros; várias definições aplicáveis a todos os livros do modelo.

O *Livro II* é dedicado à edição, à retificação ou ao desfazimento de atos normativos, de efeitos gerais, no exercício de atividades administrativas dos órgãos da União Europeia.

O Livro III destina-se ao processo administrativo para a edição de atos administrativos com destinatários específicos, suscetíveis de identificação.

O Livro IV disciplina processos administrativos finalizados à celebração de contratos públicos e processos norteadores da execução ou encerramento desses contratos, não disciplinando preceitos substantivos.

O *Livro V* contém preceitos sobre mútua cooperação entre Estados-Membros e entre estes e órgãos da União Europeia.

O *Livro VI* dispõe sobre gestão da informação administrativa.

Serão expostos a seguir, em resumo, alguns preceitos do *Livro II* (edição de atos normativos – *rulemaking*) e do *Livro III* (edição de atos administrativos de efeitos individuais, ou seja, com destinatários determinados).

Livro II:

a) A autoridade da União Europeia que planeje editar ato normativo no exercício de atividade administrativa deverá: divulgar o título do projeto, a descrição do seu objetivo e bases legais; o nome do órgão encarregado do projeto.

b) A autoridade encarregada do projeto de ato deverá: examinar cuidadosamente e com imparcialidade os aspectos relevantes;

realizar estudo dos impactos sociais, econômicos, dos impactos nos direitos fundamentais e em outros valores protegidos pelo direito europeu, por exemplo, meio ambiente, incluindo análise de custo-benefício; emitir relatório escrito sobre tais estudos, explicando as razões para as escolhas e alternativas.

c) A autoridade europeia encarregada do projeto de edição, reformulação ou desfazimento do ato poderá realizar consulta pública, seguindo as diretrizes fixadas no item II-4 (2), por exemplo: o projeto com memorando de explicação deve ser publicado no *site* central da União Europeia para consulta, convidando toda pessoa para eletronicamente apresentar comentários em qualquer língua oficial da EU; prazo não pode ser menor que doze semanas, após a publicação, para recebimento dos comentários; também pode identificar e convidar pessoas que podem ser afetadas pelo texto; os comentários devem ser divulgados.

d) Após a consulta a autoridade deve emitir relatório a ser divulgado, contendo explicação sobre o modo como os comentários foram levados em conta ou descartados.

e) Caso seja necessária rápida edição do ato, sem consulta prévia, deve ser divulgado tal modo de adoção e realizada consulta posterior no prazo de quatro meses após a edição, efetuando-se mudanças no texto após a consulta, se for o caso.

Livro III:

a) Toda pessoa tem direito a que autoridades públicas tratem seus assuntos com imparcialidade, justiça e dentro de prazo razoável.

b) O responsável pelo procedimento tem o dever de comunicar a seu superior hierárquico possíveis conflitos de interesses relacionados à sua atuação no processo administrativo.

c) O interessado pode alegar suspeição em relação do responsável pelo processo.

d) As autoridades devem providenciar atualizada informação *on-line* sobre a existência de processos administrativos, com dados sobre a legislação aplicável, exigências legais, principais fases do processo, autoridade competente para a decisão, tempo máximo para adotar a decisão, remédios disponíveis, *link* para os interessados poderem comunicar-se com a autoridade no âmbito do processo (item III-4).

e) O processo pode ser iniciado de ofício ou por solicitação do interessado; o início de ofício deve ser notificado aos interessados, podendo ser omitido quando decisões imediatas são estritamente necessárias; a notificação deve conter dados sobre o processo que se inicia, inclusive o endereço eletrônico para acesso aos dados e o nome e contato do responsável pelo processo.

f) Os pedidos para início do processo não estão sujeitos a exigências ou documentos formais desnecessários e podem ser feitos por escrito, por correio ou por meios eletrônicos; se forem dirigidos à autoridade incompetente, deverão ser transferidoa sem demora para a autoridade competente, devendo a transferência ser informada aos interessados.

g) Os pedidos para início de processo devem receber uma declaração de recebimento, contendo várias informações sobre o processo que se inicia, inclusive o endereço eletrônico para acesso aos dados e o nome e contato do responsável pelo processo. Se houver falhas no pedido ou deficiência de documentos, devem ser informados ao interessado a forma e o prazo para corrigi-las.

h) O interessado tem os seguintes direitos: ter informação sobre todas as questões relacionadas ao processo, de modo rápido e claro; ser informado de todas as formalidades e como cumpri-las a distância e por meios eletrônicos, inclusive videoconferência; usar qualquer língua oficial da União Europeia; ser notificado de todas as fases e decisões que o afetem; ser representado por advogado ou outra pessoa de sua escolha.

i) Em processo administrativo envolvendo várias pessoas que podem ser afetadas, pode ser escolhido um representante delas para atuar no interesse de todas.

j) A autoridade deve decidir em prazo razoável; o prazo máximo pode ser fixado para âmbitos específicos; não havendo prazo indicado, o prazo será de três meses.

k) Devem ser feitas averiguações cuidadosamente e com imparcialidade, levando em consideração os relevantes fatores do caso e lhes dando peso adequado; devem ser levadas em conta as provas carreadas pelos interessados, testemunhas e especialistas; podem ser efetuadas inspeções; podem ser solicitadas informações ao interessado.

l) O interessado tem: direito de ser ouvido antes da decisão que pode lhe acarretar efeitos desfavoráveis, devendo ser justificadas pela autoridade as decisões adotadas sem o respeito a esse direito; direito de ser notificado sobre as principais questões a serem decididas e os principais argumentos norteadores do raciocínio da autoridade; ter tempo adequado para responder após a informação recebida.

m) Pode haver consultas ao público interessado e também audiências públicas (mediante anúncio público).

n) A decisão deve ser claramente especificada para possibilitar que os interessados compreendam seus direitos ou deveres.

o) A autoridade deve motivar a decisão de modo claro, simples e compreensível, expondo o raciocínio norteador do mesmo modo.

p) A decisão pode ser emitida por meio eletrônico, salvo outro meio previsto em preceito legal.

q) Na decisão devem ser informadas as possibilidades de interpor recurso administrativo, se houver, o respectivo prazo e também as possibilidades de uso de meio jurisdicional e respectivo prazo.

r) A decisão deve ser notificada aos interessados assim que adotada.

58.3 *Proposal for a regulation of the European Parliament and the Council for an open, eficient and independent European administration*

Em 2016, o Parlamento Europeu e o Conselho da União Europeia apresentaram à Comissão Europeia, sob o título de *Proposal for a regulation of the European Parliament and the Council for an open, eficient and independent European administration*, conhecida também como *Regulation proposal*, uma proposta de código ou lei de processo administrativo da União Europeia, convidando a Comissão a considerá-la para fins de torná-la norma.[54] Os elementos deste modelo serão expostos, de maneira resumida, a seguir.

---

[54] A pedido da Comissão de Assuntos Legais do Parlamento Europeu e antes da apresentação da *Regulation Proposal*, os professores Diana-Urania Galleta, Herwig C. H. Hoffmann; Oriol Mir Puigpelat e Jacques Ziller redigiram artigo denominado The general principles of EU administrative procedure law, divulgado em junho de 2015, no *site* www.europarl.europa.eu/supporting-analyses; referido artigo arrola princípios que seriam formulados

a) Menciona nos *consideranda* os princípios da legalidade, proteção da confiança legítima, certeza jurídica, irretroatividade, boa administração, isonomia, eficiência.

b) A proposta se aplica às atividades administrativas dos órgãos da União Europeia, sem prejuízo de específicas normas de processo administrativo.

c) O processo pode ser iniciado pelos órgãos da administração da EU ou a pedido de um interessado.

d) O início do processo deve ser notificado ao interessado ou interessados, com indicação de vários dados, por exemplo: o assunto, as principais fases do processo, o nome e contato do funcionário responsável pelo processo, o prazo para a tomada da decisão e as consequências do descumprimento do prazo, os remédios disponíveis em caso de decisão desfavorável, o endereço eletrônico para comunicações.

e) O pedido do particular para início do processo não deve estar sujeito a formalidades desnecessárias, devendo indicar: nome, endereço para notificação e comunicações (também por meios eletrônicos), objeto do pedido, fatos relevantes do pedido; devem ser apresentados por escrito, em papel ou por meios eletrônicos, em uma das línguas oficiais da EU. O particular deve receber um aviso de recebimento do pedido (protocolo), com os dados referidos no item "d" *supra*. Se o pedido ou os documentos têm falhas ou deficiências, devem ser dados informação e prazo para corrigi-las.

f) Se o pedido do particular for dirigido à autoridade incompetente, será encaminhado à autoridade competente, comunicando-se ao interessado a mudança.

g) Direitos do interessado: receber as relevantes informações relacionadas ao processo administrativo de modo claro; ser informado de todas as formalidades a serem cumpridas à distância ou por meios eletrônicos; usar qualquer língua oficial da EU; ser

---

numa disciplina do processo administrativo da União Europeia, entre os quais: presunção de inocência e direito de defesa; direito de acesso a informação e documentos; direito a efetivo remédio; proteção de dados; qualidade de dados; igualdade de tratamento e não discriminação; certeza jurídica; direito de ser ouvido; imparcialidade; confiança legítima; democracia participativa; proporcionalidade; motivação; prazo razoável (celeridade); transparência.

notificado de todas as fases e decisões que possam afetá-lo; ser representado por advogado ou pessoa de sua escolha; ser ouvido antes de medida que possa afetá-lo, por escrito ou oralmente; ter acesso a documentos e dados, respeitando-se legítimos interesses de confidencialidade e segredos profissionais.

h) A autoridade competente deve tratar do caso cuidadosamente e de modo imparcial, considerando todos os fatores e reunindo todas as necessárias informações para adotar a decisão; ter prazo razoável para tomar as providências a seu encargo ou para oferecer alegações.

i) Para reunir as informações, a autoridade deverá: levar em conta as provas do interessado, testemunhas e especialistas; pedir documentos e arquivos; realizar visitas e inspeções.

j) Quando o processo administrativo puder acarretar uma punição, o interessado deve ser lembrado do seu direito a não se autoincriminar.

k) O servidor responsável pela tramitação do processo deve declarar possíveis impedimentos de sua parte e o interessado pode alegar suspeição do servidor.

l) A decisão deve ser adotada em prazo razoável e sem indevida demora, não podendo exceder o limite de três meses; o silêncio equivale à rejeição do pedido, no caso de processos iniciados pelo interessado.

m) A motivação deve ser clara, indicando as bases legais, os fatos relevantes e o modo pelo qual os fatos foram considerados; deve informar as possibilidades de recurso administrativo e jurisdicional, com os respectivos prazos de interposição e dados dos órgãos competentes para eles.

n) As decisões que afetem interesses ou direitos do interessado devem ser notificadas assim que adotadas, não produzindo efeito antes desta notificação.

o) Os atos administrativos normativos de efeito geral devem cumprir os requisitos processuais e direitos do interessado previstos na *Regulation Proposal* (art. 26).

p) Os órgãos administrativos da EU devem providenciar atualizadas informações *on-line* sobre a existência de processo administrativos, com informações a respeito, inclusive *link* para consulta da legislação aplicável.

59 Significado atual da codificação do processo administrativo

O exame do quadro das leis de processo administrativo, editadas ao longo de mais de um século revela, de maneira clara, que vem aumentando, desde a década de 70 do século XX, o número de países onde foram adotadas (década de 70, p. ex.: Argentina, Alemanha, Suécia, Suíça, Costa Rica; década de 80 e 90, p. ex.: Venezuela, Colômbia, Itália, Portugal, Espanha, Japão e Brasil).

Paralelamente à tendência de codificação do processo administrativo, registrou-se aumento de trabalhos doutrinários a respeito, nos quais, entre outros aspectos, se questiona a conveniência ou não dessa codificação e, consequentemente, o seu significado atual.

Um dos pontos tocados diz respeito ao confronto entre o direito administrativo, que, no século XIX e primórdios do século XX, se apresentava flutuante, fortemente desigual em desfavor do cidadão, mais autoritário que democrático, e o direito administrativo que, a partir das últimas décadas do século XX, apresenta-se mais preciso, mais igualitário, mais democrático que autoritário.[55] Uma lei geral de processo administrativo representaria, então, um ponto de chegada da longa evolução do direito administrativo nas atuais sociedades complexas e democráticas; corresponde não só a exigências sistemáticas do direito administrativo, já dotado de maturidade e vasta elaboração doutrinária, legislativa e jurisprudencial, mas a exigências do Estado de Direito, pois contribui para dissipar ou atenuar incertezas, permite ampliar o grau de conhecimento dos preceitos que informam a atuação administrativa para além de um círculo de iniciados e possibilita estender o campo da legalidade. Bem observa Giannini que, após a Segunda Guerra, o problema da disciplina legislativa dos processos administrativos adquiriu novos contornos; isto aconteceu porque no plano mundial eram evidentes as constatações de que a tutela dos particulares nos litígios com a Administração era insuficiente; difundiu-se a ideia de que seria melhor disciplinar, de modo preventivo, os conflitos entre interesses públicos e privados, mediante instrumentos acurados.[56]

---

[55] Autin, Ilusions et vertus de l'État de droit administratif, in *L'État de droit*. 1987, p. 161 e 162.

[56] *Diritto amministrativo*. v. II, 1988, p. 532 e 533.

Outro aspecto mencionado nas discussões se refere à cristalização acarretada pela codificação, o que retoma, de modo mais recente, um dos temas da tradicional controvérsia sobre a codificação do direito em geral. Como fixar na lei realidades dinâmicas, sobretudo a disciplina das atividades dos poderes públicos ante os problemas da sociedade? Como cristalizar, de modo duradouro, um conjunto de questões, se a criação do direito é um processo permanente, do qual participam, se intercambiando, textos escritos, doutrina e jurisprudência?[57]

A fixação, em lei geral, dos preceitos fundamentais da processualidade administrativa certamente não produzirá a cristalização do direito nem impedirá a contribuição doutrinária e jurisprudencial na matéria. Ao contrário, o que se nota em ordenamentos que adotam lei geral é o amplo debate, na doutrina e no âmbito de parlamentares e partidos, a respeito dos projetos; transformados em lei, segue-se proliferação de trabalhos doutrinários e de manifestações jurisdicionais sobre o novo texto. Além do mais, nada impede que a lei receba alterações à medida que também mude a realidade dinâmica da vida social, do que fornecem exemplo as alterações efetuadas nas leis da Alemanha e da Itália, supracitadas e, sobretudo, com o advento dos meios digitais, informáticos e telemáticos.

Suscita-se também o questionamento da "cristalização interna" da Administração, quer dizer, do risco de rigidez, não flexibilidade, excesso de formalismo, decorrente de uma lei geral. Contrapõem-se, então, visões eficientistas e visões garantistas; na vertente extremada, as primeiras cometem o lapso de admitir eficiência fora das regras; as segundas erram por supor a garantia de direitos condicionada a minúcias. Essa contraposição pode ser alimentada ou relacionada a outra: discricionariedade e legalidade, sobretudo ao se cogitar de contrabalançar a expansão do poder público, centrada no Executivo, mediante mecanismos de direcionamento e controle da discricionariedade.

Tais questionamentos encontram solução adequada na ideia de uma lei geral que estabeleça não um só ou alguns modelos processuais, mas preceitos qualificadores das relações entre cidadãos e

---

[57] Questões aventadas por Autin, *op. cit.*, p. 160.

Administração; ou seja, uma lei que regule o modo de aplicação dos princípios referentes às atuações processualizadas da Administração, a maioria dos quais decorre da caracterização do Estado como democrático e de direito. Seriam coordenadas comuns em matéria de processo administrativo e um mínimo denominador comum da ação administrativa na matéria.[58]

Nessa linha já se manifestava Themístocles Brandão Cavalcanti, ao mencionar a codificação das "normas fundamentais"do processo administrativo para fazer face à "desordem e dificuldades da largueza das praxes administrativas".[59] A inserção, num texto único, das premissas fundamentais da ação administrativa processual favorece o conhecimento, pelos cidadãos, do modo pelo qual se tomam as decisões administrativas em certas atividades, atenuando ou eliminando a latente hostilidade propiciada pelo desconhecimento do modo de atuar.

Assim, a disciplina legislativa do processo administrativo hoje se configura como um dos instrumentos de maior relevo para a tutela dos cidadãos ante atuações do Executivo suscetíveis de lesão de direitos e, portanto, como um importante meio para o aprimoramento da atividade administrativa em geral.

Cassese, em artigo com título marcante,[60] arrola três motivos para edição de uma lei de processo administrativo: a) as relações entre cidadão e Administração são configuradas na Constituição em termos de liberdade, mas não são suficientemente aprofundadas pela Constituição; hoje o cidadão tem, nas relações com a Administração, não só direito a receber prestações atinentes aos bens da vida, mas também direitos de natureza instrumental, entre estes o direito de ser ouvido antes que seja decidido algo a seu respeito ou o direito de não esperar longo tempo para a edição de um ato administrativo; b) o cidadão se vê ante arquipélago de órgãos e entes administrativos; para diminuir o risco de disparidade de tratamento

---

[58] Nesse sentido se expressa Pastori (um dos integrantes da subcomissão que elaborou em 1987 o projeto da lei italiana) no artigo Il procedimento amministrativo tra vincoli formali e regole sostanziali, na obra coletiva Allegretti; Battaglini; Sorace. *Diritto amministrativo e giustizia amministrativa nel bilancio di un decennio de giurisprudenza*. 1987, v. II, p. 819.

[59] *Tratado de direito administrativo*. vol. IV, 3. ed., 1956, p. 537.

[60] La libertà cresce negli interstizi delle procedure (sulla legge relativa al procedimento amministrativo), in *Scritti in onore di Elio Fazzalari*. vol. I, Milão: 1993, p. 531, 532 e 534.

devem ser fixadas algumas regras gerais da atuação administrativa; c) o juiz não pode superar determinados limites nem legislar; o cidadão teria tutela mais ampla havendo lei de processo administrativo; e invoca uma antiga frase inglesa: "a liberdade cresce nos interstícios do processo".

Em linha similar, Ignazio Francesco Caramazza nota: "A lei geral de processo administrativo representa um grande passo avante na adequação, aos princípios constitucionais, das normas que regem as relações entre Administração e cidadão".[61]

No Brasil, Carlos Ari Sundfeld bem assinala: "As leis de procedimento (processo) administrativo são consideradas instrumentos fundamentais do Estado de Direito e da cidadania, na generalidade dos Estados democráticos".[62]

De seu lado, Rosario Ferrara afirma: "parece fora de discussão que uma lei geral de processo administrativo é por si mesma um fato positivo, por estabilizar com grades de regras e de princípios as relações intersubjetivas entre as administrações e os particulares"; e mais adiante: "uma lei de processo administrativo incrementa a rede das garantias formais (e também de caráter substancial) que se referem às relações entre os cidadãos e as administrações públicas, tornando públicos os percursos, as praxes e as regras que antes eram fechadas".[63]

O texto acima figurou na 2ª edição deste livro (2008). Prosseguiram as considerações doutrinárias sobre a significação das leis ou códigos de processo administrativo. Citem-se exemplos. Nas palavras de Barnes, "A proliferação nas últimas décadas de leis de processo administrativo representa fenômeno positivo que recorda a expansão do constitucionalismo nos princípios do século XIX e supõe, por outro lado, um evidente florescimento do Direito Administrativo contemporâneo; [...] note-se que a evolução e maturidade do Direito Administrativo corre paralela, em muitos casos, com o surgimento do processo administrativo

---

[61] Dal principio di segretezza al principio di trasparenza. Profili generali de una riforma, in *Rivista Trimestrale di Diritto Pubblico*, 4, 1995, p. 943.

[62] Processo e procedimento administrativo no Brasil, na obra coletiva *As leis de processo administrativo*, org. Carlos Ari Sundfeld e Guillermo Andrés Munoz. Malheiros, 2000, p. 18.

[63] *Introduzione al diritto amministrativo*. Roma-Bari: Laterza, 2002, p. 114 e 115.

como instituição, como ocorreu com a lei americana de processo administrativo (1946) e hoje acontece em tantos países".[64] Para Brewer-Carias, "as leis de processo administrativo contribuíram para gerar em todos os países mudança de atitude e de método de atuar da Administração Pública, buscando-se que a Administração deixará de ser prepotente [...]; o administrado que vai relacionar-se com a Administração já não é um sujeito indefeso, mas, sim, bem armado com muitos direitos perante a mesma e com muitos mecanismos jurídicos para garanti-los; leis de processo administrativo são signo de maturidade no desenvolvimento do Direito Administrativo; são o instrumento mais eficaz para a consolidação deste Direito".[65] Por sua vez, Carlos Ari Sundfeld registra: "O surgimento de leis gerais de procedimento (ou processo) administrativo, que depois vão sendo revistas e ampliadas, tem sido visto como uma estratégia fundamental para os países fazerem avançar com rapidez, e depois consolidar, o controle jurídico sobre a tomada de decisões pela administração pública. Essas leis parecem ser ingredientes bastante relevantes do desenvolvimento institucional de muitos países".[66]

---

[64] Tres generaciones del procedimiento administrativo, in Aberastury; Blanke (org.). *Op. cit.* 2012, p. 119 e 131.

[65] La regulatión del procedimiento en America Latina con ocasión de la primera década (2001-2011) de la Ley de Procedimiento Administrativo General del Peru, in *Derecho PUC – Revista de Derecho Administrativo*, Lima, 2011, p. 55 e 76.

[66] Processo administrativo: um debate sobre o problema de sua conceituação e classificação, in Valdívia; Oneto (org.). *Op. cit.*, Lima: 2011, p. 189.

CAPÍTULO X

CODIFICAÇÃO DO PROCESSO ADMINISTRATIVO NO BRASIL

60 Antes da codificação

O trecho a seguir, em itálico, figurou na 1ª edição deste livro, publicada em 1993. Agora é reproduzido com a finalidade de ressaltar, de um lado, as vozes doutrinárias que, antes da Constituição de 1988 (e bem antes) e depois dela (a autora deste livro, em 1993), propunham a codificação do processo administrativo no Brasil; de outro lado, para retratar a situação de inexistência de lei geral de processo administrativo.

No direito brasileiro o tema da codificação do processo administrativo recebeu tratamento pioneiro de Themístocles Brandão Cavalcanti, em 1938, não só pela afirmação da "necessidade evidente de regular e codificar em um sistema harmônico e uniforme as normas processuais que interessam o andamento dos processos", mas também por ter proposto um anteprojeto de código do processo administrativo.[1] *O mesmo autor, ao apresentar o anteprojeto, dizia que "os interessados terão seus direitos assegurados, sabendo com antecedência qual o curso de suas demandas com a administração [...]; o principal é proteger os direitos essenciais contra os excessos e isto parece ter sido atendido no anteprojeto".*[2]

---

1 Código do processo administrativo, in *Revista do Serviço Público* 3, 1938, p. 54-68. A afirmação da necessidade da codificação do processo administrativo foi reiterada no artigo A codificação do processo administrativo, *Direito*, v. 1, n. 1, jan.-fev./40, e no vol. IV do *Tratado de direito administrativo*. 3. ed. 1956, p. 537 e 538.

2 Código de processo administrativo, in *Revista do Serviço Público* 3, 1938, p. 55 e 61.

No tocante à matéria processual, o referido anteprojeto continha, em síntese, o seguinte: a) início e desenvolvimento de processos instaurados por auto de infração emitido contra particulares, com previsão de direito de defesa do possível infrator; b) modo de contagem dos prazos; c) procedimento das intimações ou notificações; d) modo de realização de exames e vistorias, com possibilidade do interessado de apresentar quesitos, antes de realizados; e) procedimento das apreensões; f) procedimentos dos recursos administrativos; g) preceitos sobre o processo disciplinar (denominado, no anteprojeto, "inquérito administrativo"), com ampla defesa e contraditório.

Por sua vez, Manoel de Oliveira Franco Sobrinho, em obra específica sobre direito processual administrativo, assinala "a importância do processo administrativo ordenado e da sua codificação para que o Estado não extravase dos seus limites de competência ou não exorbite na prática de atos que possam ser lesivos".[3]

Hely Lopes Meirelles também se preocupou com a unificação dos preceitos do processo administrativo, tarefa que atribuiu à doutrina, e buscou dar tratamento genérico ao tema; a seu ver, a unificação legislativa seria difícil de atingir ante a autonomia administrativa dos estados-membros da Federação brasileira.[4] *No entanto, já se viu que outros Estados Federais (Estados Unidos, Alemanha, Venezuela) editaram leis gerais de processo administrativo, encontrando solução para que seus preceitos recebessem acolhida também no âmbito dos Estados-Membros (de modo direto ou pela adoção de leis estaduais de conteúdo idêntico). O mesmo poderá ocorrer no ordenamento pátrio.*

No momento presente, inexiste lei geral de processo administrativo; há leis específicas para alguns tipos de processo, editadas em nível federal, estadual e municipal, sem, portanto, um fio condutor no tratamento de questões comuns. Bem observa Cândido Dinamarca que "essa fragmentação também inibe muito a visão do processo administrativo na unidade de uma teoria geral".[5]

A ausência de tratamento unitário acarreta dificuldades na compreensão das atuações administrativas processualizadas e insuficiências nas relações jurídicas entre Administração e particulares (indivíduos ou grupos) e entre Administração e servidores, conservando essa modos

---

[3] *Introdução ao direito administrativo processual*. 1971, p. 107.

[4] *Direito administrativo brasileiro*. 1990, p. 579.

[5] *A instrumentalidade do processo*. 1986, p. 53.

e estilos de atuação variáveis e incertos, às vezes imperscrutáveis, o que impede a adequada tutela dos direitos dos cidadãos e facilita a ocorrência de condutas administrativas arbitrárias e subjetivas, em nada conformes ao modelo que a Constituição Federal traçou para a Administração brasileira.

A Constituição de 1988 caracterizou o Estado brasileiro como democrático e de direito, fórmula que não há de ser entendida como "enfeite", pois daí devem defluir consequências na atividade de todos os poderes estatais. O texto de 1988 determinou, expressamente, atuações administrativas, sob moldes processuais, nas situações indicadas nos incs. LIV e LV do art. 5º; e impôs a observância dos princípios da legalidade, impessoalidade, moralidade e publicidade a todos os setores da Administração. Assim sendo, torna-se necessário explicitar tais preceitos, editando lei geral, com normas fundamentais aplicáveis a todos os processos administrativos.

No Brasil existe base constitucional, mais nítida que em outros ordenamentos, da processualidade administrativa. Daí a importância de uma lei explicitadora geral. Não que seja impossível a incidência direta dos respectivos preceitos, com os desdobramentos assinalados na doutrina e jurisprudência. Contudo, mais claros se revelam tais desdobramentos, para o cidadão, para servidores que vão operacionalizar os processos, para autoridades superiores, se uma lei geral explicitá-los.

Essa lei geral de processo administrativo configurará, então, verdadeiro estatuto do cidadão perante a Administração ou estatuto da cidadania administrativa.

Outros dados sobre tentativas de codificação do processo administrativo antes da Constituição Federal de 1988 são mencionados por Juliana Bonacorsi de Palma, em sua tese de doutorado intitulada *Atividade normativa da Administração Pública: estudo do processo administrativo normativo*, de 2014, elaborada e defendida no Programa de Pós-Graduação da Faculdade de Direito da USP.

No período em que não havia lei geral de processo administrativo, alguns textos legais específicos, anteriores à Constituição de 1988, continham preceitos sobre processo administrativo. Pode-se indicar, como exemplo, os estatutos de servidores, dotados de regras sobre o *processo administrativo disciplinar*, embora também aí figurasse a possibilidade de punir com base na chamada *verdade sabida*, sem direito a contraditório e ampla defesa, o que se tornou, depois, notoriamente inconstitucional. Também neste período editou-se o Decreto nº 70.235, de 6.3.1972 (a que se atribui força de lei), disciplinando o *processo administrativo fiscal*; o decreto ainda vigora, com alterações posteriores. Dada a ausência de norma sobre o direito de defesa para o servidor em estágio probatório e em virtude de várias demissões ou exonerações sumárias impugnadas judicialmente, o Supremo Tribunal Federal, antes da Constituição de 1988, emitiu a *Súmula nº 21*, fixando a exigência de prévia instauração de processo administrativo (sob o nome de inquérito) ou o cumprimento de formalidades de apuração da capacidade.

Após a promulgação da Constituição de 1988, alguns textos legais específicos vieram à luz, com itens dedicados ao processo administrativo ou com dispositivos garantidores do contraditório e ampla defesa. Exemplos são indicados a seguir. Na Lei nº 8.884, de 11.6.1994, anterior Lei do Cade (em grande parte revogada pela atual Lei nº 12.529, de 30.11.2011), figurava o Título IV, sob o nome *Do processo administrativo* (arts. 30 a 53), e, na lei atual, o Título VI denomina-se *Das diversas espécies de processo administrativo* (arts. 48 a 87). Por sua vez, no Código de Defesa do Consumidor – Lei nº 8.078, de 11.9.1990, encontra-se capítulo sobre *sanções administrativas*, em que vários dispositivos mencionam a aplicação das penalidades mediante processo administrativo; o Decreto nº 2.181/1997, que regulamenta alguns preceitos daquele, traz capítulo denominado *Do processo administrativo*. Na chamada Lei de Crimes Ambientais – Lei nº 9.605/1998, o art. 70, §4º, determina que as infrações ambientais administrativas sejam apuradas em processo administrativo, assegurado o direito de ampla defesa e o contraditório.

61 A elaboração do anteprojeto de lei do processo administrativo federal

Por iniciativa de Gilmar Ferreira Mendes, então assessor do Ministério da Justiça, hoje ministro do Supremo Tribunal Federal, e de Nelson Jobim, então ministro da justiça, constituiu-se, pela Portaria nº 1.404, de 17.10.1995, Comissão de Juristas para elaborar anteprojeto de lei de processo administrativo. Além do Prof. Caio Tácito, coordenador, a comissão era integrada pelos seguintes membros: Odete Medauar, Diogo de Figueiredo Moreira Neto, Inocêncio Mártires Coelho, Maria Sylvia Zanella Di Pietro, Almiro do Couto e Silva e José Carlos Barbosa Moreira.

Mediante portaria conjunta do Ministério da Justiça e da Administração e Reforma do Estado, nº 47, de 31.1.1996, foram incluídos outros juristas: Adilson Dallari, José Joaquim Calmon de Passos, Paulo Eduardo Modesto, Cármen Lúcia Antunes Rocha.

A primeira reunião da Comissão original realizou-se no Rio de Janeiro, no escritório do Professor Caio Tácito, em novembro de 1995. Seus integrantes escolheram, como relatora dos trabalhos, a Prof.ª Odete Medauar. Nesta reunião, cada membro se manifestou a respeito de pontos que deveriam ser tratados no anteprojeto. Tomando como base estes pontos e outros, resultantes de estudos da relatora, esta apresentou, na reunião seguinte, realizada em abril de 1996, a minuta do anteprojeto. Com base nesta minuta foram efetuados os debates e apresentadas propostas nas reuniões seguintes da Comissão, realizadas ora no Rio de Janeiro, ora em São Paulo, ora em Brasília. As deliberações da Comissão eram incorporadas, pela relatora, ao texto-base, depois submetido ao exame da Comissão, na reunião seguinte, e assim por diante.

A última reunião ocorreu em 16.8.1996. No dia 26.8.1996, o Professor Caio Tácito enviou, ao então ministro da justiça, o texto final do anteprojeto, acompanhado de exposição de motivos, elaborada pelo Prof. Caio Tácito.[6] Merecem realce seguintes trechos da exposição de motivos:

"A Comissão firmou como parâmetros básicos da proposição, os ditames da atual Constituição que asseguram a aplicação, nos processos administrativos, dos princípios do contraditório e da ampla defesa, bem como reconhecem a todos o direito de receber informações dos órgãos públicos em matéria de interesse particular ou coletivo, garantem o direito de petição e obtenção de certidões em repartição pública (art. 5, n. XXXIII, XXXIV e LV). Considerou

---

[6] A autora deste livro, na qualidade de relatora da Comissão, esteve em comunicação constante e contínua com o Professor Caio Tácito, coordenador da Comissão, durante cerca de nove meses (desde o início dos trabalhos até o fim) e pode testemunhar a extrema relevância da sua atuação para o êxito dos trabalhos.

ainda a missão atribuída à defesa de direitos difusos e coletivos com a participação popular e associativa.

Teve, ainda, presente que o sistema legal resguarda, quanto a matérias específicas, a observância de regimes especiais que regulam procedimentos próprios, como o tributário, licitatório ou disciplinar, a par do âmbito de competência de órgãos de controle econômico e financeiro.

Por esse motivo, o projeto ressalvou a eficácia de leis especiais, com a aplicação subsidiária das normas gerais a serem editadas.

Atento ao comando do art. 37 da Constituição, destacou a aplicação dos princípios essenciais de legalidade, impessoalidade, moralidade e publicidade. A eles foram, porém, acrescidos outros igualmente estruturais, acolhidos em lei, como na doutrina e na jurisprudência. [...]

O projeto procura enunciar os critérios básicos a que devem se submeter os processos administrativos, em função dos indicados princípios, cuidando de definir direitos e deveres dos administrados, assim como o dever da Administração de decidir sobre as pretensões dos interessados. [...]

Adotou a comissão, como regra, o modelo de uma lei sóbria que, atendendo à essencialidade na regulação dos pontos fundamentais do procedimento administrativo, não inviabilize a flexibilidade necessária à área criativa do poder discricionário em medida compatível com a garantia dos direitos e liberdades fundamentais".

A exposição de motivos e o texto do anteprojeto de lei de processo administrativo federal foram publicados na *Revista de Direito Administrativo – RDA*, n. 205, p. 349-357, jul./set. 1996.

O anteprojeto, transformado em projeto de lei, praticamente sem alterações, foi encaminhado ao presidente da República, pelos ministros Nelson Jobim e Luiz Carlos Bresser Pereira, em 30.9.1996. Mediante a Mensagem nº 1.002, de 22.10.1996, o então presidente da República, Fernando Henrique Cardoso, enviou o projeto de lei à Câmara dos Deputados, onde passou a tramitar como Projeto de Lei nº 2.464, de 1996.

O projeto, aprovado pela Câmara dos Deputados e pelo Senado, praticamente sem alterações, foi sancionado e promulgado pelo presidente da República em 29.1.1999, como Lei nº 9.784,[7] entrando em vigor na data da sua publicação, 1º.2.1999.

62 A Lei Federal nº 9.784/1999[8]

62.1 Lineamentos

Este item 62.1 não se destina a comentar, um a um, os dispositivos da Lei de Processo Administrativo Federal. Visa a expor seus traços gerais, por capítulo, na sequência da própria lei.

(i) O *Capítulo I* contém as *disposições gerais*. Nos termos do art. 1º, *caput*, a referida lei estabelece "normas básicas sobre o processo administrativo no âmbito da Administração Federal direta e indireta, visando, em especial, à proteção dos direitos dos administrados e ao melhor cumprimento dos fins da Administração".

Seus preceitos se aplicam também aos órgãos dos poderes Legislativo e Judiciário da União, no desempenho de função administrativa (art. 1º, §1º), e aos Tribunais de Contas.

Por força da *Súmula Vinculante nº 3*, do *STF*, emitida em 2007, "nos processos perante o Tribunal de Contas da União asseguram-se o contraditório e ampla defesa quando da decisão puder resultar anulação ou revogação de ato administrativo que beneficie o interessado, excetuada a apreciação da legalidade do ato de concessão inicial de aposentadoria, reforma e pensão".[9]

---

[7] O Professor Caio Tácito recebeu carta do então Presidente da República, datada de 5.2.1999, com o teor a seguir: "Tenho a satisfação de comunicar que, no dia 29 de janeiro de 1999, sancionei o Projeto de Lei nº 2.464/96, sobre o processo administrativo no âmbito da Administração Pública Federal, que teve por base anteprojeto elaborado por Comissão de Juristas coordenada por Vossa Senhoria. Na oportunidade, peço que receba os meus mais sinceros agradecimentos pelo devotado trabalho, transmitindo-os aos membros da Comissão".

[8] Por iniciativa do Presidente do Senado Rodrigo Pacheco, e do Ministro do STF Luiz Fux, tramita no Congresso Nacional projeto de reforma da Lei nº 9.784/1999 – lei de processo administrativo (PL nº 2.481/2022, no Senado). Referido texto foi elaborado por comissão de juristas integrada por: Valter Shuenquener de Araújo (coordenador e relator), Patricia Ferreira Baptista, Flávio Amaral Garcia, Alexandre Aroeira Salles, Maurício Zockun, André Jacques Luciano Uchoa Costa.

[9] O STF firmou entendimento no sentido de caber contraditório e ampla defesa nos processos de apreciação de concessão inicial de aposentadoria, reforma e pensões se a decisão a respeito ultrapassar cinco anos da data da chegada do processo ao Tribunal de Contas (p. ex.: Emb. Decl. em MS nº 26.053, Rel. Min. Ricardo Lewandowski, 2011; MS nº 24.781, Rel. Min. Gilmar Mendes, 2011; MS nº 25.116, Rel. Min. Ayres Britto, 2010).

A ampla defesa se aplica nos processos disciplinares que tramitam no Conselho Nacional de Justiça – CNJ (CF, art. 103-B, §4º, III) e no Conselho Nacional do Ministério Público – CNMP (CF, art. 130-A, §2º, III).

O §2º do art. 1º fixa o sentido com que são usados, para os fins da lei, os vocábulos *órgão, entidade, autoridade.*

Por sua vez, o art. 2º arrola, sem exaustão, *princípios* que devem ser observados pela Administração Pública: legalidade, finalidade, motivação, razoabilidade, proporcionalidade, moralidade, ampla defesa, contraditório, segurança jurídica, interesse público e eficiência (este último não figurava no texto final do anteprojeto elaborado pela Comissão de Juristas, pois neste momento ainda não fora promulgada a Emenda Constitucional nº 19/1998, que o incluiu no *caput* do art. 37).

No parágrafo único do art. 2º se arrolam os *critérios norteadores* dos processos administrativos: I – atuação conforme a lei e o direito; II – atendimento aos fins de interesse geral; III – objetividade no atendimento ao interesse público, vedada a promoção pessoal de agentes ou autoridades; IV – atuação segundo padrões éticos de probidade, decoro e boa-fé; V – divulgação oficial de atos administrativos, salvo hipóteses de sigilo previstas na Constituição; VI – adequação entre meios e fins, vedada a imposição de obrigações, restrições e sanções em medida superior àquelas estritamente necessárias ao atendimento do interesse público; VII – indicação dos pressupostos de fato e de direito que determinarem a decisão; VIII – observância das formalidades essenciais à garantia dos direitos dos administrados; IX – adoção de formas simples; X – garantia dos direitos à comunicação, à apresentação de alegações, à produção de provas e à interposição de recursos, nos processos de que possam resultar sanções e nas situações de litígio; XI – proibição de cobrança de despesas processuais, ressalvadas as previstas em lei; XII – impulsão, de ofício, sem prejuízo da atuação dos interessados; XIII – interpretação da norma administrativa da forma que melhor garanta o atendimento do fim público a que se dirige, vedada a aplicação retroativa de nova interpretação.

(ii) O *Capítulo II*, art. 3º, indica alguns *direitos dos administrados* perante a Administração, sem prejuízo de outros. Assim, o direito de ser tratado com respeito, devendo ser facilitado o exercício de seus direitos e o cumprimento de suas obrigações; o direito de ter ciência da tramitação dos processos administrativos em que tenha a condição de interessado, podendo ter vista dos autos, obter cópias e conhecer as decisões proferidas; o direito de formular alegações e apresentar documentos antes da decisão, os quais serão objeto de consideração pelo órgão competente; o direito de fazer-se assistir, facultativamente, por advogado, salvo quando obrigatória a representação, por força de lei.

(iii) Alguns *deveres dos administrados*, sem prejuízo de outros, são previstos no *Capítulo III*, art. 4º: expor os fatos conforme a verdade; proceder com lealdade, urbanidade e boa-fé; não agir de modo temerário; prestar as informações que lhes forem solicitadas e colaborar para o esclarecimento dos fatos.

(iv) Em seguida, o *Capítulo IV* abriga preceitos sobre o *início do processo*, de ofício ou a pedido do interessado (art. 5º); aponta os dados que devem constar do requerimento inicial escrito do interessado (art. 6º); possibilita a elaboração, pela Administração, de modelos padronizados e a apresentação de um só requerimento para pedidos idênticos de pluralidade de interessados. O art. 6º, parágrafo único, veda a recusa imotivada de recebimento de documento e impõe o dever de orientar o interessado quanto ao suprimento de eventuais falhas.

(v) No *Capítulo V*, art. 9º, são qualificados como *interessados* no processo administrativo: as pessoas físicas ou jurídicas que o iniciem; aqueles que, sem terem iniciado, têm direitos ou interesses que possam ser afetados pela decisão a ser adotada; as organizações e associações representativas, quanto a direitos e interesses coletivos e difusos.

(vi) O *Capítulo VI* abriga regras sobre *competência, delegação de competência* e *avocação* (arts. 11-15). Também prevê que o processo administrativo, salvo competência legal específica, deve ser iniciado perante a autoridade de menor grau hierárquico para decidir (art. 17). O art. 16 determina, aos órgãos públicos, a divulgação dos locais das respectivas sedes. Quanto à segunda parte do artigo, o objetivo da Comissão de Juristas foi que o órgão público também divulgasse a unidade *funcional* competente, em caso de matéria de interesse especial; no texto original do anteprojeto, encaminhado pelo coordenador da Comissão de Juristas, figurava a palavra *funcional*;

parece ter ocorrido lapso de redação, pois o texto promulgado contém o vocábulo *fundacional* em lugar de funcional, o que altera a finalidade pretendida pela citada Comissão.

(vii) Os arts. 18 a 21, *Capítulo VII*, tratam dos *impedimentos* e da *suspeição* de autoridade ou servidor quanto à atuação em processo administrativo.

(viii) A *forma*, o *tempo* e o *lugar* dos atos do processo recebem atenção nos arts. 22 a 25, do *Capítulo VIII*, salientando-se dois pontos: salvo imposição legal, o reconhecimento de firma somente será exigido quando houver dúvida de autenticidade; a autenticação de documentos exigidos em cópia poderá ser feita pelo órgão administrativo.

(ix) Os arts. 26 a 28, *Capítulo IX*, cuidam da *intimação dos atos*, que pode ser efetuada por ciência nos autos, por via postal com aviso de recebimento, por telegrama ou qualquer meio que assegure a ciência do interessado. No caso de interessados indeterminados, desconhecidos ou com domicílio indefinido, a intimação deve ser efetuada por meio de publicação oficial.

(x) A *instrução* é objeto dos arts. 29 a 47, *Capítulo X*, ressaltando-se os seguintes pontos:

a) quando a matéria envolver interesse geral, poderá ser aberto período de *consulta pública* (art. 31);

b) diante da relevância da questão, poderá ser realizada audiência pública para debates sobre a matéria (art. 32);

c) são inadmissíveis as provas obtidas por meios ilícitos (art. 30);

d) os elementos probatórios deverão ser considerados na motivação dos relatórios e da decisão (art. 38, §1º);

e) quando o interessado declarar que dados estão registrados em documentos existentes na própria Administração responsável pelo processo ou em outro órgão administrativo, o órgão competente para instrução proverá a obtenção dos documentos ou respectivas cópias (art. 37);

f) o interessado poderá, na fase instrutória e antes da tomada de decisão, juntar documentos e pareceres, requerer diligências e perícias, aduzir alegações (art. 38);

g) os interessados têm direito à vista do processo e a obter certidões ou cópias reprográficas dos dados que o integram, ressalvados os dados de terceiros protegidos por sigilo ou direito à privacidade, à honra, à imagem (art. 46).

(xi) No *Capítulo XI*, intitulado *Do dever de decidir*, o art. 48 impõe, à Administração, o dever de decidir nos processos administrativos e sobre solicitações ou reclamações; por sua vez, o art. 49 fixa em até 30 (trinta) dias, após concluída a instrução, o *prazo para a Administração decidir*, salvo prorrogação por igual período expressamente motivada.

(xii) Por iniciativa do então Senador Antônio Anastasia, a Lei nº 14.210, de 30.9.2021, acrescentou o Capítulo XI-A, com os arts 49-A até 49-G (vetado o art. 49-C), para dispor sobre a *decisão coordenada*, com delineamento similar à *conferência de serviços* prevista na Lei italiana de processo administrativo – Lei nº 241/1990 desde sua redação original. Conforme o art. 49-A, "no âmbito da Adminstração Pública Federal, as decisões administrativas que exijam a participação de 3 (três) ou mais setores, órgãos ou entidades poderão ser tomadas mediante decisão coordenada, sempre que: I – for justificável pela relevância da matéria; e II – houver discordância que prejudique a celeridade do processo administrativo decisório". Nos termos do parágrafo único do art. 49-A, decisão coordenada é "a instância de natureza interinstitucional ou intersetorial que atua de forma compartilhada com a finalidade de simplificar o processo administrativo mediante participação concomitante de todas as autoridades e agentes decisórios e dos responsáveis pela instrução técnico-jurídica". A decisão coordenada não exclui a responsabilidade originária de cada órgão ou autoridade envolvida (§4º do art. 49-A).

(xiii) O art. 50, *Capítulo XII*, determina a *motivação* dos atos administrativos, mediante indicação dos fatos e dos fundamentos jurídicos, quando: I – neguem, limitem ou afetem direitos ou interesses; II – imponham ou agravem deveres, encargos ou sanções; III – decidam processos administrativos de concurso ou seleção pública; IV – dispensem ou declarem a inexigibilidade de processo licitatório; V – decidam recursos administrativos; VI – decorram de reexame de ofício; VII – deixem de aplicar jurisprudência firmada sobre a questão ou discrepem de pareceres, laudos, propostas ou relatórios oficiais; VIII – importem anulação, revogação, suspensão ou convalidação de ato administrativo. A motivação deve ser explícita, clara e congruente, podendo consistir em declaração de concordância com fundamentos de anteriores pareceres, informações, decisões ou propostas que, neste caso, serão parte integrante do ato (art. 50, §1º). A motivação das decisões de órgãos colegiados e comissões ou de decisões orais constará da respectiva ata ou de termo escrito (art. 50, §3º).

(xiv) Os arts. 51 e 52, *Capítulo XIII*, trazem regras sobre a *desistência* e *outros casos de extinção* do processo administrativo.

(xv) De seu lado, os arts. 53 a 55 disciplinam a *anulação*, *revogação* e *convalidação*, fixando-se em *cinco anos*, da data em que foram praticados, *o prazo para a Administração anular atos* de que decorram efeitos favoráveis aos destinatários, salvo comprovada má-fé.

(xvi) O *recurso administrativo* e a *revisão* vêm tratados nos arts. 56 a 65, *Capítulo XV*, salientando-se os seguintes preceitos:

a) Os recursos administrativos podem versar sobre legalidade e mérito (art. 56).

b) *Salvo exigência legal*, a interposição de recurso administrativo independe de caução (art. 56, §2º). A respeito deste dispositivo cabem algumas observações. Nos trabalhos da Comissão de Juristas, formada para elaborar anteprojeto da lei de processo administrativo federal, a autora deste livro não inseriu a *ressalva de exigência legal*, na minuta que elaborou (na condição de relatora), e foi voto vencido quanto a ela. E, desde que a Lei nº 9.784/1999 foi publicada, vinha reiterando, nas edições *subsequentes do seu livro Direito administrativo moderno*, manifestação sobre a inconstitucionalidade da ressalva da exigência legal, ante o art. 5º, inc. LV, da Constituição Federal; tal posicionamento foi confirmado pelo STF na *ADI nº 1.976/DF*, julgada em 28.3.2007, declarando inconstitucional a exigência de depósito prévio ou arrolamento prévio de bens e direitos como condição para interpor recurso administrativo, por lesar o exercício do direito de petição (CF art. 5º, XXXIV) e art. 5º, LV, da CF – contraditório e ampla defesa.

c) Salvo disposição legal específica, é de 10 (dez) dias o prazo para interposição de recurso administrativo, contado a partir da divulgação oficial da decisão (art. 59).

d) Quando a lei não fixar prazo diferente, o recurso administrativo deve ser decidido no prazo máximo de 30 (trinta) dias, a partir do recebimento dos autos pelo órgão competente, podendo ser prorrogado por igual período ante justificativa explícita (§§1º e 2º do art. 59).

e) Salvo disposição em contrário, o recurso não tem efeito suspensivo; havendo justo receio de prejuízo de difícil reparação decorrente da execução, a autoridade recorrida ou imediatamente superior poderá, de ofício ou a pedido, dar efeito suspensivo ao recurso (art. 61 e parágrafo único).

f) O órgão competente para conhecer o recurso deverá intimar os demais interessados para que, no prazo de 5 (cinco) dias úteis, apresentem alegações (art. 62).

g) Se a decisão do recurso puder acarretar gravame à situação do recorrente, este deverá ser cientificado para que formule suas alegações antes da decisão (art. 64, parágrafo único).

A Lei nº 11.417, de 19.12.2006 – sobre *edição, revisão e cancelamento de enunciado de súmula vinculante,* em vigor desde 21.3.2007, acrescentou preceitos à Lei nº 9.784/1999 *quanto aos recursos administrativos,* tendo em vista o efeito vinculante também para a Administração Pública direta e indireta, nas esferas federal, estadual, distrital e municipal, a partir da publicação do enunciado na imprensa oficial. Por força do novo §3º do art. 56, se o recorrente alegar descumprimento de súmula vinculante, caberá à autoridade prolatora da decisão impugnada, se não a reconsiderar, expor, antes de encaminhar à autoridade superior, as razões da aplicabilidade ou não da súmula, conforme o caso. De seu lado, o órgão competente para decidir o recurso explicitará as mesmas razões (art. 64-A). Se o Supremo Tribunal Federal acolher a reclamação fundada em violação de súmula vinculante e anular a decisão administrativa impugnada, será dada ciência à autoridade prolatora e ao órgão competente para decidir o recurso, os quais deverão adequar as futuras decisões em casos semelhantes, sob pena de responsabilização pessoal nas esferas cível, administrativa e penal (art. 64-B).

h) Quanto à *revisão,* nos termos do art. 65, os processos administrativos de que resultem sanções poderão ser revistos a qualquer tempo, a pedido ou de ofício, quando surgirem fatos novos ou circunstâncias relevantes suscetíveis de justificar a inadequação da sanção aplicada. Da revisão do processo não poderá resultar agravamento da sanção (art. 65, parágrafo único).

(xvii) O *Capítulo XVI* contém regras sobre os *prazos*. Estes começam a correr a partir da data da cientificação oficial, excluindo-se da contagem o dia do começo e incluindo-se o do vencimento (art. 66, *caput*). Considera-se prorrogado o prazo até o primeiro dia útil seguinte se o vencimento cair em dia sem expediente ou se este for encerrado antes da hora normal (art. 66, §1º). Os prazos expressos em dias contam-se de modo contínuo (art. 66, §2º). Os prazos fixados em meses ou anos contam-se de data a data. Se no mês do vencimento não houver o dia equivalente àquele do início do prazo, tem-se como termo o último dia do mês (art. 66, §3º). Conforme o art. 67, salvo motivo de força maior devidamente comprovado, os prazos processuais não se suspendem.

(xviii) O *Capítulo XVII*, de um artigo (68), refere-se às *sanções*, dizendo terem natureza pecuniária ou importarem obrigação de fazer ou de não fazer, assegurado sempre o direito de defesa.

(xix) No *último capítulo*, intitulado *Das disposições gerais*, o art. 69 dispõe que os processos administrativos específicos continuarão a reger-se por lei própria, aplicando-se-lhes subsidiariamente os preceitos desta lei. Por força da Lei nº 12.008, de 20.7.2009, foi inserido o art. 69-A para fixar a prioridade, na tramitação em qualquer órgão ou instância, de processos administrativos cujo interessado seja: pessoa com idade igual ou superior a 60 (sessenta) anos; portador de deficiência física ou mental; portador de doenças graves, por exemplo, tuberculose ativa, esclerose múltipla etc.; o interessado deve requerer a prioridade, juntando prova de sua condição, recebendo os autos identificação própria. E o art. 70 determina a *vigência* da lei na data de sua publicação, ou seja, 1º.2.1999.

62.2 Considerações doutrinárias

Em trabalhos recentes, vozes doutrinárias, exemplificadas a seguir, tecem considerações sobre a Lei nº 9.784/1999. Para Vitor Rhein Schirato, "A lei federal de processo administrativo traz refração à visão de supremacia do interesse público também ao prever realização de consultas e audiências públicas, além de abrir a participação no processo de todos que tenham interesse na matéria".[10] Nas

---

[10] No artigo As partes no processo administrativo: os papéis da administração pública na lei federal de processo administrativo, in Diego Zegarra Valdivia; Vitor Baca Oneto (org.). *La Ley de procedimiento administrativo general. Diez años después*. Lima: Ed. Palestra, 2011, p. 3001.

palavras de Pedro de Menezes Niebuhr, "O tratamento atribuído pela Lei nº 9.784/99 aos processos coletivos mostra-se apropriado, alinhado aos pressupostos teóricos que orientam a matéria".[11] Por sua vez, José Vicente Santos de Mendonça e Ana Luíza Fernandes Calil mencionam que a Lei nº 9.784/99 "inspirou estados e municípios a editarem suas próprias normas, bem como sedimentou a processualização do agir administrativo como meio de conter arbitrariedades [...]. Em todo caso, a Lei Federal foi e é importante mecanismo que inaugurou, no direito positivo brasileiro, a ideia de processo como garantia administrativa".[12] De seu lado, Marco Antônio Moraes Alberto observa: "Depois de vinte anos da promulgação da Lei Brasileira de Processo Administrativo, Lei 9.784/1999, o processo administrativo é uma realidade quase canônica no direito público brasileiro. Ninguém teria boas razões para questionar seu valor na tomada de decisões administrativas, e apenas em uma anedota seria imaginável um jurista que questionasse sua centralidade na teoria do direito público".[13] Referindo-se ao modelo minimalista adotado pelas leis gerais brasileiras de processo administrativo, Carlos Ari Sundfeld afirma que "tem sido um modelo bem sucedido, que se adaptou bem à característica básica que nosso direito administrativo assumiu em 1988 [...]".[14]

62.3 Aspectos sobre a aplicabilidade federativa da Lei nº 9.784/1999

Ao longo dos anos a partir de sua edição, surgiram entendimentos no sentido de uma aplicabilidade nacional, não apenas federal, da Lei nº 9.784/1999. Assim já se manifestara, por exemplo,

---

[11] Processos administrativos coletivos, in Eurico Bitencourt Neto; Thiago Marrara (org.). *Processo administrativo brasileiro: estudos em homenagem aos 20 anos da Lei Federal de Processo Administrativo*. Belo Horizonte: Fórum: 2010, p. 261.

[12] O discreto charme da lei de processo administrativo federal: sobriedade, generalidade, uniformidade federativa e imutabilidade por vinte anos da Lei nº 9.784/99, in Eurico Bitencourt Neto; Thiago Marrara (org.). *Op. cit.*, 2020, p. 269 e 273.

[13] A Lei brasileira de processo administrativo como estrutura jurídica do poder político: parâmetros e possibilidades, in Eurico Bitencourt Neto; Thiago Marrara (org.). *Op. cit.*, p. 277.

[14] Processo administrativo: um debate sobe o problema de sua conceituação e classificação, in Valdivia; Oneto (org.). *Op. cit.*, 2011, p. 210.

Márcia Maria Tamburini Porto Saraiva, no livro *A Lei Federal nº 9.784/99: base para uma codificação nacional de um direito processual administrativo?* (Ed. Lumen Juris, 2005).

Na literatura menos antiga também se encontram posicionamentos em linha similar. Para Maria Sylvia Zanella Di Pietro, "A lei de processo administrativo é uma lei de princípios. E são princípios de ordem constitucional, cujo cumprimento não pode ser deixado à livre discricionariedade do legislador de cada ente federativo. O seu principal objetivo foi o dar aplicação a princípios constitucionais pertinentes aos direitos dos cidadãos perante a Administração Pública. Quando se fala em princípios constitucionais e em direitos dos cidadãos, entra-se na esfera de temas de interesse nacional, e, portanto, de competência da União". E em outro trecho do mesmo artigo: "Não obstante a letra da lei, temos entendido que a Lei nº 9.784/99 é de âmbito nacional, sempre em caráter subsidiário da legislação estadual e municipal".[15] Citando como exemplo a Lei Distrital nº 2.834/01 (de três artigos), que determina a aplicação da Lei nº 9.784/99 aos atos e processos administrativos, Bruno Santos Cunha menciona "um processo crescente de verdadeira internalização dos preceitos da Lei nº 9.784/99 por entes subnacionais, o que seria condizente, aos menos por via transversa, com o escopo de uniformidade processual administrativa, tido como uma das premissas da aplicabilidade nacional da referida lei".[16] Nas palavras de Ricardo Perlingeiro, "a Lei Federal nº 9.784/99 é considerada lei geral de procedimento administrativo e aplicável subsidiariamente aos Estados e Municípios".[17]

A jurisprudência tem afirmado a aplicação subsidiária da Lei nº 9.784/99, na ausência de lei estadual e municipal de processo administrativo. Assim, por exemplo: REsp nº 852.493/DF, j. 29.5.2008, rel. Min. Arnaldo Esteves, item 2 da ementa: "Ausente lei local específica, a Lei 9.784/99 pode ser aplicada de forma subsidiária no âmbito

---

[15] Aplicabilidade da Lei de Processo Administrativo Federal, in Bitencourt; Marrara (org.). *Op. cit.* 2020, p. 28.

[16] Aplicação da lei federal de processo administrativo (Lei Federal nº 9.784/99) a entes subnacionais: uma codificação nacional às avessas? *A&C – Revista de Direito Administrativo & Constitucional.* Fórum, Belo Horizonte, ano 11, n. 45, jul./set. 2011, p. 226-227.

[17] Os princípios do procedimento administrativo no Brasil e desafios da igualdade e da segurança jurídica, in *Interesse Público*, Belo Horizonte, ano 13, n. 68, jul./ago. 2011, p. 95.

dos demais Estados-Membros, tendo em vista que se trata de norma que deve nortear toda a Administração Pública, servindo de diretriz aos seus demais órgãos"; REsp nº 1.092.202/DF, j. em 2008, rel. Min. Marco Aurélio Bellize: "Ausente lei específica, a Lei 9.784/99 pode ser aplicada de forma subsidiária no âmbito estadual e municipal haja vista tratar-se de norma que deve nortear toda a Administração Pública, servindo de diretriz aos seus órgãos"; Ag.Rg. no Ag. nº 1375802/SP, j. 17.3.2011, rel. Min. Arnaldo Esteves: "Aplicação da Lei 9874/99 no âmbito dos demais entes federativos só é possível de forma analógica quando ausente lei local específica"; REsp nº 263.635, j. 2012, rel. Min. Herman Benjamin: "A jurisprudência do STJ firmou-se no sentido de que a Lei 9784/1999 pode ser aplicada de forma subsidiária no âmbito dos demais Estados-Membros e Municípios se ausente lei específica que regule o processo administrativo local".

Cabe lembrar que antes da edição da Súmula Vinculante nº 3 (2007), que impõe o contraditório e a ampla defesa nos processos perante os Tribunais de Contas quando da decisão puder resultar anulação ou revogação de ato administrativo que beneficie o interessado, a aplicação subsidiária da Lei nº 9.784/99 nos referidos processos já fora decidida no STF (p. ex.: MS nº 23.550, rel. Ministro Marco Aurélio, j. 3.4.2001).

62.4 Enunciados sobre o processo administrativo

A I Jornada de Direito Administrativo foi promovida pelo Centro de Estudos Judiciários – CJE, do Conselho da Justiça Federal – CJF, com apoio do presidente deste, Ministro João Otávio de Noronha, e realizada por videoconferência entre os dias 3 e 5.8.2020 (mas precedida de fases anteriores, como exemplo, recebimento de propostas de enunciados em temas antes selecionados). A I Jornada teve a coordenação da Ministra do STJ Assusete Magalhães (Presidente), Ministro do TSE Tarcísio Vieira da Carvalho Neto, Juiz Federal Daniel Marchionnati Barbosa, Professor César Guimarães Pereira. Os 40 (quarenta) enunciados aprovados em vários temas do direito administrativo resultaram de inúmeros debates no âmbito das comissões temáticas e na plenária, com ampla participação de magistrados, juristas, professores de direito, advogados públicos, advogados etc. Tais enunciados configuram diretrizes para orientar a jurisprudência e a conduta da Administração Pública.

No tocante ao processo administrativo, os enunciados são os seguintes, com os respectivos números:

Enunciado nº 4 – O ato declaratório da desapropriação por utilidade pública, necessidade pública ou interesse social deve ser motivado de maneira explícita, clara e congruente, não sendo suficiente a mera referência à hipótese legal.

Enunciado nº 12 – A decisão administrativa robótica deve ser suficientemente motivada, sendo a sua opacidade motivo de invalidação.

Enunciado nº 20 – O exercício da autotutela administrativa, para desfazimento do ato administrativo que produza efeitos concretos favoráveis aos seus destinatários, está condicionada à prévia intimação e oportunidade de contraditório aos beneficiários do ato.

Enunciado nº 33 – O prazo processual, no âmbito do processo administrativo, deve ser contado em dias corridos, mesmo com a vigência dos arts. 15 e 219 do CPC, salvo se existir norma específica estabelecendo essa forma de contagem.

62.5 A Lei Federal nº 9.784/99 e os novos dispositivos da Lei de Introdução ao Direito Brasileiro – LINDB

Novos preceitos foram acrescentados no Decreto-Lei nº 4.657, de 4.9.1942 – *Lei de Introdução às Normas do Direito Brasileiro – LINDB*, mediante a Lei nº 13.655, de 25.4.2018, em cuja ementa se lê tratar-se de "disposições sobre segurança jurídica e eficiência na criação e aplicação do direito público". Tais preceitos figuram nos arts. 20 a 30, com o art. 25 e alguns parágrafos vetados.

Os novos dispositivos destinam-se a autoridades que exercem funções administrativas e funções de controle, inclusive judicial, explicitando e ressaltando regras presentes na Constituição Federal e em outros textos.

No tocante ao processo administrativo, os novos preceitos não infirmam as disposições da Lei nº 9.784/99 e mesmo reforçam alguns dos seus preceitos. Salientam-se, em especial, regras atinentes à motivação, à proporcionalidade, à segurança jurídica de modo direto, ao consensualismo.

Os arts. 20 e 21 centram-se na *motivação*. O art. 20 determina que, no caso de decisões com base em fórmulas amplas e vagas (por exemplo: interesse público, bem comum), sejam consideradas as consequências práticas dessa decisão. Do mesmo sentido se reveste o art. 21, *caput*, quanto à decisão que invalide ato, contrato, ajuste, processo ou norma administrativa.

Os parágrafos dos arts 20, 21 e os §§2º e 3º do art. 22 se inspiram no *princípio da proporcionalidade* ao prescreverem o sopesamento na tomada de decisão, com observância das condições envolvidas na situação. Com efeito, o processo administrativo permite a verificação de todos os fatores presentes numa situação, antes da tomada da decisão, inclusive mediante informações e dados fornecidos pelos sujeitos envolvidos.

O art. 24, *caput*, vincula-se diretamente à *segurança jurídica* ao proibir a retroatividade de nova orientação geral, no caso de revisão quanto à validade de ato, contrato ou norma administrativa. A vedação de retroatividade de nova interpretação, contida na Lei nº 9.784, de 29.1.1999 – Lei de Processo Administrativo Federal – art. 2º, parágrafo único, inc. XIII, agora incide sobre todos os entes federativos diretamente, e não apenas de forma subsidiária.

O art. 26 possibilita que a autoridade administrativa celebre *compromisso com os interessados*, para eliminar irregularidades, incerteza jurídica ou situação litigiosa, após ouvida pelo órgão jurídico e, se for o caso, após realização de consulta pública. Neste preceito se vê o processo administrativo no âmbito da consensualidade, direcionado à realização de acordo.

63 Leis estaduais de processo administrativo

63.1 A Lei de Processo Administrativo do Estado de São Paulo – Lei estadual nº 10.177, de 30.12.1998

Segundo esclarece o Prof. Carlos Ari Sundfeld,[18] ao traçar o histórico da Lei nº 10.177/1998, o antecedente remoto desta lei

---

[18] No artigo Processo e procedimento administrativo, in Carlos Ari Sundfeld; Gillermo Andrés Muñoz. (org.) *As leis de processo administrativo*. Malheiros, 2000, p. 17, nota 1.

encontra-se em Comissão formada no início de 1990, sob sua presidência, para estudar a implementação do art. 113 da Constituição do Estado, que remete à lei a fixação de prazos para a prática de atos administrativos e a disciplina dos recursos. "A Comissão aprovou a ideia de sugerir uma ampla Lei Estadual de Procedimento Administrativo", usando a minuta elaborada pelo Prof. Carlos Ari Sundfeld. O texto do anteprojeto apresentado por esta Comissão e a respectiva exposição de motivos foram publicados na *RDP* 99/188-203. Após tramitação interna, o projeto não foi remetido à Assembleia Legislativa. No governo de Mário Covas, retomou-se o projeto, com a redação definitiva elaborada pela Assessoria Jurídica do Governo, "com importantes alterações e aperfeiçoamentos". Mediante a Mensagem nº 41, de 16.4.1998, o projeto foi enviado ao Legislativo estadual, sendo aí intitulado Projeto de Lei nº 191, de 1998, publicado no *Diário Oficial do Estado* de 18.4.1998 – Poder Legislativo. A promulgação ocorreu em 30.12.1998, com a entrada em vigor após 120 (cento e vinte) dias da publicação, ou seja, em 1º.5.1999.

O confronto destas datas com as datas referentes à Lei do Processo Administrativo estadual mostra um antecedente mais remoto da lei paulista em comparação ao projeto federal; mas este foi enviado ao Legislativo Federal (em 22.10.1996) bem antes da remessa, ao Legislativo, do projeto estadual (16.4.1998). No Legislativo foi mais curta a tramitação do projeto estadual, daí a promulgação em 30.12.1998; e foi mais longa a tramitação do projeto federal, promulgado em 29.1.1999. Mas a Lei Federal nº 9.784 entrou em vigor na data da sua publicação, ou seja, em 1º.2.1999, e a Lei Estadual nº 10.177 só passou a produzir efeitos a partir de 1º.5.1999.

Desse modo, embora a Lei estadual nº 10.177 tenha o pioneirismo da existência, a Lei Federal nº 9.784/99 tem o pioneirismo da eficácia, pois produziu efeitos desde 1º.1.1999. Além do mais, é possível que a publicação do projeto de lei de processo administrativo federal, seja na *RDA*, seja nas páginas oficiais do Legislativo Federal, tenha sido o incentivo não só para a retomada da tramitação interna como para a célere tramitação externa do projeto estadual (o confronto do texto das duas leis revela que na lei estadual há alguns dispositivos bem similares a preceitos da Lei nº 9.784, cujo projeto foi publicado, como já se disse, bem antes da retomada da tramitação interna do projeto estadual; é o caso, por exemplo, dos artigos que tratam da consulta pública, da audiência pública e dos artigos constantes das disposições finais.

De modo breve, indicam-se, a seguir, os principais itens da Lei paulista nº 10.177: disposições preliminares; princípios da Administração Pública; atos administrativos: invalidação, formalização, publicidade, prazo para a produção dos atos, delegação e avocação; princípios do procedimento administrativo; direito de petição; instrução; prazos; publicidade; recursos; procedimentos em espécie: procedimento de outorga, procedimento de invalidação, procedimento sancionatório, procedimento de reparação de danos, procedimento para obtenção de certidão, procedimento para obtenção de informações pessoais, procedimento para retificação de informações pessoais, procedimento de denúncia; disposições finais.

63.2 Outras leis estaduais de processo administrativo

a) Sergipe – 1996, elaborada pelo jurista Carlos Ayres Britto; b) Alagoas – 2000; c) Goiás – 2001; d) Pernambuco – 2001; e) Minas Gerais – 2002; f) Mato Grosso – 2002; g) Amazonas – 2003; h) Roraima – 2004; i) Rio Grande do Norte – 2005; j) Rio de Janeiro – 2009; k) Maranhão – 2009; l) Bahia – 2001; m) Piauí – 2016; n) Rondônia – 2016; o) Pará – 2020.

64 A Lei de Processo Administrativo do Município de São Paulo – Lei municipal nº 14.141, de 27.3.2006

O Município de São Paulo também editou sua Lei de Processo Administrativo (e outros municípios também, sendo inviável mencionar todas as leis municipais de processo administrativo existentes). Trata-se da Lei municipal nº 14.141, de 27.3.2006. Com 52 artigos, apresenta-se como lei de normas básicas e seu teor muito se assemelha à Lei federal nº 9.784/1999. A similaridade dos textos de leis de processo administrativo, num Estado Federal, revela-se positiva, sobretudo porque facilita a atuação dos interessados nos diversos entes federativos e porque evidencia um padrão comum da legislação brasileira, nesta matéria. Já se notou, no item dedicado à Lei de Processo Administrativo da Alemanha, no capítulo anterior, que, aí, os estados-membros decidiram adotar leis de processo administrativo de conteúdo idêntico ao da lei federal, com o intuito de propiciar a unidade do direito alemão nesse âmbito.

Arrolam-se, a seguir, os itens essenciais da referida lei municipal: disposições gerais; direitos dos munícipes; deveres dos munícipes; início do processo administrativo; distinção dos processos em comuns e especiais, inserindo-se nesta última categoria, por exemplo, o licenciamento ambiental, edilício, sanitário e urbanístico, a licitação, o processo disciplinar, o processo administrativo-tributário, a tomada de contas, o tombamento; disposições gerais sobre o processo comum; os interessados; competência; impedimentos e suspeição; forma, tempo e comunicação dos atos do processo; instrução; decisão e recursos; vista e pedidos de cópias e certidões; aplicação de sanções; disposições finais.

CAPÍTULO XI

A EXPANSÃO JURISPRUDENCIAL NO BRASIL

65 Considerações preliminares

No capítulo denominado *O processo administrativo em fins do século XX e primórdios do século XXI* menciona-se, entre outros pontos, a ampliação do espaço do *processo administrativo* no direito administrativo. Esta ampliação se evidencia, sobretudo: pela *expansão doutrinária* aí exposta; pela *expansão legislativa*, na vertente da edição de *leis dispersas*, objeto do mesmo capítulo, e na vertente da *codificação*, tratada nos dois capítulos seguintes; e pela *expansão jurisprudencial*.

Para facilidade de leitura e de ordenação sistemática foram abertos dois capítulos específicos para o tema da codificação do processo administrativo, um referente a ordenamentos estrangeiros, outro relativo ao ordenamento brasileiro.

Quanto à expansão jurisprudencial, esta ocorreu no âmbito interno de países europeus e nas cortes supranacionais europeias, como se ressaltou.

E aqui se abre capítulo dedicado à significativa *expansão jurisprudencial* do processo administrativo no ordenamento brasileiro.

66 Jurisprudência anterior à Constituição Federal de 1988

Antes da promulgação da Lei Maior de 1988, havia importante elaboração jurisprudencial quanto ao processo administrativo disciplinar e à demissão ou exoneração de servidor em estágio probatório.

Em matéria de processo administrativo disciplinar, se deste pudesse resultar demissão, o Judiciário brasileiro adotava firme orientação no sentido de ser instaurado processo administrativo com as garantias de contraditório e ampla defesa, aí incluída a presença de advogado. O Judiciário procurava, desta forma, estender ao processo disciplinar garantias vigentes no processo penal, pela similaridade no aspecto da imposição de sanção e por estarem implícitas nas Constituições anteriores. A *Súmula nº 20* do Supremo Tribunal Federal traduz a orientação presente em várias decisões: "É necessário processo administrativo com ampla defesa, para demissão de funcionário admitido por concurso".

No tocante à demissão ou exoneração de servidor em estágio probatório, o Supremo Tribunal Federal editara a *Súmula nº 21*, nos termos a seguir: "Funcionário em estágio probatório não pode ser exonerado nem demitido sem inquérito ou sem as formalidades legais de apuração de sua capacidade". Desse modo, o Judiciário brasileiro deixou de acatar, muito antes da Constituição de 1988, demissões ou exonerações sumárias impostas a servidores, determinando a instauração de processo administrativo (na Súmula nº 21 com o nome de *inquérito*) ou o cumprimento das formalidades de apuração da capacidade, conforme o caso.

67 Jurisprudência posterior à Constituição Federal de 1988

Desde a edição da Constituição de 1988, o Judiciário brasileiro passou a impor, em grande amplitude, o cumprimento das garantias do contraditório e ampla defesa, por vezes representadas na exigência de instauração de processo administrativo (invocar exigência de processo administrativo equivale a determinar a observância do contraditório e ampla defesa). Desempenha, assim, o Judiciário brasileiro, notável papel na concretização do art. 5º, incs. LIV e LV, da Constituição Federal e no direcionamento da atuação das autoridades públicas, por vezes alheias aos direitos dos cidadãos ou não habituadas às efetivas práticas da democracia e do Estado de Direito.

Em vários âmbitos de atuação da Administração Pública, o Judiciário determina o cumprimento daquelas garantias. Após a edição da Lei de Processo Administrativo Federal – Lei nº 9.784/1999, muitos julgados, inclusive do Supremo Tribunal Federal, a invocam como fundamento, ao lado dos supracitados dispositivos constitucionais.

As súmulas e as ementas, a seguir transcritas,[1] possibilitam exemplificar a relevância da atuação do Judiciário brasileiro na expansão do processo administrativo e, por decorrência, na garantia dos direitos ao contraditório e ampla defesa, sobretudo. Alguns temas serão especificados; outros integrarão um bloco.

STF – Súmula Vinculante nº 3 – Nos processos perante o Tribunal de Contas da União asseguram-se o contraditório e a ampla defesa quando da decisão puder resultar anulação ou revogação de ato administrativo que beneficie o interessado, excetuada a apreciação da legalidade do ato de concessão inicial de aposentadoria, reforma e pensão. (no Capítulo X, no item relativo à Lei nº 9.784/99, figura comentário a respeito, no tocante à modulação, fixada pelo STF, em relação à segunda parte da referida súmula, no sentido da garantia do contraditório e ampla defesa após decorrido prazo superior a cinco anos da chegada do expediente ao Tribunal de Contas).

STF – Súmula Vinculante nº 5 – A falta de defesa técnica por advogado no processo administrativo disciplinar não ofende a Constituição (no item relativo à ampla defesa foi tecido comentário a respeito desta Súmula Vinculante nº 5).

a) *Servidores públicos*

Já se disse que, antes da Constituição Federal, de 5.10.1988, o Judiciário brasileiro se antecipara, em matéria de processo administrativo disciplinar e demissão/exoneração de servidor em estágio probatório, ao advento das garantias do art. 5º, inc. LV. Após a Constituição de 1988 a orientação recebeu aprimoramento e se ampliou para outros itens da vida funcional.

---

[1] As ementas emanam de decisões de Tribunais de Justiça, Tribunais Regionais Federais, Superior Tribunal de Justiça e Supremo Tribunal Federal. Não serão mencionadas as fontes de consulta, nem indicados os nomes dos relatores, sobretudo para facilidade de transcrição; o tipo de ação e respectivo número poderão propiciar o acesso a repertórios escritos de jurisprudência ou a repertórios de jurisprudência via internet. Assim, este modo de transcrição de ementas não representa modelo para citações em monografias, dissertações e teses.

STJ – Recurso em MS nº 1.074, 2.12.1991: "A portaria inaugural e o mandado de citação, no processo administrativo, devem explicitar os atos ilícitos atribuídos ao acusado. Ninguém pode defender-se eficazmente sem pleno conhecimento das acusações que lhe são imputadas. Apesar de informal, o processo administrativo deve obedecer às regras do devido processo legal" (art. 5º, inc. LV).

STJ – Recurso em MS nº 1.201/MA, 26.2.1992: "Anulação de concurso público seguida de exoneração de servidor nele aprovado e nomeado só é possível mediante o devido processo legal administrativo"; "Se não se exigisse processo administrativo, mesmo sendo os servidores não estáveis, fácil seria demitir o servidor sem processo administrativo. Bastaria a simples alegação de irregularidade do concurso para, anulando-o, atingir o servidor".

TJSP – Ap. Cível nº 225.425.1/4, 27.6.1995: "Sindicância embasadora de sanção disciplinar. Realização sem outorga de oportunidade de participação do sindicado na fase da colheita de provas a ele desfavoráveis. Violação de garantia constitucional asseguradora do contraditório e da ampla defesa. Se a sindicância serve de suporte à punição do servidor, faz este jus à participação nos seus atos de produção de prova".

STF – RE nº 165.680/SC, *DJU* de 15.9.1995: "Militar – licenciamento – processo administrativo disciplinar – ausente – ofensa contraditório –ampla defesa – ocorrência [...] O ato de licenciamento do recorrente, a bem da disciplina militar, com base no Estatuto da Polícia Militar do Estado de Santa Catarina, não foi precedido de procedimento administrativo para o esclarecimento das faltas apontadas como infrações disciplinares, capazes de autorizá-lo, verificando-se completa omissão de defesa. O Judiciário, mesmo sem entrar no mérito da atuação administrativa, tem poderes para examinar o ato sob o prisma do princípio constitucional do devido processo legal e da ampla defesa. [...]".

STJ – MS nº 6.798/DF, *DJ* de 14.8.2000: "Servidor público. Processo disciplinar. Demissão. Cerceamento de defesa. Nulidade, Lei 8112/90. No processo administrativo disciplinar é indispensável que se proporcione ao servidor processado, esteja ele já indiciado (art. 161, §1º, da Lei 8.112/90) ou ainda como simples acusado (na fase de instrução do inquérito administrativo) o direito à ampla defesa e ao contraditório, devendo-se chamar o acusado ao feito desde o seu início, para que tenha oportunidade de acompanhar a instrução. Precedentes do STF".

TJSP – Ap. Cível nº 48.241-5/9-00, 19.3.2001: "Servidor público estadual. Lei nº 500/74. Ação declaratória de nulidade de ato administrativo. Pena disciplinar de repreensão. Ausência de procedimento administrativo. Aplicação de punição pela verdade sabida. Art. 271 e seu parágrafo único da Lei 10.261/68. Inadmissibilidade. Prevalência dos princípios da ampla defesa e do contraditório. Aplicação do art. 5º, LV, da CF/88 e do art. 4º da carta paulista". *Observação*: a Lei paulista nº 500/1974 diz respeito à admissão de servidores em caráter precário; por sua vez, o supracitado art. 271 da Lei nº 10.261/1968 – Estatuto estadual teve sua redação alterada pela Lei Complementar nº 942/2003.

STJ – MS nº 10.788/DF, *DJU* de 2.4.2007: "1. Na fase de inquérito do processo administrativo disciplinar, devem-se assegurar ao acusado as garantias do contraditório e da ampla defesa. 2. Para o exercício desses dois princípios constitucionais, basilares do processo administrativo, o estatuto dos servidores públicos federais assegura aos acusados o direito de acompanhar o processo disciplinar, pessoalmente ou por intermédio de procurador. 3. Tendo a própria autoridade coatora reconhecido que o Impetrante só fora citado para acompanhar o processo depois de encerrada a instrução, quando deveria ser indiciado e, posteriormente, apresentar defesa escrita, o processo é nulo, a partir da iniciação do inquérito, com todos os atos subseqüentes. 4. Segurança concedida".

STF – MS nº 26.560/DF, j. 17.12.2007: "Funcionário da Empresa Brasileira de Correios e Telégrafos _ECT. Cargo. Ascensão funcional sem concurso público. Anulação pelo Tribunal de Contas da União – TCU. Inadmissibilidade. Ato aprovado pelo TCU há mais de 5 (cinco) anos. Inobservância do contraditório e da ampla defesa. Consumação, ademais, da decadência administrativa após o quinquênio legal [...] Aplicação do art. 5º, inc. LV da CF e art. 54 da Lei federal nº 9.784/99. Não pode o Tribunal de Contas da União, sob fundamento ou pretexto algum anular ascensão funcional de servidor operada e aprovada há mais de 5 (cinco) anos, sobretudo em procedimento que não lhe assegura o contraditório e a ampla defesa".

STF – Ag.Reg. RE nº 257.916/SC, j. 14.4.2015: "Servidor público. Vencimentos. Descontos de valores supostamente indevidos.

Necessária observância dos princípios do contraditório e ampla defesa. 1. A decisão agravada está alinhada à jurisprudência do Supremo Tribunal Federal no sentido de que 'descontos de quantias pagas além do devido pressupõem apuração de valores em processo administrativo no qual fique assegurado ao servidor o exercício do direito de defesa ante eventual excesso ou erro de cálculo'. 2. O Plenário do Supremo Tribunal Federal já assentou que "ao Estado é facultada a revogação de atos que repute ilegalmente praticados; porém, se de tais atos já decorreram efeitos concretos, seu desfazimento deve ser precedido de regular processo administrativo".

STF – Ag.Reg. AI nº 768.742/DF, j. 21.8.2017: "Descontos de valores pagos a título de complementação de proventos. Prévio processo administrativo. Necessidade. Garantia do contraditório e da ampla defesa. 1. O Plenário do Supremo Tribunal Federal, no RE 549.296 (Rel. Min. Dias Toffoli, tema 138), examinou a repercussão geral da questão constitucional debatida neste recurso, tendo fixado a seguinte tese: 'Ao Estado é facultada a revogação de atos que repute ilegalmente praticados; porém, se de tais atos já tiverem decorridos efeitos concretos, seu desfazimento deve ser precedido de regular processo administrativo'".

STF – Emb.D. no Ag.Rg. no RE com Ag. nº 1.105.729/MS, j. 18.5.2018: "A jurisprudência desta Corte é pacífica no sentido de nulidade do processo administrativo disciplinar em que o julgamento ocorre em sessão secreta sem a presença do acusado e de seu defensor".

STF – ARE nº 640.423 ED, j. 13.9.2018: "Decisão agravada em consonância com a jurisprudência consolidada do Supremo Tribunal Federal no sentido de que é necessária a instauração de processo administrativo para a demissão de servidor não estável".

STF – Ag.Reg. RE nº 1.242.163/MT, j. 21.2.2020: "Servidora pública. Contratação irregular. Exoneração que deve ser precedida do contraditório e da ampla defesa".

b) *Depósito prévio ou arrolamento prévio de bens e direitos para interpor recurso administrativo*

Observação: após período de divergências nas decisões de vários tribunais, o STF, na ADI nº 1.976/DF, julgada em 28.3.2007, declarou inconstitucional o requisito de depósito prévio ou arrolamento prévio de bens e direitos como condição para interpor recurso administrativo, contida no §2º do art. 33 do Decreto nº 70.235/1972 (processo administrativo fiscal), parágrafo este acrescentado por medida provisória convertida na Lei nº 10.522/2002.

Trecho final da ementa do acórdão da referida ADI nº 1.976/DF: "A exigência de depósito ou arrolamento prévio de bens e direitos como condição de admissibilidade de recurso administrativo constitui obstáculo sério (e intransponível, para consideráveis parcelas da população) ao exercício do direito de petição (CF, art. 5º, XXXIV), além de caracterizar ofensa ao princípio do contraditório (CF, art. 5º, LV). A exigência de depósito ou arrolamento prévio de bens e direitos pode converter-se, na prática, em determinadas situações, na supressão do direito de recorrer, constituindo-se, assim, em nítida violação ao princípio da proporcionalidade".

c) *Poder de polícia*

STF – RE nº 153.540-7/SP, j. 5.6.1995: "Poder de polícia – Processo administrativo – Defesa. A atuação da administração pública, no exercício do poder de polícia, ou seja, pronta e imediata, há de ficar restrita aos atos indispensáveis à eficácia da fiscalização, voltada aos interesses da sociedade. Extravasando a simples correção do quadro que a ensejou, a ponto de alcançar a imposição de pena, indispensável é que seja precedida da instauração de processo administrativo, no qual se assegure ao interessado o contraditório e, portanto, o direito de defesa, nos moldes do inciso LV do artigo 5º da Constituição Federal. Não subsiste decisão administrativa que, sem observância do rito imposto constitucionalmente, implique a imposição de pena de suspensão, projetada no tempo, obstaculizando o desenvolvimento do trabalho do taxista". *Observação*: a decisão sintetizada na ementa *supra*, de relatoria do Ministro Marco Aurélio, alcançou grande relevância, sendo citada posteriormente em casos atinentes a poder de polícia.

TRF 1ª R – REO nº 890.101.664-8/DF, *DJ* de 16.11.1998: "Poder de polícia sanitária. Processo administrativo. Penalidade. Ausência de defesa [...] I – Ainda que exercendo seus poderes de polícia, a Administração não tem o direito de impor gravames e sanções que, direta ou indiretamente, atinjam o patrimônio dos administrados, sem preservar-lhes a garantia do *due process of law*. Precedente do STF (RE 153540-7/SP, Rel. Ministro Marco Aurélio, DJU/1 15.09.1995)".

TJSP – Ap. Cível nº 58.345-0, 3.8.2000: "Bar e lanchonete – Infração administrativa – Presença de menores no período noturno – Imposição de multa – Auto de infração, no entanto, que não menciona o horário e a identificação da menor que atendia ao balcão, nem das pessoas que não portavam documentos, sem indicar se menores ou não – Decisão, por outro lado, que imputa ao comerciante infrações não constantes do referido auto – Inobservância da ampla defesa e do contraditório – Anulação do feito desde o início – Recurso provido".

TRF 4ª R – AMS nº 2002.70.00.066155-6/PR, *DJU* de 1º.9.2004: "Banco Central do Brasil – Multa – Lei nº 9.817/99 – Inobservância do devido processo legal – Possui o BACEN legitimidade passiva para integrar o feito que trata da nulidade da multa, prevista na Lei nº 9.817/99, sob a modalidade de encargo financeiro, a cargo do Banco Central do Brasil, se inobservada a operação prevista no contrato de câmbio. Não pode o Banco Central do Brasil cobrar a multa de forma sumária, lançando-a em contas reservas bancárias da instituição financeira e repassada para a empresa, sem a existência de prévio procedimento administrativo no qual seja assegurado o contraditório e a ampla defesa, na forma, aliás, determinada pelo art. 5º, LV, da Constituição Federal. Permitido ao Banco Central que renove o procedimento de cobrança, com a observância do devido processo legal".

TRF 1ª R – REO-MS nº 199701000526188/RO, *DJU* de 31.1.2006: "Interdição de posto de revenda de combustíveis – Inobservância do devido processo legal – Extrapolação do normal exercício do poder de polícia – Remessa desprovida. I – Autuado um estabelecimento de revenda de combustíveis por infrações que não evidenciam imediato perigo ou grave lesão à ordem, à saúde, à segurança ou às finanças públicas, a penalidade de interdição, por sua gravidade, deve ser precedida do competente processo administrativo em que se assegure ao autuado a mais ampla defesa. Se tal não ocorre, afigura-se ilegal o ato de interdição sumária, aplicada ao arrepio do disposto no art. 5º, LV, da Constituição Federal. II – Remessa oficial desprovida".

TRF 3ª R – MS nº 2002.03.99.001128-3/SP, *DJU* de 14.2.2007: "Processo administrativo – falta de entrega de documento – autuação – motivação – contraditório – ampla defesa – inobservância

– Mandado de segurança. Apelação e remessa oficial. Autuação por falta de entrega de documentos. Princípios do contraditório e ampla defesa e da motivação no procedimento administrativo não observados. Sentença mantida. 1. Em obediência ao princípio constitucional do contraditório e da ampla defesa (art. 5º, LV, da CF), é imprescindível que a pessoa autuada saiba exatamente o motivo pelo qual está sendo chamada a dar explicações ou apresentar documentos. Hipótese em que a Administração menciona expressamente a existência de uma suposta reclamação contra a impetrante. 2. Não se nega à Administração o direito de, no regular exercício do poder de polícia, requisitar de pessoas documentos indispensáveis à verificação de situações que possam ensejar aplicação de penalidades administrativas. 3. Todavia, se existia uma reclamação contra a impetrante, com base na qual os documentos estavam sendo requisitados, ela tinha todo o direito de saber, antes mesmo ou concomitantemente à requisição dos documentos pela autoridade administrativa, sobre o que se tratava. 4. Hipótese em que, ademais, ocorreu a nulidade causada pela falta de motivação da decisão que julgou procedente o auto de infração. O princípio da motivação da decisão administrativa encontra símile no art. 93, IX e X, da Constituição Federal. 5 Remessa oficial e apelação conhecidas e improvidas".

STJ – Súmula nº 312: "No processo administrativo para imposição de multa de trânsito são necessárias as notificações da autuação e da aplicação da pena decorrente da infração".

STF – Ag.Reg. no RE nº 343.564/PR – j. 24.4.2012: "Revogação de licença para operar no mercado de câmbio. Garantias constitucionais da ampla defesa e do contraditório. Processo administrativo. Necessidade. 1. As garantias constitucionais da ampla defesa e do contraditório devem ser asseguradas nos casos em que ocorra a imposição, a determinada pessoa ou entidade pública ou privada, de limitação de direitos, sob pena de nulidade da própria medida restritiva".

d) *Autotutela*

STF – MS nº 24.268/MG, j. 5.2.2004: "Mandado de Segurança. 2. Cancelamento de pensão especial pelo Tribunal de Contas da União. Ausência de comprovação da adoção de instrumento jurídico adequado. Pensão concedida há vinte anos. 3. Direito de defesa ampliado com a Constituição de 1988. Âmbito de proteção que contempla todos os processos judiciais ou administrativos e não se resume a simples direito de manifestação no processo. 4. Direito constitucional comparado. Pretensão à tutela jurídica que envolve não só o direito de manifestação e informação, mas também o direito de ver seus argumentos contemplados pelo órgão julgador. 5. Os princípios do contraditório e da ampla defesa, assegurados pela Constituição, aplicam-se a todos os procedimentos administrativos. 6. O exercício pleno do contraditório não se limita à garantia de alegação oportuna e eficaz a respeito dos fatos, mas implica a possibilidade de ser ouvido também em matéria jurídica. 7. Aplicação do princípio da segurança jurídica, enquanto subprincípio do Estado de Direito. Possibilidade de revogação de atos administrativos que não se pode estender indefinidamente. Poder anulatório sujeito a prazo razoável. Necessidade de estabilidade das situações jurídicas criadas administrativamente. 8. Distinção entre atuação administrativa que independe de audiência do interessado e decisão que, unilateralmente, cancela decisão anterior. Incidência da garantia do contraditório, da ampla defesa e do devido processo legal ao processo administrativo [...]10. Mandado de Segurança deferido para determinar a observância do princípio do contraditório e da ampla defesa (CF, art. 5º, LV)".

Observação: o acórdão acima apresenta-se de grande relevância na matéria. O Ministro Gilmar Mendes, em extenso voto vencedor, firmou a posição e foi designado para redigir o acórdão, com a ementa *supra*. Em alguns estudos, a decisão *supra* é mencionada sob a rubrica da *autotutela*, termo que aí se aplica se considerado o desfazimento de ato anterior pelo Poder Público como um todo, visto não ter ocorrido a anulação mediante outro ato da mesma Administração que o editara. Tratando-se de desfazimento efetuado pelo Tribunal de Contas, com mais precisão poderia ser intitulado como ato de controle ou ato oriundo de órgão de controle. Para fins práticos é englobado nesta sede no campo da autotutela.

STJ – Recurso em MS nº 13.561/RJ, 7.3.2006: "Anulação – Enquadramento – Contraditório – A Turma, ao prosseguir o julgamento, entendeu que o ato administrativo que anulou o enquadramento dos impetrantes (o que lhes resultou a perda dos cargos) deveria ser precedido de contraditório, da instauração de processo administrativo, no qual seriam, ao menos ouvidos. Isso se deve ao fato de o ato ter repercutido no campo de seus interesses individuais, de eles serem afetados com a revisão".

STF – RE-AgR nº 492.985/MG, j. 6.2.2007: "Agravo Regimental no Recurso Extraordinário. Servidor aposentado. Processo administrativo. Revisão de benefício da aposentadoria. Princípios do devido processo legal, do contraditório e da ampla defesa. Observância obrigatória. 1. Acórdão recorrido em consonância com a orientação do Supremo no sentido de que a Constituição do Brasil assegura aos litigantes em geral, sem distinção entre civis e militares, o contraditório e a ampla defesa, em processo judicial ou administrativo. 2. Agravo Regimental a que se nega provimento".

STJ – MS nº 11.413/DF, *DJ* de 2.4.2007: "Mandado de segurança – Auxílio Invalidez – Redução de Valor – Devido processo administrativo – Ausência – Ilegalidade – Ordem Concedida – 1. O STF já decidiu que, na hipótese de serem afetados interesses individuais 'a anulação não prescinde da observância do contraditório, ou seja, da instauração do processo administrativo que enseja a audição daqueles que terão modificada situação já alcançada' (RE nº 158.543-RS 2ª Turma, relatoria do Ministro Marco Aurélio, pub. DJ 06.10.1995) [...] Ordem Concedida".

STF – AI – AgR nº 595.876/MG, j. 31.5.2007: "Agravo Regimental em Agravo de Instrumento. Servidor Público. Quinquênio. Pagamento Indevido. Processo Administrativo. Ausência. Desconto em folha. Impossibilidade. 1 – A Administração Pública somente poderia proceder ao desconto em folha dos valores pagos indevidamente mediante a instauração de processo administrativo, assegurados ao servidor o contraditório e a ampla defesa. Precedentes. II – Agravo Regimental improvido".

STF – RE-AgR nº 425.406/RN, j. 18.9.2007: "Agravo regimental em recurso extraordinário. 2. Restabelecimento de benefício previdenciário pelo Tribunal de origem, sob fundamento de inobservância do contraditório e da ampla defesa quando do procedimento administrativo que o suspendera. Violação verificada. A garantia do direito de defesa contempla, no seu âmbito de proteção, todos os processos judiciais ou administrativos. Precedentes. 3. Agravo regimental a que se nega provimento. (Vem indicados como legislação: a Constituição Federal de 1988, art. 5º, inc. LV e a Lei 9784/1999, art. 2, incs. 8 e 10)".

STF – RE-AgR nº 488.443/RJ, j. 9.10.2007: "Agravo regimental em recurso extraordinário. 2. Servidor público falecido. Pensão deixada a Viúva e Companheira. Questionamento quanto à condição de ex-companheira. Nulidade do ato administrativo sem prévio processo administrativo. Inobservância do contraditório e da ampla defesa. Impossibilidade. 3. A garantia do direito de defesa contempla, no seu âmbito de proteção, todos os processos judiciais ou administrativos. Precedentes. 4. Agravo regimental a que se nega provimento".

STF – RE nº 594.296/MG, j. 21.9.2011: "1. Ao Estado é facultada a revogação de atos que repute ilegalmente praticados, porém, se de tais atos já decorreram efeitos concretos seu desfazimento deve ser precedido de regular processo administrativo. 2. Ordem de revisão de contagem de tempo de serviço, de cancelamento de quinquênios e de devolução de valores tidos por indevidamente recebidos apenas pode ser imposta ao servidor depois de submetida a questão ao devido processo administrativo, em que se mostra obrigatória observância e respeito ao princípio do contraditório e ampla defesa".

STF – RMS nº 25.849 AgR/DF, j. 12.6.2012: "Eventual invalidade de ato concessivo de anistia deverá ser precedida, nos termos do art. 17 da Lei nº 10.559/2002, de procedimento administrativo em cujo âmbito impor-se-á, ao Poder Público, o respeito à garantia constitucional do '*due process of law*'".

STF – Ag.Rg no RE nº 250.482/CE, j. 26.6.2012: "Processo administrativo. Anulação de ato. Observância dos princípios do contraditório e ampla defesa. 1. Qualquer ato da Administração Pública que tiver o condão de repercutir sobre a esfera de interesses do cidadão deverá ser precedido de prévio procedimento administrativo em que se assegure ao interessado o efetivo exercício do direito ao contraditório e à ampla defesa".

e) *Processos administrativos no âmbito do Conselho Nacional de Justiça – CNJ e do Conselho Nacional do Ministério Público – CNMP*

STF – MS nº 27.154/DF, j. 10.11.2010: "Conselho Nacional de Justiça. Procedimento de controle administrativo. Notificação de pessoas diretamente interessadas no desfecho da controvérsia.

Contraditório e ampla defesa. Necessidade. Sempre que antevista a existência razoável de interessado na manutenção do ato atacado, com legítimo interesse jurídico direto, o CNJ está obrigado a dar-lhe ciência do procedimento de controle administrativo. Identificado o legítimo interesse de terceiro, o acesso ao contraditório e à ampla defesa independem de conjecturas acerca da efetividade deste para produzir a defesa do ato atacado. Segurança concedida para anular o acórdão atacado e para que o CNJ possa notificar os impetrantes".

STF – MS nº 26.419/DF, j. 27.10.2015: "Reveste-se de nulidade por ofensa ao exercício do direito ao contraditório e ampla defesa a notificação apenas por edital de pessoa identificada como beneficiária direta de ato objeto de questionamento em procedimento de controle administrativo instaurado no âmbito do Conselho Nacional do Ministério Público".

f) *Temas variados*

TJSP – Rec. ex officio nº 55.214-0/Jales, 6.4.2000: "Estabelecimento oficial – Aluno – Atos de indisciplina –Transferência compulsória para outra unidade educacional – Direito de ampla defesa não assegurado [...] Segurança concedida – Recurso oficial não provido".

STJ – AgR nº 561.648/RS, *DJU* de 13.4.2004: "Casa lotérica – Permissão de serviço público – Rescisão – Procedimento Administrativo – Garantia da ampla defesa. 1. Ainda que contrato de permissão de serviço público seja revestido dos atributos da discricionariedade, unilateralidade e precariedade, a sua rescisão reclama o regular desenvolvimento do procedimento administrativo, no qual deve sempre ser observado o postulado da garantia de defesa. 2. Agravo regimental não provido".

TRF 1ª R – AC nº 199940000009786/PI, *DJU* de 6.6.2005: "Processo administrativo – concurso público – exame psicotécnico – irrecorribilidade – princípios constitucionais – afronta. Concurso público para o provimento do cargo de policial rodoviário federal. Exame psicotécnico. Caráter sigiloso e irrecorrível. Agressão a princípios constitucionais. Direito de vista da prova e de interposição de eventual recurso administrativo. I – O direito de vista de prova, para fins de eventual recurso, na esfera administrativa, encontra respaldo na garantia constitucional da ampla defesa e do contraditório, nos termos do art. 5º, XXXIV, b, e LV.II – Apelação e remessa oficial desprovidas. Sentença confirmada".

TRF 5ª R – Remessa oficial em MS nº 68.189/PE, *DJU* de 31.10.2007: "Licitação. Rejeição de proposta. Revogação de licitação. Oportunidade de defesa não conferida. Ilegalidade do ato de revogação. a Lei nº 8666/93, no art. 49, §3º c/c o art. 109, I, b, e §4º, consagrou o amplo direito de defesa das empresas licitantes em diversas situações, tais como: em caso de desfazimento, anulação e revogação do processo licitatório e na hipótese de rejeição da proposta de uma das empresas. Após a rejeição da proposta da empresa impetrante, face ao alto preço apresentado, o Diretor de Administração da Telebrás decidiu pelo desfazimento e revogação do processo licitatório, tendo tal fato sido comunicado à impetrante de forma sumária, através de mensagem via fax, mas sem lhe ser conferido direito de defesa".

TRF 4ª R – Remessa oficial em MS nº 2006.71.00.027199-3/RS, 20.8.2007: "Processo administrativo. Prazo para análise. Arts. 48 e 49 da Lei 9.784/1999. O segurado tem direito à apreciação do seu pedido administrativo dentro do prazo máximo de 30 (trinta) dias, prorrogável por igual período, nos termos dos arts. 48 e 49 da Lei 9.784, de 1999, e por força do princípio constitucional da eficiência".

STF – ACO – QQ nº 1.048/RS, j. 30.8.2007: Parte da ementa: "CADIN/SIAFI – Inclusão nesse cadastro federal, do Estado do Rio Grande do Sul, por efeito de divergências na prestação de contas do Convênio MJ nº 019/2000 – Consequente imposição, ao Estado-membro, em virtude do alegado descumprimento das respectivas obrigações, de limitações de ordem jurídica – Necessária observância da garantia constitucional do devido processo legal como requisito legitimador da inclusão, no CADIN/SIAFI, de qualquer ente estatal [...] Pretensão cautelar fundada nas alegações de transgressão à garantia do 'due process of law' e de desrespeito ao postulado da reserva de lei em sentido formal – Medida cautelar deferida [...]. Limitação de direitos e necessária observância, para efeito de sua imposição, da garantia constitucional do devido processo legal. A imposição estatal de restrições de ordem jurídica, quer se concretize na esfera judicial, quer se realize no âmbito estritamente administrativo (como sucede com a inclusão de supostos devedores em cadastros públicos de inadimplentes) supõe, para legitimar-se constitucionalmente, o efetivo respeito, pelo Poder Público, da garantia indisponível do 'due process of law', assegurada pela Constituição da República (art. 5º, LIV), à generalidade das pessoas, inclusive às próprias pessoas jurídicas de direito público, eis que o Estado, em tema de limitação ou supressão de direitos, não pode exercer a sua autoridade de maneira abusiva e arbitrária".

TRF 1ª R – Remessa ex-officio em MS nº 2000.36.00.009659-8/MT, *DJU* 15.10.2007: "Processo administrativo. Aprovação de inventário florestal. Mora da Administração. Violação aos princípios da eficiência e da razoabilidade. Direito à razoável duração do processo. 1. Na compreensão de processo encontra-se a de fim. Todo processo, compreendido por sucessivos atos se encaminha a um desfecho. Por essa razão, a Lei nº 9.784/99, que regula o processo administrativo no âmbito da Administração Pública Federal, expressamente consignou o dever de a Administração emitir decisão, em matéria de sua competência. Concluída a instrução, a Administração tem o prazo de até trinta dias para decidir, salvo prorrogação, por igual período, expressamente motivada (art. 49). 2. Na hipótese dos autos, restou comprovado que tendo sido protocolado o processo administrativo de aprovação de Inventário Florestal, pretendido pelo impetrante, em 20.3.2000, o mesmo permaneceu por mais de cinco meses paralisado no mesmo departamento, conforme documento de f.29, sem que a Administração tenha efetivamente negado ou deferido o pleito da impetrante, em ofensa clara ao regramento acima anunciado. 3. Assim, correta a sentença que concedeu a segurança para determinar ao Representante do IBAMA que se manifestasse quanto à aprovação ou não do Inventário Florestal, especificando, em caso de negativa, os motivos que a determinaram. 4. Remessa oficial desprovida".

STF – ACO nº 1.519/MA, j. 20.4.2017: "Inscrição do Estado do Maranhão no SIAF/CAUC. Necessidade de prévia notificação. Violação dos princípios do devido processo legal, ampla defesa e contraditório. 1. O Plenário do Supremo Tribunal Federal tem entendimento sedimentado de que a inscrição de ente federativo em cadastro de inadimplência deve ser precedida de notificação prévia. 2. Em respeito ao princípio do contraditório e da ampla defesa, é necessária a abertura e julgamento em processo administrativo para a apuração das supostas irregularidades apontadas pela União".

STF – ACO nº 2.453/CE, j. 4.2.2020: "Processo administrativo. Direito de defesa. Considerada irregularidade na observância de convênio, há de ter-se a instauração de processo administrativo, abrindo-se margem ao Estado interessado, antes do lançamento no cadastro de inadimplentes, de manifestar-se".

STF – Emb.Dec. no RE com Agr. nº 674.663/SP, j. 28.8.2012: "Cessão de uso de imóvel; Retomada do bem. Processo administrativo prévio. Observância dos princípios do contraditório e da ampla defesa. Necessidade".

STF – Ag. Reg. Em MS nº 34.622/DF: "Aplicação da penalidade de impedimento de licitar ou contratar com a União. Penalidade aplicada sem ter sido dada à empresa impetrante oportunidade para prévio exercício do contraditório e da ampla defesa. Notificação pessoal realizada em endereço incorreto e ausência de tentativa de intimação nos demais endereços existentes nos autos do processo administrativo. Segurança concedida".

1. O estudo empreendido visou precipuamente a elaborar uma teoria geral do processo administrativo, com base, sobretudo, no inc. LV do art. 5º da CF de 1988.

Ao longo do trabalho muitos posicionamentos foram fixados e integram o todo das orientações propostas.

Parece oportuno reunir, em síntese, alguns pontos fundamentais.

2. Contemporaneamente, entre administrativistas e processualistas, registra-se tendência à aceitação de uma processualidade que vai além daquela vinculada à função jurisdicional, admitida, assim, a processualidade no âmbito da Administração Pública.

3. Dos debates sobre aspectos terminológicos e substanciais das figuras do processo e do procedimento, pode-se inferir a qualificação da processualidade administrativa como processo, inclusive por força da consagração, nesse sentido, que o texto constitucional pátrio oferece, no inc. LV do art. 5º e em outros dispositivos.

4. Embora existam pontos comuns nas atuações estatais processualizadas, há elementos caracterizadores do processo administrativo, decorrentes, em especial, de suas próprias finalidades e das peculiaridades da função administrativa.

5. O processo administrativo encontra respaldo expresso e direto no inc. LV do art. 5º da CF de 1988, que impõe o contraditório e a ampla defesa, com seus desdobramentos, em situações de controvérsia ante a Administração e em situações nas quais se atribuem, a pessoas, condutas ou atividades suscetíveis de sanções (acusados).

6. O processo administrativo representa garantia de direitos ou direito instrumental quanto ao indivíduo e sob o enfoque dos direitos difusos, do que fornece exemplo o processo de licenciamento ambiental, com participação em contraditório de entidades ambientalistas. Além do mais, associa-se à concepção de Estado Democrático de Direito e aos princípios constitucionais da Administração, como corolário e veículo de sua expressão.

7. Ante a consagração constitucional expressa da processualidade administrativa e para que seus desdobramentos apareçam de modo nítido para os cidadãos, os servidores públicos e as autoridades administrativas, torna-se necessária a edição de lei geral explicitadora, aplicável a todos os processos administrativos. Numa sociedade em que o poder público se tornou essencialmente poder administrativo, apresenta-se indispensável a formulação de uma carta dos direitos do cidadão nas relações com a Administração, ou seja, de um estatuto da cidadania administrativa.

8. As conclusões acima figuraram na 1ª edição deste livro, publicada em 1993, e ora são reproduzidas para fins de adequada compreensão do fio evolutivo da processualidade administrativa, em especial no Brasil.

9. No item 7 *supra*, ressaltou-se a necessidade de edição de uma lei geral de processo administrativo. Adveio a Lei nº 9.784/1999 – Lei do Processo Administrativo Federal, dotada, portanto, de grande abrangência. Além do mais, esta lei vem oferecendo estímulo e inspiração para estados e municípios elaborarem as próprias leis gerais de processo administrativo. No estado de São Paulo editou-se a Lei nº 10.177/1998, para o âmbito de sua Administração (embora com data anterior à da lei federal, iniciou a tramitação legislativa bem após o depósito daquela no Legislativo federal). Por sua vez, o município de São Paulo trouxe à luz a Lei nº 14.141/2006.

10. O Brasil, assim, filiou-se à tendência de promulgação de leis gerais da matéria, tendência já aventada na Introdução à 1ª edição deste livro. A partir de 1993, cresce o interesse pelo processo administrativo e a tendência apontada se realiza de maneiras diversas: a) mediante a edição de lei geral onde não havia (p. ex.: Brasil); b) mediante a promulgação de novas leis em lugar de leis anteriores (p. ex.: Espanha); c) pela revisão de leis já existentes (p. ex.: Alemanha, Portugal, Itália).

No Brasil e em ordenamentos estrangeiros, a par da expansão legislativa ocorreu acentuada expansão doutrinária e expressivo enriquecimento jurisprudencial da processualidade administrativa.

11. O reforço da base legislativa, da base doutrinária e da base jurisprudencial do processo administrativo possibilita a efetividade, com solidez progressiva, dos direitos das pessoas físicas e

jurídicas nos vínculos com a Administração e contribui para que a Administração se direcione, de modo crescente, ao atendimento dos direitos das pessoas, eliminando práticas opostas. Cumpre avançar, cada vez mais, nesta senda.

REFERÊNCIAS

AGRIFOGLIO, Sergio. La trasparenza dell'azione amministrative ed il principio del contradditorio: tra procedimento e processo. *In*: *Scritti per Mario Nigro*. Milão: Giuffrè, 1991. v. III.

ALCALÁ-ZAMORA, Niceto. *Proceso, autocomposición y autodefensa*. 2. ed. México: UNAM, 1970.

ALLEGRETTI, Umberto. Enunciatti costituzionale sull'amministrazione. *Jus*, ano XXXIV, n. 3, set./dez. 1987.

ALLEGRETTI, Umberto. Legge generale sui procedimenti e moralizzazione amministrative. *In*: *Scritti in Onore di Massimo Severo Giannini*. Milão: Giuffrè, 1988. v. 3.

ALLEGRETTI, Umberto. Pubblica amministrazione e ordinamento democrático. *Il foro italiano*, p. 3-31, jul./ago. 1984.

AUTIN, Jean Louis. Illusions et vertus de l'État de droit administratif. *In*: COLAS, Dominique (Org.). *L'État de droit*. Paris: PUF, 1987.

BANDEIRA DE MELLO, Celso Antônio. *Curso de direito administrativo*. 17. ed. São Paulo: Malheiros, 2004.

BANDEIRA DE MELLO, Oswaldo Aranha. *Principios gerais de direito administrativo*. 2. ed. Rio de Janeiro: Forense, 1979. v. I.

BARONE, Giuseppe. *L' intervento del privato nel procedimento amministrativo*. Milão: Giuffrè, 1969.

BARRON, Jerome A.; DIENES, C. Thomas. *Constitutional law*. St. Paul, Minnesota: West Publishing, 1986.

BARROS JUNIOR, Carlos S. A codificação do direito administrativo. *Revista de Direito Administrativo*, n. 18, p. 1-7, out./dez. 1949.

BECERRA FERRER, Guillermo. Principios constitucionales del procedimiento administrativo. *In*: *Procedimiento administrativo*. Tucuman: UNSTA, 1982.

BENVENUTTI, Feliciano. Contraddittorio (diritto amministrativo). *Enciclopedia del diritto*, v. IX, p. 738-748, 1961.

BENVENUTTI, Feliciano. Funzione amministrativa, procedimento, processo. *Rivista Trimestrale di Diritto Pubblico*, p. 118-145, 1952.

BERTI, Giorgio. *Diritto e Stato*. Pádua: Cedam, 1986.

BERTI, Giorgio. Stato di diritto informale. *Rivista Trimestrale di Diritto Pubblico*, v. 1, p. 3-30, 1992.

BONILHA, Paulo Celso B. *Da prova no processo administrativo tributário*. São Paulo: LTR, 1992.

BRAIBANT, Guy; WIENER, Céline. Processus et procédure de décision. *In*: *Mélanges en l'honneur du Professeur Michel Stassinopoulos*. Paris: LGDJ, 1974.

BRANDÃO CAVALCANTI, Themístocles. A codificação do processo administrativo. *Direito*, Rio de Janeiro, v. I, n. 1, p. 99-112, jan./fev. 1940.

BRANDÃO CAVALCANTI, Themístocles. Código do processo administrativo. *Revista do Serviço Público*, v. 3, p. 54-68, 1938.

BRANDÃO CAVALCANTI, Themístocles. *Tratado de direito administrativo*. 3. ed. Rio de Janeiro: Freitas Bastos, 1956. v. IV.

BREWER-CARIAS, Allan R. Comentarios sobre el alcance y ámbito de aplicación de la ley organica de procedimiento administrativo en Venezuela. *Revue Internationale des Sciences Administratives*, v. 3, p. 247-258, 1983.

BREWER-CARIAS, Allan R. *Principios del procedimiento administrativo*. Madri: Civitas, 1990.

CARNELUTTI, Francesco. *Instituciones del proceso civil*. Tradução da 5. ed. por Santiago Sentís Melendo. Buenos Aires: Jurídica Europa-América, [s.d.]. v. I.

CARNELUTTI, Francesco. *Sistema de derecho procesal civil*. Tradução de Niceto Alcalá-Zamora y Castillo e Santiago Sentís Melendo. Buenos Aires: UTEHA, 1944. t. I.

CARTABIA, Marta. *La tutela dei diritti nel procedimento amministrativo*. Milão: Giuffrè, 1991.

CASTRO, Carlos Roberto de Siqueira. *O devido processo legal e a razoabilidade das leis na nova Constituição do Brasil*. Rio de Janeiro: Forense, 1989.

CINTRA, Antônio Carlos Araújo. *Motivo e motivação do ato administrativo*. São Paulo: RT, 1979.

CINTRA, Antônio Carlos, GRINOVER, Ada Pellegrini; DINAMARCO, Cândido R. *Teoria geral do processo*. 23. ed. São Paulo: Malheiros, 2007.

COGNETTI, Stefano. Normative sul procedimento: regole di garanzia ed efficienza. *Rivista Trimestrale di Diritto Pubblico*, v. 1, p. 94-130, 1990.

COSTA, José Armando da. *Teoria e prática do direito disciplinar*. Rio de Janeiro: Forense, 1981.

COUTURE, Eduardo J. *Introdução ao estudo do processo*. Tradução de Mozart Victor Russomano. Rio de Janeiro: José Konfino Ed., 1951.

CRETELLA JUNIOR, J. *Da codificação do direito administrativo*. [s.l.]: [s.n.], 1951.

CRETELLA JUNIOR, J. *Tratado de direito administrativo*. Rio de Janeiro: Forense, [s.d.]. v. VI.

DINAMARCO, Cândido R. *A instrumentalidade do processo*. 16. ed. São Paulo: Malheiros/ JusPodvm, 2022.

DINAMARCO, Cândido R. *Fundamentos do processo civil moderno*. 3. ed. São Paulo: Malheiros, [s.d.]. v. I.

DROMI, Roberto. *El procedimiento administrativo*. Madri: Instituto de Estudios de Administración local, 1986.

ESCOLA, Héctor Jorge. *Compendio de derecho administrativo*. reimpr. Buenos Aires: Depalma, 1990. v. II.

ESCOLA, Héctor Jorge. *Tratado general de procedimiento administrativo*. Buenos Aires, Depalma, 1981.

FAZZALARI, Elio. *Istituzioni di diritto processuale*. Pádua: Cedam, 1975.

FAZZALARI, Elio. Processo (teoria generale). *Novissimo digesto italiano*, v. 13, p. 1.067-1.076, 1966.

FERNANDEZ RODRIGUEZ, Tomás-Ramon. Los principios constitucionales del procedimiento administrativo. *In*: MINISTERIO DE HACIENDA, INSTITUTO DE ESTUDIOS FISCALES. *Gobierno y administración en la Constitución*. Madri: Instituto de Estudios Fiscales, 1988. v. I.

FERREIRA FILHO, Manoel Gonçalves. *Comentários à Constituição brasileira de 1988*. São Paulo: Saraiva, 1990. v. I.

FERREIRA, Sérgio de Andréa. A garantia da ampla defesa no direito administrativo processual disciplinar. *Revista de Direito Público*, v. 19, p. 60-68, jan./mar. 1972.

FRANCO SOBRINHO, Manoel de Oliveira. *Curso de direito administrativo*. São Paulo: Saraiva, 1979.

FRANCO SOBRINHO, Manoel de Oliveira. *Introdução ao direito administrativo processual*. São Paulo: RT, 1971.

FROMONT, Michel. La codification du droit administratif par la loi du 25 mai 1976. *Revue du Droit Public*, p. 1.203-1.321, 1977.

GARCÍA DE ENTERRÍA, Eduardo; FERNANDEZ, Tomas-Ramon. *Curso de derecho administrativo*. 10. ed. Madri: Civitas, 2000. v. II.

GELHORN, Ernest; BOYER, Barry B. *Admnistrative law and process*. 2. ed. St. Paul: West Publishing, 1981.

GIANNINI, Massimo Severo. *Diritto amministrativo*. 2. ed. Milão: Giuffrè, 1988. v. II.

GONZALEZ PEREZ, Jesus. *El procedimiento administrativo*. Madri: Publicaciones Abella, 1964.

GORDILLO, Agustin A. La garantia de defensa como principio de eficacia en el procedimiento administrativoin. *Revista de Direito Público*, n. 10, p. 16-24, out./dez. 1969.

GRINOVER, Ada Pellegrini. Garantias do contraditório e ampla defesa. *Jornal do Advogado*, São Paulo, n. 175, p. 9, nov. 1990.

GRINOVER, Ada Pellegrini. *Novas tendências do direito processual*. Rio de Janeiro: Forense Universitária, 1990.

GRINOVER, Ada Pellegrini. *O processo em sua unidade II*. São Paulo: Saraiva, 1984.

GUIMARÃES MENEGALE, J. *Direito administrativo e ciência da administração*. 3. ed. Rio de Janeiro: Borsói, 1957.

HAWKE, Neil. *An introduction to administrative law*. Oxford: ESC Publishing, 1984.

ISAAC, Guy. *La procédure administrative non-contentieuse*. Paris: LGDJ, 1968.

ITALIA, Vittorio; BASSANI, Mario. *Procedimento amministrativo e diritto di acesso ai documenti (legge 7 agosto 1990, n. 241)*. Milão: Giuffrè, 1991.

LAFER, Celso. *A ruptura totalitária e a reconstrução dos direitos humanos*. [s.l.]: [s.n.], 1988.

LARENZ, Karl. *Derecho justo* – Fundamentos de ética jurídica. Tradução de Luiz Díez-Picazo. Madri: Civitas, 1985.

LAVAGNA, Carlo. Considerazioni sui caratteri degli ordinamenti democratici. *Rivista Trimestrale di Diritto Pubblico*, p. 392-422, 1956.

LINOTTE, Didier. La motivation obligatoire de certaines décisions administratives. *Revue du Droit Publique*, v. VI, 1.699-1.715, 1980.

LOPEZ-RODÓ, Laureano. La procédure administrative non-contentieuse. *Revue du Droit Public*, v. 3, p. 607-628, 1980.

LUHMANN, Niklas. *Legitimação pelo procedimento*. Tradução de Maria da Conceicão Corte-Real. Brasília: Universidade de Brasília, 1980.

MANTINI, Pierluigi. *Associazioni ambientaliste e interessi diffusi nel procedimento amministrativo*. Pádua: Cedam, 1990.

MARIENHOFF, Miguel S. La legislación sobre procedimiento administrativo y su significación jurídica. *In*: *Procedimiento administrativo*. Tucuman: UNSTA, 1982.

MAYER, Franz. La legge sul procedimento amministrativo nella Repubblica Federale tedesca. *Rivista Trimestrale di Diritto Pubblico*, p. 1.115-1.137, 1977.

MEIRELLES, Hely Lopes. *Direito administrativo brasileiro*. 15. ed. São Paulo: RT, 1990.

MELONCELLI, Achille. La legge sul procedimento amministrativo del 25 maggio 1976 dalla Repubblica Federale tedesca. *Rivista Trimestrale di Diritio Pubblico*, v. I, p. 293-342, 1978.

MERKL, Adolfo. *Teoría general del derecho administrativo*. México: Nacional, 1975.

MORTATI, Costantino. *L' istituzioni di diritto pubblico*. Pádua: Cedam, 1975. t. I.

MOZZARELLI, Cesare; NESPOR, Stefano. La codificazione del diritto amministrativo. Giuristi e istituzioni nello Stato liberale. *Rivista Trimestrale di Diritto Pubblico*, v. 2, p. 1.087-1.137, 1976.

NIGRO, Mario. Diritto amministrativo e processo amministrativo nel bilancio di dieci anni di giurisprudenza. *In*: ALLEGRETTI; BATTAGLINI; SORACE (Org.). *Diritto amministrativo e giustizia amministrativa nel bilancio di un decennio di giurisprudenza*. Rimini: Maggioli Editore, 1987. v. II.

NIGRO, Mario. L'azione dei pubblici poteri. Lineamenti generali. *In*: AMATO, Giuliano; BARBERA, Augusto (Org.). *Manuale di diritto pubblico*. Bolonha: Il Mulino, 1986.

PASTORI, Giorgio. Il procedimento amministrativo tra vincoli formali e regole sostanziali. *In*: ALLEGRETTI; BATTAGLINI; SORACE (Org.). *Diritto amministrativo e giustizia amministrativa nel bilancio di un decennio di giurisprudenza*. Rimini: Maggioli Editore, 1987. v. II.

PEREIRA JÚNIOR, Jessé Torres. *O direito de defesa na Constituição de 1988*. Rio de Janeiro: Renovar, 1991.

PIÑAR MAÑAS, José Luis. Procedimiento administrativo y comunidades autónomas. *In*: MINISTERIO DE HACIENDA, INSTITUTO DE ESTUDIOS FISCALES. *Gobierno y administración en la Constitución*. Madri: Instituto de Estudios Fiscales, 1988. v. II.

PONDÉ, Lafayette. Considerações sobre o processo administrativo. *RDA*, v. 130, p. 1-11, out./dez. 1977.

PÜTTNER, Günter. Lo stato di diritto informale. *Rivista Trimestrale di Diritto Pubblico*, v. 1, p. 31-42, 1992.

RAMON REAL, Alberto. Procedimiento administrativo comparado. *In*: *Procedimiento administrativo*. Tucuman: UNSTA, 1982.

REALE, Miguel. *Lições preliminares de direito*. 25. ed. São Paulo: Saraiva, 2000.

RIVERO, Jean. À propos des métamorphoses de l'administration d'aujourd'hui: democratie et administration. *In*: RIVERO, Jean. *Pages de doctrine*. Paris: LGDJ, 1980. v. 1 (publicado pela primeira vez em 1965, em *Mélanges offerts à René Savatier*).

SALA, Giovanni. Regole costituzionale dell'azione amministrativa e principio del giusto procedimento nella giurisprudenza dei TAR. *In*: ALLEGRETTI; BATTAGLINI; SORACE (Org.). *Diritto amministrativo e giustizia amministrativa nel bilancio di un decennio di giurisprudenza*. Rimini: Maggioli Editore, 1987. v. II.

SANDULLI, Aldo M. *Il procedimento amministrativo*. Milão: Giuffrè, 1964.

SATTA, Filippo. *Principio di legalità e pubblica amministrazione nello stato democratico*. Pádua: Cedam, 1969.

SCHIMA, Hans. Compiti e limiti de una teoria generale dei procedimenti. *Rivista Trimestrale di Diritto e Procedura Civile*, p. 757-772, 1953.

SILVA, José Afonso da. *Curso de direito constitucional positivo*. 42. ed. São Paulo: Malheiros, 2019.

SILVA, José Afonso da. *Processo constitucional de formação das leis*. 2. ed. 2. tir. São Paulo: Malheiros, 2007.

SMITH, Stanley; BRAZIER, Rodney. *Constitutional and administrative law*. 6. ed. Londres: Penguin Books, 1989.

STIRN, Bernard. *Les sources constitutionnelles du droit administratif*. 7. ed. Paris: LGDJ, 2011.

SUNDFELD, Carlos Ari. A importância do procedimento administrativo. *Revista de Direito Público*, v. 84, p. 64-74, out./dez. 1987.

TÁCITO, Caio. Bases constitucionais do direito administrativo. *RDA*, v. 166, p. 37-44, out./dez. 1986.

TÁCITO, Caio. *Direito administrativo*. São Paulo: Saraiva, 1975.

TEDESCHINI, Federico. Procedimento amministrativo. *Enciclopedia del diritto*, v. XXX, p. 872-898, 1986.

TUCCI, Rogério Lauria; TUCCI, José Rogério Cruz. *Constituição de 1988 e processo*. Regramentos e garantias constitucionais do processo. São Paulo: Saraiva, 1989.

VIRGA, Pietro. *Il provvedimento amministrativo*. 4. ed. Milão: Giuffrè, 1972.

XAVIER, Alberto. *Do procedimento administrativo*. São Paulo: Bushatsky, 1975.

A partir de 1993

AMARAL, Diogo Freitas do; LÓPEZ RODÓ, Laureano (Org.). *Procedimiento administrativo*. Santiago de Compostela: Escola Galega de Administração Pública, 1994.

ANDRIANTSIMBAZOVINA, Joel; SERMENT, Laurent. Jurisprudence administrative et Convention Européenne des Droits de l'Homme. *Revue Française de Droit Administratif*, v. 4, p. 799-813, jul./ago. 1999.

BACELLAR FILHO, Romeu Felipe Filho. *Processo administrativo disciplinar*. 4. ed. São Paulo: Saraiva, 2013.

BARNES, Javier (Org.) *El procedimiento administrativo en el derecho comparado*. Madri: Civitas, 1993.

BIGNAMI, Francesca; CASSESE, Sabino (Org.). Il procedimento amministrativo europeo. *Rivista Trimestrale di Diritto Pubblico*, Caderno 1, Milão, 2004.

CAIS, Cleide Previtalli. *O processo tributário*. 4. ed. São Paulo: RT, 2004.

CARAMAZZA, Ignazio Francesco. Dal principio da segretezza al principio de trasparenza. Profili generali de una reforma. *Rivista trimestrale di diritto pubblico*, v. 4, p. 941-958, 1995.

CARVALHO FILHO, José dos Santos. *Processo administrativo federal*. Comentários à Lei 9.784, de 29/01/1999. 5. ed. São Paulo: Atlas, 2013.

CASSESE, Sabino. La libertà cresce negli interstizi delle procedure (sulle legge relativa al procedimento amministrativo). *In*: *Scriti in onore di Elio Fazzalari*. Milão: Giuffrè, 1993. v. I.

CAUDAL, Sylvie. Les procédures contradictoires en dehors du contentieux. *Revue française de droit administratif*, v. 1, p. 13-29, jan./fev. 2001.

CAVALLO, Bruno (Org.). *Il procedimento administrativo tra semplificazione partecipata e pubblica trasparenza*. Torino: Giappichelli, 2001.

COLLET, Martin. Comentário a acórdão do Conselho de Estado francês, sob a rubrica "Autorités de regulation et procès equitable". *AJDA – L'Actualité Juridique – Droit Administratif*, n. 2, p. 80-84, 15 jan. 2007.

COSTA, Jean-Paul. Il procedimento amministrativo non contenzioso in Francia. *Rivista trimestrale di diritto pubblico*, v. 2, p. 339-345, 1993.

COSTA, Jean-Paul. Le principe du contradictoire dans l'article 6,§1, de la jurisprudence de la Cour Européenne des Droits de L'Homme. *Revue française de droit admnistratif*, v. 1, p. 30-32, jan./fev. 2001.

D'ALBERTI, Marco. La "visione" e la "voce": le garanzie di partecipazione al procedimento amministrativo. *Rivista trimestrale di diritto pubblico*, v. 1, p. 1-33, 2000.

DUARTE, David. *Procedimentalização, participação e fundamentação*: para uma concretização do princípio da imparcialidade administrativa como parâmetro decisório. Coimbra: Almedina, 1996.

EISENBERG Ewald. *L'audition du citoyen et motivation des décisions administratives individuelles*. Étude comparative entre France et Allemagne. Paris: L'Harmattan, 2000.

FERRARA, Rosario. *Introduzione al diritto amministrativo*. Roma-Bari: Laterza, 2002.

FERRARI, Pierre. Les droits des citoyens dans leurs relations avec les administrations. *AJDA – L'Actualité Juridique – Droit Administratif*, v. 6, p. 471-512, jun. 2000.

FERRARI-BREEUR, Christine. La contradiction et le pouvoir de sanction de l'administration. *Revue française de droit administratif*, v. 1, p. 33-42, jan./fev. 2001.

FERRAZ, Sérgio; DALLARI, Adilson Abreu. *Processo administrativo*. São Paulo: Malheiros, 2001.

FIGUEIREDO, Lúcia Valle (Org.). *Devido processo legal na Administração Pública*. São Paulo: Max Limonad, 2001.

GALETTA, Diana-Urania. *La legge tedesca sul procedimento amministrativo*. Milão: Giuffrè, 2002.

GOHIN, Olivier. La contradiction hors l'influence de l'article 6,§1º. *Revue française de droit administratif*, v. 1, p. 2-12, jan./fev. 2001.

GOHIN, Olivier. Regards de travers sur une mal aimée: la procédure administrative non contentieuse en droit comparé (Luxembourg, Belgique et France). *In*: DEGUERGUE, Maryse; FONBAUSTIER, Laurent; MORAND-DEVILLER, Jacqueline. *Confluences* – Mélanges en l'honneur de Jacqueline Morand-Deviller. Paris: Moncthrestien, 2007.

GRINOVER, Ada Pellegrini. Direito à prova no âmbito administrativo. *Revista IOB de Direito Administrativo*, v. 9, p. 7-16, set. 2006.

GRINOVER, Ada Pellegrini. Princípios constitucionais e princípios de direito administrativo no quadro das garantias constitucionais. *Revista IOB de Direito Administrativo*, ano II, n. 16, p. 28-49, abr. 2007.

GUEDES, Demian. *Processo administrativo e democracia*: uma reavaliação da presunção de legalidade. Belo Horizonte: Fórum, 2007.

HARGER, Marcelo. *Princípios constitucionais do processo administrativo*. Rio de Janeiro: Forense, 2001.

IBANEZ NAJAR, Jorge Enrique. El derecho publico colombiando. *A&C – Revista de Direito Administrativo e Constitucional*, ano 7, n. 28, p. 167-193, abr./jun. 2007.

LE DÉCRET du 28 novembre 1983: suites et fin. Du noveau dans les relations administration-citoyens? (diálogo entre Anicet le Pors e Simon Formery). *AJDA – L'Actualité Juridique – Droit Administratif*, p. 626-629, 26 mar. 2007.

LOÛ, Dominique Maillard Desgrées du. *Droit des relations de l'administration avec ses usagers*. Paris: PUF, 2000.

MATARELLA, Bernardo Giorgio. L'evoluzione della disciplina del procedimento amministrativo in Francia. *Rivista trimestrale di diritto pubblico*, v. 3, p. 729-787, 1995.

MEDAUAR, Odete (Org.). *Processo administrativo*: aspectos atuais. São Paulo: Cultural Paulista, 1998.

MEDAUAR, Odete. Conselho de contribuintes. *Repertório IOB*, 2ª quinz. jan. 1995.

MEDAUAR, Odete. Garantias do processo administrativo tributário. *Repertório IOB*, 2ª quinz. jun. 1994.

MEDAUAR, Odete. Processo administrativo. *In*: NASCIMENTO, Carlos Valder do; ALVES, Geraldo Magela (Org.). *Enciclopédia do direito brasileiro*. Rio de Janeiro: Forense, 2000. v. 1.

MEDAUAR, Odete. Processualidade administrativa tributária. *Repertório IOB*, 1ª quinz. nov. 1994.

MEDAUAR, Odete. Processualização e publicidade dos atos do processo administrativo fiscal. *In*: ROCHA, Valdir Oliveira (Org.). *Processo administrativo fiscal*. São Paulo: Dialética, 1995. v. 1.

MORAND-DEVILLER, Jacqueline. La notion de seuil en droit administratif. *In*: *Mélanges en l' honneur de Franck Moderne*. Paris: Dalloz, 2007.

MORBIDELLI, Giuseppe. Il procedimento amministrativo. *In*: *Diritto amministrativo*. Bolonha: Monduzzi, 1998. v. II.

MOREIRA, Egon Bockmann. *Processo administrativo*. Princípios constitucionais e a Lei 9.784/99. 2. ed. São Paulo: Malheiros, 2003.

MUNOZ RODRIGUEZ, Jaime Arana. Sobre las ultimas reformas administrativas en Espana. *Rivista trimestrale di diritto pubblico*, v. 1, p. 214-230, 2000.

PROCEDIMIENTO administrativo. Jornadas organizadas pela Universidade Austral, Faculdade de Direito. Buenos Aires: Ed. Ciencias de la Administración – Divisão Estudos Administrativos, 1998.

ROCHA, Valdir de Oliveira (Org.). *Processo administrativo fiscal*. São Paulo: Dialética, 1995. v. 1.

ROCHA, Valdir de Oliveira (Org.). *Processo administrativo fiscal*. São Paulo: Dialética, 1997. v. 2.

ROCHA, Valdir de Oliveira (Org.). *Processo administrativo fiscal*. São Paulo: Dialética, 1998. v. 3.

ROMERO-PÉREZ, Jorge Enrique. Procedimiento administrativo ante el cambio de milênio. *Revista de Ciências Juridicas*, São José da Costa Rica, p. 67-87, jan./abr. 2000.

SANDIM, Emerson Odilon. *O devido processo legal na Administração Pública* – Com enfoques previdenciários. São Paulo: LTr, 1997.

SANDULLI, Maria Alessandra (Org.). *Il procedimento amministrativo fra semplificazione e partecipazione*. Milão: Giuffrè, 2000. Parte I.

SANDULLI, Maria Alessandra (Org.). *Il procedimento amministrativo fra semplificazione e partecipazione*. Milão: Giuffrè, 2001. Parte II.

SARAIVA, Márcia Maria Tamburini Porto. *A Lei Federal n. 9784/99*. Base para uma codificação nacional de um direito processual administrativo? Rio de Janeiro: Lumen Juris, 2005.

SCHMITD-ASSMANN, Eberhard. *La teoria general del derecho administrativo*. Tradução de grupo de publicistas espanhóis. Madri: Marcial Pons; Instituto Nacional de Administração Pública, 2003.

SCHRAMECK, Olivier. Quelques observations sur le principe du contradictoire. *In*: *L'État de Droit* – Mélanges en l'honneur de Guy Braibant. Paris: Dalloz, 1996.

SCONAMIGLIO, Andreina. *Il diritto di difesa nel procedimento amministrativo*. Milão: Giuffrè, 2004.

SÉNERS, François. Le principe de droits de la défense (conclusions sur Conseil d'Etat, 7 decembre 2001 – SA Ferme de Rumont). *Revue française de droit administratif*, p. 46-52, jan./fev. 2002.

SILVA, Sérgio André R. G. da. *Controle administrativo do lançamento tributário* – O processo administrativo fiscal. Rio de Janeiro: Lumen Juris, 2004.

SILVA, Vasco Manuel Pascoal Pereira da. *Em busca do ato administrativo perdido*. Coimbra: Almedina, 1996.

SUNDFELD, Carlos Ari; MUNOZ, Guillermo Andrés (Org.). *As leis de processo administrativo*. São Paulo: Malheiros, 2001.

XAVIER, Alberto. *Do lançamento*. Teoria geral do ato, do procedimento e do processo tributário. 2. ed. Rio de Janeiro: Forense, 1997.

ZEGHBIB, Hocine. Principe du contradictoire et procédure administrative non contentieuse. *Revue du droit public*, v. 2, p. 467-503, 1998.

Desde 2008

ABERASTURY, Pedro; BLANKE, Hermann-Josef (Org.). *Tendencias actuales del procedimiento administrativo en Latinoamerica y Europa*. Buenos Aires: Eudeba; Konrad Adenauer Stifung, 2012.

ALBERTO, Marco Antonio Moraes. A lei brasileira de processo administrativo como estrutura jurídica do poder político: parâmetros e possibilidades. *In*: BITENCOURT NETO, Eurico; MARRARA, Thiago (Org.). *Processo administrativo brasileiro*: estudos em homenagem aos 20 anos da Lei Federal de Processo Administrativo. Belo Horizonte: Fórum, 2020.

ALBISINNI, Francesco Giovanni; GIARDINO, Edoardo. Il procedimiento amministrativo. *In*: TORCHIA, Luisa (coord.). *La dinamica del diritto amministrativo*. Bolonha, Il Mulino, 2017, p. 23-59.

ALMEIDA, Fernando Dias Menezes de. Final do procedimento: silêncio administrativo. *In*: ZEGARRA VALDIVIA, Diego; BACA ONETO, Vitor (Org.). *La Ley de Procedimiento general*. Diez años después. Lima: Palestra, 2011.

ANTOINE, Aurélien. Les sources des procédures administratives au Royaume-Uni. *In*: L'ASSOCIATION FRANÇAISE POUR LA RECHERCHE EN DROIT ADMINISTRATIF (AFDA) (Org.). *Les procedures administratives*. Paris: Dalloz, 2015.

ANTUNES, Luís Felipe Colaço. *O direito administrativo sem Estado*. Crise ou fim de um paradigma? Coimbra: Coimbra Editora, 2008.

ARAUJO OÑATE, Rocio. El procedimiento administrativo colombiano como garantia de los derechos del ciudadano. *In*: ABERASTURY, Pedro; BLANKE, Hermann-Josef (Org.). *Tendencias actuales del procedimiento administrativo en Latinoamerica y Europa*. Buenos Aires: Eudeba; Konrad Adenauer Stifung, 2012.

ARCEO. Naturaleza del procedimiento administrativo y individualidad de los actos que lo componen. Sus relaciones con la función administrativa. *In*: TAWIL, Guido Santiago (Org.). *Procedimiento administrativo*. Buenos Aires: AbeledoPerrot, 2010.

AUBY, Jean-Bernard. La question de la codification. *In*: AUBY, Jean-Bernard; PERROUD, Thomas (Org.). *Droit comparé de la procédure administrative*. Comparative law of Administrative Procedure. Bruxelas: Bruylant, 2016.

AUBY, Jean-Bernard; PERROUD, Thomas (Org.). *Droit comparé de la procédure administrative*. Comparative law of administrative procedure. Bruxelas: Bruylant, 2016.

AZIMI, Vida. Scolies autour du Code des relations entre le public et l'administration. *In*: KOUBI, Geneviève; CLUZEL-MÉTAYER, Lucie; TAMZINI, Wafa (Org.). *Lectures critiques du Code des relations entre le public et l'administration*. Paris: LGDJ, 2018.

BACELLAR FILHO, Romeu Felipe, A distinção entre processo e procedimento administrativo – Consequências quanto ao regime jurídico e às garantias no processo disciplinar. *In*: ALMEIDA, Fernando Dias Menezes de; MARQUES NETO, Floriano de Azevedo; MIGUEL, Luiz Felipe Hadlich; SCHIRATO, Vitor Rhein (Org.). *Direito público em evolução*: estudos em homenagem à Professora Odete Medauar. Belo Horizonte: Fórum, 2013.

BACELLAR, Romeu Felipe; HACHEN, Daniel Wunder. É imprescindível a defesa por advogado em processo administrativo disciplinar? Sobre a Súmula Vinculante nº 5 do STF. *In*: BITENCOURT NETO, Eurico; MARRARA, Thiago (Org.). *Processo administrativo brasileiro*: estudos em homenagem aos 20 anos da Lei Federal de Processo Administrativo. Belo Horizonte: Fórum, 2020.

BARNES, Javier (Org.). *La transformación del procedimiento administrativo*. Sevilha: Global Press. Editorial Derecho Global, 2008.

BARNES, Javier. La colaboración administrativa a través del procedimiento administrativo nacional. *In*: BARNES, Javier (Org.). *La transformación del procedimiento administrativo*. Sevilha: Global Press. Editorial Derecho Global, 2008.

BARNES, Javier. Toward a third generation of administrative procedure law. *In*: ROSE-ACKERMAN, Susan; LINDSETH, Peter L. (Org.). *Comparative administrative law*. Cheltenham: Edward Elgar Publishing, 2011.

BARNES, Javier. Tres generaciones de procedimiento administrativo. *In*: ABERASTURY, Pedro; BLANKE, Hermann-Josef (Org.). *Tendencias actuales del procedimiento administrativo en Latinoamerica y Europa*. Buenos Aires: Eudeba; Konrad Adenauer Stifung, 2012.

BENARD-VINCENT, Georgina. La codification des règles regissant les décisions implicites de l'administration: un droit plus acessible et inteligible? *Journal du Droit Administratif – JDA*, v. 4, dossier 2, jul. 2016. Art. 76.

BIRKINSHAW, Patrick. The spectrum of Administrative procedures – England and Wales. *In*: AUBY, Jean-Bernard; PERROUD, Thomas (Org.). *Droit comparé de la procédure administrative*. Comparative law of Administrative Procedure. Bruxelas: Bruylant, 2016..

BITENCOURT NETO, Eurico; MARRARA, Thiago (Org.). *Processo administrativo brasileiro*: estudos em homenagem aos 20 anos da Lei Federal de Processo Administrativo. Belo Horizonte: Fórum, 2020.

BLANKE, Hermann-Josef. La función del procedimiento administrativo para el cumplimiento del mandato de execución, protección y concretisación del derecho administrativo. Margenes de discrecionalidad y de apreciación. *In*: ABERASTURY, Pedro; BLANKE, Hermann-Josef (Org.). *Tendencias actuales del procedimiento administrativo en Latinoamerica y Europa*. Buenos Aires: Eudeba; Konrad Adenauer Stifung, 2012.

BOUDET, Jean François, Codifier des relations. Considerations sur un oximore. *In*: KOUBI, Geneviève; CLUZEL-MÉTAYER, Lucie; TAMZINI, Wafa (Org.). *Lectures critiques du Code des relations entre le public et l'administration*. Paris: LGDJ, 2018.

BRAGA, Carlos Eduardo Faraco. O princípio da verdade material no processo administrativo. *In*: MEDAUAR, Odete; SCHIRATO, Vitor Rhein (Org.). *Atuais rumos do processo administrativo*. São Paulo: RT, 2010.

BREGA, José Fernando. *Governo eletrônico e direito administrativo*. Brasília: Gazeta Jurídica, 2015.

BREWER-CARIAS, Allan. R. La regulación del procedimiento administrativo en America Latina con ocasión de la primera década (2001-20011) de la Ley de Procedimiento Administrativo General del Peru. *Derecho PUC – Revista de la Facultad de Derecho*, Lima, n. 67, p. 47-76, 2011.

CAMACHO CEPEDA, Gladys. Los particulares como sujetos del procedimiento administrativo). *Derecho PUC – Revista de la Facultad de Derecho*, Lima, n. 67, p. 285-308, 2011.

CANANEA, Giacinto Della. Droit de la procédure administrative: le "modèle italien". *In*: AUBY, Jean-Bernard; PERROUD, Thomas (Org.). *Droit comparé de la procédure administrative*. Comparative law of Administrative Procedure. Bruxelas: Bruylant, 2016.

CANANEA, Giacinto Della. I principi del diritto globale. *In*: RENNA, Mauro; SAITTA, Fabio (Org.). *Studi sui principi del diritto amministrativo*. Milão: Giuffrè, 2012.

CASETTA, Elio. *Compendio di diritto amministrativo*. 19. ed. Milão: Giuffrè, 2019.

CASSAGNE, Juan Carlos. La transformación del procedimiento administrativo y la LNPA (Ley Nacional de Procedimiento Administrativo). *Derecho PUC – Revista de la Facultad de Derecho*, Lima, n. 67, p. 29-45, 2011.

CASSESE, Sabino. La promozione al estero di principi del procedimiento amministrativo statudinense. *Rivista Trimestrale di Diritto Pubblico*, v. 4, p. 1161-1162, 2012.

CHEVALLIER, Jacques. Consultations ouvertes et participation du public. *In*: L'ASSOCIATION FRANÇAISE POUR LA RECHERCHE EN DROIT ADMINISTRATIF (AFDA) (Org.). *Les procedures administratives*. Paris: Dalloz, 2015.

CHEVALLIER, Jacques. Le "public" du Code. *In*: KOUBI, Geneviève; CLUZEL-MÉTAYER, Lucie; TAMZINI, Wafa (Org.). *Lectures critiques du Code des relations entre le public et l'administration*. Paris: LGDJ, 2018.

CHIEPPA, Roberto. Mario Nigro e la disciplina del procedimento administrativo. *Rivista Trimestrale di Diritto Pubblico*, v. 3, p. 667-683, 2010.

CLUZEL-METAYER, Lucie. Les procédures de l'administration électronique en France. *In*: AUBY, Jean-Bernard; PERROUD, Thomas (Org.). *Droit comparé de la procédure administrative*. Comparative law of Administrative Procedure. Bruxelas: Bruylant, 2016.

COMBEAU, Pascal. Le CRPA et "l'infra-acte administratif". Entre (timides) avancées et statu quo. *In*: KOUBI, Geneviève; CLUZEL-MÉTAYER, Lucie; TAMZINI, Wafa (Org.). *Lectures critiques du Code des relations entre le public et l'administration*. Paris: LGDJ, 2018.

CUNHA, Bruno Santos. Aplicação da lei federal de processo administrativo (Lei nº 9784/99) a entes subnacionais: uma codificação nacional às avessas? *A&C – Revista de Direito Administrativo & Constitucional*, Belo Horizonte, ano 11, n. 45, p. 213-228, jul./set. 2011.

CUSTOS, Dominique. Caractères essentiels du droit américain de la procédure administrative. *In*: AUBY, Jean-Bernard; PERROUD, Thomas (Org.). *Droit comparé de la procédure administrative*. Comparative law of Administrative Procedure. Bruxelas: Bruylant, 2016.

CUSTOS, Dominique. Esquisse comparative du CRPA. *Journal du Droit Administratif – JDA*, v. 10, dossier 2, out. 2016. Art. 98.

DANIC, Olivia. 1913-2013: Les cents ans de l'arrêt Téry ou un siècle des droits de la défense. *Revue du Droit Public*, v. 1, n. 130, p. 3-37, jan. 2014.

DE DONO, Marzia. L'accord comme issue de la procédure administrative. *In*: AUBY, Jean-Bernard; PERROUD, Thomas (Org.). *Droit comparé de la procédure administrative*. Comparative law of Administrative Procedure. Bruxelas: Bruylant, 2016.

DE LA SIERRA, Susana. El procedimiento en el marco de las transformaciones del Derecho Administrativo. *Revista de Derecho Administrativo*, Lima, ano 5, n. 9, p. 49-64, 2010.

DELPIAZZO, Carlos. Supuestos y realidad del procedimiento administrativo electrónico. *In*: ASSOCIACIÓN PERUANA DE DERECHO ADMINISTRATIVO. *Aportes para un Estado eficiente*. Lima: Palestra, 2012.

DI PIETRO, Maria Sylvia Zanella. Aplicabilidade da lei de processo administrativo federal. *In*: BITENCOURT NETO, Eurico; MARRARA, Thiago (Org.). *Processo administrativo brasileiro*: estudos em homenagem aos 20 anos da Lei Federal de Processo Administrativo. Belo Horizonte: Fórum, 2020.

DIEMER, Marie-Odile. Un impensé dans la procédure administrative: les modes alternatifs de règlement non juridictionnel des diferends. *Journal du Droit Administratif – JDA*, v. 7, dossier 2, jul. 2016. Art. 79.

DIEZ SANCHEZ, Juan José. Principios del procedimiento administrativo. *In*: ZEGARRA VALDIVIA, Diego; BACA ONETO, Vitor (Org.). *La Ley de Procedimiento general*. Diez años después. Lima: Palestra, 2011.

DOAT, Mathieu. Sur la definition de l'acte administratif. *In*: KOUBI, Geneviève; CLUZEL-MÉTAYER, Lucie; TAMZINI, Wafa (Org.). *Lectures critiques du Code des relations entre le public et l'administration*. Paris: LGDJ, 2018.

DUMONT, Gilles. Théorie de la procédure *In*: L'ASSOCIATION FRANÇAISE POUR LA RECHERCHE EN DROIT ADMINISTRATIF (AFDA) (Org.). *Les procedures administratives*. Paris: Dalloz, 2015.

DURAND, Julio C. El procedimiento administrativo en la Argentina. *In*: ABERASTURY, Pedro; BLANKE, Hermann-Josef (Org.). *Tendencias actuales del procedimiento administrativo en Latinoamerica y Europa*. Buenos Aires: Eudeba; Konrad Adenauer Stifung, 2012.

ESPAGNO-ABDIE, Delphine. Une histoire courte des relations entre l'administration et le public mise à la portée de tout le monde. *Journal du Droit Administratif – JDA*, dossier 2, 2016. Art. 66.

FERNANDEZ, Tomas-Ramon. El acceso de los ciudadanos a la información publica: del derecho individual de la defensa al principio general de transparencia. *In*: ABERASTURY, Pedro; BLANKE, Hermann-Josef (Org.). *Tendencias actuales del procedimiento administrativo en Latinoamerica y Europa*. Buenos Aires: Eudeba; Konrad Adenauer Stifung, 2012.

FORTINI, Cristiana; PIRES, Maria Fernanda Veloso; CAMARÃO, Tatiana Martins da Costa; CAVALCANTI, Caio Mário Lana. *Processo administrativo*: comentarios à Lei nº 9.784/1999. 4. ed. Belo Horizonte: Fórum, 2023.

FROMONT, Michel. Introduction. *In*: AUBY, Jean-Bernard; PERROUD, Thomas (Org.). *Droit comparé de la procédure administrative*. Comparative law of Administrative Procedure. Bruxelas: Bruylant, 2016.

FROMONT, Michel. Les politiques de simplification des procédures administratives dans les autres États européens *In*: L'ASSOCIATION FRANÇAISE POUR LA RECHERCHE EN DROIT ADMINISTRATIF (AFDA) (Org.). *Les procedures administratives*. Paris: Dalloz, 2015.

GALETTA, Diana-Urania. La Ley italiana 241/90 de procedimiento administrativo. *In*: ABERASTURY, Pedro; BLANKE, Hermann-Josef (Org.). *Tendencias actuales del procedimiento administrativo en Latinoamerica y Europa*. Buenos Aires: Eudeba; Konrad Adenauer Stifung, 2012.

GALETTA, Diana-Urania; HOFMANN, Herwig C. H.; PUIGPELAT, Oriol Mir; ZILLER, Jacques. The general principles of EU administrative procedure law. *In*: EUROPEAN PARLIAMENT. *Policy Department C*: Citizens'Rigths and Constitutional Affairs. Bruxelas, jun. 2015. Disponível em: www.europarl.europa.eu/supporting-analyses). Acesso em: 2 out. 2020.

GALVÃO, Ciro Di Benatti; DUARTE, Luciana Gaspar Melquíades. *A Lei do Processo Administrativo Federal no contexto do Estado Democrático de Direito*. Curitiba: CRV, 2017.

GARCIA MACHO, Ricardo. Procedimiento administrativo y sociedad de la información y del conocimiento. *In*: BARNES, Javier (Org.). *La transformación del procedimiento administrativo*. Sevilha: Global Press. Editorial Derecho Global, 2008.

GONOD, Pascale. Les procédures administratives. Rapport de synthèse *In*: L'ASSOCIATION FRANÇAISE POUR LA RECHERCHE EN DROIT ADMINISTRATIF (AFDA) (Org.). *Les procedures administratives*. Paris: Dalloz, 2015.

GRINOVER, Ada Pellegrini. *Ensaio sobre a processualidade*. Brasília: Gazeta Jurídica, 2016.

GUICHOT, Emilio. Caractères essentiels du droit espagnol de la procédure administrative. *In*: AUBY, Jean-Bernard; PERROUD, Thomas (Org.). *Droit comparé de la procédure administrative*. Comparative law of Administrative Procedure. Bruxelas: Bruylant, 2016.

GUIMARÃES, Bernardo Strobel. A participação no processo administrativo. *In*: MEDAUAR, Odete; SCHIRATO, Vitor Rhein (Org.). *Atuais rumos do processo administrativo*. São Paulo: RT, 2010.

HERNANDEZ, Jose Ignacio. El objeto del procedimiento administrativo y el concepto del Derecho Administrativo. *Revista de Derecho Administrativo*, Lima, ano 5, n. 9, p. 65-75, dez. 2010.

HERNANDEZ-MENDIBLE, Victor Rafael. Tendencias de los procedimientos administrativos en Venezuela. *In*: ABERASTURY, Pedro; BLANKE, Hermann-Josef (Org.). *Tendencias actuales del procedimiento administrativo en Latinoamerica y Europa*. Buenos Aires: Eudeba; Konrad Adenauer Stifung, 2012.

IVANEGA, Miriam Mabel. El principio del informalismo en el procedimiento administrativo. *Derecho PUC – Revista de la Facultad de Derecho*, Lima, n. 67, p. 155-176, 2011.

JACQUEMET-GAUCHÉ, Anne; STELKENS, Ulrich, Caractères essentiels du droit allemand de la procédure administrative. *In*: AUBY, Jean-Bernard; PERROUD, Thomas (Org.). *Droit comparé de la procédure administrative*. Comparative law of Administrative Procedure. Bruxelas: Bruylant, 2016.

JIMENEZ MURILLO, Roberto. Los princípios de impulso de oficio y verdad material en el procedimiento administrativo. *Derecho PUC – Revista de la Facultad de Derecho*, Lima, n. 67, p. 189-2006, 2011.

JINESTRA LOBO, Ernesto. Tendencias actuales del procedimiento administrativo en Costa Rica. *In*: ABERASTURY, Pedro; BLANKE, Hermann-Josef (Org.). *Tendencias actuales del procedimiento administrativo en Latinoamerica y Europa*. Buenos Aires: Eudeba; Konrad Adenauer Stifung, 2012.

JUSTEN FILHO, Marçal. O direito administrativo do espetáculo. *In*: ARAGÃO, Alexandre Santos de; MARQUES NETO, Floriano Azevedo (Org.). *Direito administrativo e seus novos paradigmas*. 2. ed. Belo Horizonte: Fórum, 2017.

KLENNER, Claudio Moraga. Procedimiento administrativo chileno. *In*: ABERASTURY, Pedro; BLANKE, Hermann-Josef (Org.). *Tendencias actuales del procedimiento administrativo en Latinoamerica y Europa*. Buenos Aires: Eudeba; Konrad Adenauer Stifung, 2012.

KLUTH, Winifried; NUCKELT, Jana. La legislación de procedimiento administrativo y la generación de conocimiento en el âmbito de la Administración Publica. *In*: BARNES, Javier (Org.). *La transformación del procedimiento administrativo*. Sevilha: Global Press. Editorial Derecho Global, 2008.

KOUBI, Geneviève. Le "silence attesté". *In*: KOUBI, Geneviève; CLUZEL-MÉTAYER, Lucie; TAMZINI, Wafa (Org.). *Lectures critiques du Code des relations entre le public et l'administration*. Paris: LGDJ, 2018.

KOUBI, Geneviève; CLUZEL-MÉTAYER, Lucie; TAMZINI, Wafa (Org.). *Lectures critiques du Code des relations entre le public et l'administration*. Paris: LGDJ, 2018.

L'ASSOCIATION FRANÇAISE POUR LA RECHERCHE EN DROIT ADMINISTRATIF (AFDA) (Org.). *Les procedures administratives*. Paris: Dalloz, 2015.

LADEUR, Karl-Heinz. The emergence of Global Administrative Law and the evolution of general administrative law. *Revista Brasileira de Estudos da Função Pública – RBEFP*, Belo Horizonte, ano 1, n. 2, p. 9-90, maio/ago. 2012.

MARÇAL, Thaís; RODRIGUES, Marco Antonio. Processo administrativo e Justiça Multiportas. *In*: MARÇAL, Thaís (coord.). *Direito público democrático*. Rio de Janeiro: Lumen Juris, 2023, p. 193-195.

MARQUES NETO, Floriano de Azevedo, A efetividade das decisões. A execução forçosa. *In*: ZEGARRA VALDIVIA, Diego; BACA ONETO, Vitor (Org.). *La Ley de Procedimiento general*. Diez años después. Lima: Palestra, 2011.

MARTINEZ GUTIERREZ, Rubén. El procedimiento administrativo electronico en los ordenamientos peruano y espagnol. *Revista de Derecho Administrativo*, Lima, ano 5, n. 9, p. 95-113, 2010.

MEDAUAR, Odete. Do ato ao processo. *In*: ARAGÃO, Alexandre Santos de; MARQUES NETO, Floriano Azevedo (Org.). *Direito administrativo e seus novos paradigmas*. 2. ed. Belo Horizonte: Fórum, 2017.

MEDAUAR, Odete. Lei nº 9.784, de 29 de janeiro de 1999: formação e características gerais. *In*: BITENCOURT NETO, Eurico; MARRARA, Thiago (Org.). *Processo administrativo brasileiro*: estudos em homenagem aos 20 anos da Lei Federal de Processo Administrativo. Belo Horizonte: Fórum, 2020.

MEDAUAR, Odete. O princípio da razoável duração do processo. *In*: MEDAUAR, Odete; SCHIRATO, Vitor Rhein (Org.). *Atuais rumos do processo administrativo*. São Paulo: RT, 2010.

MEDAUAR, Odete; SCHIRATO, Vitor Rhein (Org.). *Atuais rumos do processo administrativo*. São Paulo: RT, 2010.

MENDONÇA, José Vicente Santos de; CALIL, Ana Luiza Fernandes. O discreto charme da lei de processo administrativo federal: sobriedade, generalidade, uniformidade federativa e imutbilidade nos vinte anos da Lei nº 9.784/99. *In*: BITENCOURT NETO, Eurico; MARRARA, Thiago (Org.). *Processo administrativo brasileiro*: estudos em homenagem aos 20 anos da Lei Federal de Processo Administrativo. Belo Horizonte: Fórum, 2020.

MORÓN URBINA, Juan Carlos. Los procedimientos administrativos: contribución para su útil clasificación. *In*: ZEGARRA VALDIVIA, Diego; BACA ONETO, Vitor (Org.). *La Ley de Procedimiento general*. Diez años después. Lima: Palestra, 2011.

MORTIER, Natalia Victoria. Los procedimientos de elaboración participativa de normas. *In*: TAWIL, Guido Santiago (Org.). *Procedimiento administrativo*. Buenos Aires: AbeledoPerrot, 2010.

NAPOLITANO, Giulio. *Introduzione al diritto amministrativo comparato*. Bolonha: Il Mulino, 2020, p. 225-274.

NAPOLITANO, Giulio. *La logica del diritto amministrativo*. 3. ed. Bolonha: Il Mulino, 2020, p. 264-286.

NIEBUHR, Pedro de Menezes. Processos administrativos coletivos. *In*: BITENCOURT NETO, Eurico; MARRARA, Thiago (Org.). *Processo administrativo brasileiro*: estudos em homenagem aos 20 anos da Lei Federal de Processo Administrativo. Belo Horizonte: Fórum, 2020.

NIEBUHR, Pedro. *Processo administrativo ambiental*. 4. ed. Belo Horizonte: Fórum, 2023.

OBERDA, Gaston Dario. As partes en el procedimiento administrativo. *In*: TAWIL, Guido Santiago (Org.). *Procedimiento administrativo*. Buenos Aires: AbeledoPerrot, 2010.

OLBERTZ, Karlin. O princípio do formalismo no processo administrativo. *In*: MEDAUAR, Odete; SCHIRATO, Vitor Rhein (Org.). *Atuais rumos do processo administrativo*. São Paulo: RT, 2010.

OLIVEIRA, Ocimar Barros de. *Processo administrativo e democracia participativa*. Leme: J. H. Mizuno, 2014.

OLIVEIRA, Rafael Carvalho Rezende; MARÇAL, Thaís (Org.). *Temas relevantes de processo administrativo*: 20 anos da Lei 9.784/1999. Salvador: JusPodvm, 2019.

PALMA, Juliana Bonacorsi de. *Atividade normativa da Administração Pública*: estudo do processo administrativo normativo. Tese (Doutorado) – Programa de Pós-Graduação, Facudade de Direito, Universidade de São Paulo, 2014.

PALMA, Juliana Bonacorsi de. Devido processo legal na consensualidade administrativa. *In*: SCHIRATO, Vitor Rhein (Org.). *Estudos atuais sobre ato e processo administrativo*. Rio de Janeiro: Lumen Juris, 2017.

PAREJO ALFONSO, Luciano. El procedimiento administrativo en España: situación actual y perspectivas de cambio. *In*: BARNES, Javier (Org.). *La transformación del procedimiento administrativo*. Sevilha: Global Press. Editorial Derecho Global, 2008.

PEREZ, Marcos Augusto. Processo administrativo e globalização: um diálogo entre os direitos brasileiro e norte-americano. *Revista Brasileira de Estudos Políticos*, v. 124, 2022, p. 335-364.

PERLINGEIRO, Ricardo. Os princípios do procedimento administrativo no Brasil e os desafios da igualdade e da segurança jurídica. *Interesse Público*, Belo Horizonte, ano 13, n. 68, p. 93-126, jul./ago. 2011.

QUADROS, Fausto de. As principais inovações do Código do Procedimento Administrativo. *Cadernos de Justiça Administrativa*, Minho, n. 100, p. 128 e ss., 2013.

QUADROS, Fausto de. Os princípios gerais da atividade administrativa no Código do Procedimento Administrativo depois da sua revisão. *In*: SERRÃO, Tiago; GOMES, Carla Amado, OTERO, Paulo (Org.). *Estudos em homenagem a Rui Machete*. Coimbra: Almedina, 2015.

RENAUDIE, Olivier. La fabuleuse histoire de la fabrique du CRPA. Dits et non-dits. *In*: KOUBI, Geneviève; CLUZEL-MÉTAYER, Lucie; TAMZINI, Wafa (Org.). *Lectures critiques du Code des relations entre le public et l'administration*. Paris: LGDJ, 2018.

RENELLA, Maria Paula. El principio de oficialidad en el procedimiento administrativo. *In*: TAWIL, Guido Santiago (Org.). *Procedimiento administrativo*. Buenos Aires: AbeledoPerrot, 2010.RÖHL, Hans Christian. El procedimiento administrativo y la administración "compuesta" de la Union Europea. *In*: BARNES, Javier (Org.). *La transformación del procedimiento administrativo*. Sevilha: Global Press. Editorial Derecho Global, 2008.

ROJAS FRANCO, Enrique. El devido procedimiento administrativo. *Derecho PUC – Revista de la Facultad de Derecho*, Lima, n. 67, p. 177-188, 2011.

SANTAMARIA PASTOR, Juan Alfonso (Org.). *Los principios jurídicos del derecho administrativo*. Madri: La Ley, 2010.

SANTOFINO GAMBOA, Jaime Orlando. *Procedimientos administrativos y tecnologia*. Bogotá: Universidad Externado de Colombia, 2011.

SAUNIER, Sebastien. Caractères du droit français de la procédure administrative. *In*: AUBY, Jean-Bernard; PERROUD, Thomas (Org.). *Droit comparé de la procédure administrative*. Comparative law of Administrative Procedure. Bruxelas: Bruylant, 2016.

SAUNIER, Sebastien. La notion de procédure administrative non contentieuse *In*: L'ASSOCIATION FRANÇAISE POUR LA RECHERCHE EN DROIT ADMINISTRATIF (AFDA) (Org.). *Les procedures administratives*. Paris: Dalloz, 2015.

SCHIRATO, Vitor Rhein (Org.). *Estudos atuais sobre ato e processo administrativo*. Rio de Janeiro: Lumen Juris, 2017.

SCHIRATO, Vitor Rhein. As partes no processo administrativo: os papéis da administração pública na lei federal de processo administrativo. *In*: ZEGARRA VALDIVIA, Diego; BACA ONETO, Vitor (Org.). *La Ley de Procedimiento general*. Diez años después. Lima: Palestra, 2011.

SCHIRATO, Vitor Rhein. Legitimidade processual e tipos de processo administrativo. *Interesse Público*, Belo Horizonte, ano 12, n. 62, p. 83-123, jul./ago. 2010.

SCHIRATO, Vitor Rhein. O processo administrativo como instrumento do Estado de Direito e da Democracia. *In*: MEDAUAR, Odete; SCHIRATO, Vitor Rhein (Org.). *Atuais rumos do processo administrativo*. São Paulo: RT, 2010.

SCHMIDT-ASSMANN, Eberard. Pluralidad de estructuras y funciones de los procedimientos administrativos en el derecho alemán, europeo y internacional. *In*: BARNES, Javier (Org.). *La transformación del procedimiento administrativo*. Sevilha: Global Press. Editorial Derecho Global, 2008.

SCHNEIDER, Jens-Peter. La evolución del procedimiento administrativo tipo de la Ley de procedimiento administrativo alemana de 1976: hacia um modelo integral y comprensivo. *In*: BARNES, Javier (Org.). *La transformación del procedimiento administrativo*. Sevilha: Global Press. Editorial Derecho Global, 2008.

SCHWIND, Rafael Wallbach. Processo administrativo em evolução. *In*: ALMEIDA, Fernando Dias Menezes de; MARQUES NETO, Floriano de Azevedo; MIGUEL, Luiz Felipe Hadlich; SCHIRATO, Vitor Rhein (Org.). *Direito público em evolução*: estudos em homenagem à Professora Odete Medauar. Belo Horizonte: Fórum, 2013.

SORACE, Domenico; TORRICELLI, Simone. *Diritto delle amministrazione pubbliche*. Una introduzione. 10. ed. Bolonha: Il Mulino, 2021, p. 317-352.

SOUZA, Rodrigo Pagani de. As várias faces do princípio do contraditório no processo administrativo. *In*: MEDAUAR, Odete; SCHIRATO, Vitor Rhein (Org.). *Atuais rumos do processo administrativo*. São Paulo: RT, 2010.

STELKENS, Ulrich; JACQUEMET-GAUCHÉ, Anne. Les recours administratifs en droit allemand. *In*: AUBY, Jean-Bernard; PERROUD, Thomas (Org.). *Droit comparé de la procédure administrative*. Comparative law of Administrative Procedure. Bruxelas: Bruylant, 2016.

STRAUSS, Peter L. Los procedimientos de elaboración de reglamentos y disposiciones administrativas en EE.UU. *In*: BARNES, Javier (Org.). *La transformación del procedimiento administrativo*. Sevilha: Global Press. Editorial Derecho Global, 2008.

SUNDFELD, Carlos Ari. Processo administrativo: um debate sobre o problema de sua conceituação e classificação. *In*: ZEGARRA VALDIVIA, Diego; BACA ONETO, Vitor (Org.). *La Ley de Procedimiento general*. Diez años después. Lima: Palestra, 2011.

TABORDA, Maren Guimarães. *O processo administrativo como manifestação sensível da função*. Lições da história constitucional do Brasil. Belo Horizonte: Fórum, 2023.

TAWIL, Guido Santiago (Org.). *Procedimiento administrativo*. Buenos Aires: AbeledoPerrot, 2010.

TAWIL, Guido Santiago. El principio de verdade material en el procedimiento administrativo. *In*: TAWIL, Guido Santiago (Org.). *Procedimiento administrativo*. Buenos Aires: AbeledoPerrot, 2010.

TAWIL, Guido Santiago. El procedimiento administrativo como instrumento de control de la Administración y garantia de los administrados. *In*: TAWIL, Guido Santiago (Org.). *Procedimiento administrativo*. Buenos Aires: AbeledoPerrot, 2010.

TAWIL, Guido Santiago. Sobre el futuro del procedimiento administrativo. *Revista de Derecho Administrativo*, Lima, ano 5, n. 9, p. 11-20, dez. 2010.

TORCHIA, Luisa. *La dinamica del diritto amministrativo* (coord.). Bolonha: Il Mulino, 2017.

TORCHIA, Luisa. Studiare il diritto amministrativo oggi. *In*: TORCHIA, Luisa. *La dinamica del diritto amministrativo* (coord.). Bolonha: Il Mulino, 2017, p. 7-22.

TORRICELLI, Simone. El procedimiento administrativo nel sistema italiano, entre la eficiencia y la garantía. *Revista de Derecho Administrativo*, Lima, ano 5, n. 9, p. 285-300, 2010.

TRUCHET, Didier. L'intitulé du Code et le choix des termes. *Journal du Droit Administratif – JDA*, dossier 2, 2016. Art. 67.

VAIANO, Diego. Il principio di tempestività dell'azione amministrativa. *In*: RENNA, Mauro; SAITTA, Fabio (Org.). *Studi sui principi del diritto amministrativo*. Milão: Giuffrè, 2012.

VAUTROT-SCHWARZ, Charles. L'écriture de la procédure. *In*: L'ASSOCIATION FRANÇAISE POUR LA RECHERCHE EN DROIT ADMINISTRATIF (AFDA) (Org.). *Les procedures administratives*. Paris: Dalloz, 2015.

ZARANDY, Aude. L'architecture du Code. *In*: KOUBI, Geneviève; CLUZEL-MÉTAYER, Lucie; TAMZINI, Wafa (Org.). *Lectures critiques du Code des relations entre le public et l'administration*. Paris: LGDJ, 2018.

ZEGARRA VALDIVIA, Diego; BACA ONETO, Vitor (Org.). *La Ley de Procedimiento general*. Diez años después. Lima: Palestra, 2011.

ZILLER, Jacques. Alternatives in drafting an EU administrative procedure law. *In*: EUROPEAN PARLIAMENT. *Policy Department* C: Citizens'Rigths and Constitutional Affairs. Bruxelas, jun. 2015. Disponível em: www.europarl.europa.eu/supporting-analyses). Acesso em: 2 out. 2020.

ZILLER, Jacques. Is a law of administrative procedure for the Union institutions necessary? Introductory remarks and prospects. *In*: EUROPEAN PARLIAMENT. *Policy Department C*: Citizens'Rigths and Constitutional Affairs. Bruxelas, jun. 2015. Disponível em: www.europarl.europa.eu/supporting-analyses). Acesso em: 2 out. 2020.

Esta obra foi composta em fonte Palatino Linotype, corpo 10
e impressa em papel Pólen Bold 70g (miolo) e Supremo 250g (capa)
pela Gráfica Star7.